제4판

인간관계의 심리

이론과 실제

제4판

인간관계의 심리

이론과 실제

정진선 · 문미란 지음

Σ 시그마프레스

인간관계의 심리 – 이론과 실제, 제4판

발행일 | 2005년 3월 10일 초판 1쇄 발행
2008년 2월 29일 개정판 1쇄 발행
2011년 9월 10일 3판 1쇄 발행
2012년 8월 10일 3판 2쇄 발행
2015년 2월 17일 4판 1쇄 발행
2016년 3월 17일 4판 2쇄 발행

저자 | 정진선 · 문미란
발행인 | 강학경
발행처 | Σ 시그마프레스
편집 | 김경임
교정 · 교열 | 류미숙

등록번호 | 제10-2642호
주소 | 서울특별시 영등포구 양평로 22길 21 선유도코오롱디지털타워 A401~403호
전자우편 | sigma@spress.co.kr
홈페이지 | http://www.sigmapress.co.kr
전화 | (02)323-4845, (02)2062-5184~8
팩스 | (02)323-4197

ISBN | 978-89-6866-382-6

* 책값은 책 뒤표지에 있습니다.

* 이 도서의 국립중앙도서관 출판예정도서목록(CIP)은 서지정보유통지원시스템 홈페이지(http://seoji.nl.go.kr)와 국가자료공동목록시스템(http://www.nl.go.kr/kolis-net)에서 이용하실 수 있습니다.(CIP제어번호: CIP2015003957)

제4판을 내면서

우선 모든 것을 이룰 수 있기 위해서는 몸의 건강함과 마음의 건강함을 필요로 함을 강조하며 모든 이들의 건강을 기원한다. 건강한 삶을 가꾸기 위해서는 함께하여 마음 편안한 이들이 있어야 하고, 좋은 만남을 가꾸기 위한 건강한 몸을 이루는 기본적인 생활을 유지할 수 있어야 한다. 누군가와 마음 편안함을 통한 오랫동안의 관계를 유지하였다면 서로가 많은 좋은 것들을 나누었으리라 의심하지 않는다. 이렇듯 우리의 삶에서 '나만큼 소중한 그' 와 '그만큼 소중한 나' 가 있음을 자각하며 살아야 할 것이라고 본다. 그래서 우리는 살아가면서 '인간' 에 대한 의문을 내려놓을 수 없으며 '인간관계' 에 대한 의문 또한 내려놓을 수 없다. 그리고 '어떻게' 에 대한 의문을 더하게 된다. 이러한 의문은 인간의 삶에서 자연스럽게 동반되는 과제이기 때문이다. 이러한 의문을 적절히 해결하였을 때 원숙한 인격과 원만한 인간관계의 맛을 보게 될 것이라고 믿어 의심하지 않는다.

이 책은 크게 세 부분으로 제1, 2부를 나와 너의 소중함으로 하여서 인간에 대한 이해와 인간관계의 이해, 그리고 제3부는 다양한 인간관계의 소중함으로 영역을 분류하였다.

제1부는 나와 너의 소중함-인간의 이해로 구성하였다. 이유는 인간을 이해하는 견해를 살펴보는 것이 우선되어야 보다 진지한 인간관계에 대해 고려해 볼 수 있기 때문이다. 제1부는 총 4개장으로 구성되며, 제1장은 정신역

동적인 관점에서의 인간 이해, 제2장은 행동 및 사회학습 관점에서의 인간 이해, 제3장은 인본주의적 관점에서의 인간 이해, 제4장은 인지주의적 관점에서의 인간 이해로 정리하였다.

제2부는 나와 너의 소중함-인간관계의 이해로 구성하였다. 이유는 인간의 내적 및 외적 성장을 돕는 가장 중요한 단서는 인간과 인간 사이의 관계를 통해서라고 보았기에 인간관계를 형성하고 유지 및 발전시키도록 하는 데 인간이 가지고 있는 심리적인 특성을 파악하여 관계에 미치는 영향을 고려할 수 있기 때문이다. 그래서 제2부는 총 6개장으로 구성되며, 제5장은 인간관계의 이해, 제6장은 성격과 인간관계, 제7장은 정서와 인간관계, 제8장은 애착과 인간관계, 제9장은 동기 및 갈등과 인간관계, 제10장은 의사소통과 인간관계, 제11장은 부적응행동과 인간관계로 정리하였다.

제3부는 다양한 인간관계의 소중함으로 구성하였다. 이유는 인간의 소중함은 인간의 특성을 사려깊게 고려했을 때 보다 원만한 인간관계를 맺고 각각의 조건에 따라서 적절한 역할을 수행할 수 있도록 돕기 때문이라고 보았다. 제3부는 총 7개장으로 구성되며, 제12장은 친구 간의 인간관계 : 우정, 제13장은 이성 간의 인간관계 : 사랑, 제14장은 가족 간의 인간관계, 제15장은 직장에서의 인간관계, 제16장은 리더십과 인간관계, 제17장은 사이버상의 인간관계, 제18장은 맺는 글로 정리하였다.

처음 이 책은 대학에서 인간관계에 대한 강의를 진행하면서 축적된 저자들의 강의록 준비에서 시작하였다. 2005년도 3월에 세상에 『인간관계의 심리 : 이론과 실제』라는 제목으로 출간되었다. 눈을 뜨고 세상을 살펴보면서 새로운 보완이 요구되었으나 미처 큰 준비를 못한 채 약간의 정비를 하였고, 2008년 3월에 세상에 다시 눈을 돌렸다. 그리고 또 몇 년이 흘렀다. 저자들은 각자의 자리에서 자신의 삶의 주인공으로서 자신의 정체성에 대한 고려와 자신의 역할 수행을 통해서 좀 더 깊숙이 세상 한가운데 서 있게 되었다. 이제 고개를 돌려보니 사람의 소중함이 피부로 깊숙이 와 닿아 있었다. 소중한 사람들과의 관계에서 더욱더 의미 있게 고려되었던 것은 사람은 있어야 할 자리에 있을 때 자신의 역할뿐만 아니라 자신의 기량을 충분히 발휘할 수 있으며, 서로의 성장을 돕게 된다는 것이다. 가슴 깊이 좋은 모습으로 새겨진 누군가는 어디를 가든 나를 살아 숨쉬게 함을 깨닫게 해 준 소중한 사람들이기에 깊이 감사드린다. 우선 오랜 세월 서로의 삶을 감싸 안아 주며 묵묵히 함께 작업해 왔던 문미란 박사에게 큰 감사를 드리며 숙고의 세월을 통해서 작은 문구들로 하나의 교재를 구성할 수 있도록 학문적인 성장을 지원했던 수없는 스승들이 계신다. 이 자리를 빌어 다시 한 번 감사드리며 특히 은퇴 후에도 제자들의 성장을 늘 힘써 주시는 지도교수 이재창 교수님께 큰 감사를 드린다. 그리고 이 책을 통해서 인간의 삶에 대해서 같은 눈을 가질 수 있도록 했던 많은 독자들께도 감사드린다. 그리고 (주)시그마프레스의 강학경 사장님과 처음 출판을 권유해서 작은 성장을 도와주었던 고영수 부장, 그리고 편집부 직원들께도 감사를 드린다.

저자 일동

머리말

『외로우니까 사람이다』라는 제목의 시집이 있다. 하지만 외로움을 견디기 힘들어하는 것이 사람인 것도 사실이다. 그래서 사람들은 끊임없이 다른 사람들과 관계를 맺으려 하고 그 관계 속에서의 상호 교류를 통해 행복하고 복된 삶을 살기를 바란다. 일찍이 Sullivan이 '편안하고 성공적인 인간관계가 우리 인생의 전부' 라고 말했을 정도로 인간관계의 중요성에 대해서는 더 이상 언급할 필요도 없을 것이다. 하지만 편안하고 성공적인 인간관계를 맺는다는 것이 그리 쉬운 일은 아닌 것 같다. 인간관계 속에서 발생하는 여러 가지 어려움이나 문제들로 인해 고민하고 갈등하는 사람들을 주위에서 어렵지 않게 마주칠 수 있으니 말이다. 더구나 다변화하고 급변하는 현대 사회에서는 더더욱 편안하고 성공적인 인간관계를 맺기가 쉽지 않다. 따라서 이제는 인간관계의 질적인 성장을 위하여 인간관계에 대한 학습을 필요로 하는 시대가 되었다.

이에 현재 여러 대학에서는 인간관계론이나 인간관계 심리학 등의 강좌가 개설되어 있고, 이러한 강좌에 대한 학생들의 호응도도 높은 것으로 보인다. 저자들도 몇 년 전부터 인간관계와 관련된 강좌를 맡아 강의를 해 오고 있는데, 마땅한 강의 교재를 찾기가 어려워 이 책을 집필하기에 이르렀다. 처음에는 기존의 교재들을 사용하여 강의를 했으나 강의를 하면서 강의 교재들이 대개 이론서로만 그치는 데 한계를 느끼게 되었다. 인간관계 심리학이라는 것이 이론적인 학습으로만 끝날 것이 아니라 실제로 적용할 수 있도록 실질적인 도움을 주어야 한다는 생각에서였다. 그 후로 나름대로 강의 노트를 만들어 인간관계 심리학의 이론과 실제적인 프로그램을 함께 병행하여 강의를 했는데, 그 결과 수강생들의 강의에 대한 호응도와 만족도가 더 높아졌다. 따라서 이 책은 그동안의 강의 노트를 중심으로 집필하게 되었다.

이 책은 크게 3부로 구성되었다. 제1부에서는 인간관계의 기초적인 내용과 함께 인간을 이해하기 위한 성격, 자아개념, 정서 등의 내용을 다루고 있다. 제2부에서는 인간관계를 이해하기 위한 대인매력 및 대인지각, 동기 및 갈등, 스트레스 및 적응, 의사소통 그리고 부적응적 행동에 대하여 설명하였다. 마지막 제3부에서는 다양한 인간관계의 유형에 대하여 이해할 수 있도록 친구 간의 인간관계, 이성 간의 인간관계, 가족 간의 인간관계, 직장에서의 인간관계를 다루고 있으며, 특히 현재 그리고 앞으로도 더욱 중요성이 증가될 사이버상의 인간관계에 대하여 다루고 있는 것이 특징이라고 하겠다.

하지만 이 책의 가장 큰 특징은 앞서 말했듯이 이론으로만 그치는 것이 아니라 실제적인 프로그램을 제시하였다는 점이다. 각 장마다 주요한 이론과 관련하여 이를 자신에게 적용하여 생각해 볼 수 있는 문제들을 제시하였으며, 적절한 사례와 심리평가 도구를 첨부하였다. 또한 각 장의 마지막 부분에는 그 장에서 학습한 이론적인 내용과 관련하여 이를 실제로 적용할 수 있는 인간관계 실습 프로그램을 제시하였다. 이는 개인적으로도 작업이 이루어질 수 있지만 소집단 등의 형태로 해서 집단상담이나 집단토의식의 프로그램으로 실시하였을 때 더욱 효과적일 것으로 생각된다. 따라서 강의 시간에는 이론 강의와 실습을 병행할 수 있는 교재로 활용할 수 있으며, 일반인의 경우라면 실습 프로그램을 개인적으로 해 보면서 인간관계와 관련된 이론적인 내용을 좀 더 쉽게 실제화, 자기화하는 데 도움을 받을 수 있을 것이다.

강의 교재에 대한 갈급함으로 인해 더 이상 망설일 겨를도 없이 이 책을 집필하게 되었지만, 막상 책으로 내려고 하니 미흡한 점이 많아 세상에 내놓기가 부끄럽다. 특히 두 사람이 함께 집필하는 가운데 가능하면 통일성을 기하고자 노력하였으나 아무래도 매끄럽지 못한 부분들이 있음을 양해해 주시기 바란다. 이 같은 미흡한 점들에 대해서는 앞으로 독자들의 솔직하고 아낌없는 지적과 조언을 통해 계속 수정 · 보완해 나가도록 힘쓸 생각이며, 따라서 처음에는 두 사람이 시작했지만 나중에는 여러 사람이 함께하는 공동의 작품이 될 수 있기를 소망해 본다. 그리고 무엇보다 이 볼품없는 책이 인간관계의 어려움으로 인해 어딘가 구석에서 홀로 아픔을 겪고 있을지도 모르는 사람에게, 다른 사람들을 향해 한 발자국이라도 더 내딛도록 도울 수 있는 길잡이 역할을 해 줄 수 있기를 소망해 본다.

마지막으로, 이 책이 나오기까지 많은 도움을 주신 (주)시그마프레스의 강학경 사장님과 관련 직원 여러분께 깊은 감사를 드린다. 또한 이 책에 여러 사례를 제공해 준 인간관계 심리학 관련 강좌의 수강생 여러분께도 감사를 드린다. 항상 곁에서 힘이 되어 주는 사랑하는 가족들과 홍익대학교의 이재창 교수님, 그리고 일일이 거론할 수는 없으나 지금도, 앞으로도 함께 같은 길을 걸어갈 여러 지인들께도 이 자리를 빌어 존경과 사랑, 감사의 마음을 전하고 싶다.

2005년 2월

저자 일동

차례

제1부 나와 너의 소중함–인간의 이해

제3부 다양한 인간관계의 소중함

제 1 부

나와 너의 소중함 –인간의 이해

우리는 살아가면서 다양한 인간관계를 체험하게 된다. 그런데 급변하는 사회 속에서 인간관계에 대한 본질적인 의미를 미처 파악할 겨를도 없이 지내면서 보다 더 나은 인간관계의 질과 양을 추구하게 된다. 그러므로 사회의 변화에 따른 인간관계의 필요성에 대한 재인식과 그 의의를 확인하는 것은 매우 중요하다. 이 장에서는 인간관계에 대한 이해의 필요성과 인간관계의 의의에 대하여 살펴보고자 한다. 또한 인간관계의 유형을 통해서 인간관계의 바람직한 형성 요인과 인간관계를 뒷받침하는 이론적인 접근에 대해서 살펴보고자 한다.

01

정신역동적인 관점에서의 인간 이해

정신역동적 관점은 Freud의 정신분석적 접근 및 후기 정신분석적 접근에 속하는 학자들의 이론을 말한다. Freud는 19세기 초에서 시작해 1939년 사망할 때까지 인간의 성격과 마음에 대한 이해에 대한 정신분석적 이론을 발달시켰고, 이후 심리학계에 가장 큰 영향을 끼쳤던 인물이다. 이후 Freud의 영향을 받아 Freud 이론의 많은 부분을 유지하면서도 Freud의 이론을 수정, 보완, 변형시킨 이론가들의 사상이 제시되는데, 이들은 '신Freud 학파' 혹은 '후기Freud 학파' 등으로 불린다. 이 장에서는 Freud와 함께 후기 Freud 학파의 대표적인 학자라 할 수 있는 Jung과 Adler의 이론을 함께 묶어 정신역동적인 관점으로 살펴볼 것이다. 정신역동적 관점의 기본 가정은 성격이 사람 안에 있는 힘에 의해 유도된다는 것이다. 따라서 이 관점에서는 '모든 행동을 동기화하고 움직이는 힘'이라는 아이디어에 초점을 맞추고 이 힘을 밝혀내는 것에 중점을 두고 있다.

미리 생각해 보기

- 어렸을 때 일어난 사건 중 현재 나의 성격형성에 영향을 미친 것이 있는가?
- 내가 하는 어떤 행동을 유발하거나 그 행동에 기저하는 진정한 동기는 무엇인가?
- 가끔 나의 행동 중에서 나 스스로를 당황하게 하는 것은 무엇인가?
- 무의식적으로 나의 행동에 영향을 미치는 것은 무엇인가?
- 왠지 모르게 불편한 상황 혹은 사람이 있다면 그 근본 이유는 무엇일까?

1. Sigmund Freud(1856~1939)의 정신분석적 관점

1) 인간에 대한 기본 관점

심리학의 역사에 있어서 가장 큰 영향을 미친 학자가 Freud라고 해도 과언이 아닐 정도로 그는 심리학계에 지대한 업적을 남겼다. 무의식의 중요성을 강조한 Freud의 정신분석을 통해 인간에 대한 포괄적이고 체계적인 이해가 가능해졌다. 즉, 인간의 의식수준만 놓고 보았을 때 이해할 수 없었던 부분이 그의 무의식이라는 개념을 도입해서 보면 이해가 가능하다는 것이다.

Freud는 인간의 정신을 의식과 무의식으로 분류하였다. 의식과 무의식을 빙산에 비유하여 물 위에 떠 있는 작은 부분을 의식(conscious), 물속에 잠겨 있는 부분을 무의식(unconscious), 그리고 파도에 의하여 물 표면에 나타났다 잠겼다 하는 부분을 전의식(preconscious)으로 보았으며, 이렇게 우리가 일상을 살면서 의식하고 있는 내용은 극히 작은 부분이고 우리를 지배하고 있는 정신은 무의식에 의해 지배를 받게 된다는 것을 설명하고 있다.

따라서 Freud의 인간관은 기본적으로 결정론적이다. 즉, 비이성적 힘인 본능적 추동이나 무의식적 동기가 인간의 행동을 결정한다고 보았으며, 인간을 쾌락을 추구하는 생물학적인 존재로 보고 본능의 중요성을 강조했다. 또한 Freud는 인간을 비관론적으로 보았다. Freud는 인간을 '어두운 지하실에서 끊임없이 갈등하는 존재'로 비유하였다. 그리고 인간은 생물학적인 존재이기 때문에 심리성적인 일련의 발달 단계를 거쳐 성숙해지면서 자신의 강한 성적 추동과 사회적으로 수용될 수 있는 방식으로 행동하려는 욕구 간의 균형을 이루기 위해 노력한다고 보았다.

Freud의 정신분석 이론에 따른 인간에 관한 기본 관점을 요약하자면, 인간은 무의식적인 존재이며 인간의 외적인 행동이나 감정 혹은 생각은 정신 내적인 원인에 의해 결정된다고 볼 수 있다.

2) 주요개념

Freud의 정신분석 이론에서 제시된 주요개념에는 의식, 전의식, 무의식의 차원으로 구성되는 의식의 수준, 원초아, 자아, 초자아로 구성되는 성격의 구조, 심리성적 발달 단계, 방어 기제 등이 있다. 이 중 성격의 구조와 심리성적 발달단계는 제6장 성격과 인간관계 부분에서 다루기로 하겠고, 여기에서는 의식의 수준과 방어 기제의 개념에 대해 살펴보기로 할 것이다.

(1) 의식의 수준

앞서 언급하였듯이 Freud는 인간의 정신을 의식과 무의식으로 분류하였다. 의식과 무의식을 빙산에 비유하여 물 위에 떠 있는 작은 부분을 의식, 물속에 잠겨 있는 부분을 무의식, 그리고 파도에 의하여 물 표면에 나타났다 잠겼다 하는 부분을 전의식으로 보았으며, 이렇게 우리가 일상을 살면서 의식하고 있는 내용은 극히 작은 부분이고 우리를 지배하고 있는 정신은 무의식에 의해 지배를 받게 된다는 것을 설명하고 있다.

의식이란 우리가 알거나 느낄 수 있는 모든 경험과 감각을 포함하며, 자신이 주의를 기울이는 순간 곧 알아차릴 수 있는 정신생활의 부분이다. 그런데 이 경험은 단지 잠시 동안 의식될 뿐 우리가 주의를 다른 곳으로 바꾸면 재빠르게 전의식이나 무의식으로 사라지게 된다. 따라서 무의식은 성격의 아주 크고 넓은 부분을 나타내며, 의식은 성격의 아주 작고 제한된 부분만을 나타낸다.

전의식이란 어느 순간에 있어서는 의식되지 않는 그러나 조금만 자극을 받거나 노력하면 곧 의식될 수 있는 경험을 말하는데, 따라서 흔히 '이용 가능한 기억'이라고 불린다.

무의식이란 정신의 가장 깊고 중요한 부분으로, Freud는 인간행동의 이해에 무의식을 강조하였다. 이 무의식은 의식 밖에 있기 때문에 전혀 자각하지 못하는 상태에서 은연중에 말과 행동에 영향을 미치는 정신 영역이다. Freud는 이 무의식의 영역에서 인간의 본질적인 추진력, 정열, 억압된 관념 및 감정 등을 찾으려고 시도했다. 무의식은 주로 원본능(id)과 초자아(superego)로 구성되어 있으며, 방어 기제(defense mechanism)와 신경증을 유발하는 원인이 된다.

(2) 방어 기제

Freud는 세 가지 자아 간의 갈등으로 인해 불안이 끊임없이 야기된다고 보았다. 그런데 인간은 기본적으로 불안을 원치 않으며 그것으로부터 벗어나기를 원한다. 따라서 인간은 갈등으로부터 비롯된 불안 상황에서 자신을 보호하기 위해 다양한 방어 기제를 사용한다. **방어 기제**는 현실 상황에서 적절한 대처 방법이 없을 때 일시적으로 자신을 보호하기 위해서 사용하는 하나의 도피 기제라고 할 수 있다. 심리적으로 얻게 되는 부적절한 감정 등의 고통에서 벗어나 안정감을 얻기 위해 사용하는 것이다. 이러한 방어 기제는 보통 일시적으로 사용된다. 적절한 대응 방법을 찾으면 방어 기제가 해제되는데, 지속적으로 사용하여 습관이 된다면 일상생활에서 부적응적인 태도를 형성하게 된다. 그러나 대부분의 경우에 방어 기제는 일시적으로 사용된다.

방어 기제의 대표적인 예에는 다음과 같은 것이 있다.

① 억압

억압(repression)은 의식하기에는 너무나 충격적이고 고통스러운 경험을 무의식 속에 억눌러 버리는 것이다. 즉, 자기 자신이 또는 사회적으로 승인될 수 없는 욕구를 의식적인 세계에서 말살함으로써 심리적인 안정감을 얻으려고 하는 것이다. 욕구좌절이나 갈등을 의식에서 떨쳐 버려서 불만이나 갈등을 피하려고 하는 기제이다. 억압이 지나치면 현실적인 욕구가 전혀 충족되지 못하고 무의식 속으로 후퇴하여 누적된다. 따라서 무의식 속에 항상 긴장감이 감돌고 있으면서 어떤 계기가 있으면 폭발하여 이상행동으로 나타나게 된다.

② 부인

부인(denial)은 고통을 주는 사실이나 경험을 인정하지 않고 부정해 버리는 것이다. 즉, 불안을 초래한 스트레스 상황을 처음부터 있지도 않았다는 듯이 쉽게 부정하는 것이다. 예를 들면, 배우자의 사망이나 배신을 인정하지 않고 사실이 아니라고 믿는 것이다.

③ 투사

투사(projection)는 자신이 지니고 있는 심리적 속성을 마치 타인이 지니고 있는 것과 같이 생각하고 행동하는 것이다. 예를 들면, 자기가 상대방을 미워하면서 상대방이 자기를 미워한다고 뒤집어씌우는 것이다. 본능적이고 무의식적인 이드(id)의 욕구를 현실적이고 도덕적으로 모두 충족시키기란 어려운 일이다. 그렇게 되었을 때 현실 불안, 도덕적 불안 등이 발생하며, 이런 불안을 해소하기 위해 자신에게서 발생한 문제를 남의 탓이나 환경 탓으로 돌리면서 자신을 방어하려는 행동을 취하게 될 때 투사 현상이 나타난다. 즉, 자신이 받아들이기 어려운 충동이나 태도, 행동을 무의식적으로 타인이나 환경 탓으로 돌리는 과정이다. 다시 말하면 자기의 결점을 어떤 사람이나 사물의 탓으로 돌리는 과정이다. 예를 들어, 아내를 미워하는 남편이 집에 들어가면 아내는 자신을 거들떠보지도 않고 밥도 잘 챙겨 주지도 않는다고 하면서 아내가 자신을 미워한다고 이야기하는 것이다.

④ 합리화

합리화(rationalization)란 자아가 좌절과 불안을 극복하는 또 다른 방법으로 그럴듯한 이유나 설명을 들어서 불쾌한 현실을 피하려고 하는 것이다. 예를 들면, 미모의 여성에게 프러포즈를 했다가 거절당했을 때, 그 여성의 성격이 나쁘다고 평가함으로써 자신의 상처를 달래는 것이다. 합리화는 비이성적인 행동이 합리적이고 정당한 것처럼 보이도록 하기 위해서 자신을 속이는 것이기 때문에 사실은 합리적이지 않다. 즉, 사회적으로 용납되지 않는 동기를 용납되는 동기로 바꾸므로 자신의 이미지는 회복이 되지만 내면으로는 안정감을 찾지 못하는 것이다.

또 다른 예로는 신 포도와 여우의 이야기를 들 수 있다. 포도가 먹고 싶은 여우가 포도를 따려고 하는데 포도가 높은 곳에 달려 있어서 따 먹을 수가 없었다. 다른 여우가 왜 따 먹지 않느냐고 하자 포도가 너무 시어서 먹기 싫다고 하였다. 사실은 키가 작아서 따 먹을 수 없다고 말하면 너무 초라해 보일 것 같아서 둘러댄 대답이다. 그래서 '신 포도 기제(sour grape mechanism)' 라고도 불린다. 사람들이 합리화를 사용하는 이유는 자기의 자존심이 손상받을 위험에 처하면 무의식적으로 자존심을 보호하려 하기 때문이다. 따라서 합리화는 자신의 자존심을 보호하기 위해서 사용하는 방패막이다.

⑤ 승화

승화(sublimation)는 용납할 수 없는 공격성이나 성적인 충동을 사회적으로 인정받을 수 있는 방향으로 표현하는 것이다. 예를 들면, 공격성이 많은 사람이 권투선수가 된다거나, 성적 충동의 직접적인 표현이 어려우므로 예술성 있는 작품으로 표현해 내는 것을 말한다. 즉, 본능적인 욕구를 사회적으로 용인될 수 있는 공개적 · 문화적 · 창조적 · 지적인 활동으로 바꾸어 본래의 욕구의 긴장을 해소하거나 발산하는 것을 말한다. 승화는 건설적이고 바람직한 적응행동으로 인정된다. 많은 위대한 사람들이 사용한 기제라고 할 수 있다.

⑥ 퇴행

퇴행(regression)은 잠재적 위험이나 실패를 내포하는 상황 속에 뛰어들었을 때 겪게 되는 어려움을 피하기 위해서 초기 발달 단계나 행동양식으로 후퇴하는 것이다. 예를 들어, 부모의 갈등을 지속적으로 보면서 자란 청년이 자신이 원하는 부모의 상과 현실에서 부딪히는 부모의 상 간의 갈등을 해소하기 위해서 그런 종류의 갈등이 없었던 어린 시절의 상태로 돌아갈 수 있다. 소년의 언행, 취미, 차림새 등을 함으로써 현실에서의 갈등 상황을 벗어나는 것이다. 그래서 부모의 애정을 받았던 때의 행동을 취함으로써 부모의 관심도 받고 자신이 가지고 있던 부모의 상도 현실에서 받아들이게 되는 현상이다. 이러한 퇴행은 성인 사회의 자유와 책임에서 오는 공포와 불안을 어느 정도 감소시켜 주기는 하지만 사실상 적절한 적응 방식은 아니다.

⑦ 반동형성

반동형성(reaction formation)은 겉으로 나타나는 태도나 언행이 억압되고 용납될 수 없는 충동의 정반대인 경우의 심리 기제를 말한다. 무의식의 밑바닥에 흐르는 경향, 생각, 바람, 충동 등을 그대로 받아들일 수 없기 때문에 반대행동으로 나타나는 것이다. 흔히 두 단계를 거쳐서 일어나는데, 첫 단계에서는 받아들일 수 없는 충동을 억압하고 두 번째 단계에서는 충동에 반대되는 행동을 의식적으로 한다. 반동형성은 흔히 강박적이고 과장되며 엄격한 특징을 가진 행동 중에서 잘 나타난다. 불안을 감소시키기 위해 사용되는 방어 기제이지만 비합리적이고 기만적이고 위선적이기 때문에, 반동형성이 자주 나타나는 사람은 현실을 왜곡해서 보거나 엄격하고 융통성이 없는 성격으로 발달할 수 있다.

이론의 적용을 통한 나와 너, 인간 이해의 활동 1-1

방어 기제

우리는 불안하거나 심리적으로 위협을 느끼는 상황에 닥치게 되면 나 자신을 보호하기 위해 심리적 방어 전략을 사용하는데, 이를 Freud는 방어 기제라고 했다. 방어 기제는 일시적으로는 자아를 보호해 주는 역할을 하지만 무의식적으로 작동하는 경우가 많기 때문에 합리적 해결책은 아니므로 결국은 현실로부터의 도피에 불과한 것이다. 따라서 방어 기제보다는 근본적인 해결을 할 수 있는 합리적 해결책을 모색해야 할 것이다. 그러기 위해 우선 자신이 주로 사용하는 방어 기제에 대하여 살펴볼 필요가 있다.

1. 심리적으로 고통스러웠던 시간이나 사건을 떠올려 적어 본다.

2. 위의 상황에서 당신이 자신을 보호하기 위해 취했던 방략에 대해 생각해 보고, 그 방략들은 각각 어떠한 방어 기제에 해당하는지 적어 본다.

3. 자아가 위협을 받을 때 당신이 주로 사용하는 방어 기제는 무엇인가? 이 방어 기제가 불안을 감소시키는 데 어느 정도의 효과가 있었는가? 만약 효과가 없었다면 그 이유는 무엇인가?

4. 다시 그런 상황이 반복된다면 방어 기제 대신 취할 수 있는 합리적인 해결책에는 어떠한 것이 있는지에 대하여 생각해 본다.

전이

전이란 어렸을 때 의미 있는 타인과의 관계에서 경험되었던 태도, 환상, 사랑, 증오, 분노 등의 감정이 현재의 다양한 인간관계와 상황에서 무의식적으로 반복되는 것을 말한다. 예를 들어, 지금 내가 어떤 사람에게 지나치게 분노 감정이 있는 경우 이것이 실은 온전히 그 사람에 대한 감정은 아닐 수도 있는 것이다. 따라서 우리가 이런 전이 현상을 잘 탐색하고 인식할 수 있다면 부적절하게 표현되는 감정이나 반응을 잘 조절할 수가 있을 것이다.

1. 분명한 이유 없이 어떤 사람이나 상황에 대해 지나치게 민감하게 또는 강하게 정서를 경험한 일이 있는가? 이 정서들은 매우 긍정적일 수도 있고 혹은 매우 부정적일 수도 있다. (예를 들어, 왠지 특별한 매력을 느꼈던 사람, 이유도 없이 너무 싫고 불편한 사람 등이 있었을 것이다)

2. 당신보다 윗사람, 연장자 혹은 권위적인 어떤 인물에 대해 느끼는 공통적인 감정을 적어 본다. 또 이 감정을 당신의 아버지 혹은 어머니에 대해 느끼는 감정과 비교하여 어떠한 공통점이 있는지 혹은 차이점이 있는지에 대하여 살펴본다.

3. 전이라는 것을 고려했을 때 이 과제를 통해 떠올렸던 사람들에 대한 감정이 어떻게 달라질 수 있는가? (즉, 당신이 그 사람들에게 전이를 하지 않는다면 너무나 싫었던 어떤 사람이 실제로는 그렇게 싫은 사람이 아닐 수도 있다)

마무리하기

지금까지 Freud의 이론을 바탕으로 한 활동을 하고 나서 나와 너, 인간에 대해 새롭게 알게 된 것이나 깨달은 것이 있다면 적어 본다. 또한 이것은 당신에게 앞으로 어떠한 영향을 미칠 수 있을 것인지 적어 본다.

2. Alfred Adler(1870~1937)의 개인심리학적 관점

1) 인간에 대한 기본 관점

Alfred Adler는 인간은 누구나 어떤 측면에서 열등감을 가지고 있는 불완전한 존재로 보았다. 또한 인간은 사회적인 존재이므로 다른 사람과의 비교를 통해서 자신을 평가하게 된다. 따라서 심리적 혹은 사회적 열등감을 경험하게 되는 것이다. 그는 "인간이 된다는 것은 자신이 열등하다는 것을 느끼는 것을 의미한다."라고 하였다. 그리고 Adler는 "개인은 계속해서 열등감으로 채워지며 열등감에 의해 동기화된다."라고 말하며, 우리 각자가 자기완성을 위해서 자신이 느끼는 열등감을 극복해야만 한다는 것을 강조하고 있다. 즉, 개인이 열등감을 극복하고 완성에 도달하기 위한 우월성 추구를 하게 되면 건설적인 생활양식을 갖게 되어 심리적 건강을 달성한다. 이러한 사람은 자신의 부족한 점을 스스로 인정함으로써 열등감을 극복하고자 하는 의지와 노력을 통해서 자기완성에 이르는 과정을 게을리하지 않는다. 그러나 개인이 열등감을 개인적인 우월성 추구에만 집착하게 되면 파괴적인 생활양식을 갖게 되어서 신경증에 빠지게 된다(Ryckman, 2000).

또한 Adler는 인간을 전체적, 현상학적, 사회적, 목적론적, 낙관적인 존재로 보았다. 즉, 인간은 전체로서 사회 속에서 의미를 부여하며 살아가는 존재이며, 자신이 경험하고 있는 현재의 상태에서 매 순간 주관적으로 선택하는 현상학적 존재이다. 또한 인간은 사회적 관심을 받기 위해 노력하는 존재이며, 더불어 현재를 바탕으로 미래지향적인 삶의 목적을 향해 노력하는 목적론적 존재이다. 무의식을 강조한 Freud와 다르게 Adler는 인간에 대해 낙관론적인 견해를 가지고 있었는데, 즉 인간은 스스로가 자신을 개발하고 자신의 운명을 위해 선택하는 존재이며 선택에 따르는 책임도 져야 하는 존재이다.

2) 주요개념

(1) 생활양식

인간은 우월성이나 완전성과 같은 한 가지 궁극적인 목표를 가지고 있기는 하지만 개인이 자신의 목표를 향해서 수행하게 되는 행동은 매우 다양하다. 사람들은 자신에게 삶의 의미가 될 수 있는 다양한 방식, 즉 독특한 생활양식을 발달시키게 된다. 생활양식(life style)은 한 개인이 어떻게 그 사람의 인생에서 경험되어진 장애물을 극복하고 문제 해결 방법을 찾아내고 어떠한 방법으로 목표를 추구하는지에 대한 방식을 결정해 주는 것인데(Sharf, 2000), 개인은 열등감을 극복하기 위해서 생활양식을 발달시킨다. Adler는 5세경에 개인의 생활양식이 본질적으로 결정된다고 보았으며, 가족관계 및 다른 중요한 경험들이 그 무렵에 우리의 일생 동안의 생활상의 특징이 될 기본적인 태도를 부여하는 것이라고 하였다. 이러한 생활양식은 사회적 관심(social interest)과 활동수준(degree of activity)으로 구분되는 이차원적인 모형으로 설명할 수 있다. 사회적 관심이란 타인들을 향한 감정으로써 인간 각 개인에 대한 공감을 말하며, 이는 개인의 이익보다는 사회발전을 위해 다른 사람과 협력하는 것을 뜻한다. Adler 이론에서 사회적 관심은 심리적 성숙의 주요 기준이 되며 이기적인 것과 상반되며, 가족관계 및 다른 아동기 경험들의 맥락에서 발달한다. 활동수준이란 인생 문제를 다루는 데 있어서 개인이 보여 주는 에너지의 양을 말한다. 이 활동수준 역시 어릴 때 형성되는데 아주 무기력하고 우유부단한 사람에서부터 끊임없이 왕성하게 활동하는 사람까지 다양하다. 그러나 활동수준이 건설적이냐 파괴적이냐의 여부는 그것이 사회적 관심과 결합될 때이다. Adler는 사회적 관심과 활동수준에 따른 생활양식을 네 가지, 즉 지배형(the ruling type), 기생형(the getting type), 회피형(the avoiding type), 사회적 유용형(the socially type)으로 설명하였다. 지배형, 기생형, 회피형은 바람직하지 않은 유형으로 사회적 관심이 부족하다는 공통점이 있으나 활동수준에는 차이가 있다. 사회적 유용형은 바람직한 형으로

[표 1-1] 생활양식

		사회적 관심	
		고	저
활동수준	고	사회적 유용형	지배형
	저		기생형 회피형

사회적 관심과 아울러 활동수준도 높다. Adler는 이러한 생활유형은 가정에서 어린 시절에 부모의 영향 아래서 주로 형성된다고 보았다(노안영, 1998). 이러한 내용을 [표 1-1]로 제시하면 다음과 같다(노안영, 2003).

① 지배형

지배형은 활동수준은 높으면서 사회적 관심은 낮은 유형으로, 부모가 지배하고 통제하는 독재형으로 자녀를 양육할 때 나타나는 생활양식이다. 민주사회에서 요구하는 바람직한 시민상을 고려할 때 상대방에게 지배와 복종을 강요하는 생활양식이 적절하지 않다는 것을 쉽게 알 수 있다. 부모가 막무가내로 힘을 통해 자녀를 지배하고 통제할 때 자녀의 생활양식은 지배형으로 형성된다.

② 기생형

기생형은 활동수준과 사회적 관심이 모두 낮은 유형으로 기생형 생활양식의 주요한 특징은 의존성이다. 이러한 생활양식은 부모가 자녀를 지나치게 과잉보호할 때 나타나는 태도이다. 부모가 자식사랑이란 미명 아래 자녀를 지나치게 보호하여 독립심을 길러 주지 못할 때 생기는 생활 태도이다.

③ 회피형

회피형은 기생형과 마찬가지로 활동수준과 사회적 관심이 모두 낮은 유형으로, 이러한 생활양식을 가진 사람은 매사에 소극적이며 부정적인 태도를 가진다. 이들은 자신감이 없기 때문에 적극적으로 직면하는 것을 피한다. 그리고 어느 것도 시도하지 않고 불평만 하기 때문에 사회적 관심이 떨어져 고립되게 된다.

④ 사회적 유용형

사회적 유용형은 높은 사회적 관심과 활동수준을 가지고 있으며, 이러한 유형의 사람은 긍정적인 태도를 가진 성숙한 사람으로서 심리적으로 건강한 사람의 표본이 된다. 이들은 사회적 관심이 많아서 자신과 타인의 욕구를 동시에 충족시키는 한편 인생의 과제를 완수하기 위해 기꺼이 다른 사람과 협동한다. 이들은 사회 문제를 해결하기 위해서는 협동, 개인적인 용기, 타인의 안녕에 공헌하려는 의지가 필수적임을 인식하고 있다.

(2) 허구적 최종목적론

개인심리학에서는 모든 인간행동은 목적을 갖는다고 가정하며 Freud의 결정론적인 설명을 목적론으로 대신하였다. 즉 Adler는 인간을 현재를 바탕으로 미래지향적인 삶의 목적을 향해 노력하는 존재로 보았으며, 이러한 삶의 목적은 최소한 사회에 기여할 수 있는 유용한 생활양식을 바탕으로 설정되는 것이 필요하다고 주장하였다. 그리고 이렇게 인간의 행동을 유도하는 상상된, 즉 만들어진 주요목표를 설명하기 위해 허구적 최종목적론(fictional finalism)이란 용어를 사용하였다. **허구적 최종목적론**이란 허구 또는 이상이 현실을 보다 더 효과적으로 움직인다는 Hans Vaihinger의 말에서 영향을 받은 개념으로, 우리의 주요 인생의 목표는 주관적으로 결정되고 스스로에 의해 창조되며 주로 무의식적인 것이므로 '허구적'이라는 용어를 사용하는 것이다.

Adler는 인간의 행동이 과거 경험의 의해 좌우되기보다는 미래에 대한 기대에 의해서 좌우되기 때문에 허구적 최종목적론은 미래에 실재하기보다 주관적으로 또는 정신적으로 현재의 행동에 영향을 주는 이상으로 여기-현재에 존재하는 것을 의미한다. Adler는 개인의 모든 심리적 현상을 허구적 최종목적론으로 이해하고자 하였는데, 즉 인간의 최종목적이 인간의 행동을 설명할 수 있으며, 인간의 삶의 방식에 많은 영향을 준다는 것이다.

(3) 열등감과 보상

Adler의 최초의 이론적 업적들은 기관열등과 그에 따른 보상의 개념이었다. 앞서 언급했듯이 모든 인간은 나름대로 어떤 측면의 열등감을 가지고 있다. 또한 사회적인 존재이므로 다른 사람과의 비교를 통해서 자신을 평가하게 된다. 따라서 심리적 혹은 사회적 열등감을 경험하게 되는 것이다. 그리고 모든 사람들은 자기완성을 위해 자신이 느끼는 열등감을 극복해야 하는데, 이는 보상을 통해 가능해지며 따라서 보상은 잠재력을 성취하도록 우리를 움직여 주는 건강한 반응이다.

인간은 현재보다 더 나은 상태인 완전성을 실현하기 위해서 노력하는 존재이기 때문에, 즉 개인이 열등감을 극복하고 완성에 도달하기 위한 우월성 추구를 하게 되면 건설적인 생활양식을 갖게 되어 심리적 건강을 달성한다. 이러한 사람은 자신의 부족한 점을 스스로 인정함으로써 열등감을 극복하고자 하는 의지와 노력을 통해서 자기완성에 이르는 과정을 게을리하지 않는다. 그러나 개인이 열등감을 개인적인 우월성 추구에만 집착하게 되면 파괴적인 생활양식을 갖게 되어서 신경증에 빠지게 된다(Ryckman, 2000). 열등감에 사로잡혀 열등감의 노예가 된다면 열등감이 우리를 지배하게 되며 이렇게 된다면 우리의 삶은 열등감 콤플렉스에 빠져버리게 된다. Adler는 열등감 콤플렉스는 주어진 문제를 사회에 유용한 방식으로 해결하기에 충분히 강하지 않는 사람이 갖는 특성으로, 성인이 되었을 때 신경증을 일으키게 되는 주요 원인이 될 수 있다고 하였다. Adler는 열등감 콤플렉스는 아동기 때 어른들의 양육 방식에 의해서 나타나는 것이라고 하였으며, 기관열등감(organ inferiority), 과잉보호(spoiling), 양육태만(neglect)의 세 가지에서 그 원천을 찾을 수 있다고 하였다.

① 기관열등감

기관열등감의 원천은 개인의 신체와 관련되는데, 이는 부모에게 물려받은 자신의 신체에 대해서 어떻게 생각하는가와 관련된 것이다. 외모, 신체적인 건강, 병약한 정도 등에 대한 부분과 관련이 있으며 신체적으로 불완전하거나 만성적으로 아픈 아이들은 다른 아이들과 정상적으로 경쟁하기가 어렵기 때문에 열등감을 지니게 된다.

② 과잉보호

과잉보호의 원천은 부모의 자녀교육과 관련된 것으로, 자녀를 얼마나 독립적으로 키우는가, 의존적으로 키우는가 등의 양육 방식에 의한 것이다. 과잉보호에 의해 양육된 자녀는 다른 사람이 언제나 자신을 위해 모든 것을 해 주기 때문에 자신감이 부족하게 되며, 결과적으로는 자신이 인생의 어려운 고비에 부딪혔을 때 해결할 능력이 없다고 믿고 깊은 열등감에 빠져들게 된다.

③ 양육태만

부모가 자녀에 대한 기본적인 의무를 다하지 않는다는 데서부터 출발하게 된다. 부모가 자녀와의 정서적인 안정의 교류를 통해서 자신의 존재감을 갖게 되는데, 양육태만에 의해 성장한 자녀는 근본적으로 자신이 필요하지 않다고 느끼고 있기 때문에 열등감을 극복하기보다는 오히려 당면한 스스로의 문제를 해결하기 위해서 능동적으로 참여하는 대신에 회피하는 경우가 일반적이다. 이렇게 성장한 아이들은 자신의 존재감은 물론 삶 속에서 자신 스스로가 필요로 하는 것을 얻고, 나누고 협력하기보다는 혼자서 폐쇄적인 생활을 하게 될 가능성이 매우 높다.

(4) 우월성의 추구

Adler는 결국 우리 모두의 내면에 지닌 기본적인 동기는 우월을 향한 노력이라고 하였으며, 우월성(superiority)이란 개념은 자기완성 혹은 자아실현이란 의미로 사용하였다. 이는 완벽을 향한 우리의 선천적 추동으로 열등감의 보상에 대한 욕구에서 나오며, 우리가 환경을 보다 잘 통제할 수 있도록 권력 혹은 힘을 성취하려는 노력을 말한다. 우월성의 추구는 삶의 기초적인 사실로 모든 인간이 문제에 직면했을 때 부족한 것은 보충하고 낮은 것은 높이고 미완성의 것은 완성하고 무능한 것은 유능한 것으로 만드는 것이다. 즉, 우월성의 추구는 모든 사람이 선천적으로 일생을 통해 환경을 적절히 통제하며 동기의 지침이 되어 심리적인 활동은 물론 행동을 안내한다. Adler는 우월성 추구는 그 자체가 수천 가지 방법으로 나타날 수 있으며, 모든 사람들은 자신의 성취나 성숙을 추구하는 일정한 노력의 형태를 가지고 있다고 말했다. 즉, Adler는 우월성의 추구를 모든 인생의 문제 해결의 기초에서 볼 수 있으며 사람들이 인생의 문제에 부딪히는 양식에서 나타난다고 하였다. 출생에서 사망에 이르기까지 우월성 추구의 노력은 인간을 현 단계에서 더 넓은 단계로 이끌어 준다.

(5) 출생 순위

사람은 대개 출생과 동시에 한 가정의 구성원이 된다. 따라서 개인의 성격 발달은 좋은 방향으로든 나쁜 방향으로든 가정에서부터 시작된다고 할 수 있다. 특히, 가정에서의 부모의 양육태도가 자녀의 성격형성에 많은 영향을 미치게 된다. Symonds, Baldwin, 그리고 Kallhorn 등의 연구에서 보면 익애형 또는 과보호적인 가정에서 자라난 아동은 신경질적이고 의존적인 성격 또는 자기중심성이나 비사회성이 나타나기 쉽고, 거부형과 방임형의 가정에서 자라난 아동은 반항적이고 공격적이며 불안정한 성격이, 전제적인 가정에서 자라난 아동은 수동적이고 순종적인 성격과 복종적인 성격이 형성되기 쉽다고 하였다.

한편 Adler는 부모가 같고 거의 같은 가정환경에서 자라난 아이들이라도 개인의 출생 순위에 따라 생활양식이나 성격형성에 서로 다른 영향을 받는다고 하였다. 또한 Adler는 출생 순위뿐만 아니라 가족 내에서의 자신의 위치에 대한 지각과 해석도 성격형성에 중요한 영향을 준다고 하였다. 또한 가정에서 부모를 중심으로 자녀와의 가족관계가 어떠한 가족구도를 형성하고 있는가도 자녀의 생활양식을 형성하는 데 중요하다. 즉, 부모를 중심으로 한 가족

구도 속에서 부모가 민주적으로 모든 자녀에게 대등한 관계에서 자녀를 양육하지 않을 경우 어떤 자녀는 심리적 상처를 받을 수도 있다. Adler가 제시한 출생 순위에 따른 성격의 특징은 다음과 같다.

① 첫째

첫째는 처음 태어나서 '독자'의 시기까지는 부모의 끊임없는 사랑과 관심을 한 몸에 받으며 응석받이로 행동한다. 그러다가 동생이 태어나면서부터는 그의 즐거웠던 자리를 빼앗기게 되는데 때로는 이것이 마음의 상처가 될 수도 있어, 이를 가리켜 Adler는 맏이를 '폐위된 왕'에 비유했다. 대개 첫째는 책임감이 강하고 의젓하며 열심히 일하고 앞에 나서기를 좋아하며 때로는 이기적인 경향이 있기도 하다. 따라서 첫째는 가족의 법과 표준의 지지자가 된다. 부모에게 성숙과 책임감의 자리를 수여받기 때문에 권위적인 인물에 대하여 동조하는 생활양식을 발달시키는 것은 당연한 일이 된다.

② 둘째

둘째는 태어날 때부터 형이나 누나라는 경쟁자가 있으므로 그들을 능가하기 위한 자극과 도전을 받는다. 따라서 둘째는 형의 약점을 찾는 요령을 발달시키게 되고 형이 실패한 것을 달성함으로써 부모나 선생님으로부터 칭찬을 받기 위해 노력하게 된다. 따라서 대부분 둘째는 첫째와 반대되는 양상을 보이며, 대부분 적응력과 경쟁심이 아주 강하고 대단한 야망을 가진 성격이 된다. 둘째는 한 번도 관심의 큰 중심인 적이 없었으므로 동생이 생기는 것에 대해서 덜 예민하며, 하나 이상의 형제가 있기 때문에 협동 및 타협의 기술이 보다 쉽게 나타난다. 하지만 어떤 경우에는 둘째는 우월한 형제의 권리 및 특권에 신경을 쓰게 되는데 이는 열등감을 낳고 노력하고 경쟁하는 행동으로 표현될 수 있다.

③ 막내

막내는 언제나 가족의 귀염둥이로 부모나 형제들에 의해 응석받이로 자라나게 된다. 그러나 가정이 경제적으로 넉넉지 못할 경우에 막내는 자기 것은 아무것도 없고 다른 가족들로부터 물려받아야 하는 '늘 귀찮게 붙어 다니는 아이' 의 위치로 전락할 수도 있다. 또한 막내는 모두가 자기보다 크고 힘세고 특권이 있는 형으로 둘러싸여 독립심의 부족과 함께 강한 열등감을 경험하기 쉽다. 그럼에도 불구하고 막내는 한 가지 이점을 가지고 있는데, 그것은 위의 형들을 능가하고자 하는 강한 동기 유발이다. 막내는 경쟁할 남매들로 인해서 경쟁심과 자기도 다른 남매들만큼 훌륭하다는 것을 보여 주겠다는 욕망이 강해질 수 있다. 그래서 막내는 정말로 싸움꾼이 되기도 하며 이러한 경우에는 동기가 유발된다. 이 때문에 막내 중에는 가끔 뛰어난 운동선수, 훌륭한 음악가, 재능 있는 예술가 또는 가족 중에 가장 야망이 있는 아이가 된다. 이를 가리켜 Adler는 "도전적인 막내는 혁명가로 될 가능성이 많다."라고 했다.

④ 독자

Adler에 의하면 독자는 경쟁할 상대가 없는 독특한 위치에 있다. 그러므로 어머니가 응석받이로 기를 가능성이 많고 아버지와는 강한 라이벌 의식을 가지게 된다. 독자는 엄마 치맛자락에 매달려 응석을 부리고 다른 사람들로부터도 보호받기를 원하며, 의존성과 자기중심성이 현저하게 나타날 수 있다.

이론의 적용을 통한 나와 너, 인간 이해의 활동 1-2

열등감과 우월성 추구

Adler는 인간은 누구나 열등감을 가지고 있으며 이 열등감이 모든 인간의 동기와 노력의 기초를 형성한다고 생각하였다. 즉, 열등감을 보상하고자 하는 노력으로 우월을 추구하게 되면서 성격의 강점과 기술이 발달하게 된다는 것이다.

1. 당신이 어렸을 때에 자신에 대하여 느꼈던 열등감은 무엇이었는지 적어 본다. 이 열등감에 기여하였거나 강화하였던 특정 사건과 경험을 함께 기억하여 적어 본다.

2. 이 열등감을 어떤 방법으로 극복하였는지 혹은 극복하지 못하고 지금까지도 지니고 있는지 적어 본다.

3. 지금 현재 당신이 느끼는 열등감이 있는가? 이 열등감을 극복하기 위해 열등감–우월성 역동을 앞으로 어떻게 당신의 삶에 적용할 수 있는가?

출생 순위

Adler는 출생 순위가 아동의 성격형성에 영향을 미친다고 하였다. 또한 출생 순위뿐만 아니라 가족 내에서의 자신의 위치에 대한 지각과 해석도 성격형성에 중요한 영향을 준다고 하였다. 예를 들어, 아버지의 역할을 하는 맏이도 있을 수 있으며 막내임에도 불구하고 맏이처럼 지각하고 행동했던 사람도 있을 수 있다.

1. 출생 순위가 당신의 성격형성에 어떠한 영향을 미쳤다고 생각하는가? 당신뿐만 아니라 다른 형제들 혹은 주위 사람들의 출생 순위와 그들의 성격에 대하여 생각해 보면서 Adler의 주장에 대한 당신의 입장을 정리해 본다.

2. 어렸을 때 당신은 가족 내에서 자신의 위치나 역할에 대해 어떻게 지각하고 있었는가? 이것이 당신의 성격이나 행동에 어떠한 영향을 미쳤는가? 마찬가지로 다른 형제들의 경우는 어떠한가?

생활 양식

Adler는 개인은 열등감을 극복하기 위해서 생활양식을 발달시키며 이 생활양식의 원칙이 각각의 성격에 독특한 기여를 하게 된다고 보았으며, 가족관계와 다른 중요한 경험의 영향을 받아 5세경에 개인의 생활양식이 본질적으로 결정된다고 보았다. 그리고 Adler는 사회적 관심과 활동수준에 따른 생활양식을 네 가지, 즉 지배형, 기생형, 회피형, 사회적 유용형으로 설명하였다.

1. 당신의 기본적인 생활양식(기본적 태도, 생활에의 접근법, 세계에 대한 지각 등)에 대하여 자유롭게 적어 본다. 생활에서 경험한 위기나 곤란한 상황에서 당신이 어떠한 식으로 대처하고 반응하였는지에 대해 떠올려 보는 것도 당신의 생활양식을 파악하는 데 도움이 될 것이다.

2. Adler는 생후 5세경에 생활양식이 형성된다고 하였는데, 당신의 생활양식이나 성격 중에서 아동기 이전부터 지금까지 지속되고 있는 것이 있다면 적어 본다. 그리고 어떠한 영향을 받아 이러한 생활양식이 형성되었다고 생각하는지 적어 본다.

3. 당신의 생활양식은 Adler가 제시한 네 가지 생활양식 중 어느 것과 가장 가까운가? 그 이유는 무엇인가?

마무리하기

지금까지 Adler의 이론을 바탕으로 한 활동을 하고 나서 나와 너, 인간에 대해 새롭게 알게 된 것이나 깨달은 것이 있다면 적어 본다. 또한 이것은 당신에게 앞으로 어떠한 영향을 미칠 수 있는지 적어 본다.

3. Carl Gustav Jung(1875~1961)의 분석심리학적 관점

1) 인간에 대한 기본 관점

Jung은 인간의 무의식을 Freud보다 한층 더 심층적으로 연구한 학자이다. Jung은 Freud의 영향을 많이 받은 학자 중의 한 사람이지만, Freud가 평생을 통해 주장한 심리성적 발달 이론과 인생의 초기, 즉 생후 5,6세 이전에 성격이 결정된다는 결정론에 반대하며 인간 정신에 대한 분석을 주관적 체험과 현상학을 바탕으로 체계화하였다. 그는 인간 성격의 성숙은 평생에 걸쳐 진행되며 생의 후반기에 개성화 과정에서 가속화될 수 있다고 보았다.

Jung은 Freud와 마찬가지로 인간의 정신은 의식과 무의식의 구조로 보았고, 인간 정신의 소인인 원형이 유전된다는 것과 원형들로 구성된 집단무의식의 개념을 바탕으로 분석심리학을 개발하였다. 하지만 그는 인간이 생물학적인 본능에 의해 지배되는 것 이상으로 인류의 역사를 통해 발달된 인간의 정신구조를 이해하려고 하였다. 인간은 생물학적 유전뿐만 아니라 문화적, 정신적 유전도 선조로부터 물려받았으며, 문화나 민족에 따라 다소 다르긴 하지만 집단무의식을 통해 인간이 갖는 기본적인 정신이 유전된다고 보았다. 즉, 인간은 집단무의식과 그것의 활동에 의해 영향을 받는 존재인 것이다.

따라서 인류가 보다 발전하기 위해, 각 개인이 자아실현을 이루기 위해 필요한 것은 인류의 뿌리를 이해하는 것이다. 인류 역사의 이해는 나를 이해하는 데 귀중한 자료가 된다. 예를 들어, 단군신화를 비롯해 많은 신화와 전래동화는 우리 민족의 정신에 영향을 미쳐 왔으며 우리는 이러한 것들을 통해 한 민족의 정서를 느낀다. 그리고 그러한 것들을 통해 전해지는 정신적 유산은 우리를 형성하는 데 주요한 역할을 한다.

2) 주요개념

(1) 정신구조

Jung은 전체적 성격인 정신의 수준을 크게 의식과 무의식으로 구분하였다. 더 나아가 무의식을 개인무의식(personal unconscious)과 집단무의식(collective unconscious)으로 세분화한 후 집단무의식을 중심으로 분석심리학을 확립하였다.

① 의식

의식은 우리가 직접 알고 있는 정신의 부분이며, 자아(ego)에 의해 지배된다. 자아는 비록 정신 전체 속에서는 작은 부분을 차지하고 있지만 의식에 이르는 문지기라는 대단히 중요한 역할을 하고 있다. 인간은 자아를 통해 자신을 외부에 표현하고 외부 현실을 인식한다.

의식과 관련하여 중요한 내용은 태도와 기능을 이해하는 것이 필요하다. 첫째, 태도는 의식의 주인인 자아가 갖는 정신적 에너지의 방향이다. 즉, 자아가 외부 대상에 지향하는 방향이 수동적인가 능동적인가에 따라 성격태도가 결정된다. 능동적인 태도를 외향성(extraversion)이라고 한다. 외향성은 의식을 외적 세계 및 타인에게 향하게 하는 성격태도이다. 내향성(introversion)은 의식을 자신의 내적 주관적 세계로 향하게 하는 성격태도이다. Jung은 우리 모두가 이러한 두 가지 성격태도를 모두 가지고 있으며, 그중 어느 태도가 지배적이냐에 따라 태도가 결정된다고 보았다. 둘째, 의식의 기능은 주관적 세계와 외부 세계를 지각하고 이해하는 서로 다른 방식을 의미한다. Jung이 제안한 정신적 기능의 구성 요소는 사고, 감정, 감각, 직관이다. 이러한 구성 요소는 Jung이 제안한 정신의 반대의 원리에 따라 합리적 차원(사고-감정)과 비합리적 차원(감각-직관)으로 구분된다. 이러한 기능 중 어느 것을 우선적으로 사용하는가에 따라 기본적인 성격이 달라진다고 하였다. Jung은 심리적 태도와 기능을 조합하여 여덟 가지 심리적 유형인 외향적 사고형, 외향적 감정형, 외향적 감각형, 외향적 직관형, 내향적 사고형, 내향적 감정형, 내향적 감각형, 내향적 직관형이 결정된다고 보았다. 인간의 타고난 성격유형을 검사하는 데 현재 많이 쓰이는 MBTI(Myers-Briggs Type Indicator, 제6장 참조)는 이러한 Jung의 이론에 기초하고 있다.

② 개인무의식

개인무의식은 의식에 인접해 있는 부분으로 쉽게 의식화될 수 있는 망각된 경험이나 감각 경험으로 구성된다. 개인무의식의 자료는 개인의 과거 경험으로 비롯된 내용이다. 이런 점에서 개인무의식은 Freud의 전의식과 유사한 개념이지만 무의식까지 포함한 개념이라고 할 수 있다. 개인무의식은 의식되었지만 그 내용이 중요하지 않거나 고통스러운 것이기 때문에 망각되었거나 억제된 자료의 저장소이다. 즉, 너무 약하기 때문에 의식에 도달할 수 없거나 또는 의식에 머물 수 없는 경험은 모두 개인무의식에 저장된다.

③ 집단무의식

집단무의식은 Jung이 제안한 독창적 개념으로 분석심리학의 이론 체계에서 가장 핵심적인 개념이다. 집단무의식은 개인적 경험이 아니라 사람들이 역사와 문화를 통해 공유해 온 모든 정신적 자료의 저장소이다. Jung은 인간의 정신적 소인이 유전된 것으로 생각하였다. 따라서 집단무의식은 인류 역사를 통해 선조로부터 물려받은 우리의 행동에 영향을 주는 정신적 소인인 수없이 많은 원형(archetypes)으로 구성되어 있다. 집단무의식은 직접적으로 의식화되지는 않지만 인류 역사의 산물인 신화, 민속, 예술 등이 지니고 있는 영원한 주제의 현시를 통해 간접적으로 관찰될 수 있다.

(2) 원형

집단무의식을 구성하고 있는 인류 역사를 통해 물려받은 정신적 소인이 원형이다. 원형은 인간이 갖는 보편적, 집단적, 선험적인 심상들로 심상이나 이미지이지 내용은 아니며, 꿈, 신화, 동화, 예술 등에서 나타나는 상징을 통해서 표현된다. 이러한 원형은 인간 성격의 주요한 구성 요소이다. Jung이 언급한 대표적인 원형에는 페르소나, 아니마와 아니무스, 그림자, 자기 등이 있다.

① 페르소나

페르소나(persona)는 원래 고대 그리스의 연극에서 배우들이 쓰던 가면을 말하는 것으로 환경의 요구에 맞추어 조화를 이루려고 하는 적응의 원형을 말한다. 즉, 페르소나는 개인이 사회적 요구에 대한 반응으로서 밖으로 내놓는 공적인 얼굴을 의미한다. 예를 들어 사람들이 곧잘 나의 생각, 신념, 가치관, 나의 것이라고 하는 것을 자세히 살펴보면 그것은 결코 자기의 생각이 아니라 남의 생각, 즉 부모의 생각, 선생의 생각, 다른 친구의 생각임을 알 수가 있다. 즉, 집단적으로 주입된 생각이나 가치관인데 마치 자기 것이라고 생각하는 경우가 있다. 이렇게 페르소나는 내가 나로서 있는 것이 아니고 남과 다른 사람에게 보이는 나를 더 크게 생각하는 특징을 가지고 있으며 주위의 일반적 기대에 맞추어 주는 태도로서, 이는 진정한 자기(Selbst, self)와는 다른 것이다. 집단과의 관계를 유지하는 동안 자아는 차츰 자기도 모르게 집단정신에 동화되어 그것이 자기의 진정한 개성인 것으로 착각하는 경우가 있다. 이것을 우리는 자아가 페르소나와 동일시된다고 말한다. 이렇게 되면 집단이 요구하는 역할에 충실히 맞추어 주는 사람이 된다. 집단이 옳다고 말하는 규범은 무엇이나 지키는 사람이 된다.

페르소나는 자아로 하여금 외계와 관계를 맺어 주는 기능이다. 인간이 집단 속에서 생을 영위하는 이상, 가정과 사회의 교육을 통해서 페르소나를 형성하고 그것을 강화하는 것은 필요한 것이고 또한 필수적인 것이다. 특히, 소아기에서 청소년기에 이르기까지 페르소나의 형성은 외계와의 관계에서 없어서는 안 될 것이다. 하지만 페르소나와의 동일시가 심해지면 자아는 그의 내적인 정신세계와의 관계를 상실하게 된다. 즉 자기 자신을 돌보지 못하게 되고 그 존재조차도 잊어버리게 된다.

② 아니마와 아니무스

Jung은 인간이 태어날 때 본질적으로 양성을 가지고 태어났다는 양성론적인 입장을 취했다. 즉, 모든 남성의 정신에는 여성적인 요소가 들어 있고, 모든 여성의 정신에는 남성적인 요소가 들어 있다는 것이다. 이러한 이론적 입장을 반영한 개념이 아니마(anima)와 아니무스(animus)이다. 남성의 내부에 있는 여성성을 아니마라 하고, 여성의 내부에 있는 남성성을 아니무스라고 한다. 즉, 아니마는 남성 정신의 여성적인 측면으로서 부드러움, 친절, 인내, 수용, 자연에 대한 친밀감, 용서 등이고, 아니무스는 여성 정신의 남성적인 측면으로서 독단성, 통제하고 주도권을 잡으려는 의지, 투쟁성 등이다.

성숙한 인간이 되기 위해서는 남자는 내부에 잠재해 있는 여성성인 아니마, 즉 사랑을 개발해야 하며, 여자는 내부에 있는 남성성인 아니무스, 즉 이성을 개발해야 한다. 이로 인해 남자와 여자는 서로 상대방에 대한 더 깊은 이해와 사랑이 가능해진다.

③ 그림자

심리학적인 의미에서 그림자(shadow)란 바로 나(자아, Ich)의 어두운 면, 즉 무의식적인 측면에 있는 나의 분신이다. 즉, 인류 역사를 통해 의식에서 억압된 어두운 무의식에 있는 자료와 인간의 원초적인 동물적 욕망에 기여하는 원형이다. 그림자는 인간의 양면성, 밝고 긍정적인 면과 어둡고 부정적인 면을 반영한 원형이다. 즉, 그림자는 사회적으로 나쁘다고 생각하는 측면이 있기는 하지만 또한 생명력, 자발성, 창조성의 원천이 되기도 하여 이로움을 주기도 한다. 좀 더 구체적으로 말하자면, 그림자는 외계의 대상으로 투사되거나 자아가 처음 의식할 때는 미숙하고 열등하고 부도덕하다는 등 부정적인 인상을 주는 것들이어서 좀처럼 자아가 자기의 일부분으로 받아들이기를 꺼리는 것들이다. 그러나 그림자는 본래부터 그렇게 악하고 부정적이고 열등한 것이 아니라 그늘에 가려 있는 것이다. 즉 무의식 속에 버려져 있어서 분화될 기회를 잃었을 뿐이며, 그것이 의식되어 햇빛을 보는 순간, 그 내용은 곧 창조적이며 긍정적인 역할을 하게 된다.

④ 자기

자기(Selbst, the self)는 의식과 무의식을 포함하는 전체 정신을 조절하고 통합하는 중심이며, Jung은 인간이 실현하기 위해 타고난 청사진을 자기라고 보았다. 자기는 전체로서 인간 성격의 조화와 통합을 위해 노력하는 원형이라고 할 수 있다. Jung에 의하면 자기는 다른 정신 체계가 충분히 발달할 때까지 나타나지 않으며 인생의 가장 결정적인 변화의 시기인 중년의 시기에 나타난다. 그리고 개인의 자아실현은 자신에 대한 정확한 지각과 미래의 계획 및 목표를 수반한다.

이론의 적용을 통한 나와 너, 인간 이해의 활동 1-3

페르소나 vs 그림자

페르소나란 가면과도 같이 본연의 나의 모습과는 다르게 타인에게 겉으로 보여 주는 나라고 할 수 있다. 우리는 페르소나를 통해 다른 사람과 관계하면서 좋은 인상을 주거나 자신을 은폐시킨다. 겉으로 표현된 페르소나와 내면의 자기가 너무 불일치하면 이중적인 성격으로 결국엔 사회 적응에 곤란을 겪게 된다.

그림자란 페르소나가 지키고자 하는 사회의 이상이나 규범에 맞지 않는 경향, 욕망, 기억, 경험이 거부되어 의식으로부터 억압된 것이다. 페르소나가 강할수록 우리 자신의 많은 부분을 억압하게 되므로 그림자가 커질 수 있다.

1. 혹시 당신의 겉으로 보여지는 모습이 원래의 자기와는 다르다는 것을 느낀 적이 있는가? 이 질문에 대해 생각해 보며, 사회적 관계 속에서 당신이 다른 사람에게 보여 주는 모습에 대하여 적어 본다.

2. 그것이 편하게 느껴지는지, 혹시 불편하다면 어떤 점이 불편한지에 대하여 적어 본다.

3. 당신이 가장 싫어하는 사람의 특성 중에서 가장 싫어하는 특성을 떠올려 적어 본다.

※ Fadiman과 Frager에 따르면 이것이 바로 나의 그림자를 투사한 내용일 수 있다. 이에 대해 어떻게 생각하는가?

– 이와 함께 당신의 페르소나 이면에 억압되어 있는, 즉 페르소나로 감추고 싶은 그림자에 어떤 것이 있는지 생각해 보고 적어 본다.

아니마, 아니무스

남성의 내부에 있는 여성성을 아니마, 여성의 내부에 있는 남성성을 아니무스라고 한다. 성숙한 인간이 되기 위해서는 남자는 아니마, 즉 사랑(에로스)을 이해하고 개발해야 하며, 여자는 아니무스, 즉 이성(로고스)을 이해하고 개발하는 것이 필수적이다.

1. **당신의 성격 특징 중에서, 만약 당신이 남자라면 로고스(남성성)에 해당하는 것들을 적어 보고 만약 당신이 여자라면 에로스(여성성)에 해당하는 것들을 적어 본다.**

2. **당신이 가장 사랑하고 존경하는 사람의 특성 중에서 당신이 가장 좋아하는 특성을 떠올려 적어 본다.**

마무리하기

지금까지 Jung의 이론을 바탕으로 한 활동을 하고 나서 나와 너, 인간에 대해 새롭게 알게 된 것이나 깨달은 것이 있다면 적어 본다. 또한 이것은 당신에게 앞으로 어떠한 영향을 미칠 수 있는지 적어 본다.

02

행동 및 사회학습 관점에서의 인간 이해

심리학의 제2세력이라고 할 수 있는 행동주의는 인간의 행동을 연구하는 심리학의 주요한 세력으로서 20세기 초에 시작되어 20세기를 지배해 왔다. 행동주의자들은 인간의 관찰될 수 있는 행동만이 과학적 심리학의 연구주제가 된다고 주장하였다. 따라서 행동주의적 접근은 외현적 행동과 그 행동에 영향을 주는 환경에 대한 연구를 강조하며, 인간행동의 원리나 법칙을 설명하는 학습 이론을 제시하였다. 학습 이론에서는 인간의 모든 행동이 주어진 환경에 의해 결정된다고 본다. 또한 특정한 행동이 어떻게 형성되었는가를 실험심리학을 통해 구체적으로 보여 줌으로써 인간 이해에 관한 과학적인 접근에 공헌하였다. 행동주의적 접근의 기초가 되는 중요한 학습 이론으로는 Pavlov의 고전적 조건형성과 Skinner의 조작적 조건형성을 들 수 있다. 한편 행동주의와 학습 이론의 전통을 이어받은 Bandura와 Rotter는 급진적 행동주의의 단점을 보완하고자 하면서, 인지의 중요성을 내포한 사회적 행동과 학습 이론을 행동주의 이론과 통합시키려는 노력을 하였다. 이들은 인간을 이해하는데, 동물을 대상으로 한 단순한 학습 실험에서 발달된 '자극-반응'의 개념을 넘어서서 보다 복잡한 사회적 맥락에서 연구되어야 함을 강조하였다. Bandura는 그의 이론을 최근 사회적 인지 이론으로 수정하였으며 자신의 행동에 대한 기대를 강조하는 자기효능감이란 개념을 이론에 통합시켰다. 이 장에서는 Pavlov와 Skinner의 행동주의적 관점과 Bandura와 Rotter의 사회적 학습 관점에서 바라보는 인간이란 존재에 관하여 살펴볼 것이다.

미리 생각해 보기

- 불안과 공포 등 인간의 주요 정서와 행동양식은 어떻게 학습되는가?
- 수정하고 싶은 부적응적인 생활양식이나 행동양식이 있는가? 이러한 것은 언제부터, 왜 생겨났는가?
- 나의 성격특성이나 행동은 내가 처해 있는 환경이나 사회적 맥락에 의해 중요한 영향을 받는가?
- 나의 생각과 행동에 중요한 영향을 미치는 모델은 누가 있는가?

1. Pavlov와 Skinner의 행동주의적 관점

1) 인간에 대한 기본 관점

행동주의자들은 인간은 환경에 의해서 선하게도 악하게도 될 수 있다고 한다. 학습 이론적 관점에서는 인간을 자극에 대한 반응을 보이는 존재로 여긴다. 즉 학습 이론에 의하면 인간의 성격과 행동은 환경과의 상호작용에 의해서 결정되며, 환경에서의 학습의 결과로 생긴 소산물이라고 본다. 행동주의를 보급시키는 데 기여한 Watson이 "나에게 건강한 12명의 아동을 보내시오. 그리고 그들이 내가 고안한 특별한 세계에서 자라게 해 주시오. 그러면 나는 무선으로 어느 1명을 골라서 내가 선택할 수 있는 어떤 유형의 전문가, 즉 의사, 변호사, 예술가, 상업가, 그리고 심지어 거지와 도둑이 되도록 훈련시킬 수 있다는 것을 보장합니다."(Leahey, 1997; 노안영, 2005에서 재인용)라고 한 말은 행동주의자들이 인간을 바라보는 관점을 잘 대변해 준다고 할 수 있다. 행동주의자들은 성선설이나 성악설의 관점에서 인간을 바라보지 않고 환경에서의 조건형성과 강화의 학습법칙에 의해 인간을 선하게도 악하게도 만들 수 있다고 본다. 극단적인 예로, 사회적으로 물의를 일으키는 범죄자들이나 흉악범들이 검거된 후 공개된 그들의 과거에 대해 들어 보면, 대부분 어린 시절부터 그들이 처한 환경이 열악하고 어두웠던 것을 알 수 있다. 물론 그러한 환경에서 누구나 다 범죄자가 되는 것은 아니지만 한 인간의 성장에 환경이 중요하다는 것은 두말할 나위 없이 자명한 사실이다.

요약하자면, 행동주의 관점에서 바라보는 인간은 그가 처해 있는 환경 속에서 경험하게 되는 다양한 조건과 자극에 의해 영향을 받아 결정되는 존재라고 할 수 있으며, 이렇게 행동주의 관점에서는 환경적 사건에 의해 결정되는 인간의 겉으로 드러나는 행동을 강조하기 때문에 인간의 내면적 가치나 자유의지를 강조하는 다른 심리학적 학파와 대립된다.

2) 주요개념

(1) Ivan M. Pavlov(1849~1936)의 고전적 조건형성 이론

고전적 조건형성(classical conditioning)이란 Pavlov에 의해서 체계적으로 연구된 이론이며, 개를 대상으로 한 실험을 통해서 학습의 원리를 밝혀 내었다. 개는 고기라는 무조건 자극에 대해서 무조건 반응인 타액을 분비하는데, 이는 개의 자연스러운 반응이었다. 그러나 종소리에 대해서는 타액을 흘리지 않는 것이 자연 상태의 반응이지만, 고기와 종소리를 짝지어서 수차례 반복하여 제시하면 개는 곧 종소리에 대해서도 타액 반응을 하게 된다. 이렇게 종소리에 대해 타액 반응을 하게 되면 고기를 주지 않고 조건 자극인 종소리만 들려주어도 조건 반응으로서의 타액 반응을 보인다. 이때 개가 종소리에 대해 타액조건 반응이 형성되었다고 한다. 달리 말하자면 개는 종소리에 침을 흘리는 새로운 반응을 학습하였다. 사람이 성장하면서 습득한 행동은 이와 같이 조건형성된 것이 많다. 예컨대 포도라는 말만 들어도 군침이 도는 것이나 착하다는 말만 들어도 기분이 좋아지는 것, 호랑이라는 말만 들어도 무서워하는 것 등은 모두 조건형성된 학습의 예이다. 이를 도식으로 나타내면 다음과 같다.

고기(무조건 자극)	타액 분비(무조건 반응)
종소리(중성 자극)	타액 분비 ×(반응 없음)
종소리 + 고기	타액 분비
종소리(조건 자극)	타액 분비(조건 반응)

그럼 이해를 돕기 위하여 실생활에서의 예를 하나 들어 보자. 당신은 '학교' 라는 곳에 대해 어떻게 생각하는가? 학교는 즐거운 곳인가? 아니면 싫은 곳인가?

학교에 입학하기 전에는 학교라는 곳이 무엇인지 모르기 때문에 학교는 우리에게 아무런 반응도 유발하지 않는 중성 자극이었다. 그런데 학교에 입학하고 나면 사람들마다 다르게 학교에 대해 조건형성이 된다. 예를 들어, A는 학교에 갔더니 선생님이 항상 미소 지어 주고 머리를 쓰다듬어 주는 등 긍정적인 자극을 주었다. 그러면 A는 선생님의 긍정적인 자극으로 인해 기분이 좋아질 것이고, 이것이 반복되다 보면 결국 학교에 대해 즐거운 감정을 조건형성하게 된다. 그러나 B는 학교에 갔더니 선생님이 항상 무섭게 대하고 혼내는 등 부정적 자극을 주었다. 그러면 B는 선생님의 부정적 자극으로 인해 기분이 안 좋아질 것이고 결국엔 학교가 싫고 유쾌하지 않은 곳으로 조건형성될 것이다.

고전적 조건형성 과정에는 주요한 두 가지 학습 과정이 포함된다. 즉, 일반화와 변별 과정이다. 개가 종소리에 침을 흘리는 반응을 학습하였다면 곧 종소리와 유사한 소리에 대해서도 침을 흘리게 된다. 이를 일반화라고 한다. 어렸을 때 개에게 물렸던 경험이 있는 소년이 모든 개를 무서워하게 되는 것을 학습이 일반화된 증거라고 할 수 있다. 그러나 원래 들려주던 종소리와 비슷한 크기의 소리에 대해서는 고기를 주고 원래 종소리보다 큰 종소리가 날 때에는 고기를 주지 않으면, 개는 큰 종소리에 대해서는 더 이상 침을 흘리지 않는다. 이를 변별학습이 되었다고 한다.

고전적 조건형성은 개인의 일생을 통해 발달에 영향을 미칠 수 있다. 예를 들면, 아동에게 성적 호기심과 두려움 유발 경험들(심한 처벌과 같은)이 밀접히 연관이 된다면 처벌의 위험이 더 이상 없을 때에도 개인의 다양한 성행동 측면에서 두려움이 생성될 수 있다. 또한 조건형성은 지속될 뿐만 아니라 확산될 수도 있다. 자신의 성기를 만지는 것이 나쁘다고 느끼는 아이는 다른 형태의 성적 표현에 대해서도 걱정되고 따라서 더 큰 두려움으로 발달될 수도 있다.

(2) Fredrick B. Skinner(1904~1990)의 조작적 조건형성 이론

고전적 조건형성에서는 무조건 자극과 조건 자극을 짝지음으로써 조건 반응을 학습하게 하는 것과는 달리 Skinner는 새로운 행동을 습득하게 하는 데 관심을 기울였다. 스키너 상자 속에 있는 배고픈 쥐는 원래 지렛대를 누르는 행동을 할 줄 모른다. 이 쥐가 여러 가지 행동을 하다가 우연히 지렛대가 있는 것을 보고 이를 눌러 본다. 그리고 얼마 후 먹이통에 먹이가 있는 것을 보고 먹게 된다. 이런 경험을 거듭하면서 먹이라는 보상이 뒤따르는 지렛대 누르기 행동을 습득하게 된다. 즉, 먹이라는 보상을 얻기 위해서 지렛대 누르기라는 새로운 행동을 학습하게 된다. 우리의 정상적인 행동뿐 아니라 이상행동도 이러한 방식으로 학습할 수 있다.

Wolpe, Lazarus, 그리고 Eysenck가 실험을 한 것과 같은 시기인 1950년대에 Skinner는 미국에서 정신병환자에 대해서 조작적 조건형성 원리의 사용을 체계적으로 연구했으며, 행동 통제에 대한 Skinner의 견해는 행동변화는 그 행동 후에 특정 결과가 따를 때 일어난다고 가정하는 조작적 조건형성의 원리에 기초한다. 즉, 조작적 조건화는 Thorndike와 Skinner 등에 의해서 체계화된 학습 기제이다. 우리에 갇힌 배고픈 고양이는 우리 밖의 먹이에 접근하기 위해서 여러 가지 행동을 해본다. 그러한 과정에서 우리 문의 빗장을 올리면 문이 열리는 경험을 하게 되는데, 이 문을 여는 데 걸리는 시간이 점점 짧아지게 된다. 결국 고양이는 우리 밖으로 나가고 싶을 때는 전혀 주저함이 없이 빗장을 올려서 문을 열게 된다. 이것이 조작적 조건화이다. 즉, 조작적 조건화는 인간행동의 병리적 현상을 설명하는 기제로 사용하게 되었고,

행동수정 이론의 근거가 되었다. 이는 강화의 개념으로 설명되는 데 학습의 필수 요소라고 하는 것이다.

조작적 조건형성으로 학습이 이루어지려면 강화(reinforcement)가 뒷받침되어야 한다. 행동의 습득을 강화시키는 양식은 지렛대 누르기를 강화시키는 것과 같이 정적 강화라고 한다. 일반적으로 긍정적 행동습관은 이런 정적 강화에 의해서 잘 형성된다. 정적 강화 외에 부적 강화(negative reinforcement)양식이 있는데, 보상을 얻기 위해서 어떤 행동을 획득하는 것이 아니라 고통으로부터 벗어나기 위해서 어떤 행동을 획득하게 하는 것이다.

아주 드문 반응이 강화되었을 때조차 그러한 행동이 유지될 수 있다는 발견을 통해 강화계획(schedules of reinforcement)에 대한 탐구가 이루어졌다. 강화가 주어지는 수반성에 따라 강화계획은 크게 계속강화와 간헐적 혹은 부분강화(intermittent or partial reinforcement)로 구분된다. 계속강화는 발생한 모든 반응에 강화물을 제공하는 경우로 일반적으로 실제 생활에서 발견되는 경험이 아니다. 반면에 간헐적 강화는 시간과 비율을 바탕으로 효과적인 행동 통제를 위해 사용되는 것으로 여기에는 고정간격계획(fixed interval schedule), 변동간격계획(variable interval schedule), 고정비율계획(fixed ratio schedule), 변동비율계획(variable ratio schedule) 등이 있다.

고정간격계획은 바로 앞의 강화로부터 계산하여 일정한 시간이 경과한 뒤에 일어난 첫 번째 반응에 강화를 주는 방법이다. 변동간격계획은 강화를 주는 평균 시간 간격을 정해 놓지만 실제 강화를 주는 시간 간격을 변동시키는 방법이다. 고정비율계획은 일정한 수의 반응을 한 후에 강화를 주는 방법이며, 변동비율계획은 일정한 횟수의 반응을 한 후 강화가 주어지지만 실제 반응횟수는 평균치를 중심으로 변동시키는 방법이다.

한편 강화 외에 처벌(punishment)에 의해서 학습을 경험시키는 경우가 있다. 이러한 방식은 바람직하지 않은 행동을 할 때 그 행동을 하지 못하도록 바로 고통을 줌으로써 바람직하지 않은 행동을 억제하는 학습을 시키는 것이다. 한편 훈육의 방법으로 강화나 처벌을 사용할 수가 있는데 신체적 및 심리적으로 상처를 주는 정적 처벌의 네 가지 부정적인 결과는 다음과 같다(Nemeroff & Karoly, 1991).

첫째, 처벌은 부적절한 행동을 제거하기보다는 일시적으로 부적절한 행동을 억압하는 것이다. 둘째, 처벌하는 사람과 처벌되는 상황 자체가 고전적 조건화된 혐오 자극이 되도록 처벌하는 자극은 공포를 유발할 수 있는 것이다. 셋째, 처벌은 문제 해결의 방법으로 폭력을 사용하는 것을 인정하거나 본보기가 될 수 있는 것이다. 넷째, 처벌 절차가 하지 말아야 하는 것을 단순하게 보여 준다는 점에서는 바람직하지 않은 것이다. 이 같은 사실로 보았을 때 강화가 바람직한 행동을 학습할 수 있도록 하는 데 더 효과적이며, 처벌은 부적절한 행동의 감소를 위해서 사용하는 것이 마땅하지만 처벌의 부정적인 결과가 나타날 것을 염두에 두어야 한다.

한편 소거(extinction)라는 개념도 있는데 이는 학습된 행동을 없애는 것으로, 조작적 조건형성이나 고전적 조건형성을 통해서 일단 습득된 행동이 없어지는 것을 말한다. 예를 들면, 떼쓰는 것이 심한 아이의 경우에 이런 행동이 어머니의 관심과 보상으로 습관화된 것이라고 한다면 아이가 떼쓸 때 어머니가 더 이상 관심을 주지 않고 내버려 두면 결국 그런 행동은 없어진다. 그래서 어린아이들이 보이는 바람직하지 않은 행동을 제거하기 위해서 소거의 방식을 적용하는 경우가 많다.

이론의 적용을 통한 나와 너, 인간 이해의 활동 2-1

행동수정

행동수정은 행동주의 학습 이론에 기초한 체계적인 처치 전략을 통해 행동을 변화시키는 것이다. 이러한 행동수정을 통해서 부적응행동은 감소하고 바람직한 행동은 증가하며 새로운 행동이 습득될 수 있다. 일반적인 행동수정의 단계는 다음과 같다.

단계	구체적 행동 사례
1. 문제의 확인	문제행동의 사전 관찰과 기록, 문제행동의 결과, 관련된 환경의 단서 확인
2. 목표행동 정하기	변화시켜야 할 행동, 새롭게 학습시킬 행동, 또는 소거해야 할 행동이 무엇인지를 결정
3. 강화(혹은 처벌) 방법 정하기	강화물 결정과 강화 방법(혹은 처벌) 행동을 강화시키는 가장 효과적인 보상물과 보상(혹은 처벌)이 언제, 어떻게 제시될 것인지를 결정
4. 행동수정 계획표 작성	1,2,3에서 한 것을 토대로 계획표 작성하기
5. 행동수정의 실제(강화 혹은 처벌 실시)	행동관찰 및 행동보상(혹은 처벌) 의 실시 및 기록
6. 평가	처치 후 행동의 변화 및 실천 정도 기록과 평가, 강화의 효율성과 적절성 평가

본 활동에서는 위의 절차에 따라 행동수정을 계획하고 실시해 봄으로써 당신이 고치고 싶은 문제행동을 감소시키거나 혹은 당신이 습득하고 싶은 새로운 바람직한 행동을 발달시킬 수 있다.

1. 문제의 확인

당신에게는 고치고 싶은 문제행동이 있는가? 혹은 새롭게 습득하고 싶은 바람직한 행동이 있는가? 여기에는 이와 관련된 현재 당신의 상태에 대하여 자세하고 구체적으로 적어 본다. 예를 들어 어떤 문제행동이 있다면 그 문제행동이 언제부터 시작되었고 현재 언제, 얼마나, 어떤 식으로 나타나는지에 대하여 구체적이고 상세하게 적어 본다.

2. 목표행동 정하기

1에서 적은 내용과 관련하여 당신이 행동수정을 통하여 변화시킬 행동에 대하여 마찬가지로 자세하고 구체적으로 적어 본다. 예를 들어 문제행동을 변화시키길 원한다면 그 문제행동을 얼마간의 기간 동안, 즉 언제부터 시작해서 언제까지 어느 정도로 변화시킬 것인지에 대하여 구체적으로 적어 본다.

3. 강화 혹은 처벌의 방법 정하기

목표행동이 나타날 때마다, 즉 계획대로 잘 실행했을 때 주어질 강화 방법을 정한다. 혹은 목표행동이 일어나지 않을 경우, 즉 계획한 대로 실행하지 않았을 경우 주어질 처벌에 대하여 생각해 본다. 이때 강화물이나 처벌로 이용할 것은 자신에게 가장 효과적인 것이어야 한다. 예를 들어, 강화물로는 내가 정말 좋아하는 것이나 혹은 좋아하는 행동으로 정할 수 있고 처벌로는 내가 싫어하는 것이나 싫어하는 행동으로 정할 수 있다. 만약 컴퓨터 사용시간을 줄이기로 했다면 그것을 지킬 때마다 내가 좋아하는 뭔가를 할 수 있게 계획하는 것이다.

4. 위의 단계에서 작업한 것을 토대로 해서 행동수정 계획표를 작성한다.

5. 행동수정 계획에 의해 행동수정을 실행하며 기록한다.

6. 행동수정의 결과를 평가한다. 목표행동을 얼마나 달성했는지, 강화(처벌)계획은 효과적이었는지 등에 대해 전반적으로 평가 후 혹시 목표행동을 달성하지 못했다면 부족했던 부분을 수정, 보완하여 다시 실시해 본다.

행동수정 계획표의 예

1. 문제의 확인
   문제행동 : 늦잠자기
   문제행동의 사전관찰에 의한 평가 : 일주일에 5일 이상 늦잠(8시 이후에 일어남)을 잔다.
2. 목표행동 정하기
   목표행동 : 최종적인 목표행동은 기상시간을 6시30분으로 하는 것
   행동수정 실시 첫째 날에 7시 30분에 일어나는 것을 시작으로 해서 하루에 10분씩 일찍 일어나 최종적으로는 6시 30분에 일어나는 것을 목표로 한다.
3. 강화(혹은 처벌) 방법 정하기
   강화와 처벌 방법 : 계획대로 실행했을 경우, 즉 전날보다 10분씩 일찍 일어났을 경우에는 점심식사 후 내가 좋아하는 **커피를 사서 마신다(정적 강화).
   계획대로 실행하지 못했을 경우는 내가 좋아하는 **커피뿐만 아니라 다른 커피 한 잔도 마시지 못한다(처벌).
4. 이 행동수정 계획은 ○월 ○일에 시작하여 ○월 ○일에 마친다. 마치는 날에는 전반적인 평가를 한다.

※ 이 예는 가장 단순하게 작성한 것으로서 실제로는 이보다 더 자세하고 정확하게 작성하는 것이 좋다.

※ 혹시 당신의 주변 사람 중에서 그들이 가지고 있는 문제행동이 변화하기를 원하는 것이 있다면(예를 들어, 당신의 친구나 가족의 고치고 싶은 습관), 그 사람을 대상으로 위의 행동수정 기법을 적용해 보는 것도 좋다.

마무리하기

지금까지 Skinner 이론을 바탕으로 한 활동을 하고 나서 스스로에 대해 새롭게 알게 된 것이나 깨달은 것이 있다면 적어 본다. 또한 이것은 당신에게 앞으로 어떠한 영향을 미칠 수 있는지 적어 본다.

2. Bandura와 Rotter의 사회적 학습 관점

1) 인간에 대한 기본 관점

행동주의와 학습 이론의 전통을 이어받은 Albert Bandura와 Julian B. Rotter는 급진적 행동주의의 단점을 보완하고자 하면서, 인지의 중요성을 내포한 사회적 행동과 학습 이론을 행동주의 이론과 통합시키려는 노력을 하였다. 이들은 동물을 대상으로 한 단순한 학습 실험에서 발달된 '자극-반응'의 개념을 넘어서서 보다 복잡한 사회적 맥락에서 연구되어야 함을 강조하였다. 즉, 행동이 학습된다는 점에서는 행동주의에 동의하였지만, 오로지 외적인 변인들에 의해 좌우된다는 행동주의자들의 견해에는 동의하지 않으며, 개인의 내적 과정과 환경의 영향 간의 복잡한 상호작용의 과정을 중시한다.

Bandura는 인간의 행동을 설명하는 데 선행되는 조건형성에 인지적 중재를 포함시켜 체계적이고 통합적으로 인간 이해 모델을 제시하였다. 그는 행동의 실제적인 원인으로서 인지적 역할의 중요성을 매우 강조하였다. 즉, 개인의 인지적 과정에 따라 행동이나 반응이 달라지게 된다는 것이다.

Rotter는 인간의 행동을 설명하기 위해서는 유기체의 외적 · 내적 측면, 즉 외적인 조건형성이나 강화와 내적인 인지 과정을 모두 살펴보아야 한다고 주장한다. 그는 Bandura보다 내부의 의식 과정을 보다 광범위하게 다루었으며, 외부의 강화가 중요한 역할을 하지만 강화의 효과는 내부적인 인지적 요인에 달려 있다고 보았다. 따라서 Rotter는 사람들이 어떤 상황에서 어떠한 행동을 할 것인가를 예측하기 위해서는 지각, 기대, 가치 등의 내적인 변인을 고려해야 한다고 보았다.

이렇게 사회적 학습 이론의 관점에서 바라보는 인간은 물론 환경의 영향을 받는 존재이긴 하지만, 그 영향은 절대적인 것이라기보다는 환경과의 상호작용 과정에서 개인의 인지적 과정이 개입되어 그 결과로 행동이 결정되는 존재라고 볼 수 있다.

2) 주요개념

(1) 관찰학습

사회적 학습 이론의 중요한 가정은 모델링이 주는 정보 기능을 통해서 학습이 발생한다는 것이다. 즉, 노출되어 있는 동안에 관찰자는 주로 적절하거나 부적절한 행동의 표본이 되는 모델행동의 상징적 표상을 습득한다. 모델링이라 불리는 관찰학습은 학습자가 직접적인 외적 강화를 받지 않고서도 일어나는 학습이다. 한마디로 타인들의 행동을 관찰함으로써 학습하는 것이다. 예를 들어 범죄를 저지른 청소년 중에, 폭력적인 영화나 범죄 장면이 묘사되어 있는 영화를 보고 나서 모방범죄를 일으킨 경우가 상당수 있는데, 이것은 관찰학습의 결과라고 볼 수 있다. 이렇게 관찰이 행동의 학습에 중요한 역할을 하는 것과 마찬가지로 바람직하지 못한 행동을 수정하는 데에도 유용한 역할을 한다. 따라서 Bandura는 행동의 변화를 도모하는 모델링을 체계적으로 사용하였는데, 특히 아동 및 성인에게 있어 공포증을 감소시키는 데 사용되어 왔으며 지배적이고 과잉공격적인 아동을 보다 협조적인 아이로 교육시키거나 자폐아에게 언어기술을 가르치거나 반사회적인 환자에게 의사소통의 기술을 가르치는 데 사용되어 왔다. 예를 들어, 개에 관한 공포증이 있는 아이에게 그와 비슷한 또래의 아이가 개와 함께 재미있게 놀고 있는 장면을 계속 관찰하게 해 주면 개에 관한 공포증을 감소시킬 수 있는 것이다.

(2) 자기효능감

Bandura는 자기효능감(self-efficacy)의 개념을 발달시키고 정교화시켰다. 자기효능감은 Bandura의 인간 동기와 정서적 반응을 이해하는 가장 기본적인 구성개념이다. **자기효능감**은 특정한 상황에서 요구되는 행동을 자신이 성공적으로 잘 해낼 수 있다는 개인의 신념을 말한다. 자기 자신의 효능감에 대한 지각은 그 사람의 행동을 안내하고 방향 지운다. 또한 지각된 자기효능감은 사람들이 자신을 위해 세운 목표를 달성하기 위해 도전적인 행동을 하려는 태도에 영향을 미친다. 즉, 지각된 자기효능감이 클수록 더 높은 목표를 선택하고 이를 추구하는 데 있어서 더욱 강하게 전념하고 인내한다는 것이다(Bandura, 1997, 2001). 반대로 인생의 과제에 대처하는 자기효능감이 결여된 사람들은 불안에 취약하고 두려움을 감소시키기 위해 도전보다는 회피를 선택할 확률이 높아지므로 결국 실패하는 경우가 많다. Bandura는 이상행동을 하는 사람들은 대체로 자기효능감의 수준이 낮음을 발견하였다. 즉, 자신들이 상황에 잘 대처하지 못할 것이라는 믿음이 이들의 문제를 야기했다고 보는 것이다. 따라서 Bandura의 사회적 인지 이론을 이용해서 이상행동을 치료하고자 할 때에는 자기효능감을 높임으로써 행동수정에 대한 자신감을 유발하고 강화시키는 것을 목표로 하게 된다(Engler, 1999).

(3) 통제소재

Rotter를 심리학자로서 유명하게 만든 개념이 통제소재(locus of control)이다. 그는 강화의 원천에 대한 우리의 신념에서 성격차이를 설명하기 위해 통제소재라는 개념을 제안하였다. 통제소재는 사람들이 갖는 일종의 일반화된 기대이다. Rotter는 연구를 통해 어떤 사람들은 강화물이 자신의 행동에 의지한다고 믿는 반면 어떤 사람들은 자신의 행동이 외부의 힘에 의해 통제된다고 믿는 것을 보여 주었다. 전자의 경우처럼 그가 받는 강화가 자신의 행동과 특성하에 있다고 믿는 사람들은 성격변인으로서 내적 통제소재에 의존하는 사람이며, 후자의 경우처럼 그가 받는 강화가 타인이나 운명 혹은 운에 의해 통제된다고 믿는 사람들은 외적 통제소재를 가진 사람이라 할 수 있다.

이러한 통제소재는 우리의 행동에 막대한 영향을 미친다. 외적 통제소재를 갖는 사람들은 자신의 행동과 능력이 그가 받는 강화에 영향을 미치지 못한다고 생각하기 때문에 부정적인 상황 속에서도 스스로 상황을 개선하려는 노력을 하지 않는다. 따라서 결과적으로 부정적인 상황이 되풀이될 수밖에 없다. 반면에 내적 통제소재를 가진 사람들은 자신의 삶이 자신의 통제하에 있다고 믿기 때문에 그러한 신념에 따라서 스스로 삶을 변화시키고 개선하고자 하는 행동을 함으로써 더욱 성장할 수가 있다. 예를 들어 시험을 못 본 경우, 외적 통제소재를 가진 학생은 운이 없었다고 믿거나 혹은 교사가 문제를 잘못 출제해서 시험을 못 보았다고 생각하므로 불평만 할 뿐 스스로가 더 노력할 생각을 하지 않는다. 하지만 내적 통제소재를 가진 학생은 이번에 자신의 노력이 부족했기 때문이라고 생각하므로 다음번엔 시험을 더 잘 보기 위하여 더욱 노력하려는 태도를 보일 것이다.

나에게 적용하기

Q. 일반적으로 자신은 통제소재를 어디에 두는 편인가? 내부에 두는 편인가, 외부에 두는 편인가? 예를 들어, 일이 잘못되었을 때 그 원인을 주로 어디에서 찾는 편인가?

이론의 적용을 통한 나와 너, 인간 이해의 활동 2-2

자기효능감

Bandura가 제시한 자기효능감은 어떤 결과를 만들어 낼 때 필요한 행동을 성공적으로 해낼 수 있다는 신념을 말한다. 다음의 자기효능감 기대 척도를 통하여 자신의 자기효능감 수준을 측정해 본다.

이 측정 도구에서는 남의 앞에서 자기 생각을 체계적으로 진술하거나 또는 자신이 맡은 과제물을 발표하게 되는 열여섯 가지 상황을 기술하고 있다. 각 상황을 읽어 보고 만일 당신이 현실적으로 그러한 상황에 처한다면 어느 정도로 잘 해낼 수 있는 자신감이 있는지, 그 정도를 평정해 본다. 각 문항에 대해 50~100점까지 10점 간격으로 평정을 하면 되는데, "정말로 잘 해낼 수 있다."라고 생각되면 100점, "도저히 해낼 수 없다."라고 생각되면 50점을 매기면 되고, 이를 기준으로 해서 50~100점 사이의 점수로 평정을 하면 된다.

상황 1	친한 친구들과 오랜만에 만났다. 이성관계에 대한 문제가 화제에 올랐다. 나는 내 의견을 이야기한다.	
상황 2	나는 선배를 찾아간다. 그에게 아무한테도 이야기하지 않은 고민을 털어놓는다.	
상황 3	친구들 3명이 전공공부를 하고 있다. 그들의 의견이 서로 달라서 다툼을 시작한다. 내가 끼어들어 나의 의견을 이야기한다.	
상황 4	부모님의 심부름으로 친척의 사무실을 찾아 나선다. 약도만으로 찾을 수가 없어서 근처 가게에 가서 길을 묻는다.	
상황 5	이성에게 전화를 건다. 그 친구가 직접 받는다. 나는 데이트를 신청한다.	
상황 6	교수님께 전화를 건다. 교수님이 받으신다. 나의 건강상의 이유로 휴학하겠다고 말씀드린다.	
상황 7	수업시간이다. 교수님이 예습을 해 왔는지 알아보기 위해 나에게 질문을 하신다. 나는 일어나서 그 질문에 대답한다.	

상황 8	교수님이 강의를 하신다. 강의내용에 의문이 생긴다. 나는 손을 들고 질문한다.	
상황 9	수업시간이다. 교수님이 과제를 발표하라고 하신다. 나는 그 자리에서 일어나 과제를 발표한다.	
상황 10	수업시간이다. 교수님이 과제를 앞에 나와 발표하라고 하신다. 나는 단상에서 과제를 발표한다.	
상황 11	수업시간이다. 교수님이 영어 한 페이지를 해석해 보라고 하신다. 나는 그 자리에서 일어나 영어를 해석하기 시작한다.	
상황 12	수업시간이다. 교수님이 영어 한 페이지를 읽어 보라고 하신다. 나는 그 자리에서 일어나 읽기 시작한다.	
상황 13	과 야유회를 나왔다. 돌아가며 노래를 부르는 시간이다. 교수님과 학생들 앞에서 나는 일어나 노래를 부른다.	
상황 14	과 야유회를 나왔다. 내가 사회를 맡았다. 교수님과 학생들 앞에서 나는 인사말을 하고 프로그램에 대해 설명한다.	
상황 15	동아리 모임이다. 10명 정도의 학생들이 돌아가면서 자기소개를 한다. 드디어 내 차례가 왔다.	
상황 16	대학생활의 의미에 관해 각자 준비해 온 내용을 10분간씩 발표하는 날이다. 강의실에는 약 50명의 학생들이 앉아 있다. 내 의견을 발표하기 위해 단상에 선다.	
종합		

출처 : Bandura, A.(1977). Self-efficacy: Toward a unifying theory of behavioral change. Psychological Review, 84, 191-215; 손명자(1984). 정서적 심상화의 기제와 효과. 고려대학교 대학원 박사학위논문.

1. 채점 및 결과 해석

16장면에 대한 점수의 총합을 구한 후, 이를 장면 수 16으로 나눈 수치가 곧 자신의 자기효능감 기대의 강도이다. 자신의 점수를 옆 친구들과 비교해 본다.

2. 검사 결과

당신의 자기효능감 기대의 강도는 어느 정도인가? 특히 어떤 장면에서의 자기효능감이 높게, 그리고 낮게 나왔는가? 이러한 결과는 당신에 대한 어떤 점을 설명해 주고 있으며 자기효능감 기대 척도를 통해 평가를 해 본 느낌이나 소감은 어떠한가?

마무리하기

지금까지 Bandura의 이론을 바탕으로 한 활동을 하고 나서 나와 너, 인간에 대해 새롭게 알게 된 것이나 깨달은 것이 있다면 적어 본다. 또한 이것은 당신에게 앞으로 어떠한 영향을 미칠 수 있는지 적어 본다.

03

인본주의적 관점에서의 인간 이해

심리학의 제1세력인 정신역동주의의 근간을 이루는 Freud의 정신분석은 인간의 본능적 욕구에 지배된다는 결정론적인 입장 때문에, 그리고 제2세력인 행동주의는 단순한 동물행동의 연구 결과를 복잡한 인간에게 적용하려고 한다는 기계론적인 입장 때문에 비판을 받아 왔다. 이러한 두 입장에 대한 비판을 제기하면서 인간의 자유의지를 강조하는 학자들을 중심으로 심리학의 제3세력인 인본주의가 탄생되었다.

인본주의 심리학자들은 개인이 세상을 어떻게 지각하고 생각하고 해석하고 경험하는지를 이해하려고 했는데, 즉 개인이 지각하고 범주화하는 개인의 경험–개인의 현상학에 가장 많은 관심을 보인다. 즉, 인본주의적 관점은 현상학과 실존주의를 바탕으로 인간의 가치와 자유의지를 강조하는 입장이다. 현상학은 인간의 주관적 가치를 강조하며 실존주의는 존재론적 입장에서 인간을 이해하려는 철학적 사조이다.

인본주의의 바탕이 되는 현상학적 관점에서는 개인이 지각하고 이해하는 내적인 심리경험을 이해하는 데 전념한다. 즉 우리가 자신, 타인 및 사회적 세계를 어떻게 보고 경험하는지에 초점을 둔다. 또한 현상학적 관점에서는 자기의 본질과 자신, 타인 및 사회적 세계의 관계에 관심을 가진다.

여기에서는 Rogers의 인간중심 접근과 실존주의적 접근에 대하여 살펴볼 것이다.

미리 생각해 보기

- 나는 어떤 사람이 되기를 원하는가?
- 나는 얼마나 자기를 실현하고 있는가?
- 나는 나 자신을 어떻게 보는가?
- 나의 부모는 나에게 무엇을 기대하는가(했는가)?
- 이러한 부모의 기대는 나에게 어떤 영향을 미치는가(미쳤는가)?
- 나의 실제 모습과 내가 원하는 이상적인 모습은 어떻게 다른가?

1. Carl Rogers(1902~1087)의 인간중심 접근

1) 인간에 대한 기본 관점

Rogers의 인간중심적인 관점에서의 인간은 한마디로 유기체로서 실현경향성을 가진 존재이다. 즉, 인간은 자신의 고유한 가치를 건설적인 방향으로 실현시키기 위해 끊임없이 움직이고 있으며, 자신의 잠재력을 발현시키려는 경향성, 즉 실현경향성을 가지고 있다는 것이다. Rogers의 인간 이해를 위한 철학적 입장은 현상학의 영향을 받아 형성되었다. 철학에서의 현상학은 즉각적인 경험에 대한 자료를 기술하는 것을 추구하는 것을 의미하지만, 심리학에서 현상학은 인간의 자각과 지각에 관한 연구를 의미한다. 즉, 현상학자에게 중요한 것은 어떤 객관적인 대상 혹은 사건 그 자체가 아니라 개인이 자신의 현상적 장에서 그 대상이나 사건을 어떻게 지각하고 이해하는가이다. 이러한 현상적 장은 그 개인에게만 알려질 수 있는 자신의 참조 틀이다. 개인의 행동 방식은 외적 현실인 자극조건이 아니라 자신의 현상적 장에 의존하며, 현상적 장은 경험의 전체를 의미한다고 볼 수 있다. 유기체, 즉 전체로서의 개인은 모든 경험의 소재이다. Rogers가 "경험은 나에게 있어 최고의 권위이다."라고 말한 것처럼 그는 유기체의 경험을 중시하였다. 따라서 현재 우리가 매 순간 무엇을 경험하는가는 무엇보다 중요하며 심리적으로 건강한 사람은 모든 경험에 개방되어 자기에 대한 가치화 과정을 이루어 간다.

Rogers는 인간행동을 주관적인 가치를 배제한 채 외현적인 자극-반응으로 설명하는 행동주의의 입장을 비판한다. 또한 인간을 결정론적으로 보는 Freud의 입장도 비판하며, 인간은 스스로가 주체적으로 가치 지향적인 목적에 따라 끊임없이 변화하고 성장하는 존재로 본다. 또한 인간은 기본적으로 선하게 태어났다고 보았다. 인간은 기본적으로 실현경향성의 잠재력을 갖고 태어나 자신을 성장시킬 수 있다는 것이다. 그러나 인간이 부정적이고 악하게 되는 것은 외부적인 영향, 즉 부모나 사회에서 가해지는 '가치의 조건화'에 의해 이러한 실현경향성이 방해받기 때문인 것으로 보았다.

2) 주요개념

(1) 자아

Rogers의 이론에서 핵심적인 구조적 개념이 자아(self)이다. Rogers는 개인은 외적 대상을 지각하고 경험하면서 그것에 의미를 부여하는 존재임을 강조한다. 개인의 지각과 의미의 전체적 체계는 그로 하여금 자신의 현상적 장을 구성하게 한다. 개인이 자신 혹은 자기로서 보는 현상적 장의 이러한 부분이 자아이다. 자아 혹은 자아개념은 조직화되고 일관된 지각의 패턴을 나타낸다. 비록 자아가 변하지만 자아는 항상 패턴으로 형성되고 통합되고 조직화된 특성을 가진 자아개념을 유지한다. Rogers의 자아와 관련하여 알아 두어야 할 두 가지 점은 다음과 같다. 첫째, 개인은 행동을 통제하는 어떤 자아를 가지고 있는 것이 아니라 현상적 장의 일부로서 조직화된 일련의 지각인 자아를 가진다. 둘째, 자아로서 알려진 경험과 지각의 패턴은 일반적으로 자각이 가능하다. 즉, 그것은 의식화될 수 있다. 개인이 의식하지 못하는 경험을 가지고 있지만, 자아는 일차적으로 의식적이다. 자아와 관련된 구조적 개념은 이상적 자아(ideal self)이다. 이상적 자아는 개인이 가장 소유하고 싶은 자아개념으로 잠재적으로 자아와 관련되고 개인이 높게 가치를 부여하는 지각과 의미를 포함한다. 이상적 자아는 Freud의 초자아(superego)와 비슷한데, 초자아는 이상적인 자신의 모습, 즉 사회규범 윤리에 어긋나지 않은 자신의 모습을 말한다. 현실적 자아와 이상적 자아의 일치 정도가 크면 클수록 진정한 자기가 되며, 건강하고 성숙한 사람이라고 한다. Rogers는 이와 같은 일치된 자기가 되기 위해서는 타인과의 교류를 통한 체험을 강조한다. 이를 위해서는 무조건적 긍정적인 존중을 경험해야 한다. 왜냐하면 개인은 경험을 통해서 자신이 수용하기 어려운 어떤 행동이 있을 때 타인으로부터 무조건적이고 긍정적인 존중을 통해서 있는 그대로 받아들이며 좀 더 자발적이고 융통성이 있는 성격이 되기 때문이다.

(2) 실현경향성

실현경향성(actualization tendency)은 단지 유기체를 유지하는 것 이상으로서, 유기체의 성장과 향상, 즉 발달을 촉진하고 지지한다. 실현화란 개념은 유기체가 단순한 실체에서 복잡한 실체로 성장해 나가고, 의존성에서 독립성으로, 고정성과 경직성에서 유연성과 융통성으로 변화하고자 하며, 자유롭게 표현하고자 하는 유기체의 경향성을 나타낸다. 즉, "유기체를 유지하고 증진시키려는 방향으로 모든 능력을 발달시키는 유기체의 선천적 경향성"이라 할 수 있다.

실현경향성은 두 가지 측면을 가진다. 첫 번째 측면은 우리를 신체적으로 보호하고 유지하려는 공통된(대체로 생물학적인) 경향성이다. 또 다른 측면은 자율성, 자기충족감, 개인적 성장을 증진시키려는 개인의 독특한(심리적인) 경향성이다. 이러한 독특한 심리적 측면은 Rogers 이론의 중심적 인지개념인 자기(self)의 유지와 증진을 내포하고 있으며 자기실현을 뜻한다.

(3) 가치의 조건화

인간은 경험을 통하여 가치를 형성하는 것이 중요하다. 그런데 연약한 존재로서의 아동은 그에게 가장 영향력 있는 부모의 양육태도에 따라 가치의 조건화를 형성한다. 아동은 기본적으로 '긍정적 자기존중'을 얻기 위해 노력한다. 특히, 아동에게 의미 있는 대상인 부모로부터 긍정적 존중을 받기를 원한다. 그런데 대부분의 부모는 자신의 판단에 따라 아동에게 해야 할 것과 하지 말아야 할 것을 정해 놓고 아동에게 이를 요구하게 된다. 그리고 부모가 원하는 행동을 하면 아동을 긍정적으로 존중해 주고 부모가 원하는 것을 하지 않으면 나쁜 아이로 취급받으며 존중을 받지 못하게 된다. 따라서 아동은 의미 있는 대상, 특히 부모로부터 긍정적 존중을 받기 위하여 자기의지와 상관없이 부모의 가치를 따르게 되고 결국엔 자신의 내적 경험을 무시한 채 겉으로 최선을 다하는 꼴이 되는 것이다. 그리고 이는 우리가 모든 경험에 개방적으로 되어 인간성장을 도모하는 것을 방해하게 된다. 즉, 인간중심적인 관점에서 강조하는 개인의 주관적인 경험을 왜곡하고 부정하게 만들어 독특한 존재조서 자기성장을 이루지 못하게 된다. 이런 점에서 우리가 형성한 가치의 조건화는 끊임없이 우리 자신이 성숙된 인간이 되는 것을 방해하는 주요 원천이라 할 수 있다.

(4) 친밀한 관계형성을 위한 태도

Rogers가 제시한 인간중심적 관점에 의거한 인간중심적인 상담에서는 상담의 구체적인 방법이나 기법을 제시하고 있지 않다. 대신 모든 상담자가 내담자를 대할 때 가져야 하는 기본적인 태도 세 가지, 즉 무조건적 긍정적 존중, 공감적 이해, 진실성을 중요하게 제시하였다. 이는 물론 상담에서 상담자가 내담자를 대할 때 가져야 하는 태도로서 제시된 것이긴 하지만, 우리가 보다 친밀하고 신뢰할 만한 인간관계를 맺기 위해서 모든 관계에서 기본적으로 지녀야 할 태도라고 할 수 있다. 첫 번째 무조건적 긍정적 존중이란 가치의 조건화를 버리고 조건 없이 상대방을 수용해야 함을 의미한다. 그러기 위해서는 실현경향성을 가진 존재로 상대방을 믿어야 한다. 앞서 언급했듯이 우리는 살면서 수많은 가치의 조건화를 경험하며 살아간다. 그 과정에서 우리는 타인의 기대에 맞추어 살려고 하고, 그랬을 때 비로소 긍정적 존중을 경험하게 된다. 이러한 존중은 조건적 긍정적 존중이다. 그런데 인간이 자신의 실현경향성을 추구하기 위해서는 무조건적 긍정적 존중을 경험할 수 있어야 한다. 따라서 우리는 관계를 맺을 때에 자신의 가치 기준에 근거해서 상대방을 평가하거나 자신의 가치조건을 상대방에게 강요할 것이 아니라, 상대방을 있는 그대로 무조건적으로 긍정적으로 존중해 줄 수 있어야 한다. 두 번째는 공감적 이해이다. 공감적 이해는 상대방의 주관적 세계를 정확하고 민감하게 이해하고 함께 경험하는 것이다. 나의 입장에서 상대방을 이해하는 것이 아니라 상대방의 입장에 서 봄으로써 그가 느끼고 경험하는 것을 민감하게 함께 느낄 수 있는 것이 공감적 이해이다. 공감적 이해를 통해 우리는 상대방과 소통을 할 수가 있으며 누군가로부터 공감적 이해를 받는 경험을 하게 되면 자기 자신에 대한 진정한 경험과 접촉을 확장시켜 나갈 수 있게 된다. 세 번째는 진실성이란 상대방을 대함에 있어서 가식이나 겉치레 등 조금의 거짓도 없음을 의미한다. 즉, 겉과 속이 일치하는 것을 말한다. 그래서 진실성을 일치성이라 표현하기도 한다. 사실 우리가 사회생활을 하다 보면 늘 진실하게 사람을 만나고 대하기는 어렵다. 때로는 거짓과 위선으로 자신을 치장해야 할 때도 있고 속마음을 항상 그대로 솔직하게 표현하기가 어려울 수도 있다. 하지만 진정한 관계 속에서는 정말 일치된 자신의 모습을 보여 줄 수 있어야 한다. 그래야 상대방도 나를 믿게 되고 친밀한 관계를 형성할 수 있는 것이다. 이상에서 살펴본 세 가지 기본적인 태도를 가지고 관계를 맺는다면 친밀하고 신뢰할 만한 관계형성의 경험을 할 수 있을 것이다,

나에게 적용하기

Q. 당신이 지금까지 살면서 공감적 이해, 일치, 무조건적 긍정적 존중을 느껴 본 적이 있는가? 언제 누구에게 그러한 것을 경험하였는지 생각해 보자.

- 당신 속에 혹시 여전히 표현하지 못하고 해결하지 못한 감정이 있는가?
- 그렇다면 이것을 누구에게 가장 표현하고 공감받고 이해받고 싶은가?

이론의 적용을 통한 나와 너, 인간 이해의 활동 3-1

현실적 자아와 이상적 자아

당신의 이상적 자아와 현실적 자아 간의 일치 정도를 평가해 보고 이 둘 사이의 차이를 줄이기 위해, 즉 현실의 내가 이상적인 나에 가까워질 수 있기 위해 노력해야 할 부분에 대하여 생각해 본다.

가치의 조건화

당신이 가진 자기실현 의지와 반대되는 가치조건을 부여받았던 경험에 대하여 언제, 어떤 상황에서, 누구에 의해 그랬는지 떠올려 본다.

그때 당신은 어떤 선택을 하였는가? 외부의 가치조건을 따랐는가? 아니면 자기의 의지대로 실현하고자 하였는가? 어떠한 것이 그렇게 하도록 하였으며, 그 결과는 어떠했는가?

다시 그와 비슷한 상황이 반복된다면 이번엔 어떻게 해 보고 싶은가? 그리고 그렇게 했을 때 예상되는 결과는 어떠한가?

마무리하기

지금까지 Rogers의 이론을 바탕으로 한 활동을 하고 나서 나와 너, 인간에 대해 새롭게 알게 된 것이나 깨달은 것이 있다면 적어 본다. 또한 이것은 당신에게 앞으로 어떠한 영향을 미칠 수 있는지 적어 본다.

2. 실존주의적 접근

1) 인간에 대한 기본 관점

실존주의적 접근은 실존주의 철학사상과 인본주의 심리학에 근거하여 출현하였다. 따라서 실존주의적 접근은 다른 접근에 비해 철학적인 면이 강조되고 있으며 인간관에 더 많은 관심을 가지고 있다. 또한 상담철학이라든가 실존적 사고나 사상에 초점을 두고 여러 학자들에 의해 생성되었기 때문에 대표적인 학자라든가 단일한 이론적 접근이 없다. 실존적 관점에 영향을 미친 철학자나 작가 중에는 Dostoevskii, Kierkegaard, Nietzsche, Heidegger, Sartre, Buber 등이 있다. 실존주의는 대체로 자신의 존재를 각성한 실존을 문제 삼는다. 실존은 본질에 앞선다는 점, 즉 자신의 본질은 자신이 존재하고 난 뒤 자신의 자유의지에 따라 선택하고 행동하고 책임지는 가운데 스스로 형성해 간다는 점을 강조한다. 따라서 실존주의는 어느 사상보다도 개인의 개별성과 주관성을 강조한다. 또한 인간은 모두 무한한 가능성을 가지고 있으며 그 자신이 가치와 의미의 창조자임을 강조한다. 인간이 된다는 것은 우리가 계속적으로 자신의 존재를 발견하고 이해하는 과정에 참여한다는 것을 의미한다. 그래서 인간은 끊임없이 자신에게 다음과 같은 질문을 던져야 한다. "나는 누구인가? 나는 어떤 사람인가? 나는 어떤 사람이 될 수 있는가? 나는 지금 제대로 가고 있는가? 나는 어디로 가고 있는가?" 이러한 질문을 통해 스스로가 끊임없이 자신에 대해 고민하고 반성하며 계획하고 선택하는 과정을 겪으며 성장해 가야 한다. 예를 들어, 현재 우울증으로 힘들어하고 있는 사람이 있다면 그 부분에 대한 책임도 자신에게 있으므로 우울하고 부적응적인 상황에서 벗어나고 싶다면 자신의 인생에서 어떤 의미를 찾고 어떻게 존재하고 싶은지를 자기 스스로 다시 찾아야 하는 것이다.

2) 주요개념

(1) 자기인식 능력

인간은 자기인식을 할 수 있으며 반성을 할 수도 선택을 할 수도 있다. 자기인식이 커질수록 자유에 대한 우리의 가능성도 커진다. 인식을 확장시킨다는 것은 충만하게 살 수 있는 우리의 능력을 증가시키는 것이다. 우리가 삶 속에서 인식할 수 있는 것에는 다음과 같은 것이 있다(조현춘, 조현재, 1998).

- 우리는 유한하다. 따라서 우리는 삶에서 원하는 것을 다 성취할 무제한적인 시간을 가지고 있는 것이 아니다.
- 우리는 행할 수 있는 능력과 행하지 않을 수 있는 능력을 동시에 가지고 있다. '행하지 않음' 도 하나의 선택이다. 즉, 개인의 책임을 강조한 것인데 예를 들어 게으른 사람은 천성적으로 게으른 것이 아니라 '게으름' 을 '선택' 한 것이다.
- 우리는 행위를 선택한다. 따라서 우리는 우리의 운명을 부분적으로 창조할 수 있다.
- 의미는 자동적으로 우리에게 부여되는 것이 아니라, 실존이 무엇인지에 대해서 고민하고 추구한 혹은 발견한 것의 결과물이다.
- 자신의 자유에 대한 인식인 실존적 불안은 삶의 필수적인 부분이다. 선택이 우리에게 달려 있다는 인식이 커지면 선택의 결과에 대한 우리의 책임감도 커진다.
- 우리는 외로움, 무의미, 공허, 죄책감, 고립 등을 느끼도록 되어 있다. 그렇지 않으려고 애쓰게 되면 부적응이 발생한다.
- 우리는 기본적으로 혼자다. 그러나 단독이지만 대인관계도 할 수 있다. 사람은 세 가지 세계, 즉 생물학적인 세계(본능이 지배하는 인간 외에 동물도 있는 세계), 공통 세계(친구, 가족과 같은 다른 사람들이 있는 세계), 자신의 세계(자신에 대해 깨닫는 세계)에 있다.

(2) 자유와 책임

실존주의에서 강조하는 것은 사람들은 선택의 자유가 있기 때문에 자신의 운명을 스스로 결정한다는 것이다. 자신의 선택에 의해 이 세상에 태어난 것은 아니라 할지라도 자신이 사는 방식과 자신이 되어 가는 것, 현재 되어진 것은 결국 자신이 선택한 결과라는 것이다. 따라서 그 선택에 대한 책임도 져야 하는 것이 인간이다. 이렇게 책임을 인정하는 것은 변화의 기본조건이 된다. 스스로 책임지려 하지 않는 나쁜 신념을 가지고 있는 사람들은 자신의 문제에 대해 계속해서 다른 사람이나 상황을 탓하면서 변화를 위한 어떠한 시도도 하지 않으려 할 것이다. 여기서 나쁜 신념이라는 것은 실존주의 철학자 Sartre가 제시한 개념으로 개인적인 책임을 수용하지 않는 비진실성 혹은 허구성에 해당하는 개념이다. 예를 들면, "나는 태어날 때부터 이렇게 태어났기 때문에 어쩔 수 없다" 혹은 "우리 부모가 나를 그렇게 키웠기 때문에 어쩔 수 없었다"와 같은 것이 나쁜 신념에 해당하는 것들로 어떠한 변화도 이끌어 내지 못한다. 따라서 성숙한 인간이라면 자신의 행동에 대해 스스로 선택하며 그 결과에 대한 책임감 또한 가져야 할 것이다.

(3) 정체감 확립과 의미 있는 관계 수립

앞서 살펴보았듯이 인간은 기본적으로 혼자이지만 대인관계도 할 수 있는 존재이다. 즉, 사람들은 자신의 독특성이나 중심성을 자각하고 싶어 하는 한편 자기 자신에게서 벗어나 다른 사람이나 자연과 관련을 맺고 싶어 하기도 한다. 그런데 관계를 잘 맺기 위해서는 자기를 발견하는 것, 즉 자아정체감을 확립하는 것이 선행되어야 한다. 자신을 찾고 자신의 삶의 의미를 스스로 발견하지 못한 채 다른 사람과 관계를 맺게 되면 결과적으로 관계 속에서 어려움을 겪게 된다. 예를 들어, 진정한 자기를 발견하지 못하고 자아정체감을 잘 형성하지 못해 스스로에 대해 자신감이 없고 자존감이 낮은 사람들 중에 의처증이나 의부증과 같은 증상이 나타날 수가 있다. 자기 스스로에 대해 확신과 자신감이 부족하기 때문에 상대방이 자신을 배신하고 부정을 저지를지도 모른다는 의심에 휩싸이게 되는 것이다. "자기 자신을 사랑할 줄 아는 사람이 타인도 사랑할 수 있다"는 흔한 표현이 있듯이 우리가 건강한 관계를 형성하기 위해서는 일단 진정한 자기로 혼자 설 수 있어야 하며 또한 그렇게 건강한 모습으로 타인과 건강한 관계를 맺으며 살아갈 수 있어야 한다.

(4) 의미의 추구

실존주의적 접근에서 의미는 대단히 중요한 개념이다. 삶에 의미가 없으면 인간은 살 수 없기 때문이다. 실제로 삶에서 더 이상 의미를 찾을 수 없다고 생각하는 사람들이 결국 자살을 선택하여 생을 마감하게 되는 경우를 볼 수 있다. 따라서 인간은 자신의 삶 속에서 끊임없이 의미를 찾을 수 있어야 한다. 그런데 우리가 일이 잘 풀리고 긍정적인 생활의 경험을 하는 중에는 비교적 삶의 의미를 더 잘 느낄 수 있다. 따라서 잘 살아갈 수 있는 힘이 생긴다. 그러나 일이 잘 되어 가지 않고 부정적이고 고통스러운 사건에 직면하게 되면 그 속에서 삶의 의미를 찾는다는 것은 쉽지 않은 일이다. 하지만 의미는 고난 속에서도 얼마든지 발견할 수 있다는 것이 실존주의의 입장이다. 실존주의 철학자 Frankl은 만약 삶에 의미가 있다면 고통에도 의미가 있을 것이라고 말한다. 따라서 '위기'를 '기회'로 바꿀 수 있는 사람이 보다 성숙하고 건강한 사람이라고 할 수 있다.

이론의 적용을 통한 나와 너, 인간 이해의 활동 3-2

삶의 의미와 목표

잠시 눈을 감고 "나는 누구인가? 나는 어떤 사람인가? 나는 어떤 사람이 될 수 있는가? 나는 지금 제대로 가고 있는가? 나는 어디로 가고 있는가?"라는 질문을 통해 당신이라는 존재 자체와 당신의 삶과 인생에 대해 진지하게 생각해 본다. 그러고 나서 다음의 물음에 답해 본다.

1. 당신은 누구인가? 당신은 어떤 사람인가? (어렵게 생각하지 말고 당신의 마음속에 떠오르는 것은 무엇이든지 적을 수 있다. 일반적이건, 추상적이건, 사소하고 하찮은 것이건 상관없다)

2. 당신은 어디로 가고 있는가? 즉, 당신의 삶의 목표는 무엇인가?

3. 당신은 그 길을 지금 제대로 가고 있는가?

4. 당신은 앞으로 3년간을 어떻게 보내고 싶은가? (구체적으로 적는 것이 좋다)

5. 만약 당신이 6개월 후에 생을 마감해야 한다면, 그때까지 어떻게 살겠는가? (이 질문에 답할 때에는 당신이 현재 하고 있지 않거나 고려하고 있지 않은 중요한 것을 발견할 수 있다면 더욱 좋을 것이다)

6. 이상과 같은 질문에 답하면서 정리하게 된, 혹은 새롭게 깨닫게 된, 당신이 이 세상에 존재하는 의미는 무엇인가?

마무리하기

지금까지 실존주의 이론을 바탕으로 한 활동을 하고 나서 나와 너, 인간에 대해 새롭게 알게 된 것이나 깨달은 것이 있다면 적어 본다. 또한 이것은 당신에게 앞으로 어떠한 영향을 미칠 수 있는지 적어 본다.

04

인지주의적 관점에서의 인간 이해

인지적인 관점은 1960년대에 등장한 비교적 역사가 짧은 접근으로 개인이 자신의 환경을 관찰하고 지각하고 평가하고 해석하는 정신 과정 혹은 인지 과정에 초점을 둔다. 하지만 이 접근은 짧은 역사에도 불구하고 주요 접근 방법으로 확고한 위상을 정립하고 있다. 인지적 접근은 하나의 단일한 이론이기보다는 주요 원리를 공유하는 여러 이론들의 집합체로 보는 것이 더 적절할 것이다. 인지적인 접근을 취하는 학자들은 인간에 대한 논의를 할 때 사용하는 세 가지 체계인 정서, 인지, 행동 중에서 인지의 중요성을 가장 강조한다. 즉, 이들은 인간의 감정이나 행동이 인지 혹은 생각에 의해 통제될 수 있다고 보기 때문에 일차적으로 주요한 초점을 인지에 맞추고 행동이나 정서는 부차적인 것으로 다룬다. 이렇게 인지의 중요성을 강조한 인지적 관점의 대표적인 학자에는 Albert Ellis와 Aron Beck이 있다.

미리 생각해 보기

- "인간의 행동은 마음먹기에 따라 달라질 수 있다"는 말에 대해 당신은 어떻게 생각하는가?
- 당신이 가진 가치관 중에서 '반드시 ~해야 한다'고 생각하는 것은 어떤 것인가?
- 당신이 하던 일이 잘못되었을 때 어떤 생각을 하는가?

1) 인간에 대한 기본 관점

인지적 접근에서는 인간의 여러 측면 중 인지(즉, 사고 또는 생각)가 가장 우선적이며 따라서 제일 중요하다는 입장을 견지한다. 즉, 정서나 행동도 물론 중요하지만 그것들은 모두 사람들이 어떻게 생각하느냐에 따라 영향을 받는다는 것이다. 이러한 입장을 인지의 우선성 또는 인지적 결정론이라 부른다. 또한 인간은 합리적이고 올바른 사고를 할 수도 있지만 왜곡된 사고를 할 수도 있는 가능성을 지닌 존재이며, 왜곡된 사고, 비합리적 신념과 행동을 합리적인 것으로 변화시킬 힘이 있는 존재라고 본다. 따라서 만약 현재 부적응을 겪고 있는 사람이 있다면 그것은 그의 인지의 문제이며 따라서 그 사람을 변화시키기 위한 가장 효율적인 방법은 그 사람의 생각을 변화시키는 것이다. 그렇게 함으로써 잘못된 행동과 감정은 절로 변화될 것이라고 본다.

Ellis는 스토아 철학자인 Epictetus의 "우리를 당황하게 하는 것은 우리에게 일어난 사건이 결코 아니다. 그것은 이러한 사건을 보는 우리의 관점이다."라고 한 말을 자주 인용한다. 즉, 우리의 생각 혹은 신념 체계를 바탕으로 일어난 사건을 어떻게 해석하느냐에 따라 삶이 달라진다는 것이다. 유행처럼 회자되는 "모든 것은 마음먹기에 달려 있다."라는 말은 인지적 접근을 대변할 수 있는 표현이다.

2) 주요개념

(1) Albert Ellis의 합리적 정서행동치료

Ellis는 컬럼비아대학에서 석박사 학위를 받고 정신분석 훈련을 받았지만, 1953년에 정신분석을 포기하고 1955년에 인지를 강조하는 새로운 접근법인 인지치료를 소개하였다. 그 후에 정서를 무시한다는 비난이 일자, 인지-정서치료로 수정하였으며, 1991년에는 합리적 정서행동치료(혹은 인지-정서행동치료)로 이름을 바꾸었다.

Ellis에 따르면 사람들이 정서적 문제를 겪는 이유는 구체적인 사건 때문이 아니라 그 사건을 지각하고 받아들이는 방식이 잘못되었기 때문이다. 즉, 어떤 사건을 이미 가지고 있는 기존의 생각에 비추어 비합리적으로 해석하기 때문에 그 결과로 정서적 문제를 경험하게 된다는 것이다. 이러한 비합리적인 신념들은 대개 융통성이 없고 현실성이 없는 생각들이다.

Ellis는 인간이 왜곡된 사고를 하게 되는 이유로 생물학적, 문화적 영향을 들었는데 특히 어린 시절 가족의 문화를 결정짓는 부모의 양육 태도에 의해서 획득된 비논리적인 학습 때문이라고 하였다. 즉, 인간은 아동기 동안 중요한 타인에게서 비합리적 신념을 학습하게 되고, 학습된 비합리적 신념은 자기암시와 자기반복의 과정을 통해 자기패배적 신념을 더욱 확고하게 만들어 간다.

합리적 정서행동치료의 이론에 따라 상담을 진행하는 방법과 과정은 'ABCDE' 모형으로 설명될 수 있다. A는 내담자가 노출되었던 문제 장면이나 선행사건(Antecedents), B는 문제 장면에 대한 내담자의 신념(Beliefs), C는 선행사건 A 때문에 생겨났다고 내담자가 보고하는 정서적 또는 행동적 결과(Consequences), D는 비합리적 신념에 대한 상담자의 적극적인 논박(Disputes), 그리고 E는 비합리적 신념을 논박 또는 직면한 결과(Effects)이다. 즉, 비합리적인 신념에 의해 선행사건을 해석하고 받아들였을 때 부적응적인 결과가 생겨나므로 상담자의 적극적인 논박을 통해 비합리적인 신념을 합리적인 것으로 수정해 주어야 한다는 것이 이 치료의 요점이다.

(2) Aron T. Beck의 인지치료

Beck의 인지치료 이론에서 가장 핵심이 되는 개념들은 자동적 사고, 역기능적 인지 도식, 인지적 오류 세 가지이다. 자동적 사고란 어떤 사건에 당면하여 자동적으로 떠오르는 생각으로 이러한 자동적 사고가 부정적인 내용일 경우 심리적 문제로 이어진다. 우울증을 경험하는 사람들의 자동적 사고는 크게 세 가지 내용으로 구성되어 있는데(인지삼제), 첫 번째 자기에 대한 비관적 생각, 두 번째는 앞날에 대한 염세주의적 생각이며, 세 번째는 세상에 대한 부정적 생각이다. 역기능적 인지 도식은 현실 적응에 도움이 되지 않는 내담자의 기본적인 생각의 틀과 내용을 일컫는 용어이며, 그 내용을 예로 들면 다음과 같다. "사람은 멋지게 생기고 똑똑하고 돈이 많지 않으면 행복해지기 어렵다", "다른 사람의 사랑 없이 나는 행복해질 수 없다", "절반의 실패는 전부 실패한 거나 다름없다" 등이다. 인지적 오류는 어떤 경험이나 사건을 해석하고 받아들이는 과정에서 생기는 추론 혹은 판단의 오류를 말하는데, 이 중 대표적인 것이 흑백논리, 과잉일반화, 긍정적인 면의 평가절하, 의미 확대 및 의미 축소 등이다.

인지치료에서의 상담의 목표는 자동적 사고를 변화시키고 부적응적인 인지 도식을 재구성하여 새로운 사고를 시작하도록 변화시키는 것이다. 그러기 위해서는 Beck의 인지치료에서 상담자는 크게 두 가지 과제를 달성해야 한다. 하나는 내담자의 부정적인 자동적 사고를 찾아내어 이를 보다 적절한 적응적인 사고로 대치하는 것이고, 다른 하나는 부정적인 사고의 기저를 이루는 근원적인 역기능적 인지 도식을 찾아내어 그 내용을 보다 현실적인 것으로 바꾸어 나가는 것이다.

이론의 적용을 통한 나와 너, 인간 이해의 활동 4

비합리적 사고

다음은 Ellis가 제시한 비합리적 사고의 대표적인 예이다.

1. 각 내용을 읽어 보고 자신이 평소에 이러한 생각을 어느 정도나 가지고 있는가를 생각해 본 후 해당 점수를 적어 본다.

* 아래 문항에 대해 생각해 보고 다음과 같이 점수를 부여한다.
그렇게 생각하지 않는다 : 1, 대체로 그렇게 생각하지 않는다 : 2, 보통이다 : 3, 대체로 그렇게 생각한다 : 4, 매우 그렇게 생각한다 : 5

1. 자신은 주위의 모든 사람들로부터 항상 사랑과 인정을 받아야 한다.	
2. 사람이 가치 있게 여겨지기 위해서는 완벽해야 한다. 즉, 유능하고 성취적이어야 한다.	
3. 어떤 사람들은 악하고 나쁘며 악랄하다. 그러므로 그와 같은 행위를 하는 사람은 반드시 비난과 처벌을 받아야 한다.	
4. 자신이 바라는 대로 일이 이루어지지 않으면 파멸이다.	
5. 인간의 불행은 외부환경 때문이며, 인간의 힘으로도 그것을 통제할 수 없다.	
6. 위험하거나 두려운 일은 항상 일어날 가능성이 있으므로 이것은 커다란 걱정의 원인이 된다.	
7. 인생에서 어떤 어려움이나 주어진 자기책임을 직면하는 것보다 이를 회피하는 것이 더 쉽다.	
8. 과거의 경험이나 사건은 현재의 행동을 결정하며 인간은 과거의 영향에서 벗어날 수 없다.	
9. 사람은 타인에게 의존해야만 하고, 자신이 의존해야 할 누군가가 있어야만 한다.	
10. 주위의 다른 사람이 환난 속에 처했을 경우 자신도 당황할 수밖에 없다.	
11. 모든 문제에는 가장 적절하고도 완벽한 해결책이 반드시 있으며 그것을 찾지 못한다면 파멸이다.	
합계/평균	

2. 각 문항에 매긴 점수의 총합을 구해 보고 이를 다른 친구들의 점수와 비교해 본다. 그 결과 당신이 가지고 있는 비합리적인 사고의 정도는 어떠한가?

3. 이제 이러한 사고가 왜 비합리적인 사고인지에 대하여 생각해 보고, 빈 칸에 합리적인 사고로 수정하여 본다.

1) 자신은 주위의 모든 사람들로부터 항상 사랑과 인정을 받아야 한다.

➡

2) 사람이 가치 있게 여겨지기 위해서는 완벽해야 한다. 즉, 유능하고 성취적이어야 한다.

➡

3) 어떤 사람들은 악하고 나쁘며 악랄하다. 그러므로 그와 같은 행위를 하는 사람은 반드시 비난과 처벌을 받아야 한다.

➡

4) 자신이 바라는 대로 일이 이루어지지 않으면 파멸이다.

➡

5) 인간의 불행은 외부환경 때문이며, 인간의 힘으로도 그것을 통제할 수 없다.

➡

6) 위험하거나 두려운 일은 항상 일어날 가능성이 있으므로, 이것은 커다란 걱정의 원인이 된다.

➡

7) 인생에서 어떤 어려움이나 주어진 자기책임을 직면하는 것보다 이를 회피하는 것이 더 쉽다.

➡

8) 과거의 경험이나 사건은 현재의 행동을 결정하며 인간은 과거의 영향에서 벗어날 수 없다.

➡

9) 사람은 타인에게 의존해야만 하고 자신이 의존해야 할 누군가가 있어야만 한다.

➡

10) 주위의 다른 사람이 환난 속에 처했을 경우 자신도 당황할 수밖에 없다.

➡

11) 모든 문제에는 가장 적절하고도 완벽한 해결책이 반드시 있으며, 그것을 찾지 못한다면 파멸이다.

➡

◈ 수정된 합리적 사고의 예

1. 자신의 욕구나 흥미를 희생하면서까지 다른 사람의 사랑을 받으려고 하기보다는, 남에게 자신이 먼저 사랑을 베풀고 창조적이며 생산적인 사람이 되고자 노력하는 과정에서 다른 사람으로부터 인정과 사랑을 받게 된다.
2. 자신에게 충실하고 결과에 집착하기보다는 활동 그 자체를 즐기고 완전하게 되기보다는 배우려고 노력한다.
3. 자기의 잘못을 고치고 향상시키려고 노력하고 타인의 실수를 인정하려고 노력한다. 자기 자신뿐 아니라 타인도 비난하지 않는다.
4. 그 사실을 있는 그대로 받아들인다.
5. 자신의 내부에서 불행이 온다는 것을 알고 있으며, 외부의 사태 때문에 초조하거나 괴롭더라도 이 사태에 대한 합리적 판단과 자기언어화를 통해 자신의 반응을 변화시킬 수 있음을 안다.
6. 앞으로 발생할 수도 있는 위험이 자기가 생각하는 것만큼 그렇게 파국적인 것이 아니라는 것과 위기 상황에 직접 부딪쳐 확인해 보는 일이 중요하다는 것을 알고 있다.
7. 자기가 져야 할 책임이 있다면 분석하고 자기훈육을 한다. 도전적이며 책임을 지고 문제를 해결하는 생활이 즐겁다는 것을 안다.
8. 과거의 영향을 분석하고 자기 자신에게 과거와 다르게 행동하도록 하여 현재의 자신을 변화시킬 수 있다.
9. 독립을 하려고 하고 책임을 지려고 하고 도움이 필요할 때는 도움을 받기도 한다.
10. 어떤 사람의 행동이 자신에게 혼란을 일으킬 만한 것인지에 대해 결정을 하고 만일 그렇다면 그 사람이 변화할 수 있도록 도와주어야 한다.
11. 문제에 대해 가능한 해결책을 찾으려고 하며, 최선의 혹은 가장 적절한 해결책을 받아들인다.

우울증 척도

다음은 Beck 등(1967)이 개발한 BDI(Beck Depression Inventory)를 이영호(1993)가 한국판으로 수정하여 제작한 것이다.

1. 지난 한 주간 느꼈던 문항에 표시하시오. 가급적 4개의 진술을 잘 읽고 나서 그중 한 가지를 선택하되 한 가지 이상이 똑같이 해당되는 것 같으면 모두 표시하시오.

1) 나는 슬프지 않다.(0점)
나는 슬프다.(1점)
나는 항상 슬프고 기운을 낼 수 없다.(2점)
나는 너무 슬프고 불행해서 도저히 견딜 수 없다.(3점)

2) 나는 앞날에 대해 별로 낙심하지 않는다.
나는 앞날에 대해 용기가 없다.
나는 앞날에 대해 기대할 것이 아무것도 없다고 느낀다.
나는 앞날은 아주 절망적이고 나아질 가망이 없다고 느낀다.

3) 나는 실패자라고 느끼지 않는다.
나는 보통 사람들보다 더 많이 실패한 것 같다.
내 삶을 뒤돌아보면 실패투성이인 것 같다.
나는 인간으로서 완전히 실패했다.

4) 나는 전과같이 일상생활에 만족하고 있다.
나의 일상생활은 예전처럼 즐겁지 않다.
나는 요즘에는 어떤 것에서도 별로 만족을 얻지 못한다.
나는 모든 것이 다 불만스럽고 싫증난다.

5) 나는 특별히 죄책감을 느끼지 않는다.
나는 죄책감을 느낄 때가 많다.
나는 죄책감을 느낄 때가 아주 많다.
나는 항상 죄책감에 시달리고 있다.

6) 나는 내가 벌을 받고 있다고 느끼지 않는다.
나는 어쩌면 벌을 받고 있을지도 모른다는 느낌이 든다.
나는 벌을 받을 것 같다.
나는 지금 벌을 받고 있다고 느낀다.

7) 나는 나 자신에게 실망하지 않는다.
나는 나 자신에게 실망하고 있다.
나는 나 자신에게 화가 난다.
나는 나 자신을 증오한다.

8) 나는 다른 사람들보다 못한 것 같지는 않다.
나는 나의 약점이나 실수에 대해 나 자신을 탓하는 편이다.
내가 한 일이 잘못되었을 때에는 언제나 나를 탓한다.
일어나는 모든 나쁜 일들은 다 내 탓이다.

9) 나는 자살 같은 것은 생각하지 않는다.
나는 자살할 생각을 가끔 하지만 실제로 하지는 않을 것이다.
자살하고 싶은 생각이 자주 든다.
나는 기회만 있으면 자살하겠다.

10) 나는 평소보다 더 울지는 않는다.
나는 전보다 더 많이 운다.

나는 요즘 항상 운다.
나는 전에는 울고 싶을 때 울 수 있었지만 요즘은 울 기력조차 없다.

11) 나는 요즈음 평소보다 더 짜증을 내는 편은 아니다.
나는 전보다 더 쉽게 짜증이 나고 귀찮아진다.
나는 요즈음 항상 짜증을 내고 있다.
전에는 짜증스럽던 일에 요즘은 너무 지쳐서 짜증조차 나지 않는다.

12) 나는 다른 사람들에 대한 관심을 잃지 않고 있다.
나는 전보다 다른 사람들에 대한 관심이 줄었다.
나는 다른 사람들에 대한 관심이 거의 없어졌다.
나는 다른 사람들에 대한 관심이 완전히 없어졌다.

13) 나는 평소처럼 결정을 잘 내린다.
나는 결정을 미루는 때가 전보다 많다.
나는 전에 비해 결정을 내리는 데 더 큰 어려움을 느낀다.
나는 더 이상 아무 결정도 내릴 수가 없다.

14) 나는 전보다 내 모습이 더 나빠졌다고 느끼지 않는다.
나는 나이들어 보이거나 매력없어 보일까봐 걱정이다.
나는 내 모습이 매력 없게 변해버린 것 같은 느낌이 든다.
나는 내가 추하게 보인다고 믿는다.

15) 나는 전처럼 일을 할 수 있다.
어떤 일을 시작하려면 전보다 훨씬 더 많은 노력이 든다.
나는 무엇인가를 하려면 매우 힘들다.
나는 전혀 아무것도 할 수가 없다.

16) 나는 평소처럼 잘 잔다.
나는 전만큼 잘 자지 못한다.
나는 평소보다 한두 시간 빨리 깨고 다시 잠들기 어렵다.
나는 전보다 몇 시간 일찍 깨고 한 번 깨면 다시 잠들지 못한다.

17) 나는 평소보다 더 피곤하지는 않다.
나는 전보다 더 쉽게 피곤해진다.
나는 무엇인가를 하려면 매우 힘들다.
나는 너무나 피곤해서 아무 일도 할 수가 없다.

18) 내 식욕은 평소와 다름없다.
나는 요즈음 전보다 식욕이 좋지 않다.
나는 요즈음 식욕이 많이 떨어졌다.
요즈음 식욕이 전혀 없다.

19) 요즈음 체중이 별로 줄지 않았다.
전보다 몸무게가 2kg가량 줄었다.
전보다 몸무게가 5kg가량 줄었다.
전보다 몸무게가 7kg가량 줄었다.

20) 나는 건강에 대해 전보다 염려하고 있지 않다.
나는 여러 통증, 소화불량, 변비 등과 같은 신체적인 문제로 걱정하고 있다.
나는 건강이 염려되어 다른 일은 생각하기 힘들다.
나는 건강이 너무 염려되어 다른 일은 아무것도 생각할 수가 없다.

21) 나는 최근에 성적 관심에 어떤 변화가 있지 않다.
나는 전보다 성에 대한 관심이 줄었다.

나는 전보다 성에 대한 관심이 상당히 줄었다.

나는 성에 대한 관심을 완전히 잃어버렸다.

출처 : 원호택 외 공역(1996). 우울증 인지치료. 학지사

2. 검사 결과 및 해석

해당 점수의 총합을 구한다. 절대적인 것은 아니지만 대체로 다음과 같은 기준을 적용하여 우울의 정도를 가늠해 볼 수 있다. 당신의 현재 우울증 정도는 어떤 수준인가?

9점 이하 : 우울하지 않음

10~15 : 경우울

16~23 : 우울

24~63 : 심한 우울 상태

3. 만약 우울증의 정도가 심하다면 이를 극복하기 위해 앞으로 어떠한 노력을 해야 할 것인가? 혹은 주변에 우울의 증상을 보이는 사람이 있다면 그를 어떻게 이해하고 도와줄 수 있을 것인가? (Beck의 이론을 적용하여 생각해 보면 더욱 바람직한 활동이 될 것이다)

마무리하기

지금까지 Ellis와 Beck의 이론을 바탕으로 한 활동을 하고 나서 나와 너, 인간에 대해 새롭게 알게 된 것이나 깨달은 것이 있다면 적어 본다. 또한 이것은 당신에게 앞으로 어떠한 영향을 미칠 수 있는지 적어 본다.

제 2 부

나와 너, 관계의 소중함 –인간관계의 이해

05

인간관계의 이해

우리는 살아가면서 다양한 인간관계를 체험하게 된다. 그런데 급변하는 사회 속에서 인간관계에 대한 본질적인 의미를 미처 파악할 겨를도 없이 지내면서 보다 더 나은 인간관계의 질과 양을 추구하게 된다. 그러므로 사회의 변화에 따른 인간관계의 필요성에 대한 재인식과 그 의의를 확인하는 것은 매우 중요할 것이다. 이 장에서는 인간관계에 대한 이해의 필요성과 인간관계의 의의에 대하여 살펴보고자 한다. 또한 인간관계의 유형을 통해서 인간관계의 바람직한 형성 요인과 인간관계를 뒷받침하는 이론적인 접근에 대해서 살펴보고자 한다.

1. 인간관계에 대한 이해의 필요성

사회가 점차 다양화 · 전문화 · 세분화 · 기계화되어 감에 따라 사회 구성원인 개인들이 사회의 모든 분야를 이해하고 다른 구성원들과 접촉하는 기회를 갖는 것이 점점 더 어려워지고 있다. 현대 사회에서는 모든 것이 다양화된 반면에 세분화되어 있어서 각 분야마다 나름대로의 특수한 전문성을 요구하고 있다. 따라서 이에 대한 준비과정이 어느 때보다도 더 요구된다. 또한 현대 사회는 대량화를 요구하고 있어 모든 것을 대량으로 생산한다. 이러한 대량화는 규격화를 요구하고 규격화는 획일화를 초래하여, 결국 개성 상실의 결과를 초래하게 된다. 따라서 사회 구성원의 존재 의의는 대량 생산을 하는 거대한 사회라는 기계의 규격화된 부품에 지나지 않게 되었다.

한 개인이 일생을 살아가는 데 필요한 요소들을 준비하는 것은 생의 많은 부분을 차지하게 된다. 반면에 현대인들이 타인과의 교류를 보다 안정적이고 풍요롭게 경험할 수 있는 장은 축소되고 있다. 이는 물질의 풍요로움이 인간에게 가져다주는 하나의 부적절한 결과라고 할 수 있다. 실제로 살아가기 위한 제반 조건을 준비하는 데에는 많은 시간과 노력 등의 양적인 투자가 요구되는 반면에, 인간관계를 위해서는 보다 질적인 측면이 요구된다. 인간은 기본적으로 타인들과의 관계를 통해서 사랑과 소속의 욕구, 인정에 대한 욕구를 충족시키고자 한다. 즉, 인간은 타인과의 교류를 통해서 충족시켜야만 하는 욕구가 있다. 그래서 우리는 이러한 욕구충족의 필요성으로 인해 인간관계를 맺고 상호 교류를 통해서 행복하고 복된 삶을 살기를 바란다.

이에 우리는 인간관계에 대한 개념 정의와 인간관계를 형성하는 요인들, 그리고 그 기반이 되는 이론적인 이해와 더불어 좀 더 질적인 인간관계를 맺을 수 있는 실제적인 방법에 대해 학습할 필요가 있다.

2. 인간관계의 의의

Aristoteles의 "인간은 사회적 동물이다."라는 말처럼 인간은 혼자서는 살 수 없고 언제나 타인과 관계를 맺고 살아가며, 크게는 집단 속에서 하나의 구성원으로 존재하게 된다. 자신의 행동은 자신 또는 타인, 집단에 영향을 미치며, 또한 영향을 받게 된다. 따라서 우리가 하는 행동은 살아가는 과정에서 자연스럽게 일어나는 것이며, 다양한 형태의 인간관계 유형을 나타낸다.

인간관계를 통해서 우리는 삶의 질에 대한 평가를 하게 된다. 인간관계가 보다 건전하고 원만하다면 행복하고 풍요로운 삶을 살아갈 수 있지만, 인간관계에 문제가 있을 경우에는 자기뿐만 아니라 타인에게도 악영향을 끼치게 되는 경우가 많다.

건전한 인간관계는 긍정적인 자아개념(self-concept)이나 긍정적인 자아상(self-image)을 형성하는 데 지대한 역할을 한다. 긍정적인 자아개념이나 긍정적인 자아상을 지닌 사람은 자신이 원하는 삶을 보다 더 적극적으로 살아갈 수 있을 것이기 때문이다.

Glasser(1988)는 인간 행동의 원리를 욕구충족을 위한 선택 이론에 근거해서 설명하였다. 그는 생래적인 기본 욕구를 다섯 가지로 나누었는데, 이 다섯 가지 욕구는 생존의 욕구, 사랑과 소속의 욕구, 힘과 성취의 욕구, 자유의 욕구, 즐거움의 욕구이다. 그리고 욕구충족의 방법을 좀 더 풍요롭게 하는 것이 중요하지만, 욕구충족의 방법이 관계를 통해서 이루어질 때 보다 더 행복하다고 하였다. 이는 인간이 어느 집단에 소속하고자 하며, 집단의 일원으로서 인정받고자 하는 욕구가 있음을 인정하는 것이다.

Maslow(1970) 또한 욕구위계설에 의해서 설명하였는데, 욕구의 가장 저변에 있는 생리적 욕구, 즉 우리의 신체적 · 생리적 결핍을 충족시키려고 하는 욕구가 있고, 이러한 욕구가 충족되면 우리 자신을 안전하게 보호하려고 하는 안전의 욕구를 충족시키려는 경향을 보이게 된다. 이들 욕구가 충족되면 다음 단계로 애정과 소속의 욕구를 충족시키려고 하는데, 이는 어느 집단에 소속되어 집단의 일원으로서 인정받고 싶은 욕구이다.

Sullivan 역시, 인간관계는 개인의 발달에 근원이 되는 것으로서, 인간은 인간관계를 통해서 개인적 만족과 안정을 찾아 나간다고 하였다(Swenson, 1973). 그는 정신분열증을 비롯한 대부분의 정신병리의 근원이 인간관계에서 유래되는 것이며, 성격은 인간관계의 상황에서 분명해지는 것으로, 인간관계를 제외하면 성격은 존재하지 않는다고 주장하며 인간관계의 중요성을 강조하였다.

Bowlby(1979)는 인간에게 특정한 개인과 강한 애정적 결속을 만드는 경향이 내재되어 있음을 강조하며 이를 개념화하였는데, 특정한 개인과의 결속관계는 이후 다양한 정서적 문제나 성격, 인간관계 등에 영향을 준다고 하였다. 특히 애착 이론의 접근에서는 시간이 지남에 따라서 인간관계의 기능적 유사성이 있음을 지적하고 있다(Collins & Repinski, 1994).

이상과 같은 개념에 기초하면, 인간관계는 두 사람 또는 그 이상의 사람들이 정기적 · 지속적 접촉을 통해 다양한 상황 및 과제 수행에 있어서 상호 의존적인 행동을 하면서 형성하게 되는 정서적인 결속 및 정서적 연계라고 할 수 있다.

3. 인간관계의 유형

1) Harris(1967)의 인간관계 유형

(1) 나는 옳지 않다 – 너는 옳다(I'm not OK – You're OK)

이 유형에 해당되는 사람들은 자신을 무가치하게 여기고 다른 사람들에게 의존하려는 욕구를 지니고 있다. 부모의 애정 어린 보살핌에 의해서 자신의 욕구를 충족시키기 때문에 타인에 대해 긍정적인 인정을 하게 된다. 그러나 자신은 아무것도 할 수 없다고 여김으로써 좌절하게 되고, 쉽게 포기하고, 자신을 신뢰하지 않는다. 따라서 타인의 칭찬과 인정에 매우 의존적이다.

(2) 나는 옳지 않다 – 너도 옳지 않다(I'm not OK – You're not OK)

이 유형에 해당되는 사람은 상황이나 문제 해결에 대한 대안이나 극복할 능력이 없다고 믿는다. 이들은 자신뿐 아니라 타인에 대해서도 부정적으로 지각하며, 반항적이고 체념적인 인생 태도를 갖는다. 따라서 삶의 의미 부여를 하지 못하고 위축된 삶을 살아가게 된다.

(3) 나는 옳다 – 너는 옳지 않다(I'm OK – You're not OK)

이는 독자적으로 할 수 있는 것이 점차적으로 많아짐으로써 갖게 되는 신념이다. 이 유형에 해당되는 사람들은 타인과의 거리를 유지할 뿐만 아니라 타인에 대한 불신과 경계를 게을리하지 않는다. 그래서 좋은 관계로 지속시키거나 발전시키는 것이 아니라 관계를 단절하게 되는 쪽으로 발전시키게 된다. 그리고 엄격하게 감독을 하거나 권위주의적이며, 자기중심적인 행동을 하게 된다.

(4) 나는 옳다 - 너도 옳다(I'm OK - You're OK)

이 유형에 해당되는 사람은 대인관계에서 진정한 관계를 맺기 위하여 시간을 투자하며 문제를 건설적으로 해결할 수 있는 능력을 가지고 있다. 따라서 건강하고 행복한 삶의 방식과 태도를 지니게 된다. 이들은 매우 활동적이고 적극적인 삶의 태도를 지닌 사람들로서 매우 바람직한 대인관계의 양식을 갖고 있으며, 원숙한 인격자로서 자아실현의 욕구를 충족시키는 사람들이라고 할 수 있다.

2) 전병재(1997)의 인간관계 유형

(1) 정의적 상호작용과 수단적 상호작용

① 정의적 상호작용

비형식적이고 자발적이며 다른 목적 충족이 없는데도 반복적이며, 상호작용이 관계를 맺는 당사자들의 정서적 욕구 및 심리적 욕구를 충족시켜 주므로 그 자체가 궁극적인 목적이 된다. 인간이 남들과 접촉하고 싶어 하는 마음속에는 근본적으로 두 가지 이율배반적인 동기가 내포되어 있다. 하나는 인간은 자신의 사회적 지위를 확인하려는 욕망과 자신의 입장을 지지받고 싶어 하는 욕망이 있어서 결국은 특정 개인이 자기 자신의 개성을 뚜렷이 나타내 보이고자 하는 것이고, 둘째는 자신의 존재를 남들과의 관계 속으로 예속시킴으로써 자신의 고립 감정을 해소시키고자 한다는 것이다. 다시 말하면, 첫 번째 욕구는 남들과의 관계를 통해서 자기의 존재 의식과 개성을 확인함으로써 정체감을 파악하는 것이고, 두 번째 욕구는 개인이 선천적으로 가진 소속의 욕구를 충족시킴으로써 원초적 고독감에서 벗어나고자 하는 것이다.

② 수단적 상호작용

수단적 상호작용은 상호작용을 통해서 다른 목적을 달성하기 위한 것으로, 형식적이고 합리적이며 매우 규제적이다. 이런 관계는 사회적 역할에 따라 관계를 맺고 정해진 규범에 따라 행하는 규범적 행동에서 잘 나타난다. 아버지, 어머니, 남편, 아내, 교수, 학생, 상사, 부하 등의 사회적인 역할들이 해당된다. 어느 역할이든지 사회적인 기대에 따른 역할기대가 개인의 행동에 제약을 가한다. 즉, 역할기대에 따르면 개인의 속성 및 성격에 바탕을 두고 행동하지 못하기 때문에 여러 가지 행동의 제약을 받게 되는 것이다. 예를 들면, 교수의 역할에 맞는 역할기대에 부응하기 위해서는 천진난만하게 행동할 수 없다. 교수의 역할기대에 맞는 옷차림과 행동의 일치를 보여야 한다.

역할기대에 따른 규제행동이 개인의 정서적 욕구와 특성을 심하게 억제하지 않도록 하기 위해서는 다양한 역할 담당과 인간관계에 참여해야 한다. 한 개인은 아들이면서 아버지이기도 하다. 이러한 사실은 역할이 가져다주는 정서적 제약을 극복하는 데 중요한 구실을 하게 된다.

(2) 종적 상호작용과 횡적 상호작용

종적 상호작용은 형식적이며 수단적인 속성이 강하다. 상호작용하는 당사자들의 사회적 지위나 입장이 그들의 인격이나 개성에 의해서 결정되기보다 역할과 특정 사회적 상황하에서 결정된다. 그리고 한쪽은 정의적 관계로 보지만 한쪽은 수단적으로 보는 경우도 있다. 즉, 사람 사이의 관계에서 자신이 처한 위치에 따라 관계에 대한 지각이 다를 수 있다.

두 사람의 상대적 지위가 종적인 차원에서 이루어진다면 종속적인 관계를 권력과 영향력으로 나누어 볼 수 있다. 권력에는 강제성이 있는 반면에 영향력에는 주로 설득이 작용하는 것으로 본다. 이 중에서 권력은 역할관계와 밀접한데, 어떤 직장에서 상사가 하급자에게 직권으로 어떤 명령을 내릴 때 이 명령을 따르는 하급자는 상급자의 권력에 순종하지 않을 수 없을 것이다. 그러나 영향력의 경우에는 개인이 담당하고 있는 역할보다는 그가 가지고 있는 능력에 더 관련되는 것이기 때문에 그의 역할이나 지위에 상관없이 행사될 수도 있다. 그런데 사회적 지위나 사회적 입장이 비슷한 사람들끼리의 관계는 어느 정도 자발적인 정의적 상호작용을 형성할 가능성이 높다. 사회적 지위가 비슷하거나 종적 상호작용의 특성이 약화될수록 횡적 관계를 지님으로써 진정한 평등관계를 이루는 데 도움이 될 것이다(이재창, 임용자, 1998).

3) Gurdjieff의 인간유형론(정인석, 2001)

Gurdjieff는 인간의 성격 분류에 있어서 각 개인의 기능 패턴이 3층 건물의 어느 층에 보다 깊게 의존하고 있느냐에 따라서 분류도식(scheme of classification)이 달라진다고 보았다. 예컨대, 어떤 사람은 2층의 감정적 부분보다 3층의 지적 사고 부분에 더 많이 의존할 수도 있을 것이며, 또 어떤 사람은 논리적인 사고인 3층에, 궁해질 것 같으면 감정인 2층에 모든 것을 맡겨 버리는 경우도 있을 수 있다.

어떤 사람이라도 반드시 어느 하나의 뇌가 다른 뇌를 지배하는 경향을 가지고 태어난다고 Gurdjieff는 본 것이다. 그가 만든 도식 [표 5-1]에 의하면 인간 제1번(man number one)은 운동기능과 본능에 센터의 중심이 있으며, 인간 제2번(man number two)은 감정에 중심을 두고, 인간 제3번(man

[표 5-1] 인간의 유형(Speeth, 1989; 정인석, 2001 재인용)

인간 제1번	인간 제2번	인간 제3번
• 운동 · 본능적 인간 • 기계적 기억과 모방에 의한 학습 • 원시적 · 관능적 예술 • 의식과 제례의 종교 • 고행자(fakirs) • 행위의 요가(karma yoga)	• 감정적 인간 • 호 · 불호에 의한 인식 • 감상적 예술 • 신앙과 사랑 그리고 이단 박해의 종교 • 수도승(monks) • 헌신의 길을 가는 요가(bhakti yoga)	• 사고하는 인간 • 논리적 사고와 문자를 통한 이해 • 증명과 논쟁의 종교 • 요가 수행자(yogis) • 지식의 길을 가는 요가(jnana yoga)

number three)은 지식이나 이론적 통찰에 중심을 둔다. 이들 세 종류의 인간은 존재 단계로 볼 때는 거의 동일 수준에 있지만 내적 통일(inner unity)과 의지(will)가 결여되어 있을 뿐이다. 그들은 다만 어느 기능에 보다 많이 의존하고 있느냐에 따라서 달리 보일 뿐이다.

지금까지 말한 세 종류의 인간은 각각 습관, 취미, 살아가는 스타일이 다르다. 이는 거의 William Herbert Sheldon(1899~1977)의 체형 분류와 일치한다. Sheldon의 분류에 따르면, 인간 제1번은 내배엽형(endomorphy), 인간 제2번은 중배엽형(mesomorphy), 인간 제3번은 외배엽형(ectomorphy)에 해당된다고 볼 수 있다. 특히 Sheldon의 성격유형론에서는 앞에서 말한 3체격유형의 성분과 이에 대응한 기질 성분의 상관분석을 통해서 기질상의 유형을 각각 내배엽형에 내장긴장형(visceratonia, 정신과 동작이 이완되어 있고, 먹기를 좋아하며, 사교성이 풍부함)을, 중배엽형에 신체긴장형(somatotonia, 권력욕이 강하고, 자기주장적이며, 모험을 즐김)을, 외배엽형에 두뇌긴장형(cerebrotonia, 조심스럽고, 내향적이며, 예술적이고, 고독을 즐김)을 대응시킨 것은 Gurdjieff의 분류와도 잘 대응되고 있다.

문학작품을 예로 들어 본다면, Shakespeare의 작품에 나오는 등장인물 가운데 Falstaff는 인간 제1번(내장긴장형), Hal 왕자는 인간 제2번(신체긴장형), Hamllet은 인간 제3번(두뇌긴장형)에 해당한다고 볼 수 있다.

지금까지 열거한 기본적 세 유형을 예술 · 음악 · 종교적 의식과 관련 지어 어느 것이 강한 감동을 주는가를 생각해 본다면 다음과 같이 대응시켜 볼 수 있다.

인간 제1번은 화려한 행렬이나 의식, 신성한 예배와 성구의 복창 및 성가합창 등에서 감동을 받고, 인간 제2번은 기도와 신 또는 구루(Guru, 힌두교의 교도사, 스승. 어원은 '더움을 몰아내는 자')에 대한 희생적인 헌신에서 만족을 얻으며, 인간 제3번은 지혜에 대해서는 생물학적인 굴성(tropistic orientation)을 갖고 이론화, 분류화, 논쟁, 논의를 선호한다. 위대한 종교적 전통이란 이와 같은 3유형을 원만하게 수렴한다는 것을 말해 주고 있다.

4. 인간관계의 이론

1) 행동주의적 학습 이론

행동주의적 학습 이론을 도입한 Skinner는 인간의 행동은 오로지 행동 뒤의 강화와 처벌에 의해서 결정되며, 인간의 성격은 그가 지금까지 살아오면서 경험한 강화가 누적되어 형성된 것으로 보았다. 즉, 비슷한 상황에서 강화의 경험이 개인마다 다르므로 한 개인의 성격을 이해하기 위해서는 자극 상황과 강화에 대한 체계적인 분석이 필요하다는 것이다. 그의 인간의 행동 방식은 개인의 주관적인 사고, 감정, 인지, 지각, 기능 등에서 비롯되는 것이 아니라 주위 환경의 산물에서 비롯된다. 예를 들어, 어린아이가 뜨거운 주전자에 손을 댔다가 뜨거워 놀란 적이 있다면 그 아이는 주전자에 손을 대면 뜨겁다는 사실을 학습하게 된다. 즉, 화를 내는 방법으로 자신의 욕구가 충족되고 타인을 통제하였다면 화내는 것을 학습하게 될 것이고, 성인이 되어서도 화를 냄으로써 자신의 욕구를 충족시키게 될 것이다.

Skinner가 주장하는 조작적 조건형성에서는 강화의 역할과 기능이 학습에 매우 중요하다고 할 수 있고, 중요한 것은 행동을 지속적이고 반복적으로 나타나게 하는 데 있어서의 강화는 행동을 한 후에 즉각적으로 이루어졌을 때 매우 효과적이라는 것이다. 따라서 인간의 행동은 환경이 주는 강화 요소에 의해서 형성된다. 그래서 인간관계도 바람직한 강화를 통해서 훈련을 받게 되는 것이라고 하였다. 반면에 Bandura 등의 사회학습 이론가들에 의하면 관찰과 모방학습, 대리강화, 자기조절 등을 통해서 인간관계를 맺을 수 있다.

2) 현상학적 이론

현상학자인 Rogers는 인본주의적 성격 이론을 통해서 개인의 성장과 자아실현에 초점을 두고, 인간은 진정한 자기가 되기 위해서 노력하는 존재라는 것을 강조했다. 개인의 경험을 올바르게 해석하고 있는 그대로 인정하는 것을 적응된 자아라고 한다. 적응하고 있는 사람은 외부의 객관적인 가치의 조건에 준거를 두고 행동하는 사람이 아니라, 자기 나름대로 생각하고 느끼고 경험하고 비방어적이고 창조적이고 자신감이 있으며 스스로 결정하는 자기 지향적인 사람이다. 따라서 적응하고 있는 사람은 새로운 상황에 충분히 대처하여 자신의 잠재력과 능력, 기능을 충분히 발휘한다. 내가 누구이며 무엇을 할 수 있는가를 아는 것이 자기인데, 자기는 자기 자신의 능력, 성취도, 매력, 태도, 지각양식, 인식, 타인 및 주위 생활환경과의 관계, 자신에 대한 평가 등으로 구성된다. 자기는 자아상이라고도 하며, 자아상은 자신의 행동과 다른 사람들의 반응을 관찰한 것을 토대로 형성된다. 즉, 자기는 자신의 경험에서 인식되는 것이므로 자신에 대해서 느끼고 인식하는 정도는 매우 주관적이다. 자신에 대한 주관적인 이해와 더불어 객관적인 이해를 할 필요가 있는데, 객관적인 이해는 인간관계의 경험을 통해서 이루어진다.

3) 교환 이론

교환 이론은 타인과 비교하여 관계가 유리하면 이제까지 취한 행동을 지속하고, 불리하면 관계를 개선하거나 중지하여 새로운 관계로 지향한다는 것이다. 즉, 일반명제를 시작으로 전개되어 개인 간 상호작용과 이를 둘러싼 광역 집단에서의 교환작용을 다루고 있다.

Homans는 사람의 사회적 행동의 기본 형태를 교환 이론을 중심으로 명제를 구축하여 설명하고 있다(최승희, 김수욱, 2001). 첫째, 자극명제는 사람은 과거에 보상을 받았을 때와 비슷한 자극이 있으면 그때와 같은 행동을 하기 쉽다는 것이다. 둘째, 성공명제는 사람은 타인으로부터 보상받기 쉬운 행동을 하기 쉽다는 것이다. 셋째, 가치명제는 타인으로부터 받은 보상이 그 사람에게 가치가 있을수록 그 행동을 하기가 쉽다는 것이다. 넷째, 포화명제는 타인에게 보상을 받은 직후에는 그 행동의 가치가 작아진다는 것이다. 마지막으로 정의명제는 공평한 분배가 이루어지지 않아 손해를 본 사람은 분노의 감정을 나타내기 쉽다는 것이다. 즉, 교환 이론은 타인과 집단의 상호작용을 설명하는 것이다.

4) 교류분석 이론

Freud의 성격 이론에 기초하여 Bern이 창안한 이론인 교류분석 이론은 두 사람이 상호작용할 때 발생하는 에너지를 분석하여 인간의 행동을 이해하는 기법이다. 즉, 인간의 행동을 보다 잘 이해하고 긍정적 태도와 개방적인 의사소통을 통해서 건전한 인간관계를 형성한다는 이론이다.

교류분석은 세 가지 자아, 즉 부모 자아, 성인 자아, 어린이 자아로 구성되어 있다. 부모 자아는 인간이 자신의 사회와 문화에서 살아 나가기 위하여 알아야 하는 것으로, 인간이 해야 하는 것과 해서는 안 되는 것에 대해 배워 온 법칙, 예절, 전통, 가치 등을 포함한다. 의미 있는 타인들의 행동을 통해서 학습하고 모방한 정보가 기록되고, 이러한 정보는 규율과 진리를 알려 준다. 즉, 부모 자아는 학습된 생활개념이라고 할 수 있다. 성인 자아는 생존에 필수적인 심리적인 상태로서 환경과의 상호작용에서 경험하게 되는 사건들을 객관적으로 파악해서 상황에 효과적으로 대처하는 기제이다. 그리고 어린이 자아의 감정적 개념과 부모 자아의 학습된 생활개념에서 정보를 수집하여 다른 사람과 자신이 다르다는 사실을 발견하는 유아의 능력이 성장하면서 축적된 것이다. 그런데 이는 또한 성인에게만 존재하는 것이 아니라 어린이도 성인 자아 상태를 가질 수 있다. 한편 어린이 자아는 욕구불만을 표출하는 기제로서, 환경과의 상호작용과 보고 듣고 느끼고 이해하는 동안 얻게 되는 자극과 반응에 의한 경험과 느낌이다.

이와 같은 부모 자아, 성인 자아, 어린이 자아로 구성된 자아 상태는 성격 형성에 매우 중요한 영향을 미친다. 교류란 자극과 반응으로 이루어진 일종의 의사교환 행동을 말하는데, 무엇보다도 의사교류 분석을 통해서 대화자 각자의 자극과 반응이 부모 자아 상태, 성인 자아 상태, 어린이 자아 상태 중 어떤 자아 상태가 자극이나 반응을 일으키는가를 발견하게 된다. 그렇게 함으로써 상호작용을 하고 있는 사람들의 행동에서 어떤 자아 상태가 가장 크게 영향을 미치고 있는가를 알 수 있다.

5. 건전한 인간관계 형성

이재창(1995)은 건전한 인간관계를 형성하기 위해서는 다음의 요인을 충족시켜야 한다고 하였다.

1) 올바른 인간관 형성

인간의 존재에 대해서 바르게 이해하고 올바른 태도를 가져야 한다. 타인들과의 관계를 통해서 신뢰와 수용, 이해 등의 삶의 태도를 갖추게 되는데, 이는 개인의 인간관을 형성하도록 돕는 중요한 경험이 된다. 이에 대해서 이수용(2003)은 인도주의적이고 실존주의적이며 기독교적인 원리에 입각한 인간관을 다음과 같이 특징 지었다.

첫째, 존엄성과 가치를 가진 인간이다. 인간이란 그의 독창성 및 자아실현에 대한 권리를 항상 인정받고 존중받아야 한다.

둘째, 도덕적 선성(善性)을 가진 인간이다. 사회적 경험을 하기 전의 인간은 성장과 변화의 가능성을 풍부하게 지녔을 뿐만 아니라 선한 도덕성을 가졌다고 본다. 도덕적 본성은 선하기 때문에 설사 성장과정에서 장애가 생겨 파괴적인 경향을 띠게 되었다고 하더라도, 그것은 본성이 아니라 일시적인 상황이기 때문에 교육적 경험을 통해서 변화될 수 있다고 보았다.

셋째, 발달의 가능성을 가진 인간이다. 건강한 상태에서 인간의 존재는 스스로를 지도하고 통제하는 능력을 가지고 있다. 그리고 적절한 환경만 주어지면 개인은 타고난 가능성을 충분히 발달시킬 수 있다고 본다. 개인차가 있기는 하지만 합리적 · 직관적 능력을 통합하여 보다 나은 방향으로 발달해 나가는 삶을 살 수 있다. 즉, 인간이란 어떤 주어진 인간성의 본질에 묶여 있는 존재가 아니라 거의 무한한 선택의 여지를 지니고 쉼없이 발달되어 가는 과정에 있는 존재인 것이다.

넷째, 자유와 책임을 가진 인간이다. 인간은 자신의 삶을 결정하고 선택할 수 있기 때문에 자유로운 존재이다. 그러나 인간의 자유는 타인들과의 사이에서 제한을 받는다. 따라서 개인의 자유는 책임에 의해서 조절되어야만 한다. 적극적인 의미의 자유란 자신과 타인들에게 동일하게 선한 것을 자유롭게 할 수 있는 능력을 말한다. 인간은 적극적인 의미의 자유를 행할 수 있는 가능성을 지니고 있으며, 이러한 자유는 가치 의식에 대한 학습 경험을 통해 발달될 수 있다.

다섯째, 사회적 상호작용의 능력을 가진 인간이다. 인간이란 환경에 대해서 수동적인 단순한 반응자가 아니라 환경과 역동적인 상호작용을 하는 유기체이다. 따라서 환경이 개인의 성장 · 발달 과정에 영향을 미치는 것처럼 개인도 환경을 창의적이고 건설적으로 변화시키는 데 적극적일 수 있다. 개인은 우주 체제 속의 하위 체제로서 타인을 포함한 주위 환경과의 상호관계를 통해서 자아정체성이 확립되는 것이다.

여섯째, 고유한 개성을 가진 인간이다. 인간은 유전적 요소와 환경적 요소의 복합적 산물로서 사회와 문화의 기본적 단위이다. 각각의 사람들은 유전적 요소와 환경적 여건이 다르기 때문에 다른 모든 인간들과 구별되는 고유하고 독특한 개성을 지닌 존재로 발달한다고 본다.

일곱째, 전인적 존재로서의 인간이다. 인간은 성격의 차원으로 신체적 · 지적 · 정서적 · 사회적 · 영적인 여러 측면을 가지고 있지만, 여러 차원을 통합한 하나의 총합된 유기체이다. 따라서 다양한 측면들과의 조화로운 발달이 이루어지는 것이 중요하다.

2) 자기개방

인간이 자기를 자신 혹은 타인에게 개방한다는 것의 의미는 다른 사람과 삶을 공유하기도 하고, 자신과 타인을 이해하고 수용하는 하나의 과정이며, 진실한 자신과의 만남이라고 할 수 있다. 사회적인 동물인 동시에 창조적인 인간이라고 한다면, 인간이 사회적인 공간 안에서 조화로운 자신을 가꾸고 창조해 나가기 위해서는 자기를 자신 있게 다른 사람에게 개방할 수 있어야 한다. 자신을 개방하기 위해서는 먼저 자신을 이해하고, 다음에는 자신을 긍정적으로 수용하는 태도를 가져야 한다.

조해리 창(Johari Window)은 심리학자인 Joseph Luft와 Harry Ingham이 자기개방(self-disclosure)과 피드백(feedback)이란 두 가지 중요한 개념을 명료화하기 위해서 개발한 개념으로, 두 사람의 이름을 본따서 Jow + Harry → Johari Window(조해리 창)로 명명되었다. 자기개방은 어떤 사람이 다른 사람과 정보와 감정을 공유할 수 있을 만큼 신뢰수준이 높아질 때 가능하게 된다. 신뢰수준이 높아지고 어떤 사람이 기꺼이 모험을 감행하려고 할수록 더욱더 자기를 공개할 것이다. 피드백은 타인들이 우리를 개방적 · 수용적이라고 지각하고 이해할 때 일어난다. 그렇게 되면 타인들은 우리에 대한 자신의 지각을 말해 주고, 우리가 그들에 대해서 어떤 영향을 갖는지를 말해 주게 된다. 또한 신뢰수준이 높다는 것은 생각을 공유하고 모험을 감행하는 정도가 높다는 것을 의미한다.

[그림 5-1]에서 보는 바와 같이 조해리 창은 네 가지 부분, 사분도 또는 유리창을 보여 주는데, 네 가지 부분은 공개적 부분(open), 맹목적 부분(blind), 비공개적 부분(hidden), 미지적 부분(unknown)이다. 창틀의 크기와 형태는 상호 신뢰의 수준과 피드백 및 자아의 개방을 교환하는 정도에 따라서 결정

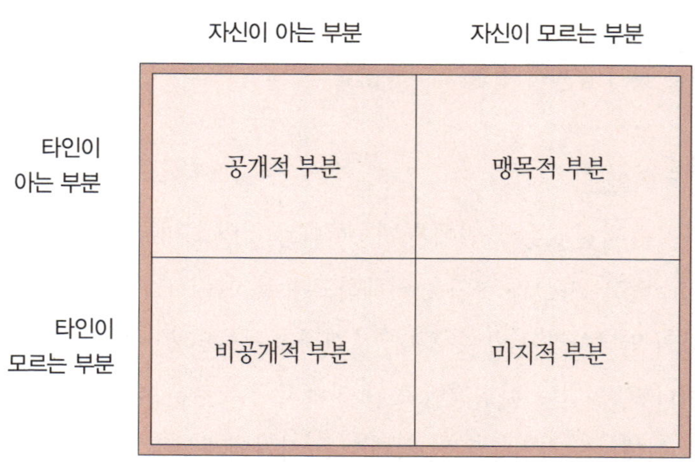

그림 5-1 조해리 창

된다.

첫 번째의 공개적 부분은 내가 나 자신에 대해서 알고 동시에 타인이 나 자신에 대해서 아는 경우를 말한다. 이 부분은 우리가 보통 지식이라고 생각하는, 모든 사람이 자유롭게 알고 있는 정보에 해당된다.

두 번째의 맹목적 부분은 내가 나 자신에 관해서 알지 못하지만 타인이 나에 관해서 알고 있는 정보에 해당된다. 사람들은 자신이 모르는 맹점(blind spots)을 가지고 있는데, 이러한 정보들이 여기에 해당된다. 즉, 자신은 알고 있지 못하지만 자신이 갖고 있는 이상한 버릇, 특이한 체질 등이 여기에 속한다.

세 번째의 비공개적 부분은 내가 나 자신에 대해서 알고 있으나 타인이 알고 있지 못하는 것들을 나타낸다. 여러 가지 이유로 우리는 이러한 정보를 타인에게 알려 줄 수 없다. 즉, 나는 타인이 알지 못하도록 그러한 정보들을 숨겨 놓는다. 이러한 정보는 대수롭지 않은 것에서부터 중요한 것에 이르기까지 다양하다.

네 번째의 미지적 부분은 자기 자신에 대해서 자신도 타인도 모두 모르는 것이다. 수많은 정보가 사람이 전혀 알 수 없는 심층부에 있다. 그러나 어떤 사람들은 심리치료, 충격적인 경험, 어떤 우발적인 사건 등을 통해서 전에 전혀 알지 못했던 정보들 중의 몇 가지를 알아낼 수 있다고 믿는다. 그리고 다른 정보들도 아주 극적인 통찰(insight)을 통해서 알아낼 수 있을 것이다.

[그림 5-2]와 같이 자기개방과 피드백 과정이 미지적 부분에서 공개적 부분으로 새로운 정보의 이동을 촉진시키기도 한다. 이러한 일은 우리가 번쩍하거나 아하! 하는 순간에 일어난다. 즉, 갑작스런 어떤 일로 인해 우리는 새로운 의미를 이해하고 깨닫게 된다. 이러한 경우를 통찰이라고 한다.

두 사람 사이에 있는 신뢰성, 개방성, 수용성의 수준은 앞으로 있을 수 있는 자기개방과 피드백의 정도를 결정하는 데 아주 중요하다. 우리는 타인을 더 많이 신뢰할수록 자신만이 알고 있는 사적이고 조심스러운 것들을 더 많이 얘기하려고 할 것이다. 또한 우리가 더 많이 수용적이고 개방적일수록 타인들

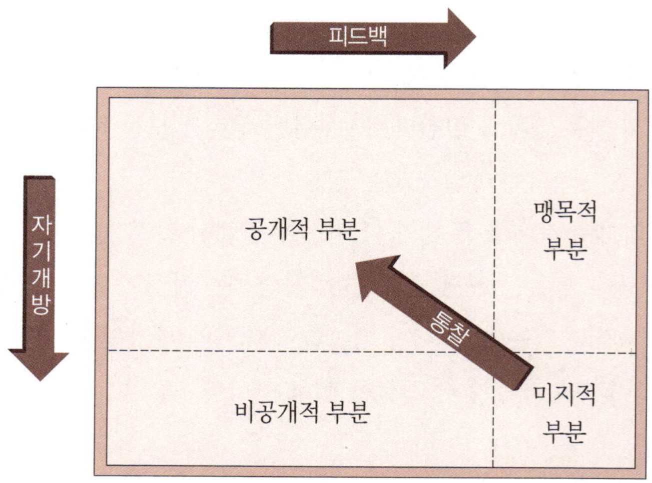

그림 5-2 조해리 창의 영역

은 우리에 대한 자신들의 지각과 우리가 그들에 대해서 어떠한 영향을 갖는지에 대해서 더 많이 말해 줄 것이다(주삼환, 명제창, 1987).

3) 의사소통 기법

인간관계를 지속·발전시키기 위해서는 의사소통이 매우 중요하기 때문에 구체적인 인간관계의 기법을 갖추어야 한다. 즉, 나의 생각이나 느낌을 상대방에게 정확하게 전달하는 방법, 또 상대방이 전달하는 메시지를 왜곡하지 않고 정확하게 받아들이는 의사소통 기법 등을 들 수 있다. 의사소통이란 상황에 따라서 또는 쓰이는 용도에 따라서 다르게 기술된다.

Barnlund(1970)의 주장에 의하면, 의사소통은 단순한 정보의 전수나 의사의 전달 대신에 의미의 진전을 뜻하는 것이다. 의사소통이란 용어는 인간 존재들 속에서 의미를 발달시키는 행위를 뜻한다. 의미란 것은 단순히 남에게서 받은 그 무엇이라기보다는 오히려 내심에서 발견되고 부여되고 주어지는 것이다. 한편 Sereno와 Bodaken(1975)에 의하면, 의사소통은 상호 복합작용으로서 체제, 지각, 의미, 과정이라는 네 가지 본질적인 요소를 내포하고 있다. 구체적으로 살펴보면 다음과 같다(이형득, 1999 재인용).

첫째, 의사소통은 체제적이다. 각각의 인간 존재는 하나의 체제, 즉 생명 체제라고 볼 수 있다. 예를 들어 소화기능에 장애가 생겼을 경우, 그것은 위장 문제만으로 그치는 것이 아니라 신체적이고 심리적인 기능에 직접적으로 영향을 미치게 된다. 이와 같이 의사소통도 여러 관련 요소들 간의 체제적 관계성 위에서 이루어진다. 어떠한 의사소통의 상호 복합작용에서도 개인 내적, 즉 내부 체제와 개인 외적 요소, 즉 외부 체제의 두 가지 기본 체제가 상관적으로 작용한다.

개체는 의사소통의 과정에 그 자신의 내부 체제를 가지고 참여하게 된다. 이 내부 체제의 모든 요소들이 통합될 때, 하나의 독특한 개성이 나타나게 되는 것이다. 내부 체제란 그 개인의 성격적 특성, 태도, 동기, 지식, 지능, 그리고 과거의 경험 등 여러 가지 내적인 심리적 · 지적 요소들의 복합체로 이루어지는 것이다. 이와 같은 내부 체제의 구성요소는 사적 또는 내적인 자극이라고 한다. 우리는 이것을 볼 수 없기 때문에 개인의 말이나 행동에서 추리해 낼 수 있을 뿐이며, 어떤 경우에는 자신의 내부 체제에 대해서 스스로도 의식하지 못한다.

외부 체제란 개인 밖의 환경으로 존재하는 여러 가지 요소들로 구성된다. 예를 들면, 메시지 전달에 사용되는 구체적인 언어, 의사소통자들의 몸짓, 의사소통자들을 둘러싸고 있는 사물 등의 여러 요소들이 외부 체제를 구성하고 있다. 여러 요소들은 의사소통의 상호 복합작용에 있어서 공적 혹은 외적인 자극으로 크게 작용하게 된다.

둘째, 의사소통은 지각과 밀접한 관계를 가지고 있다. 지각의 과정을 이해하는 것은 의사소통의 이해에 기초가 된다. 지각이란 개인이 외부 세계로부터 자극 또는 정보를 선택하고, 동시에 그의 내부에 있는 내적인 자극에 그것을 융합하는 과정을 말한다. 개인이 세계로부터 어떤 의미를 찾으려고 할 때, 그는 기본적으로 두 가지 정보의 원천, 즉 과거 경험과 태도 또는 성격 등과 같은 내적인 요소들과 관계하는 타인들, 말과 메시지, 몸짓 및 여러 가지 다른 주위의 여건들과 같은 외적인 요소들에 의존하게 된다. 즉, 지각이란 개인 내적 자극과 외적 자극의 융합인 것이다.

지각이란 개인이 주변 세계에서 어떤 의미를 발견하기 위해 사용하는 수단이다. 인간은 주변에서 관찰되는 사물로부터 어떤 의미를 만들어 내려는 심리적 요구를 가지고 있기 때문에, 주어지는 여러 가지 자극들 중에서 적절한 것을 선택하고 활용하여 그들의 세계를 조직하고 재해석하기 위해서 능동적으로 노력하게 된다. 즉, 지각이란 외부의 자극을 내부의 자극과 결합하는 것이며, 각 개인의 내부 자극은 타인들의 내적 체제와 동일할 수 없기 때문에 각 개인의 지각은 타인들과 공유할 수 없는 고유한 것이 된다. 그래서 우리의 지각 활동은 능동적이고 창조적이며, 또한 주관적이다. 우리의 의사소통은 이 같은 특성을 지닌 우리의 지각 활동에 의해서 좌우된다.

셋째, 의사소통이란 의미를 창조하는 것이다. 우리가 지각할 때, 즉 우리의 내적인 요소와 외적인 요소를 융합할 때, 우리는 어떤 의미를 창조하는 일을 하게 된다. 다시 말해서 지각적 융합의 결과는 그 자극들에 어떤 의미를 부여하게 된다. 의미는 사물을 지각하는 개인이 이미 가지고 있는 어떤 내적인 요소를 환경 내에 존재하는 외적인 요소에 융합할 때 생기는 것이다. 지각적 융합의 결과는 의미의 부여 혹은 의미의 창조라는 현상을 낳는다. 자극들의 융합과 의미 부여의 결과는 의미의 부여 혹은 의미의 창조를 낳는다. 자극들의 융합과 의미 부여의 결과는 흔히 어떤 행동적 또는 언어적 메시지로 나타난다. 즉, 개인은 창조해 낸 의미를 동작, 행동 혹은 언어적인 메시지로 옮기게 된다. 이렇게 이루어진 메시지의 상호 교환을 통해서 상호 복합적인 의사소통이 이루어지는 것이다.

넷째, 의사소통은 과정적인 성격을 띠고 있다. 의사소통은 항상 전진하고 유동하고 변화하는 과정적 성질을 가지고 있다. 이런 의미에서 의사소통이란 시작도 없고 종말도 없으며, 계속 앞으로 전진할 뿐이다.

원만한 인간관계를 위한 프로그램 5

주제

조해리 창에 비춰 본 자기개방에 대한 이해

목적

① 자신의 조해리 창의 모습을 파악하여 자기이해를 넓힌다.

② 자기개방이 대인관계에 미치는 영향에 대하여 이해한다.

③ 자신의 성장을 위한 보완점에 대해 생각한다.

강의

사람마다 조해리 창의 모양이 다르다. 즉, 인간관계에서 나타나는 자기공개와 피드백의 정도에 따라 마음의 창을 구성하는 네 부분의 넓이가 달라지게 되어 다음과 같이 네 가지 유형으로 구분할 수 있다[그림 5-3].

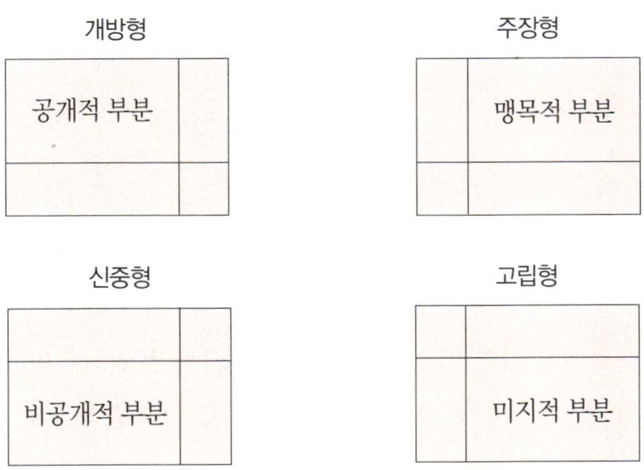

그림 5-3 조해리 창의 유형

① **개방형** : 자신도 알고 타인도 아는 부분이 가장 넓은 사람으로 대체로 인간관계가 원만하다. 이들의 특징은 적절하게 자기표현을 하고 더불어 타인의 이야기도 경청하고 이해할 줄 알며, 사람들에게 호감과 친밀감을 주어서 우호적인 인간관계를 맺는다는 것이다. 반면에 개방적인 영역이 너무 넓어서 타인이 쉽게 생각하고 판단할 수도 있다.

② **주장형** : 자신에 대해서 아는 부분보다 타인이 자신에 대해서 아는 부분이 더 많은 유형으로 자기주장을 잘하는 사람들이다. 이들은 자신에 대해 쉽게 알려짐으로써 처음 만나는 사람들과 쉽게 가까워질 수 있는 반면에, 타인의 이야기를 잘 들으려 하지 않는 독선적인 모습으로 비춰질 수도 있다. 따라서 타인의 이야기를 잘 경청하고 자신에 대해서 좀 더 신중하게 생각하는 기회를 가질 필요가 있다.

③ **신중형** : 타인에 대해서 알고 있는 만큼 자신을 개방하지 않으며 매우 신중한 사람이라고 할 수 있다. 이들은 주장형과는 달리 다른 사람들의 이야기에 귀 기울이고 경청을 잘하는 반면에 자신의 이야기를 잘하지 않는 특징을 갖는다. 또한 적응은 잘하지만 적응을 잘하는 만큼 타인과의 관계에서 친밀감을 느끼기가 어렵다. 좀 더 적극적인 자기개방을 통해서 다른 사람과 넓고 깊은 교류의 기회를 가질 필요가 있다.

④ **고립형** : 인간관계에서 매우 소극적인 사람들로 혼자 있기를 좋아하는 것이 특징이다. 타인과의 관계를 회피하거나 무관심함으로써 고립된 생활을 하는 경우라고 할 수 있다. 이들은 대체로 부적응적인 생활을 하는 경우가 많으며, 인간관계가 거의 없거나 있다 하더라도 매우 편협적인 측면의 인간관계를 맺는다. 인간관계 훈련 등을 통해서 좀 더 적극적으로 자기개방을 하고 타인을 수용할 수 있는 영역을 넓히도록 노력할 필요가 있다.

프로그램 내용

<STEP 1>

자신의 조해리 창 모양이 어느 유형에 해당하는지, 왜 그렇게 되었는지 그 이유를 생각해 보고 간단하게 적어 본다.

<STEP 2>

다음의 질문에 대하여 생각해 본 다음 답을 하고, 이를 다른 집단원들과 함께 발표하며 의견을 나눈다.

① 나는 조해리 창의 어느 유형에 해당되는가?

② 나의 이러한 모습은 나의 생활이나 인간관계에 어떠한 영향을 미치는가?

- 긍정적인 영향 –
- 부정적인 영향 –

③ 내가 더욱 친밀하고 원만한 인간관계를 형성하기 위하여 앞으로 보완해야 할 점은 무엇이고, 이를 위해 어떤 노력을 할 수 있는가?

<STEP 3>

토의 및 평가

이 프로그램을 통해 새롭게 알게 된 것이나 느낀 점은 무엇인지 정리해 본다.

06

성격과 인간관계

인간관계는 타인과의 상호작용 과정이다. 따라서 인간관계를 잘 맺기 위해서는 자신과 타인, 즉 인간에 대하여 더 많은 것을 알고 이해해야 한다. 이 장에서는 인간의 다양한 행동과 생활 방식에 중요한 영향을 미치는 성격에 대하여 알아보고자 한다. 이를 위하여 성격이란 무엇인지, 성격 형성에 영향을 미치는 요인에는 어떠한 것들이 있는지, 여러 심리학 이론에서는 성격을 어떻게 설명하고 있는지, 성격검사법에는 어떠한 것들이 있는지, 그리고 마지막으로 건강한 성격을 형성하기 위한 방법은 무엇인지에 대하여 살펴볼 것이다.

1. 성격의 이해

1) 성격의 정의

인간은 똑같은 상황에서도 서로 다른 방식으로 반응한다. 예를 들어, 낯선 사람들과 처음 만나는 자리에서 어떤 사람은 적극적으로 자신을 표현하며 다른 사람들에게 다가가고, 또 어떤 사람은 수줍어하며 자신을 표현하지 못하고 선뜻 다른 사람들에게 다가가지 못한다. 이렇게 같은 상황에서도 사람에 따라 반응의 차이가 나는 것을 통해, 인간의 행동이나 반응양식이 외부의 상황이나 환경적인 자극에 의해서만 결정되는 것이 아니라 내적인 특성에 의해서도 영향을 받는다는 것을 알 수 있다. 이러한 인간의 내적인 특성의 개인차로 인해 개인의 독특한 성격 특질을 구성하게 되며, 개인마다 다양하게 나타나는 성격은 사람들이 서로 상호작용하며 관계를 맺어 나가는 데에 중요한 영향을 미치게 된다.

그렇다면 성격이란 무엇인가? 이 질문에 대해 한마디로 답하기는 어렵다. 성격이란 용어는 지성, 능력, 정서, 관념, 습관, 태도, 신체적 특징 등 많은 요소를 포함하고 있는 포괄적인 개념이며, 또한 다의적으로 사용되고 있다. 그렇기 때문에 성격의 개념을 간결하면서도 명확하게 표현하기에는 어려움이 있다. 그리고 철학자, 신학자, 법률학자, 의사, 사회학자, 심리학자 등 다양한 분야의 전문가들이 각기 자신의 입장에 따라 성격에 대하여 연구하고 개념을 제시하고 있기 때문에 용어 정의의 통일성을 찾기에는 어려움이 따른다.

성격(personality)이란 용어는 원래 라틴어 *personare*에서 유래되었는데, 이는 *per*(through : 통하여)와 *sonare*(speak : 말하다)의 합성어로 배우들이 연극할 때 쓰는 가면이나 탈을 의미하는 말이었다고 한다. 그 후 가면이라는 뜻에서 점차 변화되어 주위에 대한 개인의 전체적인 인상의 뜻으로 변용되었고, 로마 시대에는 고귀한 성질을 가진 개인을 의미하는 말로 사용되었으며, 오늘날에 와서는 타인과 구별할 수 있는 인상 전체를 의미하는 말로 사용되기에 이르렀다.

'성격'의 사전적 정의는 "각 개인이 가지고 있는 독특한 성질" 또는 "각 개인을 특징 짓는 지속적이며 안정적인 일관된 행동양식"이다. 또한 성격에 관해서 학자들마다 나름대로 정의를 내리고 있는데, 예를 들어 Pervin은 "상황에 대해 일관성 있는 반응양식을 보이게 하는 개인의 독특한 것"이라고 하였으며, Maddi는 "인간의 심리적 행동에 있어서 시간적으로 영속성이 있으며 그 순간의 사회적 · 생물적 입력들만의 결과로는 쉽게 이해될 수 없는 공통성 및 특성을 결정하는 것으로 비교적 안정된 집합체"라고 정의했다.

이 밖에도 많은 학자들이 성격에 대하여 정의를 내리고 있는데, 그중 가장 대표적인 것으로는 Allport의 진술을 들 수 있다. 그는 "성격은 각 개인의 정신 신체적 체계 안에서 그의 특징적 사고와 행동을 결정해 주는 역동적 조직"이라고 정의하였다. 이를 풀어서 다시 말하면 다음과 같다.

첫째, 성격을 논할 때는 각 개인의 정신과 신체, 즉 심신(心身)을 고려해야 한다.

둘째, 성격은 각 개인의 특징적인 것, 즉 독특성을 지닌 것이다.

셋째, 성격은 사고와 행동, 즉 인간이 하는 모든 것에 영향을 미친다.

넷째, 이러한 성격은 정적인 것이 아니라 끊임없이 발달하고 변화하는 역동적인 특징을 가지고 있는 것이다.

이상과 같은 내용을 종합해 보면, 성격이란 비교적 일관되고 안정적이면서도 변화가 가능한 역동적인 성질을 지니고 있는 각 개인의 독특한 성질로서, 인간의 사고와 행동에 영향을 미치는 것이라고 정의할 수 있다.

2) 성격 형성에 영향을 미치는 요인

성격이 선천적으로 타고나는 것이냐, 아니면 후천적으로 학습에 의해 형성되느냐는 오랫동안 논란의 대상이 되어 왔다. 따라서 이에 대해 명확한 결론을 내리기는 어렵지만 일반적으로 성격은 선천적으로 타고난 유전의 영향과 후천적인 환경 속에서의 경험과 학습의 영향, 이 두 가지의 상호작용 속에서 형성된다고 볼 수 있다.

(1) 유전적 요인

유전이란 생물의 형질이 유전자를 통해 특정 세대에서 다음 세대로 전달되는 것이다. Mendel의 법칙을 대표로 하는 생물학적 유전의 연구에 입각해서 Darwin이나 Galton 이래 심리학적 입장에서도 인간의 성격 형성에 있어서의 유전의 역할을 해명하려는 노력이 많이 이루어져 왔는데, 그 대표적인 방법은 주로 가계 연구와 쌍생아 연구이다.

Jukes의 가계를 연구한 Dagdale의 보고에 의하면, 이 가계 6명의 범죄자의 자손 2,820명을 추적 조사한 결과, 정확히 판명된 사람만 보더라도 63%가 중범죄자 또는 알코올 중독 등 문제행동의 소유자였다고 한다. 이렇게 심리학자들은 범죄자 가계 연구나 우수 가계 연구 등을 통해 동일 가계 내에 비슷한 행동 특성의 소유자들이 많다는 결과를 얻어 유전적 요인의 영향을 주장해 왔다.

쌍생아 연구는 서로 다른 환경에서 자란 쌍생아의 유사도를 검토하는 방법으로, 특히 일란성 쌍생아와 이란성 쌍생아의 비교연구가 많이 보고되고 있는데, 성격이나 행동 특성에 있어서 주로 일란성 쌍생아의 유사도가 이란성 쌍생아의 유사도보다 높게 보고되어 유전의 영향력을 지지해 주고 있다. 예를 들어, 쌍생아를 연구한 Gottschaldt의 보고에 의하면 지적인 상층 구조의 심리적 특성에 있어서는 유전적인 소질의 작용력이 환경력에 비해서 2~3배 높고, 활동성, 계획성, 개방성, 무관심도, 활발성 등과 같이 내부 감각적 기저에 속하는 능동성에 있어서는 유전력이 5~6배, 그리고 근본 기준 같은 측면은 유전력이 12배 이상으로 거의 유전력에 의존한다고 보고하고 있다.

(2) 환경적 요인

'맹모삼천지교(孟母三遷之敎)' 라는 말이 있다. 이는 자녀교육에 있어서 환경의 중요성을 강조한 말이다. 이와 마찬가지로 성격의 형성에도 환경적 요인이 중요한 영향을 미치게 된다. 환경은 개인이 살고 있는 곳이며, 그 속에서 어떤 경험을 하느냐가 성격 형성에 영향을 미치는 것이다. 이러한 환경적 요인에는 가정환경, 학교환경, 사회문화적 환경 등이 있는데, 이 중에서도 특히 가정환경은 개인의 성격 형성에 중요한 영향을 미치는 요인이다.

사람은 대개 출생과 동시에 한 가정의 구성원이 된다. 따라서 개인의 성격 발달은 좋은 방향으로든 나쁜 방향으로든 가정에서부터 시작된다고 할 수 있다. 특히 가정에서의 부모의 양육 태도가 자녀의 성격 형성에 많은 영향을 미치게 된다. Symonds, Baldwin, 그리고 Kallhorn 등의 연구를 보면, 익애형 또는 과보호적인 가정에서 자라난 아동은 신경질적이고 의존적인 성격 또는 자기중심성이나 비사회성이 나타나기 쉽고, 거부형과 방임형의 가정에서 자라난 아동은 반항적이고 공격적이며 불안정한 성격이, 전제적인 가정에서 자라난 아동은 수동적이고 순종적인 성격과 복종적인 성격이 형성되기 쉽다고 하였다.

한편 Adler는 부모가 같고 거의 같은 가정환경에서 자라난 아이들일지라도 출생 순위에 따라 생활양식이나 성격의 형성에 다음과 같이 서로 다른 영향을 받는다고 하였다.

① 첫째

첫째는 처음 태어나서 '독자'의 시기까지는 부모의 끊임없는 사랑과 관심을 한 몸에 받으며 응석받이로 행동한다. 그러다가 동생이 태어나면서부터는 자신의 자리를 빼앗기게 되는데, 때로는 이것이 마음의 상처가 될 수도 있어 이를 가리켜 Adler는 맏이를 '폐위된 왕'에 비유했다. 대개 첫째는 책임감이 강하고 의젓하며, 열심히 일하고 앞에 나서기를 좋아하며, 때로는 이기적인 경향이 있기도 하다.

② 둘째

둘째는 태어날 때부터 형이나 누나라는 경쟁자가 있으므로 그들을 능가하기 위한 자극과 도전을 받는다. 둘째는 형의 약점을 찾는 요령을 발달시키게 되고 형이 실패한 것을 달성함으로써 부모나 선생님으로부터 칭찬을 받기 위해 노력한다. 대부분 둘째는 첫째와 반대되는 양상을 보이며, 적응력과 경쟁심이 아주 강하고 대단한 야망을 가진 성격이 된다.

③ 막내

막내는 가족의 귀염둥이로 부모나 형제들에 의해 응석받이로 자라나게 된다. 그러나 가정이 경제적으로 넉넉지 못할 경우 막내는 자기 것은 아무것도 없고 다른 가족들로부터 물려받아야 하는 '늘 귀찮게 붙어 다니는 아이'의 위치로 전락할 수도 있다. 또한 막내는 자기보다 크고 힘세고 특권이 있는 형제들에

둘째의 비애(?)

나는 3남 1녀 중 둘째로 태어났다. 지금은 안 계시지만 항상 입에 욕을 달고 사시던 할아버지, 사업하느라 항상 바쁘고 밤늦게 술에 절어 들어오시던 아버지, 아버지 사업이 잘되지 않아 맞벌이를 할 수밖에 없던 어머니, 공부도 잘하고 키도 크고 어디 가나 칭찬만 듣던 형, 그에 비해 키도 작고 잘하는 것 하나 없던 나, 그리고 막내라 귀염 받던 남동생과 유일한 딸이라 사랑받던 여동생…. 이렇게 가족은 많았지만 나는 항상 외롭다는 생각을 많이 한 것 같다. 그도 그럴 것이 항상 나는 할아버지의 타깃이었다. 아주 사소한 것에서도 많은 욕을 들었고 무슨 일을 하건 내 생각대로 하기보다 눈치를 보아야 했다.

뿐만 아니라 나는 항상 형과 비교될 수밖에 없었다. 비록 한 살 위지만 항상 어른 대접 받고 칭찬만 받던 형…(솔직히 형이 잘나긴 했지만). 부모님이 안 계시면 형은 항상 독재자였다. 좋은 것은 자신이 독차지하려던 어릴 적 형의 모습은 정말 이기적이었던 것 같다. 그래서 가끔 대들기도 했지만 눈이 퉁퉁 부을 정도로 맞기만 했고 결국 형에게 무릎을 꿇을 수밖에 없었다.

그래서 난 살아남기 위해 형과는 다른 방식의 삶을 선택해야 했다. 이기적이고 자기중심적인 형과는 달리, 난 항상 내 기분과 상관없이 어린 나이에도 다른 가족들의 비위를 맞추려고 노력했다. 가끔 나에게 가족 누군가가 관심을 보여 주면 오히려 그 관심이 부담스럽고 어색했던 것 같다. 그렇게 난 나를 감추고 포장해서 보여 줌으로써 지금도 주변 사람들로부터 아무 걱정 없이 편하게 사는 사람, 어디서든 적응 잘하는 사람으로 비춰지게 되었다. 하지만 그들은 모른다. 내 속에는 감추어진 내가 있음을….

둘러싸여 독립심의 부족과 함께 강한 열등감을 경험하기 쉽다. 그럼에도 불구하고 막내는 한 가지 이점을 가지고 있는데, 그것은 위의 형제들을 능가하고자 하는 강한 동기 유발이다. 이 때문에 막내 중에는 가끔 뛰어난 운동선수, 훌륭한 음악가, 재능 있는 예술가 또는 가족 중에서 가장 야망이 큰 사람이 된다.

이를 가리켜 Adler는 "도전적인 막내는 혁명가가 될 가능성이 많다."고 했다.

④ 독자

Adler에 의하면 독자는 경쟁할 상대가 없는 독특한 위치에 있다. 그러므로 어머니가 응석받이로 기를 가능성이 많고, 아버지와는 강한 라이벌 의식을 가지게 된다. 독자는 엄마 치맛자락에 매달려 응석을 부리고 다른 사람들로부터도 보호받기를 원하며, 의존성과 자기중심성이 현저하게 나타날 수 있다.

한편 인간이 개성을 가진 것처럼 가정도 가족 구성이나 부모의 사회적 · 경제적 · 문화적 조건 등에 따라서 각기 다른 분위기가 있는데, 이러한 가정의 분위기도 아동의 성격 형성에 영향을 미친다. Radke에 의하면 전제적인 분위기에서 자란 아동은 다른 아동에 비해 인기가 없고 정서가 불안정하고 싸움이 빈번하며, 민주적 가정에서 자란 아동은 정서가 안정되어 있고 솔직하고 인기가 있으며 싸움이 적고, 자유도가 적은 가정의 아동은 수동적 · 소극적이고 인기가 없으며, 엄격하고 벌이 심한 가정의 아동은 타인의 의견을 무시하고 인기도 별로 없다고 한다.

나에게 적용하기

Q. 나의 성격은 어떠한가?

Q. 나의 이런 성격이 형성되기까지 가장 큰 영향을 미친 요인들은 무엇인가?

2. 성격 이론

성격 이론은 심리학에서 인간의 행동과 생활 방식을 이해하기 위하여 인간에 대한 체계적인 관찰연구나 실험연구 등을 통해 형성된 이론이다. 성격 이론에 대해 이해함으로써 매우 복잡한 존재인 인간에 대해서도 이해할 수 있으며, 그들이 맺는 인간관계를 이해하는 데에도 도움이 될 것이다. 대표적인 성격 이론으로는 Freud의 정신분석적 성격 이론, Erickson의 심리사회적 발달 이론, Rogers와 Maslow의 인간중심 성격 이론, 그리고 행동주의 성격 이론 등을 들 수 있는데, 여기서는 Freud의 정신분석적 성격 이론과 Erickson의 심리사회적 발달 이론에 대하여 살펴보겠다.

1) 정신분석적 성격 이론

인간의 행동을 좌우하는 중요한 역동적인 힘(dynamic forces)의 근원은 무의식에 있으며, 무의식적 갈등이 부적응, 신경증 또는 정신 질환의 근원이 된다는 정신분석 이론은 성격 발달의 한 모델로, 인간 본성에 대한 철학으로, 그리고 정신치료의 한 방법으로 널리 알려져 있다. 이러한 정신분석 이론은 20세기에 들어서 인류가 발견한 업적 중 가장 위대한 것으로 인정받고 있으며, 실제로 인간의 정신생활의 이해에 큰 공헌을 하고 있다. 정신분석 이론은 1890년대부터 Freud에 의해서 연구되고 체계화되기 시작했으며, 1910년 이후 후계자들에 의해 수정 · 보완되었다.

Freud는 자신의 치료 경험과 자아분석 및 광범위한 임상관찰을 토대로 포괄적인 성격 이론을 체계화했으며, 그의 정신분석학은 Jung이나 Adler 등이 발전시킨 정신분석학과는 구별하여 전통적 정신분석학이라 불리고 있다.

Jung의 분석 이론은 무의식의 가정을 중요하게 보고 있다는 점에서는 정신분석학과 유사한 면이 있다. 그러나 Freud는 인간 행동의 기본 동기를 성적 에너지로 보는 반면에, Jung은 집단 무의식과 성격의 내 · 외향성을 가정하였다. 또한 신경증을 성숙의 결여로 보아 의식과 무의식의 통일된 전체로서의 상호 보완을 강조하였으며, 무의식을 Freud처럼 원시적인 본능적 충동으로 보기보다는 창조적 능력의 저장고로 보았다.

Adler는 Freud의 성에 관한 주장과는 견해를 달리하여 사회적 관심 및 우월성의 추구라는 두 가지 개념을 근거로 하여 정신분석학을 발전시켰다.

그 밖에도 Horney, Fromm, Sullivan 등이 정신분석 이론을 발전시켰다.

(1) 인간의 의식수준

Freud는 인간의 정신을 빙산에 비유하여 물 위에 떠 있는 작은 부분을 **의식**(conscious), 물 속에 잠겨 있는 부분을 **무의식**(unconscious), 파도에 의하여 물 표면에 나타났다 잠겼다 하는 부분을 **전의식**(preconscious)으로 보았다.

의식이란 우리가 알거나 느낄 수 있는 모든 경험과 감각을 포함하며, 주의를 기울이는 순간 곧 알아차릴 수 있는 정신생활의 부분이다. 그런데 이 경험은 단지 잠시 동안 의식될 뿐 주의를 다른 곳으로 돌리면 재빨리 전의식이나 무의식으로 사라져 버리게 된다. 따라서 의식은 성격의 아주 작고 제한된 부분만을 나타낸다.

전의식이란 어느 순간에는 의식되지 않는, 그러나 조금만 자극을 받거나 노력하면 곧 의식될 수 있는 경험을 말하는데, 따라서 흔히 '이용 가능한 기억'이라고 불린다. 전의식은 마음속에서 무의식과 의식 영역을 연결해 주는 역할을 한다.

무의식은 인간 정신의 가장 깊고 중요한 부분으로, Freud는 인간 행동의 이해에 있어서 무의식을 강조하였다. 이 무의식은 의식 밖에 있기 때문에 전혀 자각하지 못하는 상태에서 은연중에 말과 행동에 영향을 미치는 정신 영역이다. Freud는 이 무의식의 영역에서 인간의 본질적인 추진력, 정열, 억압된 관념 및 감정 등을 찾으려고 시도했다. 무의식은 주로 **원초아**와 **초자아**로 구성되어 있으며, **방어 기제**(defense mechanism)와 **신경증**을 유발하는 원인이 된다.

(2) 성격의 구조

Freud는 성격이 세 가지의 기본적 구조, 즉 **원초아**(id), **자아**(ego), **초자아**(superego)로 구성되어 있다고 보았다. 이 세 가지의 성격 구조들은 각기 서로 다른 원리에 따라 작동한다. 즉, 서로 추구하는 바가 다르다.

Sigmund Freud(1856~1939)

Freud는 1856년 지금의 체코슬로바키아 지역에 속하는 모라비아의 프라이부르크라는 곳에서 유태인 부모의 7남매 중 중 맏이로 태어났다. 그는 4세 되던 해에 빈으로 이사해서 1938년까지 거의 80년 가까이 살았다. 1873년 빈 대학교에 입학하여 1881년에 석사 학위를 받은 Freud는 의학 자체보다는 신경학의 연구에 깊은 관심을 갖고 1876년부터 15년간 신경학자로서 연구에 전념하였다. 그는 병원의 임상에서 환자들과 접촉하면서 신경질환을 심리학적 관점에서 생각해야 한다는 자극을 받았다. 당시 프랑스 소르본느 대학의 유명한 신경학자인 Charcot와 함께 히스테리에 관해 연구하는 기회를 통해 그의 관심은 신경학자에서 정신병리학자로 전환되었다.

이보다 앞서 Breuer는 히스테리 환자에게 최면술을 걸어 잊혀져 가는 마음의 상처(심적 외상)를 상기시키면 히스테리가 치유된다는 사실을 발견하였다. Freud는 Breuer와 공동으로 그 치유의 방법을 연구, 1893년 카타르시스(Katharsis : 정화)법을 확립하였다. 그러나 얼마 후 이 치유법에 결함이 있음을 깨닫고 최면술 대신 자유연상법을 사용하여 히스테리를 치료하고, 1896년 이 치료법에 '정신분석'이라는 이름을 붙였다. 이 말은 후에 그가 수립한 심리학의 체계까지도 지칭하게 되었다.

① 원초아

원초아는 인간의 본능적인 욕구가 자리 잡고 있는 곳으로서 사람이 태어나는 순간부터 존재한다. 먹고, 마시고, 자고 하는 본능은 모두 원초아에 의한 것이다. 이러한 본능적 욕구는 삶의 본능이라 불린다. 삶의 본능 중 Freud가 특히 중요하게 생각한 것은 성적 본능이다. 즉, Freud는 성적인 쾌감을 얻고자 하는 것이 인간을 움직이게 하는 가장 중요한 원동력이라고 보았던 것이다. 또한 원초아에는 이러한 삶의 본능과 더불어 파괴적인 본능, 즉 죽음의 본능이 있다. 사람들이 전쟁을 하고 서로 공격하는 이유는 바로 죽음의 본능 때문이다. 원초아에 자리 잡은 본능적 욕구는 한 가지 독특한 원리에 따라 작동하는

1900년 이후 그는 꿈 · 착각 · 해학과 같은 정상심리에도 연구를 확대하여 심층심리학을 확립하였고, 또 1905년에는 소아성욕론(小兒性慾論)을 확립하였다. 그의 학설은 처음에는 무시되었으나 1902년경부터 점차 공감하는 사람들(Adler, Jun 등)이 나타났으며, 1908년에는 제1회 국제정신분석학회가 개최되어 잡지 「정신병리학 · 정신분석학 연구 연보」(1908~1914), 「국제 정신분석학 잡지」 등이 간행되었다. 또 1909년 클라크 대학교 20주년 기념식에 초청되어 강연한 일은 정신분석을 미국에 보급시키는 큰 계기가 되었다. 제1차 세계대전 후 사변적 경향을 강화하여 원초아 · 자아 · 상위 자아(上位自我)와 같은 생각과, 생의 본능과 죽음의 본능이라는 설을 내세웠다. 1938년 오스트리아가 독일에 합병되자 나치스에 쫓겨 런던으로 망명하였고, 이듬해 암으로 타계하였다.

20세기의 사상가로 그만큼 큰 영향을 끼친 인물은 없으며, 심리학 · 정신의학뿐만 아니라 사회학 · 사회심리학 · 문화인류학 · 교육학 · 범죄학 · 문예비평에도 큰 영향을 끼쳤다. 주요 저서에는 『히스테리의 연구』(1895), 『꿈의 해석』(1900), 『일상생활의 정신병리』(1904), 『성(性) 이론에 관한 세 가지 논문』(1905), 『토템과 터부』(1913), 『정신분석 입문』(1917), 『쾌감 원칙의 피안(彼岸)』(1920), 『자아와 이드』(1923) 등이 있다.

데, 그것은 바로 '쾌락의 원리' 이다. 본능적 욕구를 지체 없이, 직접적으로, 그리고 무조건적으로 충족시키려 하는 것이 바로 쾌락의 원리인 것이다.

그러나 어린이는 성장함에 따라 부모나 현실적 상황에 의해 다양한 방식으로 욕구충족이 억제된다. 즉, 어린이는 항상 자신의 분노를 발산할 수는 없으며 젖을 떼야 하고 배변 훈련을 받아야만 한다. 또한 어린이는 흥미를 느끼는 모든 대상을 가지고 놀 수 없다. 결과적으로 충족되지 못한 이러한 욕구는 무의식 속으로 억압될 수밖에 없고, 무의식화된 욕구는 숨겨진 채로 사람들의 의식적인 삶에 영향을 미치게 된다.

② 자아

자아는 현실세계와 접촉하는 성격의 한 부분으로, 원초아에 자리 잡은 본능적 욕구와 외적인 현실세계를 중재하는 역할을 한다. 즉, 자아는 '현실의 원리' 에 따라 욕구의 충족을 지연시키거나 다른 것으로 대치하게 한다. 현실의 원리의 목적은 욕구를 만족시키는 적당한 대상이나 환경 조건이 성숙될 수 있을 때까지 본능적 만족을 지연시켜 개체의 안전을 보장하는 것이다. 예를 들어, 성적인 욕구는 자아에 의해 적당한 대상과 적절한 조건이 성숙될 때까지 지연된다.

③ 초자아

초자아는 성장하면서 부모나 선생님들과의 상호작용을 통해 영향을 받은 정통적인 가치관과 사회적인 규칙 그리고 도덕과 양심이 자리 잡은 곳이다. 즉, 무엇이 옳고 그른지, 어떤 일은 해야 하고 어떤 일은 하지 말아야 할지 등을 판단하는 것이 초자아의 임무이다. 초자아는 '도덕적 원리' 를 추구하여 도덕이나 가치에 위배되는 원초아의 충동을 견제하며, 자아의 현실적 목표들을 도덕적이고 이상적인 목표로 유도하려 한다. 이러한 초자아에는 두 가지 측면, 즉 양심(conscience)과 자아이상(ego-ideal)이 있다. 양심은 잘못된 행위에 대하여 처벌이나 비난을 받은 경험에서 가치 체계가 내면화된 것이고, 자아이상은 잘한 행위에 대하여 칭찬이나 보상을 받은 경험에 기초하여 이상적인 자아상을 형성하게 되어 이를 추구하는 것이다.

이러한 세 가지 성격 구조는 서로 담고 있는 내용과 추구하는 바가 다르다. 따라서 이들 간에는 자연히 마찰과 갈등이 일어나게 된다. 원초아는 본능적 욕구를 직접적으로 충족시키려 하고, 자아는 현실에 비추어 이를 저지하려 한다. 초자아는 원초아와 자아가 이상과 도덕에 위배되는 행위를 하는지 항상 감시한다. 이러한 갈등이 심리적 문제의 근원이 된다. 즉, 자아와 원초아, 초자아 간에 서로 균형을 이루지 못하는 것이 심리적 증상 형성의 출발점이 되며, 건강한 성격의 형성에 문제가 생기게 되는 것이다. 따라서 건강한 성격은 자아와 원초아, 초자아 간에 균형을 잘 이루었을 때, 특히 자아가 성격 구조들 간의 갈등을 중재하고 조정하는 역할을 잘 수행할 때 형성될 수 있다.

(3) 심리성적 발달 이론

Freud는 성격 발달의 세 가지 기본 원칙으로 정신적 결정론, 무의식의 중요성, 성적 에너지(리비도)를 제시하였다. 첫째, 정신적 결정론은 인간의 정신적 활동이 이전의 행동이나 사건에 의해 결정된다고 보는 것이다. 둘째, 인간의 행동이 의식적 과정보다는 인식할 수 없는 무의식에 의해 동기가 유발된다고 보았다. 셋째, 본능적인 성적 에너지가 행동과 사고의 동기가 된다고 간주하였다.

특히, Freud는 모든 본능이 근본적으로 성적인 것이라 믿었기 때문에 인간의 성격 발달은 성적인 욕구와 밀접한 관련이 있다고 믿었으며, 이 성격 발달을 심리성적 발달이라 일컫고 다섯 단계로 발달 단계를 제시하였다. 그리고 각 단계마다 그 단계에서의 욕구가 충족되어야 한다고 하였다. 그렇지 않고 욕구가 충족되지 못하면 나이에 따라 다음 단계로의 계속적인 발달이 진전되어야 함에도 불구하고 그 단계에 그냥 머물러 있으려는 경향이 나타나는데, 이를 **고착 현상**(fixation)이라 한다. 반면 발달이 진행되는 경우, 어떤 어려움이나 좌절을 경험할 때 욕구충족이 쉬웠던 앞 단계로 되돌아가려는 경향이 생기기도 하는데, 이를 앞 단계로의 **퇴행**(regression)이라고 한다. Freud의 주장에 따르면, 각 단계마다 인간의 욕구는 충족되어야 하지만 과도한 욕구충족의 경우도 바람직하지 않다고 한다. 따라서 각 단계의 욕구를 적절히 충족시켜야 적응에 문제가 생기지 않는다.

① 구순기(oral stage, 구강기)

출생 후 대략 1년 동안에 해당되는 시기로서 리비도가 입에 있기 때문에 주로 빠는 행위를 통해 쾌감을 충족시킨다. 인공 수유나 이유 등으로 구순 욕구충족이 좌절되거나 반대로 과도하게 충족되는 경험을 하면 구순 고착 성격을 갖게 된다. 이것은 후에 과식이나 과음, 과흡연 등과 같은 행동 특성으로 나타나기도 하고, 때로는 타인에 대한 의존이나 분노 등으로 표현되기도 한다. 수다스러운 성격, 이야기 중 항상 상대방의 아픈 부분을 끄집어내어 감정을 상하게 하는 성격, 기분이 언짢은 경우 무엇이든 먹고 싶어 하는 성격 등도 구강기 성격의 예이다.

② 항문기(anal stage)

대략 2, 3세에 해당되는 시기로서 주로 배설 행위를 통해 쾌감을 얻는다. 이 시기에는 보통 대소변 가리기 훈련이 시작되는데, 이때 유아는 처음으로 본능적으로 욕구충족을 통제받는 경험을 하게 된다. 구순기에서처럼 이 시기에도 대소변 훈련과 관련하여 너무 엄격하고 강압적인 경험을 하거나 반대로 너무 느슨한 경험을 하면 항문 고착 성격을 갖게 된다. 항문 고착 성격은 항문 폭발적 성격과 항문 강박적 성격으로 구분된다. 전자의 경우는 보통 지저분하고 정돈되지 않으며 낭비벽이 있는 행동 특성을 나타내고, 후자의 경우는 고집이 세고 완고하며 검소한 반면에 인색한 특성으로 나타난다.

③ 남근기(phallic stage, 성기기)

4, 5세경에는 리비도가 항문에서 성기로 옮아간다. 따라서 성기를 통한 리비도의 만족을 추구하게 된다. 남아의 경우 이성 부모인 어머니에 대해 성적인 욕망과 애착을 느끼며 아버지를 경쟁자로 생각하는 소위 오이디푸스 콤플렉스(Oedipus complex)를 나타낸다. 이러한 과정에서 남아에게 거세 불안이 유발되는데 이 불안을 감소시키기 위해 어머니에 대한 성적인 욕망과 아버지에 대한 적대감을 억압하게 되며, 아울러 아버지에 대한 동일시를 통해 남성다움을 발달시켜 간다. 여아의 경우 이성 부모인 아버지에 대해 성적인 애착을 느끼게 되는데, 이를 엘렉트라 콤플렉스(Electra complex)라고 한다. 이러한 과정에서 여아에게는 남근 선망이 나타난다. 남아, 여아 모두 같은 성의 부모와 동일시함으로써 이 시기의 갈등을 해결하게 된다. 남근기에 고착된 남자는 경솔하고 과장이 심하고 야심이 강하며, 여자는 난잡하고 유혹적이며 경박하다.

④ 잠복기(latency stage)

6세부터 11, 12세 무렵까지를 말하며 초등학교 재학 시기와 대략 일치한다. 이 시기는 오이디푸스 콤플렉스를 극복하고서 성적 욕구나 갈등이 억압되는 평온한 시기라고 볼 수 있다. 이 시기에 아동은 지적 활동이나 운동 등 집 밖에서의 사회적 활동에 많은 에너지를 쓰며, 특히 지적인 탐색이나 주위 환경에 대한 탐색이 활발하게 나타난다. 따라서 성적인 에너지는 잠시 잠복해 있는 시기이다.

⑤ 생식기(genital stage)

사춘기 이후 전 생애에 걸쳐 계속되는 시기로서 리비도가 다시 성기로 돌아오고 성행위를 통한 성적인 만족을 추구한다. 이 시기에 이르면 이성에 대해 진정한 관심을 갖고 성숙한 사랑을 할 수 있다. 이 단계에 이르기까지 순조롭게 발달한 사람은 이타적이고 원숙한 성격을 지니게 된다. 이상적인 생식기적 성격 발달을 위해서는 근면을 배워야 하고, 즉각적인 만족을 지연시켜야 하며, 책임감이 있어야 한다. 혹시 아동기 초기에 경험한 심각한 외상으로 인해 성적 에너지의 고착이 있으면 생식기에서의 적응이 어렵다.

2) 심리사회적 발달 이론

Erikson의 발달 이론은 심리사회적 측면이라는 기준으로 인간의 삶을 여덟 단계로 구분하고 있다. 각 단계는 적응적 대처양식과 부적응적 대처양식이라는 양극적 측면을 가지고 있다. Erikson의 심리사회적 자아 발달 이론은 세 가지 특징을 가진다. 첫째, 일생에 걸친 성장을 논하고 있다. 둘째, 인간이 생물학적 · 환경적 영향에 전적으로 좌우되지 않는다고 가정하였다. 셋째, 개인의 성장에 문화가 기여하는 것을 주목하였다. 매 단계마다 문화적 목표와 동경, 사회적 기대와 요건, 문화가 개인에게 제공하는 기회가 있다는 것이다.

한편 Erikson은 발달의 점성적 원리를 주장했는데, 즉 인생주기의 각 단계에는 이 단계의 과업이 우세하게 출현하는 최적의 시간(결정적 시기)이 있

오이디푸스 왕 이야기

옛날에 테베라는 나라의 왕이 결혼하여 사내아이를 낳았다. 왕은 그 아이의 미래를 알아보기 위해 점을 쳐 보았는데, 점괘는 아이가 장차 아버지를 죽이고 어머니와 결혼한다는 것이었다. 왕은 신하를 시켜 아이를 나무에 매달아 죽여 버리라고 명령하였으나, 아들을 죽였다는 죄책감으로 국정을 돌보지 않고 신하들과 방랑의 길을 떠났다. 그런데 아이를 죽이라는 명령을 받았던 신하는 차마 아이를 죽일 수가 없어, 아이를 나무에 매달아 죽이라고 했지 목을 매달아 죽이라는 구체적인 언급은 없었던 점에 착안하여 아이를 매달아 놓고 돌아와 시키는 대로 했다고 보고하였다.

마침 지나가던 이웃 나라 양치기가 나무에 매달려 죽어 가는 아이를 발견하여 구하고, 아이의 이름을 오이디푸스라고 지었다. 그 양치기는 코린토스라는 나라 사람으로서 오이디푸스를 데리고 자기 나라로 돌아왔다. 그런데 코린토스의 왕은 아이가 없던지라 오이디푸스를 양자로 삼아 오이디푸스는 코린토스의 왕자로 자라게 되었다.

청년이 된 오이디푸스는 자신의 운명에 대한 호기심으로 점을 쳐 보았는데, 점괘가 아버지를 죽이고 어머니와 결혼한다는 것이었다. 코린토스의 왕과 왕비를 친부모로 알고 있던 오이디푸스는 비극을 막기 위해 영원히 나라를 떠날 결심으로 방랑길에 올랐다. 그런데 산길을 가던 오이디푸스는 사냥을 하고 있던 남자들과 시비가 붙어 그중 우두머리를 포함한 3명을 죽였고, 한 사람은 도망을 갔다.

오이디푸스는 스핑크스를 지혜로 물리쳐 그 공으로 우여곡절 끝에 왕비와 결혼을 하여 테베의 왕이 되고, 안티고네와 엘렉트라라는 두 딸을 낳고 행복하게 살았다. 그러나 결국 자기가 원래 테베의 왕자였고, 산에서 시비가 붙어 죽인 사람이 바로 자기 친아버지, 현재의 아내가 친어머니라는 것을 알게 되었다. 이 사실을 알게 된 오이디푸스의 아내이자 어머니는 자살하고, 오이디푸스는 스스로 눈을 파내고 장님이 되어 방랑 생활을 하였다.

이러한 신화에서 Freud는 '오이디푸스 콤플렉스'라는 용어를 따왔으며, 한편 '엘렉트라 콤플렉스'는 아버지의 원수를 갚기 위해 어머니를 죽인 그리스의 여신 엘렉트라에서 유래된 용어이다.

고, 모든 단계가 계획대로 전개될 때 완전한 기능을 하는 성격이 형성됨을 암시한다.

① 신뢰감 대 불신감(유아기 : 0~1세)

유아와 엄마의 상호작용을 통한 사회적 관계는 유아가 세계를 신뢰하느냐 그렇지 않으면 불신하느냐를 결정하게 된다. 엄마가 유아의 신체적 욕구에 매우 반응적이고 애정적이며 충분한 사랑과 안정감을 제공한다면 유아는 주위 세상을 신뢰하기 시작할 것이며, 이러한 기본 신뢰감은 타인에 대해서뿐만 아니라 자신에 대한 태도를 특징 짓게 된다. 반면 엄마가 거부적이고 무관심하며 행동에 일관성이 없을 때 유아는 주위 세상에 대한 불신의 태도를 발달시킨다. 이렇게 양육의 질에 따라서 신뢰 혹은 불신의 태도를 발달시키게 된다.

② 자율성 대 회의감 및 수치심(아동 전기 : 2~3세)

아동은 다양한 신체적 · 정신적 능력을 발달시킨다. 따라서 아동은 처음으로 많은 일들을 스스로 할 수 있게 되며, 이 과정에서 자율 의지를 경험하게 된다. Erikson은 특히 아동에 있어서 잡아 두고 내보내는 능력을 강조하였으며, 이를 통해 아동은 어느 정도 선택을 실천할 수 있다고 주장하였다. 아동이 자율적인 의지를 실천하도록 허용되지 않으면 타인과의 관계에서 수치심을 느끼거나 자신에 대한 회의감을 발달시킨다고 보았다.

③ 주도성 대 죄책감(아동 후기 : 4~5세)

이 시기에는 아동의 운동 능력이나 지적 능력이 더욱 완전하게 발달함으로써 더욱 많은 것을 행할 수 있으며, 활동의 목표나 계획을 세워 이를 달성하려고 노력한다. 이 과정에서 주도성이 발달하게 된다. 또한 이 시기에 환상 형태의 주도성으로서 이성 부모에 대한 소유욕이 나타난다. 이 새로운 자기주도적 활동이나 환상에 대해 처벌하거나 금기시하고 혹은 나쁜 것으로 느끼도록 하면서 죄책감을 발달시킨다. 오이디푸스 콤플렉스와 관련하여 아동은 더욱 현실적인 목표로 인도될 수 있으며, 이를 통해 성인과 같은 책임감과 도덕성을 발달시키게 된다.

④ 근면성 대 열등감(학동기 : 6~11세)

이 시기에는 아동의 세계가 상당히 확대되고 집 밖에서 새로운 영향력을 받게 된다. 집이나 학교에서 활동하면서 근면성을 학습하기 시작하는데, 이것은 주로 타인으로부터 인정을 받고 과제의 완수로부터 즐거움을 얻기 위한 수단으로 작용한다. 이러한 새로운 기능은 주로 부모나 교사의 태도에 의해 결정되는데, 건설적이고 교훈적인 칭찬이나 강화는 근면성을 길러 주지만 조롱하고 거부적인 태도를 보이면 부적합이나 열등 의식을 발달시킨다.

⑤ 자아정체감 대 역할 혼돈(청소년기 : 12~18세)

이 시기의 청소년은 급격한 신체 변화와 사회적 요구에 당황하게 되며 자신의 존재에 대한 새로운 탐색을 시작한다. Erikson은 이 시기를 개인의 자아정체감이 해결되어야 하는 중요한 시기로 간주하였다. 청소년기는 아동기와 성인기 간의 과도기적 시기로서 자아정체감을 형성하고 수용하는 일이 지극히 어렵고 불안한 과제이다. 정체감이 형성된 사람들은 확신을 가지고 다가오는 성인기에 대비하지만 실패한 사람들은 정체감 위기, 즉 역할 혼돈에 빠진다. Erikson은 정체감 발달에 있어서 청소년이 동일시하고자 하는 인물이나 사회집단의 영향력을 강조하였다.

⑥ 친밀성 대 고립감(성인 전기 : 19~35세)

이 시기에는 부모로부터 독립하여 직업을 선택하고 배우자를 찾으면서 성숙하고 책임 있는 성인으로서의 역할을 시작한다. 생산적인 일에 종사할 뿐만 아니라 우정 혹은 성적 결합의 형태로 타인과 친밀한 관계를 맺는다. 여기서 자신의 정체감을 타인과 융화시켜야 할 필요가 있다. 자신의 정체감을 타인과 융화시킨다는 것이 자신의 정체감을 잃는다는 것은 결코 아니다. 친밀한 관계를 맺는 데 실패한 사람의 경우 고립감을 가지고 타인과의 접촉을 회피하거나 자신에게 위협적으로 느껴지는 사람에게 거부적이며 공격적인 태도를 보이기도 한다.

⑦ 생산성 대 침체감(성인 후기 또는 장년기 : 36~50세)
이 시기에는 주로 다음 세대를 가르치고 지도하는 데 능동적이고 직접적으로 관여한다. 자녀가 없는 경우에는 다음 세대를 위한 사회봉사 등을 통해 생산

나에게 적용하기

Q. 다음과 같은 Erikson의 심리 발달 단계에 따라 나의 발달일기를 써 보자.
① 유아기(0~1세)
② 아동 전기(2~3세)
③ 아동 후기(4~5세)
④ 학동기(6~11세)
⑤ 청소년기(12~18세)
⑥ 성인 전기(19~35세)
⑦ 성인 후기 또는 장년기(36~50세)
⑧ 노년기

* 발달일기 쓰는 방법 : 현재를 기준으로 과거 단계는 그 시기를 회상하여 자신에게 어떤 일들이 일어났었는지, 특히 어떤 중요한 일들이 있었는지에 대하여 쓴다. 기억이 안 나는 시기에 대해서는 부모님이나 주위 사람들에게 들어서 아는 것을 쓴다. 현재는 지금 현재의 자신에 대하여 쓰면 되고, 미래는 그 시기에 자신이 목표로 하는 것들이나 이루었으면 하는 것을 예상하여 쓴다.

* 이렇게 자신의 발달일기를 써 봄으로써 현재의 나에게 영향을 미친 과거를 한번 뒤돌아보고, 현재의 내가 목표로 하는 미래의 나를 미리 예상하고 계획해 볼 수 있다.

성을 발휘하게 된다. 또한 자신이 종사하는 분야와 관련된 직업적인 성취나 학문적 · 예술적 업적 등에서도 이러한 생산성이 나타날 수 있다. 이러한 생산성의 형성에 실패한 사람은 침체감에 빠지고 따분함을 느끼며 빈곤한 대인관계 등을 나타낸다.

⑧ 자아통정감 대 절망감(노년기)

노년기에는 신체적인 노쇠와 직업에서의 은퇴, 친한 친구나 배우자의 죽음 등으로 인하여 무력감에 빠지기 쉽다. 이 단계는 자아통정감 혹은 절망의 시기로서 개인의 전 생애를 조망하는 방식을 결정한다. 만일 성취감과 만족감으로 생을 회고하며 성패에 잘 적응했다면 자아통정감을 갖게 되는데, 이는 자신의 위치와 과거를 수용한다는 것을 의미한다. 반면에 자신의 삶이 무의미하다고 느끼면 절망감에 빠지게 된다.

3. 성격검사법

1) 관찰법

관찰법은 연구대상의 행동을 직접 관찰함으로써 자료 수집을 하는 것이다. 인간의 행동을 규정하는 중요한 요인의 하나가 개인의 성격이라면, 행동의 관찰은 성격 이해의 가장 기본적인 방법이라 하겠다. 이 방법은 교육 장면에서 학생 이해의 방법으로 일반적으로 광범위하게 이용되고 있다.

관찰법에는 관찰하고자 하는 행동이 나타날 수 있는 상황을 인위적으로 만들어 놓고 그 상황에서의 행동을 관찰하는 실험실적 관찰과 일상의 장면에서 나타나는 행동 그대로를 관찰하는 자연적 관찰이 있다. 근래에는 현장 중심의 자연적 관찰법인 참여관찰법이 각광을 받고 있다.

2) 질문지법

일정한 목표에 따라 작성된 일련의 질문 항목에 대해서 '예', '?', '아니요'

와 같이 간단한 응답 방법으로 답하게 하여 얻은 결과로 성격을 측정 · 평가하는 방법이 질문지법이다. 이 방법은 질문 항목이 목록으로 열거되어 있는 경우가 많아서 목록식 검사라고도 불린다. 대부분의 경우는 피검자의 자기평가 보고에 의하지만, 목적과 상황에 따라서 다른 사람이나 검사자가 판단하여 평정하는 경우도 있다.

질문지법에서는 특히 자기평정의 경우 피검자의 태도가 문제가 될 수도 있다. 즉, 정직하게 답하느냐, 방어적으로 답하느냐에 따라 결과에 차이가 생길 가능성이 있기 때문에 이러한 단점을 최소한으로 줄이고 검사도구의 신뢰도를 높이기 위한 고려를 별도로 취하고 있다.

(1) MBTI

MBTI(Myers-Briggs Type Indicator)는 Jung의 심리유형론을 근거로 하여 Katharine Cook Briggs와 Isabel Briggs Myers가 보다 쉽고 일상생활에 유용하게 활용할 수 있도록 고안한 자기보고식 성격유형 지표이다.

MBTI의 바탕이 되는 Jung의 심리유형론의 요점은 각 개인이 외부로부터 정보를 수집하고(인식기능), 자신이 수집한 정보에 근거해서 행동을 위한 결정을 내리는 데(판단기능) 있어서 각 개인이 선호하는 방법이 근본적으로 다르다는 것이다. 선호 경향이란 Jung의 심리유형론에 따르면 교육이나 환경의 영향을 받기 이전에 이미 인간에게 잠재되어 있는 선천적 심리 경향을 말하며, 각 개인은 자신의 기질과 성향에 따라 외향/내향, 감각/직관, 사고/감정, 판단/인식의 네 가지 이분 척도에 따라 나누어진다. 이러한 네 가지 선호지표를 조합하여 열여섯 가지 성격유형이 만들어지며, 개인은 일반적으로 이 중 한 가지의 성격유형을 갖게 된다.

(2) MMPI

MMPI(The Minnesota Multiphasic Personality Inventory)는 세계적으로 가장 널리 쓰이고 가장 많이 연구되어 있는 객관적 성격검사이다. 원래

MMPI는 1940년대 미국 미네소타 대학교의 심리학자인 Hathaway와 정신과 의사인 Mckinley에 의하여 비정상적인 행동을 객관적으로 측정하기 위한 수단으로 만들어졌다.

MMPI의 일차적인 목적은 정신과적 진단 분류를 위한 측정으로 만들어진 것이지 일반적 성격 특성을 측정하기 위한 것이 아니다. 그러나 병리적 분류의 개념이 정상인의 행동과 비교될 수 있다는 전제하에 MMPI를 통한 정상인의 행동 설명 및 일반적 성격 특성에 관한 유추도 어느 정도 가능할 수 있다. 다시 말하면, MMPI는 개인의 인성 특징의 비정상성이나 징후를 평가하여 상담 및 정신치료에 기여하기 위함은 물론, 비정상적이고 불건전한 증상이 진전될 가능성을 미리 찾아내어 예방 및 지도책을 도모하기 위한 검사이다.

(3) MPI

MPI(Maudsley Personality Inventory)는 Eysenck가 '내향성-외향성'의 경향과 '신경증적' 경향의 두 가지 차원에서 성격을 측정하기 위해 24항목으로 구성한 검사이다. 이 검사는 단시간에 응답을 얻을 수 있다는 장점이 있다.

외향성은 충동성 · 사교성을 나타내고, 내향성은 신중성 · 비사교성을 나타내며, 신경증적 경향은 정서가 불안정하고 정신적 스트레스에 대해서 신경증적 좌절에 빠지기 쉬운 경향을 나타낸다.

3) 투사법 검사

인간은 자기의 감정이나 욕구에 따라 외부 사건을 해석하려는 경향을 갖고 있다. 투사법은 인간의 이러한 특성에 의거해서 개개인에게 명확하지 않은 그림 등을 제시하고 가능한 자유롭게 반응하게 한 후, 이것을 토대로 그의 잠재적인 욕구, 원망, 신념 등을 밝히고자 하는 시도이다. 검사 결과는 검사자의 주관적 해석에 따르며, 객관적 질문지법으로는 드러나지 않는 개인의 심층적 분석이나 임상적 진단의 목적으로 많이 사용되고 있다.

(1) 로르샤흐 검사

Rorschach가 고안한 검사로, 잉크를 떨어뜨린 모양이 어떻게 보이는지를 묻고 대답하는 형식으로 이루어져서 잉크 반점 검사라고도 불린다. 백지 한가운데 잉크를 떨어뜨려 반으로 접은 것을 펴 보면 좌우대칭의 추상적인 도형이 만들어지는데, 로르샤흐 검사는 이러한 추상적 도형들로 구성되어 있다. 이 도형들을 자극 도판으로 이용하여 피검자에게 보여 주고 그것이 무엇으로 보이는가를 자유롭게 응답하게 하여 그 사람의 성격을 진단하게 된다.

(2) TAT

TAT(Thematic Apperception Test)는 Murry에 의해서 발전된 검사로서 주제통각 검사라고도 한다. 이것은 우리 주변에서 흔히 볼 수 있는 광경이면서도 명확하지 않은 애매모호한 상황의 그림을 보여 주고, 그 속의 인물이나 배경을 보고 그 장면에 대해 자유롭게 이야기를 꾸며 보게 하는 검사이다. 그리고 이를 토대로 그 사람의 과거 경험이나 현재의 욕구, 감정, 태도 등을 분석하게 된다. 아동용으로는 CAT 검사가 있는데, 이는 인물 대신에 아이들과 친숙한 동물을 그려 넣은 것이다.

(3) BGT

BGT(Bender Gestalt Test)는 Bender가 고안한 검사로 9매의 간단한 기하학적 도형으로 구성된 도판을 피검자들에게 한 장씩 차례로 보여 주고 그것을 종이에 그리도록 한 다음, 그 결과에 따라 개인의 성격 특성을 분석하는 방법이다. 이 검사로는 주로 정신분열증, 신경증, 조울증, 정신박약 또는 기질적 뇌장애 등을 진단할 수 있다.

(4) 문장 완성법

이 검사는 미완결형의 비교적 짧은 문장들을 제시하여 공백 부분을 연상하게 하는 검사이다. 문장의 뒷부분을 자기 자신의 이야기로 자유롭게 써 넣게 함으로써 하나의 완성된 문장으로 완성시키게 한 후, 그 분석을 통해 개인의 성격이나 적응 상태 등을 이해하게 된다. 이 검사를 통해 지적 능력 측면, 정의적 측면, 가치 지향적 측면, 정신역동적 측면이나 신체적 요인, 가정적 · 성장적 요인, 대인적 · 사회적 요인에 대한 정보를 얻을 수 있다.

4. 건강한 성격 형성

지금까지 우리는 성격이란 무엇이며, 성격 형성에 영향을 미치는 요인에는 어떠한 것들이 있는지, 여러 심리학 이론에서는 성격을 어떻게 설명하고 있는지, 성격검사법에는 어떠한 것들이 있는지에 대하여 살펴보았다. 그렇다면 어떻게 해야 건강한 성격을 형성하여 건강한 인간관계를 맺을 수 있을까? 물론 이미 나름대로의 성격이 형성되어 있겠지만, 어떻게 하면 지금의 성격을 더 건강한 성격으로 보완 · 발전시킬 수 있을까?

물론 일차적으로는 앞서 성격 형성에 영향을 미치는 요인에서 살펴보았듯이, 유전적으로나 환경적으로 좋은 조건을 가지고 있다면 건강한 성격을 형성할 수 있을 것이다. 좋은 집안에서 태어나 훌륭한 부모의 양육을 받으며 좋은 환경에서 자랐다면 말이다. 하지만 여기서 보다 중요한 것은 그러한 개인의 외부적인 측면보다는 개인 내부적인, 즉 자기 스스로 자신의 건강한 성격 형성을 위해 노력할 수 있는 방법이다. 따라서 건강한 성격이란 어떤 것이며, 그렇게 되기 위해 스스로 무엇을 할 수 있는지에 대해 알아보자.

① 자기지각을 하라

자기지각이란 자신에 대한 통찰이나 이해를 하며 자기 자신에 대해 잘 아는 것이다. 일찍이 Socrates가 "너 자신을 알라."라고 했듯이, 자신에 대해 잘 안다는 것은 건강한 성격과 인간관계를 위해 가장 선행되어야 한다. 사실 자신에 대해 누구보다도 잘 알고 있는 것은 자기 자신이지만, 어찌 보면 정작 자신에 대해 잘 모르는 것이 또 자기 자신이기도 하다. 따라서 건강한 성격을 형성하기 위해서는 자신에 대해 적절하게 이해하고 자신에 대해 현실적으로 정직하게 맞설 필요가 있다. 즉, 자기가 원하는 이상적인 모습이 아닌 있는 그대로의 자신에 대하여 이해하고, 자신의 장점과 단점을 알고 이를 정직하게 수용할 수 있어야 한다.

② 현실을 수용할 수 있는 능력을 갖추어라

현대 사회는 항상 변화하고 있는데, 이런 변화하는 모든 것들을 그대로 수용하여 현실을 적절하게 인식하는 것이 중요하다. Maslow에 의하면, 건강한 성격을 가진 사람은 현실을 있는 그대로 효율적으로 지각하여 자신이 처한 현실과 안정된 관계를 유지한다고 한다. 이러한 능력이 있으면 현실이 혼란스럽더라도 정확하고 효율적인 판단을 할 수 있으며, 또한 미지의 것도 두려워하지 않는다. 또한 Allport도 건강한 성격을 가진 사람은 지각과 인식이 효율적이고 정확한 것이 특징이며, 그들은 사고할 때 자기 욕구와 환상에 맞추어 현실을 파악하거나 왜곡하지 않는다고 하였다. 따라서 건강한 성격을 형성하기 위해서는 현실을 왜곡하거나 부인하지 말고 있는 그대로 지각하고 수용할 필요가 있다. 그리고 그 현실 속에서 최적의 적응을 향해 나아갈 수 있어야 한다.

③ 자기 스스로 동기를 부여하라

잘 동기화된 사람은 자신의 목표를 향해 매 순간 최선을 다하고 어떤 난관에 부딪히더라도 좌절하지 않으며 희망을 가지고 전진할 수 있는 힘이 있다. 이 힘은 바로 동기에서 나오는 것이다. 어떤 분야에서나 성공한 사람들은 어려운 일이나 따분한 일을 스스로 헤쳐 나갈 수 있도록 자신에게 동기를 부여할 줄 아는 능력을 갖추었다. 즉, 그들은 목표를 분명하게 세우고 거기에 도전하면 성공한다는 굳은 신념과 낙천적인 태도를 가졌다. 외부의 압력이나 조종에 의해서가 아니라 자기 스스로 동기화되어 목표 달성을 위해 매진할 수 있는 사람은 건강한 성격을 형성할 수 있다.

④ 긍정적인 시각으로 세상을 보라

사람들 중에는 비관론자와 낙관론자가 있다. 어떤 사람들이 더 행복감을 느끼며 살아갈까? 두말할 것도 없이 후자일 것이다. 건강한 성격을 가진 사람은 행복과 즐거움을 수용할 수 있는 능력, 즉 인생을 즐길 수 있는 능력을 가지고 있다. 하지만 비관론자는 좀처럼 행복과 즐거움을 느낄 수 없으며, 낙관론자만이 행복과 즐거움을 느끼며 살아갈 수 있다. 행복과 즐거움은 멀리 있는 것이 아니다. 사실 행복은 인생의 최종 목표라기보다는 현실적인 목표를 성취해 나가는 과정에서 느낄 수 있는 부산물이다. 따라서 자신의 인생에 대한 태도에 따라 아주 사소한 것들에서도 순간순간 충분히 느끼고 경험할 수 있는 것이 행복이다. 따라서 이 세상에 대해서, 타인에 대해서 그리고 자신에 대해서 긍정적인 시각으로 바라볼 수 있는 태도를 지녀야 건강한 성격이라고 할 수 있다.

⑤ 자기 자신을 사랑하고 존중하라

타인과 관계를 잘 맺고 건강하게 살아가기 위해서는 기본적으로 상대방에 대한 사랑과 존중의 마음이 있어야 한다. 하지만 그러기 위해 먼저 선행되어야 하는 것이 자기 자신에 대한 사랑과 존중이다. 그래서 흔히 자신을 사랑할 수 있는 사람만이 다른 사람도 사랑할 수 있다고 하는 것이다. 물론 이는 이기심이나 자기중심적인 사고와는 다르다. 자기 자신을 아끼고 자기 자신을 존중하는 사람은 자신감이 생기며, 그 자신감을 바탕으로 다른 사람 앞에 건강하게 나설 수 있다. 따라서 건강한 성격을 가지고 건강한 인간관계를 맺고 싶으면 우선 자기 자신을 사랑하고 존중해야 한다.

나에게 적용하기

Q. 내가 생각하는 건강한 성격은 어떠한 것이며, 건강한 성격을 형성하기 위해 할 수 있는 일은 무엇인가?

원만한 인간관계를 위한 프로그램 6

주제

나의 성격유형(AB 유형)에 대한 이해와 적용

목적

① 자신의 성격 특성을 파악하여 자기이해를 넓힌다.

② 자신의 성격유형이 대인관계에 미치는 영향에 대하여 이해한다.

③ 자신의 성장을 위한 보완점에 대해 생각한다.

강의

성격유형은 여러 가지로 분류할 수 있지만 그중 대표적인 것은 A형과 B형으로 분류하는 것이다. A형과 B형의 성격 특성은 인간관계에 중요한 영향을 미치게 되며, 그 특성은 다음과 같다.

① A형 : 성격이 급하고 성취 지향적이며 일을 중시한다. 대체로 사회경제적으로 성공할 가능성이 높다. 그러나 성격이 급해 인간관계에 지장이 생길 수도 있으며, 스트레스에 민감하기 때문에 평소에 스트레스 관리를 잘해야 한다. 그렇지 않으면 심장 질환이나 관상동맥 질환에 걸릴 가능성이 매우 높다.

② B형 : 성격이 차분하고 인간관계 지향적이어서 사교적이다. 어떤 일이 있어도 쉽게 흥분하지 않으며 일보다는 휴가를 더 소중하게 생각한다. 그래서 스트레스를 덜 받고 건강을 해치지도 않지만 게으르기 때문에 사회경제적으로 성공할 가능성이 낮다. 그러나 A형의 장점을 받아들여 노력을 기울이면 최고경영자에 오를 가능성도 있다.

프로그램 내용

<STEP 1>

다음의 질문지를 통해 자신의 성격유형을 알아본다.

* 다음 항목들이 자신을 얼마나 잘 나타내는지를 판단해서 체크한다.

매우 동의한다 : 2점, 어느 정도 동의한다 : 1점, 전혀 동의하지 않는다 : 0점

1. 나는 일을 하고 있을 때 다른 사람의 방해를 받으면 몹시 불쾌하다.	
2. 나는 억울한 일이 있으면 흥분해서 잠을 잘 자지 못한다.	
3. 나는 내가 할 일을 계획하고 그 계획이 성공했을 때를 생각하면 몹시 흥분한다.	
4. 나는 사소한 일로 다른 사람들에게 짜증을 낸다.	
5. 나는 내 친구들을 비롯해 나와 비슷한 또래의 사람들이 나보다 잘하는 게 있으면 몹시 긴장한다.	
6. 나는 야망이 있고 모든 일에 정력적이다.	
7. 나는 하던 일을 완결 짓지 못하면 심장박동이 빨라지고 몹시 긴장한다.	
8. 내가 타고 가는 차 앞에서 다른 차가 우물쭈물거리면 몹시 짜증이 난다.	
9. 나는 항상 일이 효율적으로 처리되길 바란다.	
10. 나는 비교적 일의 질보다는 양을 중시하는 편이다.	
11. 나는 일을 하지 않고 놀고 있으면 죄의식을 느낀다.	
12. 나는 하루가 너무 짧아 불만인 경우가 종종 있다.	
13. 나는 다른 사람보다 어떤 일에서든지 더 잘해야 한다고 생각한다.	
14. 나는 사회경제적으로 성공하는 것만이 최선이라고 생각한다.	
15. 나는 일을 하지 않고 게으른 사람들을 보면 한심해서 한마디 해 주고 싶다.	
P 점수 합계	

1. 나는 가끔 한 번에 두 가지 이상의 일을 하거나 시도한다.	
2. 나는 다른 사람에 비해 빨리 먹는 편이다.	
3. 나는 다른 사람에 비해 말을 빨리 하는 편이다.	
4. 나는 일을 서두르는 경향이 있다.	
5. 어떤 영화를 보러 갔는데 매표구에 줄이 길게 늘어서 있으면 차라리 다른 것을 본다.	
6. 나는 어떤 게임을 하든지 양보하지 않고 이기려고 한다.	
7. 나는 약속 시간에 허겁지겁 도착하는 편이다.	
8. 나는 누가 나를 공격하면 금방 반격한다.	
9. 나는 운동이 필요하다는 것을 알지만 시간적으로 여유가 없어서 하지 못한다.	
10. 나는 말할 때 자주 눈을 깜빡거리고 눈썹을 움직인다.	
11. 나는 얘기할 때 제스처를 많이 쓰는 편이다.	
12. 나는 나도 모르게 발을 떠는 버릇이 있다.	
13. 나는 다른 사람을 믿지 못하기 때문에 어떤 일이든지 내가 직접 해야 안심이 된다.	
14. 나는 젊었을 때는 정신없이 바빠야 한다고 생각한다.	
15. 나는 이따금 감당하기 어려울 정도의 일을 계획한다.	
B 점수 합계	

＊ 채점 및 검사 결과 해석

P : 심리적 특성 P 점수 = (   )

B : 행동적 특성 B 점수 = (   )

A형 경향성 : (P + B)/2 = (   )

즉, 각각의 점수를 모두 더하고 P 점수와 B 점수를 합해 2로 나누면 A형 성격 경향성 값을 구할 수 있다.

① A형 성격 : A형 성격 경향성 점수가 평균 21점 이상이고 P와 B 모두 21점 이상인 경우. P 점수만 21점을 넘었으면 심리적으로는 A형 성격이지만 행동으로는 그렇지 않은 것이고, 반대로 B 점수만 21점을 넘었으면 행동적으로는 A형 성격이지만 심리적으로는 그렇지 않은 것이다.

② 중간 성격 : A형 성격 경향성 점수가 11점 이상 20점 이하로 A형도 B형도 아닌 성격유형. 어떤 삶의 방식이나 생활양식을 뚜렷하게 갖고 있지는 않지만 무난한 행동 스타일로 원만한 대인관계를 유지하고 보통 수준의 성취 능력을 나타낸다.

③ B형 성격 : A형 성격 경향성 점수가 10점 이하이고 P와 B 점수 모두 10점 이하. P 점수만 10점 이하이면 심리적으로는 B형 성격이지만 행동으로는 그렇지 않은 것이고, 반대로 B 점수만 10점 이하이면 행동적으로는 B형 성격이지만 심리적으로는 그렇지 않은 것이다.

<STEP 2>

다음의 질문에 대하여 생각해 본 다음 답을 하고, 이를 다른 집단원들과 함께 발표하며 의견을 나눈다.

① 검사 결과 나는 어떤 유형의 성격에 해당되는가?

② 나의 성격유형은 나의 생활이나 인간관계에 어떠한 영향을 미치는가?

- 긍정적인 영향 –
- 부정적인 영향 –

③ 내가 더욱 건강한 성격을 형성하기 위하여 앞으로 보완해야 할 점은 무엇이고, 이를 위해 어떤 노력을 할 수 있는가?

<STEP 3>

토의 및 평가

이 프로그램을 통해 새롭게 알게 된 것이나 느낀 점은 무엇인지 정리해 본다.

성격 PLUS ZONE

MBTI(성격유형 검사)를 통한 성격 이해

1. MBTI의 네 가지 선호 경향

MBTI는 네 가지의 분리된 선호 경향으로 구성되어 있다. Jung의 심리유형론에 따르면 선호 경향이란 교육이나 환경의 영향을 받기 이전에 이미 인간에게 잠재되어 있는 선천적 심리 경향을 말하며, 각 개인은 자신의 기질과 성향에 따라 아래의 네 가지 이분 척도에서 둘 중 하나의 범주에 속하게 된다.

선호지표	외향형(extraversion)	내향형(introversion)
설명	폭넓은 대인관계를 유지하며, 사교적이고 정열적이고 활동적이다.	깊이 있는 대인관계를 유지하며, 조용하고 신중하며 이해한 다음에 경험한다.
대표적 표현	• 자기 외부에 주의집중 • 외부 활동과 적극성 • 정열적, 활동적 • 말로 표현 • 경험한 다음에 이해 • 쉽게 알려짐	• 자기 내부에 주의집중 • 내부 활동과 집중력 • 조용하고 신중 • 글로 표현 • 이해한 다음에 경험 • 서서히 알려짐

선호지표	감각형(sensing)	직관형(intuition)
설명	오감에 의존하여 실제의 경험을 중시하며, 지금 현재에 초점을 맞추고 정확하고 철저하게 일을 처리한다.	육감 내지 영감에 의존하며, 미래 지향적이고 가능성과 의미를 추구하며 신속, 비약적으로 일을 처리한다.
대표적 표현	• 지금 현재에 초점 • 실제의 경험 • 정확, 철저한 일처리 • 사실적 사건 묘사 • 나무를 보려는 경향 • 가꾸고 추수함	• 미래 가능성에 초점 • 아이디어 • 신속, 비약적인 일처리 • 비유적 · 암시적 묘사 • 숲을 보려는 경향 • 씨뿌림
선호지표	사고형(thinking)	감정형(feeling)
설명	진실과 사실에 관심을 갖고, 논리적이고 분석적이며 객관적으로 판단한다.	사람과 관계에 관심을 갖고, 상황적이며 정상을 참작한 설명을 한다.
대표적 표현	• 진실, 사실에 관심 • 원리와 원칙 • 논거, 분석적 • 맞다, 틀리다 • 규범, 기준 중시 • 지적 논평	• 사람, 관계에 관심 • 의미와 영향 • 상황적, 포괄적 • 좋다, 나쁘다 • 나에게 주는 의미 중시 • 우호적 협조
선호지표	판단형(judging)	인식형(perceiving)
설명	분명한 목적과 방향이 있으며, 기한을 엄수하고 철저히 사전 계획하고 체계적이다.	목적과 방향이 변화 가능하고 상황에 따라 일정이 달라지며, 자율적이고 융통성이 있다.
대표적 표현	• 정리정돈과 계획 • 의지적 추진 • 신속한 결론 • 통제와 조정 • 분명한 목적의식과 방향 감각 • 뚜렷한 기준과 자기 의사	• 상황에 맞추는 개방성 • 이해로 수용 • 유유자적한 과정 • 융통과 적응 • 목적과 방향은 변화할 수 있다는 개방성 • 재량에 따라 처리될 수 있는 포용성

2. MBTI 열여섯 가지 성격유형

네 가지 선호 지표를 조합하면 열여섯 가지의 성격유형으로 분류될 수 있으며 이를 다음과 같은 도표로 표현할 수 있다. 이 유형 도표는 사람들 간의 상호작용을 쉽게 이해할 수 있도록 해 줌으로써 서로가 서로를 더 잘 알 수 있는 세상을 만드는 데 도움을 준다.

〈열여섯 가지 성격유형 도표〉

ISTJ 세상의 소금형	ISFJ 임금 뒷편의 권력형	INFJ 예언자형	INTJ 과학자형
신중하고 조용하고 매사에 철저하며, 사리 분별력이 뛰어남.	조용하고 차분하고 성실하며, 책임감 있고 헌신적임.	인내심이 많고 통찰력과 직관력이 뛰어나며, 화합을 추구함.	사고가 독창적이며 창의력과 비판분석이 뛰어나고, 내적 신념이 강함.
ISTP 백과사전형	ISFP 성인군자형	INFP 잔다르크형	INTP 아이디어 뱅크형
상황을 파악하는 민감성과 도구를 다루는 능력이 있음.	다정하고 온화하며 친절, 겸손함.	정열적이고 낭만적이며, 이상적인 세상을 만들어 가려고 함.	조용하고 과묵하고 논리와 분석으로 문제를 해결하며, 지적 호기심이 있음.
ESTP 수완 좋은 활동가형	ESFP 사교적인 유형	ENFP 스파크형	ENTP 발명가형
현실적인 문제 해결에 능하고 적응력이 강하며 관용적임.	사교적 · 활동적 · 수용적이고 친절하며, 낙천적인 분위기 조성 역할을 함.	정열적이고 활기에 넘치며, 재능이 많고 상상력이 풍부함.	독창적이며 다방면에 관심과 재능이 많아 새로운 것에 도전함.
ESTJ 사업가형	ESFJ 친선 도모형	ENFJ 언변 능숙형	ENTJ 지도자형
구체적 · 현실적 · 실용적으로 일을 조직화하여 주도함.	마음이 따뜻하고 친절과 현실감을 바탕으로 인화를 잘 이룸.	따뜻하고 적극적이고 책임감이 있으며, 사교성이 풍부하고 동정심이 많음.	활동적이고 솔직하고 단호하며, 지도력과 통솔력이 있음.

3. 반대 기능 개발 방법

E	• 말하기 전에 마음속으로 자문하기 • 화자에서 청자로 역할 바꾸기 • 상대방이 표현하기까지 기다리기	I	• 타인에게 먼저 접근하여 질문하기 • 청자에서 화자로 역할 바꾸기 • 먼저 표현해 보기
S	• 변화를 위한 근본 이유 생각하기 • 새로운 아이디어 창출 경험하기 • 유사/공통점, 전체성 찾기	N	• 세부 사항 중 간과한 것 찾아보기 • 현실적으로 수행할 사항 자문하기 • 구체적인 사실 나열해 보기
T	• 비판하고 싶을 때 F/B 뒤로 미루기 • 상대의 기분과 감정 헤아려 보기 • 나와 상대방의 정서에 귀 기울이기	F	• 마감 일정 자주 체크하기 • 현 상황에서 객관적인 것 찾아보기 • 기분/느낌과 별도로 대안 생각하기
J	• 마무리 전에 추가 정보의 필요성 점검하기 • 결정 전에 과정의 재검토 유무 점검하기 • 기다리는 것의 필요성 점검하기	P	• 마감 일정 자주 체크하기 • 행동할 시간과 생각할 시간 판단하기 • 스케줄 진행 상황을 수기로 기억하기

출처 : 한국 MBTI 연구소(www.mbti.co.kr)

07

정서와 인간관계

정서와 감정은 자기 자신을 이해하고 타인과의 관계를 이해하는 데 공통적으로 필요한 부분이다. 우리는 인간관계를 통해 다양한 정서와 감정을 경험하게 되며, 이는 인간관계를 매개하는 중요한 요인이 된다. 예를 들어 우리는 사랑하는 사람과 함께할 때 기쁨과 행복감을 느끼며, 이별을 경험할 때에는 슬픔과 외로움을 경험하게 된다. 어떤 사람에 대해 좋은 감정을 가지고 있으면 그 관계의 질도 좋아질 것이며, 분노나 증오심을 갖게 되면 그 관계는 곧 단절될 것이다. 이렇듯 인간관계에서 매 순간 경험하게 되는 다양한 정서는 인간관계를 반영하는 산물이자, 그 관계에 영향을 미치는 요인으로 작용하게 된다. 따라서 이 장에서는 정서가 무엇인지, 정서는 어떻게 발달되고 경험되며 개인과 관계에 어떠한 영향을 미치는지, 그리고 관계 속에서 건강하게 정서를 표현할 수 있는 방법에 대하여 살펴보고자 한다.

1. 정서의 개념

인간은 감정(feeling)의 동물이다. 따라서 자신의 감정 상태가 어떠한가에 따라서 그 행동이 달라질 수 있다. 사람이 현재 가지고 있는 감정 상태를 정서(emotion)라 하는데, 정서는 신체적인 변화를 수반하면서 일시적으로 일어나는 흥분된 강한 감정으로 정의된다. 정서의 한 가지 기본적인 특징은 감정이 신체적 변화를 수반한다는 것이다. 예를 들어 불안이라는 정서를 경험할 때, 몸이 굳어지고 손에 땀이 나며 가슴이 떨리고 얼굴이 붉어지거나 창백해지는 등의 신체적인 증상도 경험하게 될 것이다. 또한 아름다운 음악을 들을 때나 반신욕을 즐길 때 또는 향기로운 차 한 잔을 앞에 두고 행복감에 젖어 있을 때에는 몸의 근육이 이완되고 편안해지는 것을 느낄 수 있을 것이다. 이렇게 모든 정서는 신체적인 변화를 수반하게 된다.

그러므로 때로는 신체적인 변화로 인해 정서의 색깔을 알아차리게 되는 경우도 있다. 즉, 가슴이 뛰고 얼굴이 붉어지고 손에 땀이 난다면 지금 뭔가로 인해 긴장되어 있거나 불안해하고 있다는 것을 알 수 있다. 이렇게 모든 정의(情意)적 과정에는 신체적 반응이 따르므로 신체적 반응을 문제 삼지 않는 순수한 정의적 과정의 의식으로서의 감정은 연구될 수 없다는 생각이 점차로 대두하게 되었다. 따라서 보통 현대 심리학에서는 정서가 감정이란 용어 대신에 사용되는 경향이 있기는 하지만 여기에서는 감정과 정서를 비슷한 의미로 혼용하여 사용하기로 한다.

2. 정서의 발달

1) 성숙에 의한 정서 발달

정서가 어떻게 형성되며 또 언제부터 분화되느냐에 관한 연구는 일찍이 Watson이 수행하였다. 그는 생후 3개월 된 유아를 관찰하여 공포 · 분노 · 애정, 이 3개의 정서 반응이 출생 시부터 유아가 가진 기본 정서라고 결론지었다. 유아는 높은 곳에서 떨어뜨릴 것처럼 하고 붙잡아 주지 않아 몸의 균형을 잃으면 공포를, 움직이지 못하게 꽉 잡고 있으면 분노를, 따뜻한 손길로 어루만져 주면 애정을 구별하여 표현한다고 했다.

그러나 오늘날에는 3개월 이전의 신생아는 정서 반응의 이론 구별이 없다는 것이 일반적인 견해이다. 신생아는 다만 흥분을 하고 울음을 통해 자신의 흥분 상태를 표현하려 한다. 아기에게 울음은 최초의 유일한 정서 표현 방법인 것이다. 그러다 생후 3개월이 되면 쾌 · 불쾌의 정서가 발달하고, 생후 5개월이 되면 분노와 혐오가 분화되며, 7개월이 되면 공포가 불쾌에서 분화되고, 애정과 기쁨은 10~12개월에 나타나기 시작한다.

그런데 이렇게 발달함에 따라 정서과정이 나타나기 때문에 그것을 학습의 결과라고 생각할 수도 있다. 그러나 출생 당시에 귀먹고 눈먼 아이가 촉각 이외에는 정서적 표현을 학습할 기회가 없었음에도 불구하고 정서 자극을 주었더니 공포, 분노, 쾌 등에 대한 얼굴 표정이나 웃음 또는 울음이 정상 유아와 동일하게 관찰되었다는 결과가 보고되고 있다. 이런 결과를 보면 몇몇 기본 정서는 성숙에 의하여 발달된다고 하겠다.

2) 학습에 의한 정서 발달

정서가 학습되는 과정은 조건형성의 과정으로 설명된다. Watson은 Albert란 아이가 쥐를 무서워하게 되는 정서 학습 가정을 실험했다. 즉, Albert에게 쥐에 대한 공포라는 정서를 학습시킨 것이다. 처음 흰쥐를 보여 주었을 때 Albert는 손을 내밀고 무서워하는 기색이 없었다. 그런데 흰쥐와 놀고 있을 때 갑자기 큰 소리를 내어 무서워하게 되는 과정을 수 차례 반복한 결과, Albert는 쥐를 무서워하게 되었다. 이 실험에서 큰 소리는 무서움을 자아내는 무조건 자극이고 쥐는 조건 자극이다. 무조건 자극과 조건 자극이 짝지어짐으로써 쥐를 무서워하는 조건반사가 형성된 것이다.

우리가 이해할 수 없는 일상생활의 여러 가지 불합리한 공포도 결국은 대부분 이렇게 자연적으로 조건형성되어 학습된 것이라고 생각할 수 있다. 대부분의 사람들이 무서워하는 번개를 예로 들어 보자. 천둥소리는 무서워하게 하는 무조건 자극이다. 번개는 그 자체로서는 무서운 정서를 자아내지 않는다. 그러나 번개가 번쩍인 다음에는 천둥소리가 나서 놀라게 된다. 이렇게 천둥이라는 무조건 자극과 번개라는 조건 자극이 짝지어짐으로써 마침내 번개를 무서워하는 정서 반응이 학습되는 것이다.

한편, 정서의 학습은 조건형성의 과정을 통해서뿐만 아니라 모방학습이나 경험을 통해서도 이루어지게 된다. 즉, 살아가면서 타인의 행동을 재현하고 모방하거나 자신의 경험을 통해서 공포, 분노, 기쁨과 같은 정서를 배우게 된다. 예를 들어, 대부분의 사람들은 뱀이나 쥐 같은 동물들을 무서워하거나 싫어한다. 이는 뱀이나 쥐에게 물렸거나 놀란 일이 없어도 책에서나 어른들의 이야기에서 뱀이나 쥐를 무서워하거나 싫어하게 되는 정서를 학습할 기회가 얼마든지 있었기 때문이다. 또한 큰 개에게 물려서 고생했던 경험이 있는 사람이라면 그 후에 개를 무서워하는 정서를 갖게 될 것이다. 이렇듯 우리의 정서는 모방학습이나 경험을 통해서도 형성된다.

3. 정서 유발 이론

1) James와 Lange의 말초 이론

앞서 정서의 기본적인 특징이 신체적인 변화를 수반한다고 했다. 대부분의 사람들은 감정의 변화가 신체적인 변화를 유발한다는 견해를 가지고 있다. 즉, 슬프기 때문에 울게 된다고 생각한다.

그러나 미국의 심리학자 William James(1884)는 이런 일반적인 견해와는 상반되는 주장을 했다. 그는 우리가 정서라고 말하는 것은 생리적인 변화에 대한 지각의 결과라고 주장한다. 다시 말하면, 정서란 신체적 반응에서 오는 피드백에 의해 결정되는 것으로, 신체적 변화가 먼저 일어나고 이를 지각하는 것이 정서라는 것이다. 즉, 슬퍼서 우는 것이 아니라 우니까 또는 눈물이 나니까 슬프다는 것이다. 이에 대하여 James는 다음과 같이 말하고 있다. "행동은 감정에 의해 일어나는 것처럼 보이지만 실제로 행동과 감정은 병행한다. 행동은 의지에 의해 직접적으로 통제될 수 있지만 감정은 그렇지 않다. 그러나 감정은 행동을 조정함으로써 간접적으로 조정할 수가 있다. 따라서 쾌활함을 잃었을 경우 그것을 되찾는 최선의 방법은 쾌활한 듯이 행동하고 명랑하게 지껄이는 것이다."

예를 들어, 밤에 어두운 골목에서 낯선 사람과 갑자기 마주치게 되면 자율신경계의 교감신경계가 활발하게 활동을 하기 시작하여 심장박동 수가 증가하고 동공이 확장되는 등의 생리적 변화가 유발된다. 이러한 생리적인 변화들을 지각함으로써 '공포'를 느끼게 된다는 것이다. 비슷한 시기에 덴마크의 심리학자인 Carl Lange도 James와 같은 견해를 가지고 있었기 때문에 이러한 이론을 James와 Lange의 말초 이론이라고 한다. 한편, James는 자신의 이론을 다음과 같은 문장으로 표현하였다. "We feel sorry because we cry, angry because we strike, afraid because we tremble."

2) Cannon과 Bard의 피질간뇌 이론

많은 학자들은 James와 Lange의 이론에 동의하지 않는다. 그중 대표적인 사람이 Cannon이다. James와 Lange의 이론에 따르면 정서를 경험하기 위해서는 다양한 신체적인 변화가 주어져야 한다. Cannon은 이 견해에 강력히 반대하면서 정서와 생리적 변화는 동시에 일어나는 것이라고 주장했다. 그의 관점에 따르면 정서를 경험하는 데 무엇을 보고 듣느냐 하는 등의 지각과정이 중요한 요인으로 작용한다. Cannon이 제안한 이론은 Bard에 의해서도 제시되었는데, 이들의 이론에 따르면 외부에서 주어지는 정서 유발 자극은 시상(thalamus)을 자극하고, 그 신경파는 대뇌피질로 신호를 보내어 정서를 경험하게 하며, 다른 한편 자율신경계로 신호를 보내어 생리적 반응을 일으키게 된다. 따라서 정서와 신체적 반응은 동시에 일어난다는 것이다.

3) 인지적 이론

인지적 정서 이론에 따르면 정서는 생리적 반응뿐만 아니라 개인이 처해 있는 상황과 그 상황에 대한 개인의 해석 및 평가에 의해 결정된다. 즉, 인지는 개인이 일반적으로 처해 있는 정서 상태를 어떻게 불러야 할지에 대한 단서를 제공해 주는 역할을 한다.

Schachter와 Singer(1962)는 정서에 대한 인지적 관점을 검증하는 실험을 진행했다. 이들은 피험자들에게 스프록신(sproxin)이라는 새로 개발된 비타민 복합체의 효과를 알아보기 위한 실험이라고 알려 주었다. 그리고 피험자들을 통제집단과 실험집단으로 나누어, 통제집단에게는 아무런 생리적인 변화를 일으키지 않는 플라시보(placebo)를 주사하고, 실험집단에게는 생리적인 각성 상태를 유발하는 에피네프린(epinephrine)을 주사하였다.

그 다음에는 이 실험집단을 다시 세 집단으로 나누어, 첫 번째 집단에게는 약의 효과로 인해 호흡이 빨라지고 얼굴이 상기되며 땀이 날 것이라고 정확한 정보를 주고, 두 번째 집단에게는 약의 부작용으로 두통이 생기고 다리가 저리며 가려움증을 경험하게 될 것이라는 거짓 정보를 주었다. 또 세 번째 집단과 통제집단에게는 약의 효과에 대해 아무런 정보도 제공하지 않았다. 그리고 이들 각 피험자를 실험 조수와 짝지어 주었는데, 실험 조수도 똑같은 주사를 맞았다고 거짓으로 말해 주었다. 실험 조수들은 각기 다른 행동을 취하게 했는데, 어떤 조수는 훌라후프를 돌리는 등 매우 즐거운 행동을 하도록 했으며, 다른 조수는 화를 내면서 실험에 대해 불평을 하는 등 대체로 공격적인 행동을 하도록 했다. 실험자는 피험자들이 실험 조수의 행동을 보고 이를 참조하여 어떻게 행동하는가를 일방경(one-way mirror)을 통해 관찰하였고, 실험 후에는 피험자들로 하여금 어느 정도 기분이 좋았는지 혹은 화가 났는지를 평정하도록 하였다.

실험 결과, 에피네프린이 어떠한 부작용이나 생리적인 각성 상태를 유발할 것이라고 알려 주었던 집단보다 그런 부작용에 대해 아무런 말도 해 주지 않았거나 거짓으로 말해 준 경우에 더욱 정서적으로 흥분한 것으로 나타났다. 생리적 유발이 비슷할 때 주변에 있는 실험 조수가 즐겁게 행동하면 피험자도 그러한 생리적 유발을 즐거운 것으로 해석하고, 반대로 실험 조수가 화가 나서 공격적인 행동을 하면 피험자도 함께 화를 내는 행동을 했다. 이 연구 결과를 보면, 두 가지 정서 상태 사이에 생리적 차이가 별로 크지 않으면 개인 각자의 지각과 해석(인지)에 의해서 정서적 경험이 달리 결정된다는 사실을 알 수 있다.

4. 정서의 영향

1) 정서와 적응

정서에 대하여 적응하는 과정이 문제가 될 수 있다. 정서 자극에 직접적으로 정서 반응함으로써 환경에 적응할 수 있다면 적응이라는 문제는 그렇게 심각하지 않을 수 있다. 그러나 우리 사회에서는 여러 가지 조건들이 정서 반응이나 행동을 억제하게 함으로써 정서가 해소되지 않는 상태에 처하게 되는 경우가 많다. 이때 억제된 정서는 완전히 사라지는 것이 아니라 심성의 한 구석에 축적되고, 나중에 이것이 환경에 대한 적응에 많은 문제를 야기할 수 있다. 예를 들어, 어린 시절 화나 분노의 감정이 적절히 조절되거나 표현되지 못하고 억제되었다가 청년기에 이르러 이러한 감정이 반사회적인 공격행동으로 표출되어 적응상의 문제를 일으키게 되는 경우가 생길 수 있다.

2) 정신신체적 질환

만약 만성적인 불안이나 적의(敵意)가 장기간 지속되면 자율신경의 흥분이 장기화된다. 그 결과 바람직하지 못한 적응상의 문제를 야기할 수 있는데, 때로는 심장박동 수가 빨라지고 혈압이 오르며 호르몬의 분비가 증대되고 소화 기능의 저하가 장기화되어 실제로 신체 세포 조직을 손상시키게 된다. 또는 이러한 조직의 파괴까지는 이르지 않더라도 자율신경의 흥분이 장기화되면 질병에 걸리기 쉽고, 또 이미 걸린 질병은 회복되기 어렵다. 이렇게 만성적인 긴장과 불안으로 말미암아 신체 질환이 생기는 현상을 정신신체 질환이라고 한다. 위궤양, 고혈압, 천식, 피부병, 당뇨병 등은 정신신체 질환으로 연유되는 경우가 많다.

3) 플라시보 효과

약품 효과에 관한 실험에서 한 집단에게는 수면제라고, 다른 집단에게는 소화제라고 말해 주고 비타민 알약을 복용하게 한 결과, 수면제라고 일러 준 집단의 피검자들은 곧 잠이 드는 것을 관찰할 수 있었다. 비타민 알약은 생리적으로 수면에 아무런 효과가 없는데 다만 수면제라는 지시에 의해 수면하는 효과를 얻은 것이다. 이것을 플라시보(placebo) 효과라 한다. 똑같은 약을 처방해도 큰 병원이나 명성이 높은 의사의 처방이 효과가 큰 것은 이 플라시보 효과 때문이다. 플라시보 효과의 심리적 기제는 지시에 따라 정서적 변화가 생겨 그것이 신체적 작용을 일으킨 결과라 해석된다.

나에게 적용하기

Q. 나의 정서와 관련된 최근의 경험을 생각해 보자.

- 어떤 경험이 있었는가?
- 그때 어떤 감정이 들었는가?
- 그 감정은 나의 신체에 어떠한 영향을 주었는가?
- 나는 그 감정을 어떻게 표현하거나 다루었는가?

5. 일반적인 정서의 분류

1) 일차적 정서

전반적으로 긴장의 수준이 높고 목표 지향적인 정서로는 분노, 공포, 슬픔, 기쁨 등 네 종류가 있다. 분노는 자기가 달성하고자 하는 목표가 좌절되었을 때 나타나는 정서로서 자신뿐만 아니라 가족, 친구, 집단 등이 상처를 받았다는 감정과 관련이 있다. 공포는 천재지변이나 위험한 대상을 마주하는 경우 등 위협적인 사태에 처했을 때 나타나는 정서로, 그 상황을 피하거나 문제를 스스로 해결할 능력이 없다고 느낄 때 더욱 분명히 나타난다. 슬픔은 아끼는 대상물이나 사람을 상실한 경우에 느끼는 정서이다. 특히 사랑하는 배우자의 죽음 등으로 인해 나타나는 슬픔의 정서적 상태는 매우 심각하여 우울증, 불면증, 식욕부진 등도 함께 나타난다. 그리고 기쁨은 목표를 달성했을 때 나타나는 정서로 분위기를 고조시키고 신체적으로 경쾌한 상태를 가져온다.

2) 감각적 자극과 관련된 정서

감각적 자극과 관련된 정서에는 불쾌하거나 고통스러운 자극에 의한 신체적 고통과 불쾌한 모양, 냄새, 접촉, 맛을 접했을 때 나타나는 메스꺼움, 구토증 등이 있다. 그리고 신체적 운동, 아름다운 무늬 · 색채 · 형태 · 소리 등을 대할 때 나타나는 기쁨과 희열감 등이 있다.

3) 자기평가와 관련된 정서

자신의 행동이나 노력의 결과를 스스로 평가할 때 느끼는 정서를 말하며 성공감과 실패감, 수치감, 죄의식 등이 포함된다. 이는 객관적으로 그 행동의 결과가 얼마나 잘 나타났는가보다는 본인이 설정한 주관적 기준에 의하여 그 성공과 실패 여부를 결정하는 것이다. 그러므로 개인이 설정한 요구 수준과 자아 이상에 따라 그 평가가 달라질 수 있다.

4) 타인과 관련된 정서

타인과 관련된 정서에는 사랑과 증오가 있다. 사랑은 강력한 애착이 함께하는 정서이며, 증오는 보다 더 대인관계를 면밀히 계산한 끝에 갖게 되는 부적 감정이다.

5) 감상(鑑賞)의 정서

이 정서는 전반적인 미적 감정을 나타낸다. 이는 미술, 음악, 문학, 자연 경관, 종교적 체험 등과 관련하여 개인이 느낄 수 있는 미적 아름다움, 기쁨, 경탄, 놀라움 등이다.

6) 비애(悲哀)의 정서

정서 가운데 특별한 한 종류는 슬픔인데, 여기에는 자기 자신에 대한 슬픔과 타인에 대한 슬픔이 있다. 그런데 일반적으로 타인에 대한 슬픔을 느낄 때 이타행동을 많이 하며 남을 도우려는 경향이 있다. 안신호(1983)는 이 두 가지 슬픔의 구별에서 보다 더 진전된 정서개념으로서 '비애(pathos)' 라는 개념을 제시하여 '삶의 덧없음' 에 대한 인식에 기초를 둔 '인간은 모두가 측은하다' 는 정서적 태도를 실험적으로 검증하였다. 그 결과 비애라는 정서가 이타행동을 더욱 촉진하여 불쌍한 사람들을 돕는 행동으로 이어지는 정서임이 밝혀졌다.

6. 대인 정서

1) 자존감

자존감(self-esteem) 또는 자부심(pride)은 자신이 가치 있는 존재라고 느낄 때 경험되는 긍정적 감정으로 자신감, 승리감, 성취감, 당당함 등이 수반된다. 이 감정은 자기평가에 관련된 정서라고 할 수 있다. 즉, 자신의 성취에 대한 긍정적인 자기평가를 통해 경험할 수 있는 정서인 것이다.

그러나 타인에 의한 인정과 평가가 자기평가의 중요한 근거가 되기 때문에 흔히 자존감은 대인관계에서 경험되고 강화된다. 다른 사람들로부터 자신의 능력, 성취, 신분 등에 대해 긍정적인 평가와 인정을 받을 때, 즉 긍정적인 **스트로크**(stroke)를 받을 때, 자기 자신에 대한 가치감이 향상되고 자존감을 느끼게 된다. 예를 들어, 주변 사람들이 '당신은 대단한 사람이다, 유능하다, 잘했다, 신뢰할 만하다' 등의 긍정적인 스트로크 반응을 보일 때, 스스로도 '나는 대단하고 유능한 존재다, 나는 뭐든 할 수 있다, 난 신뢰할 만한 사람이다' 라는 긍정적인 자기평가를 통해 자존감을 경험할 수 있다.

나에게 적용하기

Q. 내가 받은 스트로크의 질과 양을 점검해 보자.

- 나는 어떤 스트로크를 얼마나 받아 왔는가?
- 부모 혹은 의미 있는 사람들에게서 받은 스트로크 중 기억에 남는 것은 무엇인가?
- 그것이 나에게 어떠한 영향을 미쳤다고 생각하는가?

2) 사랑

아마도 사랑이란 단어만큼 아주 다양하게 의미가 변화되면서 오용되고 남용되어 온 말도 없을 것이다. 따라서 나름대로 각자가 사랑이란 이것이다 저것이다 말할 수는 있지만 그 어느 것도 사랑에 대한 궁극적인 정의는 될 수 없다. 그것은 아마도 우리가 정의할 수 있는 사랑의 실체가 따로 있는 것이 아니라, 사랑은 현상이고 체험이기 때문인지 모른다. 그러나 한 가지 분명한 것은 사랑이란 인간관계 속에서 다른 사람에 대해 갖게 되는 긍정적인 감정이라는 것이다. 그리고 Erich Fromm이 그의 저서 『사랑의 기술』에서 "사랑이란 인간에게 있는 적극적인 힘을 사용해서 우리를 타인과 분리시키는 벽을 허물어 버린다."고 했듯이, 이 사랑의 감정이야말로 대인관계에 큰 영향을 미치는 정서이다. 사랑에 대해서는 제11장에서 더 자세히 다룰 것이다.

3) 불안

불안과 공포는 위협적인 요인들에 대한 반응적 정서이다. 공포와 불안을 구별해 보면, 공포는 구체적인 대상이나 상황에 대해 느끼는 두려움이며, 불안은 막연하고 모호한 위험에 대한 두려움, 즉 공포의 근원을 알 수 없을 때 경험하는 것이라고 할 수 있다. 불안은 대인관계에서 경험하게 되는 대표적인 부정적 감정으로서 개인의 가치나 인격이 손상될 위협이 큰 상황에서 경험된

인간관계와 스트로크

어린 시절에 나는 매우 얌전하고 내성적인 아이였다. 어디에서도 눈에 띄지 않는, 그래서 내가 그곳에 있는지 없는지 남들이 알아채지 못할 정도로 소극적인 아이였다. 그러던 내가 자신감을 가질 수 있게 해 준 두 사람이 있다. 한 사람은 초등학교 6학년 때의 담임선생님이다. 어느 날 환경미화를 위해 색종이를 잘라야 하는데, "전 똑바로 잘 자르지 못해요."라는 나의 말에 선생님은 "아냐, 넌 잘할 수 있어. 그냥 똑바로 자르면 되는걸." 하고 말씀하셨다. 또 다른 한 사람은 나의 아버지로, 아버지가 내게 늘 해 주신 말씀은 "너는 뭐든 할 수 있어. 남들도 다 하는 걸 네가 왜 못하니?"였다. 그 후 이 두 분의 말씀은 내 기억 속에 깊이 남아 어떤 일을 마주하고 두려움이 생길 때마다 내가 나 자신에게 하는 말이 되었고, 나는 어느덧 자신감에 찬 적극적인 사람으로 변해 있었다.

스트로크(stroke)란 인간 인정의 기본 단위로서 피부 접촉, 표정, 감정, 태도, 언어, 기타 여러 형태의 행동을 통해서 상대방에게 표현되는 반응이다. 인간은 누구나 자신의 존재를 인정받기 위한 욕구를 가지고 있다. 인간은 모두 스트로크를 필요로 하며, 인간의 삶이란 스트로크를 추구하기 위한 것이라고 말할 수 있을 만큼 인간은 스트로크 지향적 동물이라고 할 수 있다. 유아기의 접촉이나 애무와 같은 신체적 스트로크 욕구는 성장한 뒤에 칭찬과 승인의 정신적 스트로크의 욕구로 이행된다. 인간 행동의 동기는 모두 스트로크를 주거나 받는 것으로 구성되어 있기 때문에 어떤 종류의 스트로크가 교환되느냐에 따라서 인간관계의 질이 결정된다.

1. 스트로크의 종류

스트로크는 일반적으로 세 가지 유형으로 구분할 수 있다. 즉, 표현 방식에 따라 언어적 스트로크와 비언어적 스트로크로 구분하며, 내용에 따라 긍정적 스트로크와 부정적 스트로크, 조건형성 여부에 따라 조건부 스트로크와 무조건부 스트로크로 나뉜다.

1) 언어적 스트로크와 비언어적 스트로크

언어적 스트로크란 말로 칭찬하거나 인정해 주는 것이며, 비언어적 스트로크란 신체적 접촉, 즉 스킨십으로서 업어 주거나 안아 주거나 볼을 비비는 등의 접촉 스트로크를 말한다. 유아는 신체적 스트로크를 충분히 경험하면서 자라야 성인이 되어서 왜곡된 성격을 갖지 않는다. 그런데 동양 문화권에서는 비언어적 스트로크를 어색해하는 경향이 있어서 비언어적 스트로크를 충분히 경험하게 해 주지 못한다. 따라서 우리나라의 부모들도 어려서부터 많은 신체적 접촉(안아 주고 등을 두드려 주고 손을 잡아 주는 등)을 통해 자녀를 인정하고 사랑한다는 것을 표현해 줄 필요가 있다.

2) 긍정적 스트로크와 부정적 스트로크

긍정적 스트로크란 상대방을 기분 좋게 만들고 인간으로서의 의미를 느끼게 하며 건전한 정서와 지성을 갖추게 하는 것으로서, 적절한 이해와 평가, 칭찬과 승인, 마음을 주고받는 사랑의 행위 등이 이에 속한다. 부정적 스트로크란 인간의 부정성을 유발하는 자극으로, 상대방이 심각하게 느끼고 있는 일을 대단치 않은 것으로 묵살해 버리거나 그 의미를 왜곡하는 것이며 관심의 결핍이나 잘못된 관심에서 유발된다. 이러한 스트로크는 당사자에게 '나는 틀렸어' 라는 인생 태도를 갖게 하지만 스트로크가 아주 없는 것보다는 낫다.

3) 조건부 스트로크와 무조건부 스트로크

조건부 스트로크는 특정 행위에 대해서 주는 스트로크이다. 즉, "심부름을 해 주어서 고맙다."라고 하든가 장난친 아이의 손을 때리는 것 등이 이에 속한다. 그러나 무조건부 스트로크는 상대의 존재 자체에 대해서 주는 스트로크이다. "나는 네가 곁에 있어 주는 것만으로도 행복해." 혹은 "얘! 보기 싫다. 나가 버려."라는 언어적 스트로크와 아무 말 없이 살며시 안아 주거나 말없이 상대의 가슴에 일격을 가하는 행위 등이 이에 해당한다. 이와 같은 무조건적인 스트로크는 좋은 경우라면 최고요, 나쁜 경우라면 최악의 상태를 만든다.

2. 스트로크 주고받기

스트로크는 주는 방법이나 내용에 따라 그 효과가 달라질 수 있어서 상대가 원하는 스트로크를 가장 적절한 시간에 줄 때 가장 효과적이다. 또한 질과 양을 잘 고려해서 스트로크를 주어야 한다. 원만한 인간관계를 맺기 위해서는 관계 속에서 좋은 스트로크를 많이 주고받을 수 있어야 한다.

대개 어떤 사람이 어떤 스트로크를 주고받느냐는 어린 시절 부모나 의미 있는 사람들과의 관계에서 어떤 스트로크를 주고받았느냐에 달려 있다고 본다. 따라서 특히 아동기에 부모들은 자녀에게 긍정적이고 적합한 스트로크를 많이 제공해야 한다.

다. 이러한 상황은 몇 가지로 나누어 볼 수 있다.

첫째, 개인의 능력과 인격이 평가되는 상황에서 불안을 경험하게 된다. 예를 들어 시험을 볼 때나 취업 면접의 상황에서 불안수준이 높아진다.

둘째, 상대방의 반응을 예측할 수 없거나 상대방이 적대적인 태도를 지니고 있다고 판단될 때 불안이 커진다. 따라서 낯선 사람을 만난다거나 자신에게 무섭고 난폭하게 구는 사람을 만났을 때 큰 불안을 경험하게 된다.

셋째, 대인관계 상황에서의 대처 능력에 자신이 없을 때 불안이 가중된다. 예를 들어, 많은 사람들 앞에서 발표하는 경우 청중의 질문에 대해 제대로 답할 수 있을지 자신이 없을 때 발표 불안을 느낄 수가 있다.

보통 불안은 부정적인 감정으로 인식되지만 때때로 약간의 불안은 건설적일 수도 있다. 즉, 약간의 불안은 어떤 일이 잘못되었는지 충고를 해 줄 수 있다. 시험 합격 여부에 대한 불안은 더욱 열심히 공부할 수 있게 해 주며, 취업에 대한 불안은 자신의 직업 선택을 재평가할 수 있게 해 준다. 또한 약간의 불안은 매우 긍정적인 것으로서 에너지를 더 많이 동원하고 이용할 수 있도록 해 준다. 취업을 위한 면접에서 좋은 첫인상을 보이려는 데서 오는 불안은 의상과 용모에 세심한 관심을 기울이게 하고, 보다 완벽하게 자신의 이력서를 작성하도록 해 준다.

그렇지만 정도가 너무 심하거나 빈번한 불안은 원만한 인간관계나 효율적인 업무 수행 등에 장애가 될 수 있다. 즉, 대인 상황에서의 불안이 매우 심한 경우 이러한 상황을 지속적으로 피하게 되는 사회공포증이 생길 수 있으며, 불안으로 인한 수면 부족과 집중력 분산, 소화불량, 기타 이와 관련된 신체적인 증상 등은 업무나 대인 간의 상호작용에 나쁜 영향을 미치게 된다. 따라서 원만한 인간관계를 유지하기 위해서는 불안수준을 감소시킬 수 있는 적절한 대처 방법이나 대처 능력을 키우는 것이 필요하다.

4) 분노와 적개심

사람들은 초조해지거나 위협을 받거나 불공평하게 취급당하면 대개 분노하고 적개심을 갖게 된다. 흔히 분노 감정은 공격적 행위를 한 대상에게 행해지며, 따라서 그 대상에 대한 공격과 복수의 행동을 유발한다. 즉 '눈에는 눈, 이에는 이' 라는 식의 복수전이 시작되는 것이다. 그러나 분노 감정이 직접적인 공격행동으로만 표현되는 것은 아니다. 다른 다양한 방법으로도 표출되고 해소될 수 있다.

첫째, 대치행동으로 표출할 수 있다. 이는 분노를 유발한 대상이 아닌 제3자에게 공격행동을 하는 것이다. '종로에서 뺨 맞고 한강에서 화풀이한다' 는 식으로, 분노를 일으킨 대상이 아닌 다른 약한 대상에게 분노 감정을 대치하여 표출하는 방법이다. 엄마에게 심한 꾸중을 들은 아이가 자기 동생에게 화풀이하는 것이 그 예이다.

둘째, 수동적 공격이 있다. 이는 겉으로는 공격적 의미가 드러나지 않지만 상대방을 간접적으로 괴롭히는 우회적인 공격 방법이다. 예를 들어, 고의로 늦장을 부린다거나, 약속을 잊어버려 상대방을 곤란하게 만든다거나, 은근히 심술을 부린다거나 하는 수동 공격적인 행동을 하는 것이다.

셋째, 분노 감정을 내향화하는 방법이 있다. 이는 상대로부터 공격이나 불평등한 대우를 받게 된 것이 자신이 약하고 못났기 때문이라고 자책함으로써 문제의 근원을 자신에게로 돌리는 것이다. 이러한 방법은 때로 분노 감정을 우울 감정으로 변화시키기도 한다.

넷째, 승화의 방법이 있다. 승화는 어떤 대상을 향한 분노 감정을 직접 발산하기보다는 사회적으로 용인된 건설적인 방법으로 발산하는 방법이다. 예를 들어, 분노 감정을 운동을 함으로써 발산하거나 창조적인 작업에 열중함으로써 해소하는 방법이다.

다섯째, 용서로 분노를 해소할 수 있다. 용서는 개인의 종교적 또는 철학적 가치관에 근거하여 상대방에 대한 분노 감정과 공격 충동을 스스로 해소하는 것이다. 이러한 용서는 분노 감정을 처리하는 가장 성숙한 방법인 동시에 가장 어려운 방법이기도 하다. 용서는 분노 감정과 공격 충동의 파괴성을 깊이 인식하고 상대방과의 대결적 관계를 협력적 또는 비대결적 관계로 전환하며, 서로의 성장과 발전을 위한 미래 지향적인 대처이다. 그러나 분노에 의한 공격 충동은 자제하기 어려우므로 이를 조절할 수 있으려면 강한 자기 통제력이 뒷받침되어야 한다. 따라서 진정으로 강한 사람만이 용서를 할 수가 있다.

이렇게 여러 가지 분노 표출 방법이 있는데, 문제는 분노가 불합리하게 표출될 때 생겨난다. 따라서 자신의 분노 감정이나 적대감을 잘 이해하고 조절하여 성공적으로 표출하거나 해소하는 능력은 원만한 인간관계를 유지하는 데 필수적인 조건이라고 할 수 있다. 또한 타인의 분노를 이해하고 수용하는 방법도 배워야 원만한 인간관계를 유지할 수 있을 것이다.

용서를 통한 분노의 치유

나는 어렸을 적 아픈 상처가 있다. 이 상처는 내가 어른이 되어서도 나의 삶에 큰 영향을 미쳤다. 나는 항상 불안하고 분노가 치밀었으며 답답했다. 이런 고통을 받는 게 싫었다. 그래서 원망했다. 그렇게 나의 고통은 원망이 되고 늘 내 삶에 미해결된 과제로 남아 나를 괴롭혔다. 하지만 상담을 통해 내가 왜 그렇게 힘들었는지 원인을 알게 되었다. 그리고 내적 치유를 받았다. 나는 아버지에 대한 분노와 원망을 가지고 살았다. 도저히 이해할 수도 용서할 수도 없었던 나의 아버지… 그렇게 싫어하던 아버지를 상담을 통해서 이해하게 되었다. 그리고 용서를 했다. 내 힘으로는 도저히 용서할 수 없던 아버지를 종교의 힘으로 용서하게 되었다. 나는 정말 이렇게 아버지를 이해하고 용서하게 될 줄 몰랐다. 내 과거의 아픔이 이젠 감사가 되었다. 눈물을 흘리는 자들, 마음의 상처를 가진 자들을 위해 난 나의 사랑을 표현하고 도와줄 것이다. 내가 아파 본 만큼 그들을 더욱 가슴으로 사랑하고 도와줄 수 있을 것이기에 난 나의 아픔에 감사한다.

-대학생 내담자의 상담 소감문 중에서

7. 건강한 정서(감정) 표현

정서와 감정은 자기 자신을 이해하고 타인과의 관계를 이해하는 데 공통적으로 필요한 부분이다. 우리는 인간관계를 통해 다양한 정서와 감정을 경험하게 되므로 이는 인간관계를 매개하는 중요한 요인으로 작용한다. 그런데 여기서 문제가 되는 것은 정서와 감정을 어떻게 표현하느냐 하는 것이다.

사실 자신의 정서와 감정을 잘 다루고 표현한다는 것은 쉬운 일이 아니다. 자신의 감정을 제대로 표현하지 못해 마음속에 쌓아 두었다가 병이 되는 경우도 있고(대표적으로 화병), 때로는 관계 속에서 뜻하지 않은 식으로 감정을 표현하게 되어 상대방을 불쾌하게 만드는 경우도 있다. 아니면 아예 자신의 감정을 억압하거나 회피해 버려 무정서 · 무감정의 상태로 무미건조하게 사는 사람들도 있다. 이런 사람들은 다른 사람들에게 '피도 눈물도 없는 목석 같은 사람' 이라는 소리를 들으며 소위 '왕따' 를 당하게 될지도 모른다. 따라서 자신의 정신 건강을 위해서, 또한 인간관계 속에서 다른 사람들과 원만히 잘 지내기 위해서 감정을 어떻게 표현하고 해결하느냐는 중요한 문제이다.

감정을 다루는 적극적인 방식에 대해 제시해 보면 다음과 같다.

① 자신의 감정을 확인하라

자신의 감정을 부인하거나 억압하지 말고 있는 그대로 그 감정이 무엇인지를 명확히 밝힌다. 즉, 자신의 감정에 이름표를 붙여 본다. 여기서 한 가지 주의할 점은 때로 일차적인 감정이 이차적인 감정에 의해 가려질 수 있다는 것이다. 예를 들어, 차 사고가 났다는 여자 친구의 연락을 받고 걱정을 하며 급히 달려갔는데 다행히 다치지 않은 여자 친구를 보는 순간 안도의 한숨을 내쉬면서, "왜 운전을 그렇게 해서 사고를 내?"라며 화를 낼지도 모른다.

여기서 이차적인 감정은 '화' 이다. 그럼 일차적인 감정은 무엇인가? 바로 다쳤을지도 모르는 여자 친구에 대한 걱정과 불안이다. 이차적인 감정인 화를 냄으로써 일차적인 감정인 걱정이 가려지게 된 것이다. 이렇게 되면 화내는 것을 당한 상대방도 역시 화가 날 것이다. 하지만 이때 이차적인 감정인 화

대신에 일차적인 감정인 걱정을 표현하면 어떻게 될까? "괜찮아? 내가 얼마나 걱정하면서 달려온 줄 아니?" 이렇게 일차적인 감정을 표현하면 관계에 훨씬 도움이 될 것이다. 따라서 자신의 감정을 확인하는 작업을 할 때 일차적인 감정, 즉 원래 감정이 무엇인지를 찾아내야 한다.

하지만 감정을 확인하는 작업이 그리 쉽지는 않다. 따라서 이때 참고로 할 수 있는 것이 신체적 증상이다. 앞에서 정서는 신체 증상을 수반한다고 하였다. 따라서 때로는 자신의 신체 증상을 지각하면 그 순간의 정서에 대해서도 지각할 수 있게 된다. 예를 들어, 심장이 갑자기 뛰고 진땀이 나며 얼굴이 빨개졌다면 이것은 무엇을 의미할까? 이런 신체적 증상을 통해 긴장하거나 불안한 감정 상태를 알아챌 수 있다. 따라서 자신의 몸이 보내는 신호에도 예민하게 귀를 기울일 필요가 있다.

② 자신의 감정을 자신의 것으로 수용하라

자신의 감정 문제를 타인에게 전가하거나, 그 문제로 인해 타인을 비난하거나 책망하지 말고, 자신의 감정 문제에 대해서는 개인적인 책임감을 가져야 한다. 우리는 보통 '안 되면 조상 탓' 이라고 남의 탓을 많이 하며 책임을 회피하려 한다. 하지만 이런 식으로 책임을 회피하는 태도는 좋지 않다. 남에게 책임을 전가하는 것은 자신의 감정 문제를 남이 해결해 주길 바라는 것이다. 자신의 감정은 스스로 해결해야 한다. 따라서 자신의 감정을 온전히 자기의 것으로 수용해야 그 감정 해결의 열쇠를 자기 자신이 쥐게 되고, 그래야만 자기 스스로 감정을 해결할 수 있다. "네가 나를 화나게 했어. 그러니까 네가…."의 태도보다는 "나는 지금 너에 대해 화가 나 있어. 그래서 나는…."의 태도를 가져야 한다는 것이다.

③ 자신의 감정을 다루는 데 무엇이 필요한지를 결정하라

자신의 감정이 무엇인지를 확인하고 그 감정을 자신의 것으로 수용했으면 이젠 그 감정을 다룰 차례이다. 따라서 마지막으로 해야 할 일은 감정을 다루는 데 무엇이 필요한지를 결정하는 것이다. 결정을 하는 데에는 많은 요인들이 영향을 준다. 예를 들어 감정 표현의 적절성과 시기, 감정의 강도, 인간관계와 타인에게 미치는 영향 등이 있다. 이러한 점들을 고려하여 감정을 어떻게 다룰지를 결정한다.

그런데 많은 사람들이 감정을 다룰 때 사용하는 방법은 '입을 다무는 것' 이다. 즉, 입을 다물고 아무 말도 안 하며 속으로 삭이는 것이다. 대부분 자기 속마음을 드러내지 않는 사람들이 그러하며, 우리나라의 경우는 문화적인 특성 때문에 이런 경향이 더 많이 나타나는 것 같다. 예부터 우리 조상들은 침묵이 미덕이라고 하지 않았는가? 그러나 침묵이 미덕인 시대는 지나갔다. 무조건 입을 다무는 것은 문제를 회피하는 것이며, 따라서 관계의 질에 좋은 영향을 미치지 못한다. 표현하지 않고 쌓아 놓은 감정은 언젠가는 곪아서 터질 수 있기 때문이다. 따라서 감정을 마음속에 쌓아 두지만 말고 겉으로 드러내고 잘 표현하여 해소할 필요가 있다. 자신과 친밀한 사람들에게 감정을 표출하면 마음의 압박감을 해소할 수 있으며, 그 사람들을 통해 자신이 몰랐던 대안으로 도움을 받을 수도 있다.

원만한 인간관계를 위한 프로그램 7

주제

자신과 타인의 감정을 이해하고 표현

목적

① 자신의 감정에 충실하고 솔직하게 표현한다.
② 자신과 타인의 감정을 이해하고 수용하여 친밀한 인간관계를 형성한다.
③ 감정을 잘 조절하고 표현할 수 있는 방법에 대해 생각해 본다.

강의

사람은 누구나 순간순간 여러 가지 감정을 느끼며 살아간다. 기쁠 때도 있고 슬플 때도 있으며, 행복할 때도 있고 화가 날 때도 있다. 그런데 이러한 감정들은 대부분 관계 속에서 경험하게 되는 경우가 많다. 따라서 자기 자신을 이해하고 타인과의 관계를 이해하는 데 있어서 자신의 감정을 얼마나 잘 느끼고 솔직하게 표현하느냐 하는 것은 매우 중요하다. 이번 프로그램에서는 자신과 타인의 감정을 이해하고 수용하여 좀 더 친밀한 관계를 맺을 수 있도록 할 것이다.

프로그램 내용

<STEP 1>

잠깐 동안 조용히 눈을 감고 감정과 관련된 최근의 일이나 특히 기억에 남는 경험(기뻤거나 슬펐던 일, 행복하거나 화났던 일 등)을 떠올려 본다.

<STEP 2>

다음의 질문에 대하여 생각해 본 다음 답을 하고, 이를 다른 집단원들과 함께

발표하며 의견을 나눈다.

① 다음과 같은 기분을 느꼈던 경험이 있는가? 언제, 어떤 상황이었는가? (모두 답해도 좋고 자신에게 특히 의미 있는 것들에 대해서만 답해도 좋다)

- 기쁨
- 슬픔
- 놀라움
- 흥분
- 질투
- 화

② 각각의 상황에서 그 기분을 어떻게 처리했는가? 잘 표현하거나 조절했는가, 아니면 회피하거나 억압했는가?

③ 그 이유는 무엇이고, 그 결과는 어떠했는가?

④ 다시 그 상황에 처한다면 이번엔 어떻게 감정을 처리할 수 있겠는가?

⑤ 왜 사람들은 같은 상황에서 서로 다른 반응을 보이기도 할까? (예를 들어, 어떤 사람들은 낯선 사람 앞에서도 활발하지만 어떤 사람들은 수줍어하고, 어떤 사람들은 롤러코스터 타기를 좋아하지만 어떤 사람들은 공포를 느끼는 등)

<STEP 3>

토의 및 평가

이 프로그램을 통해 새롭게 알게 된 것이나 느낀 점은 무엇인지 정리해 본다.

정서 PLUS ZONE

감정의 중요성

1. 감정은 왜 중요한가?

인간은 이성적인 존재인 동시에 감정적인 존재이다. 그러나 우리는 학교와 가정, 사회 등에서 감정보다는 이성, 즉 주관적인 감정보다는 객관적인 사실 중심의 교육을 받아 왔다. 그 결과 우리는 감정은 무시하고 사실만 중요하게 여기는 습관을 형성하게 되었다. 하지만 인간의 감정은 압력밥솥의 증기와도 같아서 적절히 분출되지 않고 쌓여 있으면 언젠가는 '펑' 하고 터질지도 모른다.

2. 감정의 종류

감정은 여러 가지로 분류가 가능하지만 크게 '+(긍정적) 정서'와 '−(부정적) 정서'로 분류할 수 있다.

- 건강한 사람 : +감정을 많이 느끼고 −감정을 잘 다룬다.
- 건강하지 못한 사람 : +감정을 많이 못 느끼며, −감정을 많이 느끼고 이를 잘 다루지 못한다(예 : 억압, 회피, 투사, 내사 등…).

◈ +(긍정적) 정서의 예 : 기쁨(喜), 즐거움(樂)

좋다	상큼하다	안심되다	깨끗하다	신바람나다	후련하다
기쁘다	짜릿하다	편안하다	유쾌하다	사랑스럽다	흡족하다
즐겁다	산뜻하다	감미롭다	상쾌하다	자랑스럽다	든든하다
괜찮다	뿌듯하다	달콤하다	자유롭다	만족스럽다	근사하다
흥겹다	흐뭇하다	황홀하다	건강하다	영광스럽다	멋있다
설레다	시원하다	눈부시다	행복하다	믿음직하다	따스하다
반갑다	신선하다	찬란하다	새롭다	터질듯하다	훌륭하다
빛나다	참신하다	화려하다	넘치다	다채롭다	재미있다
신나다	싱그럽다	화사하다	놀랍다	뭉클하다	평화롭다

◈ −(부정적) 정서의 예 : 슬픔(悲), 우울(憂), 화(怒), 미움(惡)

우울하다	적막하다	절망적이다	짜증나다	구역질나다	소름끼치다
울적하다	거북하다	가슴아프다	억울하다	혐오스럽다	고통스럽다
불쌍하다	애처롭다	불행하다	불쾌하다	유감스럽다	원망스럽다
측은하다	허전하다	캄캄하다	괘씸하다	환멸스럽다	신경질나다
서글프다	삭막하다	한스럽다	이갈리다	경멸스럽다	불만스럽다
처량하다	쓸쓸하다	미어지다	죽겠다	염증나다	성질나다
쓰라리다	공허하다	비참하다	떨리다	미치겠다	약오르다
안타깝다	서늘하다	암담하다	두렵다	싫증나다	숨막히다
슬프다	저미다	참담하다	화나다	권태롭다	억울하다
아리다	서럽다	불안하다	귀찮다	지루하다	섬뜩하다
싸하다	가엽다	초조하다	겁나다	따분하다	열받다
안됐다	언짢다	답답하다	밉다	역겹다	무섭다
지겹다	외롭다	갑갑하다	싫다		

3. -감정을 많이 느끼는 사람들의 특징

① 완고하고 엄격한 태도 : …해야 한다, …해서는 안 된다

예 : 난 절대 실수를 하면 안 돼, 난 화를 내지 않아, 무엇을 하든지 완벽하게 해야 해, 누구든 내 생각과 같아야 해

② 자신을 업신여기는 자기암시

예 : 난 잘하는 게 아무것도 없어, 난 무슨 일을 하든 이 모양이야, 난 늘 외톨이야, 난 너무 뚱뚱해

③ 삶을 즐기지 못하는 생활 패턴

예 : 늘 허둥대고 정신없음, 운동이나 취미생활을 즐기지 않음, 친구들과 모여 노는 일이 없음, 가족과 함께하는 시간을 갖지 않음

④ 다양한 경험의 기회를 차단

예 : 새롭게 해 보려고 하지 않음, 용기와 도전 정신 부족, 의존적

⑤ 거부당할 것에 늘 대비하는 태도, 방어적인 태도

예 : 집착, 통제, 움츠림, 토라짐, 비난에 민감하게 반응, 공격, 수동적인 태도, 완벽주의

* 나에게 -감정을 유발하는 요인은 무엇인지 생각해 본다.

4. -감정 다르게 바라보기

"인간이 된다는 것은 자신이 열등하다는 것을 느끼는 것을 의미한다."(Adler, 심리학자)

"외로우니까 사람이다."(정호승, 시인)

"화를 내는 것이 반드시 나쁘지만은 않다. 화가 나는 것을 자꾸 참으면 병이 될지도 모르고 언젠가 '꽝' 하고 폭발해 버릴지도 모른다."

"어느 정도의 불안은 최고의 수행을 위해 필요한 것이다."

"우리가 하는 걱정의 40%는 절대로 일어나지 않을 일에 대한 것, 30%는 지나간 과거의 일에 대한 것, 22%는 사소한 것, 4%는 우리가 어찌해 볼 수 없는 것에 대한 것, 4%만이 손써 볼 수 있는 것에 대한 것. 결국 우리가 하는 96%의 걱정은 쓸데없는 걱정이며, 단 4%만이 필요한 걱정이다."

"우울 유발 요인이 있을 때 우울함을 느끼는 건 당연한 일이다. 하지만 나는 우울 대신에 행복을 선택할 수 있다."

5. +감정 느끼기

"행복은 일상에서 일어나는 작은 것으로 이루어진다."(Benjamin Franklin)

"나는 사랑받기 위해 태어난 사람, 내 삶 속에서 그 사랑 받고 있지요…."(당신은 사랑받기 위해 태어난 사람)

＊ 내가 즐거움을 느낄 수 있는 일은 무엇인가?

– 하루에 한 가지씩 자신이 정말 좋아하는 일을 해 본다.

＊ 나의 좋은 점, 내가 잘하는 것은 무엇인가?

– 이 점에 대해서 자신을 칭찬해 본다.

6. 감정 다루고 표현하기

① 자신의 감정을 확인한다.

② 자신의 감정을 자신의 것으로 수용한다.

"스스로를 열등(화, 우울, 불안…)하게 만드는 사람은 바로 나 자신이다."

③ 자신의 감정을 다루는 데 무엇이 필요한지를 결정한다(감정 표현의 적절성과 시기, 감정의 강도, 인간관계와 타인에게 미치는 영향 등을 고려하여 감정을 어떻게 다룰지를 결정). 침묵이 최선은 아니다.

④ 상대방에게 감정을 표현할 때에는 '나-메시지'를 사용한다.
⑤ 나의 감정이 중요하듯 다른 사람의 감정도 중요하다는 것을 기억한다.

우리는 인간이라서…
울 수 있는 것,
슬퍼할 수 있는 것,
화가 났다고 말할 수 있는 것,
괴롭다고 이야기할 수 있는 것,
좋아한다고 속삭일 수 있는 것,
사랑한다고 고백할 수 있는 것,
기쁨을 느낄 수 있는 것,
감사함을 표현할 수 있는 것….
이 모두가 멋진 일이다!

08

애착과 인간관계

애착이론에 따르면 애착은 인간관계의 상호작용으로서 상대에 대해서 어떻게 느끼는가 하는 친밀감의 중요한 기준이 된다. 이러한 기준은 생애초기의 애착경험을 통해서 발달된다. 애착경험을 어떻게 했는지에 따라서 대인관계에서 안정감, 불안감 등을 느끼며 이러한 느낌에 따라서 대인관계를 맺는 양식을 갖추게 되기에 애착관계를 살펴보는 것은 중요한 일이라고 할 수 있다. 또한 애착형성 발달 및 애착유형에 따른 대인관계에서의 특징을 통해서 인간에 대한 이해의 폭을 넓혀 보고자 한다.

1. 애착의 개념

Bowlby(1977)에 의하면 애착이란 특정 대상과 정서적으로 강하게 연결하고자 하는 인간의 속성이라고 정의할 수 있다. 이렇듯 애착은 한 개인이 자신과 가장 가까운 사람에 대해서 강한 감정적 유대관계를 뜻하는 것으로 근본적으로 선택적인 특성을 가지고 있다. 애착은 극히 제한된 대상에 의해서 형성되며, 애착형성이 이루어진 대상에 대해서는 친근감과 친밀감을 느끼게 된다.

애착은 발달심리학자들에 의해서 연구되는 중요한 요인으로 이론에 따라서 애착에 대한 설명에 다소의 차이를 나타낸다.

애착형성은 모든 영아의 공통적인 특성일 뿐만 아니라 침팬지와 같은 고등 동물에게서도 나타나는 특성으로서, 보편적인 특성인 애착이 형성되는 이유와 발달과정의 설명은 정신분석이론, 인지발달이론, 동물행동학적 이론 등에 의해서 이루어지고 있다. Bowlby의 동물행동학적 이론에서는 애착형성을 종의 보존과 생존에 중요한 의미를 갖는 본능적 반응의 결과로 보고 있다. 애착 이론의 아버지라고 불리는 Bowlby를 비롯하여 여러 학자들에 의해 정리된 내용을 간단히 살펴보면 다음과 같다(정옥분, 정순화, 황현주, 2012).

첫째, 생존기제로서의 애착행동이다. 어머니와의 근접과 접촉추구 행동은 영아의 생존을 위한 양육자의 보호를 확보하기 위한 생물학적, 진화론적 생존기제로서의 애착행동을 말한다. 즉, 젖빨기, 매달리기, 따라다니기, 울기, 미소 짓기 등의 구체적인 반응이 어머니와 영아의 결속으로 역동적인 상호작용을 촉진시키는 행위이다. Bowlby의 가설에 의하면 애착은 위험이나 위협 상황에서 유아와 양육자 사이의 근접성을 유지하기 위해 발달한다. 또한 최근의 이론에 따르면 애착은 아이들에게 안전한 느낌을 지속적으로 제공하는 기능을 하며 이러한 안전한 느낌은 주변 환경을 탐색하게 한다(Ainsworth, Blehar, Waters, & Wall, 1978; Sroufe & Waters, 1977).

둘째, 행동체계로서의 애착이다. Bowlby(1958)가 제시한 애착이론에 따르면 애착은 수유와 같은 생물학적 욕구 충족과 더불어 울기, 빨기 등과 같은 반사적 행동과 더불어 미소, 따라다니기, 매달리기 등의 생득적인 반응행동 다섯 가지를 통해서 형성된다. 즉, 모든 행동은 주의를 끌고 애정을 원하는 내재된 동기의 표현 및 신호라고 할 수 있다는 통제이론(control theory)을 토대로 설명하였는데, 통제이론은 컴퓨터와 생물학적 유기체인 두뇌의 조직화를 설명할 때 사용된다. 즉, 유기체의 애착과정은 유기체와 환경 간의 상호작용을 통해 유기체의 체계들이 조직화되고 항상성이 유지되며, 유기체가 진화하는 동안 환경에 의해 체계형태가 결정된다는 것이다. 이는 행동체계를 애착

체계, 탐색체계, 두려움 체계, 사교적 체계, 양육체계를 지니고 있으며, 종의 생존을 위한 생물학으로 내재된 것으로 보았는데, 애착이론을 인지이론과 통제이론, 동물행동학 등에 접목시켰다고 볼 수 있다.

셋째, 발달경로로서의 애착이다. 애착의 발달과정을 명백히 하기 위해 발달경로라고 하였으며, 이는 애착의 상호작용적 속성과 전생애적 발달개념을 강조하기 위한 것이다. 즉, 정서적으로 안정된 환경에서 자란 아동은 최적의 경로를 따라 발달하지만 안전하지 않은 환경에서 자란 아동은 최적의 경로에서 이탈한 경로를 따라 발달할 것이며, 이는 양육환경에 따라 경로선택이 이루어지나 경로의 발달과정은 개인에 따라 다르다는 것이다.

넷째, 애착과 애착행동이다. 애착은 영아와 애착대상자 간의 지속적인 관계로 맺어지는 관계의 의미이며, 애착행동은 애착대상과의 근접성을 더욱 증가시키도록 유도하는 행동들을 말한다. 미소나 옹알이 등의 애착행동은 애착대상자가 더욱 집중하도록 하며, 따라다니기, 접근하기 등은 영아의 능동적인 애착행동이 된다. 애착행동은 모든 인간에게서 나타나는 생물학적 속성으로, 스트레스와 낯선 상황에서 활성화되고 주양육자와의 근접과 접촉에 의해 종결된다.

다섯째, 내적작동모델과 전생애 애착이다. 애착에 관한 내적작동모델은 자신과 애착대상자와의 관계에 대한 표상이다. 내적작동모델은 초기 환경에서 애착대상과의 상호작용 패턴에 의해 구성되는데, 애착대상으로부터 거절당하는 경험을 한 아동은 그 애착대상에 대해 부정적인 내적 표상을 지닐 뿐 아니라 자신에 대해서도 가치없는 존재로 그리고 수용되지 못하는 존재로 내적작동모델을 형성하게 된다. 한편 애착대상으로부터 정서적 지지를 받는다고 느끼면 긍정적 표상뿐만 아니라 자신에 대해서도 긍정적인 존재로서의 작동모델을 형성한다. 이와 같은 내적작동모델은 계속적인 과정이며, 애착관계의 발달에 따라 작동모델도 변화하고 적응한다.

2. 애착의 유형

Ainsworth는 애착은 준비단계를 통해 점진적이고 지속적으로 이루어진다는 점을 발견했다(Ainsworth, 1982). 특히 구조화된 실험 절차를 거쳐서 양육자의 분리 및 재회 상황에서 유아의 반응을 관찰했다. 아이는 출생 후 6~9개월이 되면 어머니를 알아보게 되고 이때 강력한 관계형성을 이룬다. 이렇게 형성된 애착관계에 의해 아이에게 어떤 일이 발생하면 어머니를 찾아가게 되는데, 이는 아이의 안전을 위하여 어머니가 방패막이가 된다는 것을 말한다. 이때 어머니가 보이는 신호 여부에 따라 아이가 세상을 지각하는 방식이 결정된다. 어머니가 보이는 신호는 어머니의 정서표현을 말하는데 미소 짓기, 화내기, 짜증 내기 등의 부모상을 통해서 그 상을 자신의 상으로 수용하고 자신의 세계를 지속적으로 구축해 나가는 것이다. 애착행동은 크게 네 가지로 분류될 수 있다(Holmes, 2005; 임경수, 2014).

1) 안정애착

안정된 사람이란 인간적인 감정의 동요가 있으나 감정을 다듬어 평정심을 회복하는 사람이라고 할 수 있다. 즉, 희노애락의 감정을 느끼며 이에 대한 적확한 표현을 할 수 있으며, 이내 평화로운 마음으로 돌아오는 사람을 건강한 사람이라고 할 수 있다.

안정애착을 가진 아동은 어머니가 방을 나가면 어쩔 줄 모르고 당황하며, 어머니가 돌아왔을 때 반가운 모습으로 반기는 아이이다. 이러한 안정애착은 아동기뿐만 아니라 성인기에도 나타난다. 또한 이들은 자신의 고통을 말하며, 이 고통을 알리기는 하지만 이 고통으로 좌절하지 않으며 도움이 필요하면 적절하게 남에게 도움을 구한다. 안정애착을 가진 아동은 자신의 또래 집단이나 아동과 잘 어울리고, 협동놀이와 상징놀이에 잘 참여하며 정서 상태를 효과적으로 조절할 수 있는 능력을 보인다(Morrone, 2000). 특히 안정애착을 보이는 아동은 불안정애착을 보이는 아동에 비해 주의집중 시간이 더 길었고, 자유롭게 놀게 했더니 보다 더 긍정적인 정서를 나타냈다. 또한 놀이기구 사용에도 더 자신감을 가졌고, 어려운 과제가 주어지면 어머니의 도움을 요청하는 경향이 컸다(Holmes, 2005).

이와 같은 안정애착 유형의 부모는 아이가 울 때 신속한 반응을 하고 눈을 더 맞추며, 웃고, 아이를 사랑스러워하며 안아 주었다. 생후 6개월이 지나면 안정된 애착을 가지게 되어 덜 울고, 신체적 접촉을 좋아하지만 접촉 요구는 적게 나타난다. 이렇게 하는 부모 또한 안정되고 자율적인 부모이며 애착관계를 중요한 것으로 여긴다.

2) 회피애착

회피애착 아동은 어머니가 방을 나가든 돌아오든 태연하게 자기가 하는 장난감놀이를 하는 것이다. Ainsworth는 겉으로 보이기에는 당황하지 않고 침착한 반응을 보인다고 할 수 있으나 이러한 반응을 보이는 아동의 어머니들은 아동이 어머니와의 접촉을 원하는 것에 대해서 적극적으로 거부한 사실을 발견하였다. 특히 어머니들의 반응 특징은 감정표현을 억제하고, 신체접촉을 피하고, 무뚝뚝하게 반응하는 것이다.

회피애착 아동은 감정표현이 서툴러서 밋밋하고 수줍음을 타거나, 주변환경에 관심을 나타내지 않고 딴생각에 빠지는 경향을 보인다. 학령기에 이르면 자신이 가진 고통에 대하여 표현을 하지 않고 누구에게도 도움을 청하지 않는다. 또한 오만하거나 엄격한 자기방어 때문에 강하고 정서적으로 안정된 것처럼 보이지만 사람과 가까이 지내는 것과 친해지는 것을 싫어하는 경향이 있다. 즉, 자신의 정서조절에 있어서 과잉조절을 한다.

이와 같은 회피애착 유형의 부모는 무시형의 부모이며 이들은 자녀의 성장과정에서 애착관계를 중요하게 여기지 않거나 과소평가하는 것이 특징이다. 이들 부모 역시 회피유형을 가지고 있음으로 해서 자녀를 안아 주거나 신체적 접촉을 거부하거나 힘들어하고 자녀가 요구하는 것에 민감하게 반응하지 못하는 것이다. 또한 회피유형의 부모는 감정표현을 하거나 애착과 관련된 주제를 표현하는 것에 철저하게 봉쇄되어 있거나 거부하는 것을 보이며, 감정표현을 최소화해서 자녀에게도 기회를 제공하지 못하게 되는 결과를 가져온다.

3) 불안정애착(양가적 애착)

이 유형은 어머니가 방을 나가는 것을 극도로 고통스럽게 저항하며, 어머니가 돌아왔을 때도 기쁨으로 재회하기보다는 저항을 한다. 이러한 저항에는 어머니에 대한 분노가 내재되어 있다. 즉, 이 유형은 정서조절의 결여를 보이며, 저항과 회피를 반복적으로 보이는 것이 특징이다. 어머니가 떠났을 때나 어머니가 돌아왔을 때 화를 내고 저항을 하거나 매우 수동적인 무력감에 빠져서 달래는 것이 어렵고 이중메시지를 발달시키게 된다. 특히 이 유형의 아동은 양가적으로 감정의 기복이 심하기 때문에 정서적으로 쉽게 당황하고 불안정하고 좌절하는 경향이 있다. 또한 분리와 격리에 대해 강력하게 반응하고, 어머니에게 위안을 얻는 것 같지만 화를 내고, 어머니에게 안겨 있지만 매우 수동적이고 어색한 자세로 안겨 있는 모순된 이중성을 교차적으로 보여준다.

어머니의 예측 불가능한 반응에 아동은 화를 내거나 무력감에 빠져 있는 경우가 많은데 이러한 행동의 목적은 어머니의 관심을 끌기 위함이다.

4) 혼란된/미해결 애착

아이가 낯선 상황에서 어머니와 같이 있는 것이 설명하기 어려울 정도로 아이가 해리상태인 것 같거나 기괴하게 느껴지는 유형이다. 이것은 아이에게 어머니나 안식처가 안전기지이면서 동시에 공포의 기원이 되는 모순으로 위협을 느끼고 애착이 붕괴된 상태를 말한다. 이러한 경험으로 인해서 아동은 6세가 되면 부모를 돌보는 행동을 하거나 부모에게 공격적인 언어, 지시, 가혹한 행동을 하면서 부모를 통제하려는 경향을 보인다.

이 유형의 부모는 부모 자신이 가지고 있는 해결하지 못한 외상 또는 상실을 경험한 경우를 들 수 있으며 외상 또는 상실의 경험으로 해결하지 못한 것으로 인해서 문제의 원인을 제공하는 경우가 많다.

3. 애착발달

1) 영유아기

영아는 생후 2년까지 서서 걷고 뛸 수 있는 능력을 갖게 되며, 자신의 의지에 따라 애착대상에게 미소 짓기, 울기와 같은 소극적인 행동을 벗어나서 매달리기, 따라가기 등의 능동적인 애착행동을 보이는데, 영유아기 애착은 4단계로 구분할 수 있다. 1단계는 무분별적 사회적 반응단계로, 출생 후 8주로 손을 뻗거나 미소 짓기, 옹알이 등의 사회적 신호를 보이거나 먼저 접촉을 시도한다. 2단계는 분별적 사회적 반응단계로 생후 6~8개월까지로 사람들에게 친밀하게 접근하나 자신과 친숙한 사람에게 집중적이며 적극적인 사회적 행동을 나타내는 것으로 애착형성이 이루어지는 시기로 판별된다. 특히 낯가림, 낯선 사람에 대한 경계심 등이 나타나지 않는데, 이는 주양육자에 대한 애착이 완전하게 형성되지 않는 이유에 의한 것이다. 3단계는 특정한 애착대상에 대한 근접성 유지단계로 본격적으로 주양육자에 대한 능동적인 접근과 접촉 추구의 애착행동이 나타난다. 유아기는 생후 5년까지를 말하는데 이 시기에는 자신의 내적인 상태와 애착욕구에 대해서 언어화하게 되며 애착대상의 생각, 감정, 계획에 대한 생각도 가능하다. 특히 이 시기에는 상징적인 방식으로 애착욕구를 충족시켜 나가게 된다.

2) 아동기

아동기는 11세까지로 이 시기의 아동애착은 부모와 서로 동반자적 관점에서 조정을 목표로 한다. 특히 애착대상과의 의사소통에 더 많은 영향을 받는다. 부모와 아동의 적절한 대화는 아동기 이전에 형성된 부적절한 애착의 내적작동모델을 수정할 수 있는 기회를 제공하게 된다. 또한 아동기는 부모와의 관계와 더불어 친구, 교사와 더 확장된 관계를 형성하게 된다. 이때 부모와 안정적인 애착관계가 형성된 아동은 친구, 교사 등과 더 조화로운 관계를 형성하게 되며, 사회적인 상호작용이 더 많이 이루어지게 된다(Sroufe, 1983; 정옥분 외, 2012).

3) 청년기

청년기에는 부모로부터의 독립과 더불어 애착관계를 유지하고자 하는데, 청년기 애착은 이성친구와의 친밀한 유대관계를 통해 나타난다. Sroufe 등(2005)은 애착에 관한 연구에서 유아와 아동, 청년기 애착을 추적하면서 애착과 관련된 또래관계의 변화를 제시하였는데, 청년기에 이르러 동성뿐만 아니라 이성친구와 친밀한 관계를 형성하였으며, 친구관계에 더 헌신하고 몰두한다. 청년기의 애착은 부모와의 정서적 유대관계에서 친구나 이성과의 유대관계로 확대, 발전한다(정옥분 외, 2012).

4) 성인기

이성과의 친밀한 유대관계를 통해서 이루어지는 성인기의 애착은 연인관계 및 부부관계로 확장된다. Erikson에 의하면 성인기에는 무엇보다도 타인에 대한 이해, 공감, 수용 등에 의해서 발달되는 친밀한 관계가 필요하며 이는 결혼관계를 통해서 충족된다. Hazan과 Shaver(1987)는 성인기의 낭만적 관계에서 영아–양육자의 관계의 특성이 나타남을 발견하였다(정옥분 외, 2012). 또한 여러 학자들에 의하면 성인기의 애착유형은 범주모형과 차원모형으로 분류되는데, 범주모형은 이성과의 사랑을 애착과정으로 개념화하여 안정애착, 회피애착, 저항애착 또는 안정유형, 무시유형, 집착유형, 두려움유형으로 범주화하였다. 그리고 차원모형은 회피차원과 불안차원으로 나뉜다. 회피차원은 애착대상에게 가까이 접근하거나, 피하는 행동조절체계를 말하며 불안차원은 애착대상을 신뢰할 수 있는 반응적이고 좋은 사람인지의 여부를 가늠하는 것을 말한다.

4. 애착과 정신병리

애착에 대한 어려움은 장애로 발달이 되며 DSM-Ⅲ, DSM-Ⅳ, DSM-Ⅴ등 미국정신의학협회에서 분류한 정신장애의 진단분류기준에 의하면 애착과 관련된 장애로는 분리불안장애, 반응성 애착장애, 경계성 인격장애 등이 있다. 애착에 관한 연구를 하는 학자들의 경우 애착의 세대 간의 전이가 정신병리를 유발하는 것으로 보았다. 세대 간의 전이는 애착관계에서 나타나며 애착형성에서 내적작동모델이 형성되는데, 이 내적작동모델은 이후의 대인관계의 상황에서 직접적으로 표현되어 나타난다. 즉, 애착의 세대 간 전이는 부모와 자녀와의 관계를 통해서 이루어진다. 부모로부터 유아에게 애착의 전이가 이루어지는데 양육자의 특정적인 행동에 따른 것이다. 이러한 전이의 과정은 4단계를 거치게 되는데 가장 먼저 나타내는 부모의 아동기 애착관련 경험은 부모 자신의 내적작동모델에 통합된다. 그리고 이러한 내적작동모델은 부모에게서 자녀에 대한 정신적 표상의 발달에 영향을 미치게 된다. 또한 부모의 행동은 민감한 양육행동의 기초가 된다. 마지막으로 부모에 대한 애착의 질을 결정하는 요소이다. 이러한 과정에서 부모의 민감한 반응성과 반영능력이 주요 개념이 된다.

부모의 민감한 반응성과 반영능력은 보다 지지적인 관계를 형성하며 이러한 지지적인 관계는 원만한 대인관계를 유지하고 자신의 삶에 대한 만족도가 높다. 반면에 부모가 민감한 반응성이 낮거나 적절한 반영을 하지 못하는 경우에 아이들의 적절한 감정해소가 어려워져 자신의 감정을 회피하게 되고 방어기제가 내면화되는 경향으로 나타난다. 이러한 점들은 특히 심리치료에서 자신과 타인의 내적작동모델을 탐색하고, 통합하며 교정하고 반영적 사고를 촉진하는 과정으로 안정된 애착관계를 형성하는 것으로 나타난다.

특히 애착유형을 통해서 살펴보게 되면 불안정회피 애착의 아동은 성장과정에서 자신의 감정을 표현하는 데 익숙하지 않은데, 이는 부모로부터 감정을 무시당하는 경향이 컸기 때문이다. 이렇게 무시형의 부모로부터 전이된 내적작동모델은 자신의 약점과 풀리지 않는 모순을 타인 또는 자녀에게 전이시키고, 자녀를 부담을 주는 존재로 여겨서 자녀를 회피하는 경향으로 나타난다. 즉, 회피유형의 부모는 자녀에게 결점을 찾아내어 자신의 희생양으로 삼는 경우로 발전된다.

화를 내거나 무력감에 빠져 있는 아동의 경우는 어머니의 예측불가능한 감정반응에 의한 관심을 끌기 위한 하나의 방식이다. 이러한 경우의 아동은 어머니에 대한 양가감정을 지니게 되며, 자율적인 행동이 어렵게 된다. 물론 이러한 부모의 경우도 유사한 증상을 지니고 있기 때문으로 보인다. 또 한편으로 부모가 외상 및 해결되지 못한 상실에 대한 아픔을 지니고 있다면 이는 아동에게 혼란된 애착이 형성될 것이며 이렇게 혼란된 애착형성의 아동은 어머니와 함께 있을 때 기괴함의 표현이나 해리된 특징을 보이게 된다.

애착형성과정에서 아동이 모성박탈, 부분박탈, 완전박탈의 체험은 건강한 인간으로 성장하는 데 커다란 걸림돌이 됨을 알 수 있다(임경수, 2014). 모성박탈은 어머니가 집에 있지만 자녀에게 돌봄을 제공하지 않는 경우, 즉 정서적 반응이 없는 경우를 말한다. 그리고 부분박탈은 아동이 감정, 억양, 신체 등의 학대가 포함되고 부분적으로 시야에서 떠나감으로써 발생한다. 부분박탈도 불안의 연속성을 지니며 사랑에 대한 과도한 요구를 하며 복수의 감정이 많으며 죄의식과 우울감을 지닌다. 완전박탈은 혼자 내버려지는 상황을 말하며 사람과의 관계에서 회복되지 않으면 다른 사람과 관계를 맺을 수 없게 된다.

5. 건강한 애착형성

1) 적절한 정서적 반응을 통해 안전감 긍정적 가치감을 지니도록 한다.

인간의 자아실현의 욕구를 강조한 Maslow(1970)는 생존과 안전이 가장 기본적인 욕구라서 다른 욕구를 경험하고 그에 반응할 수 있기 전에 반드시 충족되어야 한다고 강조하였다. 또한 현실치료를 창시한 Glasser(1965)는 인간의 생존과 안전에 대한 욕구는 생래적인 욕구라고 하였다. 두 학자가 제시하는 안전감에 대한 의미는 사람은 관계 속에서도 생존과 안전을 바란다는 것이다.

많은 사람들이 자신의 내적 경험이 다른 사람들에게 받아들여지지 않을까 두려움을 가지고 있으며, 이러한 두려움은 내적 경험을 드러냈다가 타인의 인정을 받지 못함으로 해서 경험하게 될 자신의 부정적 감정들 때문이다. 그래서 민감한 태도를 고려해야 할 것이며, 진실한 태도와 자발적이며 일관된 존중과 이해, 수용은 안전한 관계를 구축하는 데 매우 중요한 요소이다. 존중과 관심을 받고, 가치를 인정받고자 하는 욕구는 모든 관계에서 명백히 나타나며, 관계 안에서 가치인정은 일반적인 돌봄의 개념을 넘어서는데, 이는 이해받는 것과 이해받은 것에 대한 가치를 인정받는 것과 관련된다. 또한 반응의 가치를 인정하는 것은 그 반응을 정상화시키고 또한 자신의 반응을 비정상적 상황에 대한 정상적인 반응으로서 이해하도록 돕는다. 모든 행동들을 과거까지 충분히 추적해 보면 그 모든 행동들은 욕구 충족과 관련이 있다.

2) 경험을 수용한다.

사람들은 상처의 회복을 돕는 관계 내에서의 수용을 중요시한다. 정서적 지지와 보호, 수용은 이러한 작업에 필수적인 요소이며, 이러한 지지와 보호에 대한 자신의 정서반응을 경험하는 것도 필수적이다. 일관되게 안정적이고 의지할 만하고 보호해 주는 부모로 인식하고 관계할 수 있도록 행동해야 한다. 돌봄에 대한 의지는 아이 때 경험했어야 하는 부모에 대한 이상화의 메아리이기도 하다. 한 번도 경험하지 못한 그러한 종류의 양육자에 가장 가까운 사람일 수도 있으며, 이러한 이상화는 아주 자연스러운 결과이다.

3) 상호성을 지닌다.

상호성의 욕구는 자신이 겪고 있는 상황을 경험해 본 사람과 함께하고 싶은 욕구를 말하며, 그런 사람은 실제 삶에서 혹은 상상에서라도 비슷한 경험을 했기 때문에 타인의 경험을 이해한다. 단순히 이해하는 차원을 넘어 그 경험에 대해서 정서적이고 인지적인 감각을 느끼기를 원하는 욕구이다. 즉, 그러한 상황에 처한다는 것이 정말로 어떠한지를 알고 같은 방식으로 느껴서, 지지적이고 민감한 반응으로 돌볼 수 있기를 원한다.

상호성은 모든 상세한 부분까지 일치하는 경험을 갖기를 요구하는 것이 아니라 표면적으로는 다르지만, 근본적 특성이 동일한 어떤 것을 경험하게 될 것이다.

4) 영향을 준다.

의미 있는 관계의 핵심이 되는 부분은 상대방에게 영향을 미치는 것인데, 타인에게 영향을 준다는 것은 다른 사람이 바람직한 방향으로 갈 수 있도록 감화를 주거나, 그 사람이 생각을 바꾸도록 하거나, 다르게 행동하도록 만들거나, 어떠한 정서반응을 이끌어 낼 수 있는 능력을 갖고 있다는 것을 의미한다. 이는 자신이 상대방에게 말이나 행동이 상대방에게 어떤 영향을 주고 있다는 것을 이해하고 인식하는 것도 중요하다.

기능적이고 건강한 관계란 교류가 개방적이고 자유로우며 성장을 촉진하는 관계를 말하는데, 이는 인간의 적응능력을 가늠하게 해 준다. 외적 적응과 내적 적응의 일치를 지향하는 하나의 과정에서 필요로 하는 매우 중요한 요소가 관계의 욕구라는 것이다. 즉, 건강한 관계에서는 상호호혜적인 반응으로 정서적으로 영향받는 방식, 그리고 그 영향으로 취하게 되는 행동들은 꾸밈없이 마음에서 우러나는 것이다.

5) 사랑을 표현한다.

모든 친밀하고 긍정적인 관계 속에서는 돌봄, 애정, 존중 그리고 서로에 대한 감사를 경험한다. 이러한 감정의 표현은 관계적인 욕구이다. 관계 내 접촉 도움의 과정은 인간의 모든 관계 중에 가장 친밀하고 가까운 관계를 이끌어 내므로 아주 강한 감정을 경험하게 되는 것은 당연하다. 이런 감정들 중 많은 부분은 긍정적인 것이다. 그러기 위해서는 상대를 편안하게 느끼고 대하는 것이다.

사랑에 대한 욕구는 어떤 관계에서든 존재하기 때문에 양육자로부터 학대나 무시를 당했던 아동은 감정적으로 혼란스러운 상황에 처하며, 성인이 되어서도 학대받아 온 사람은 자신을 학대한 사람을 보호하려는 마음을 경험할 수 있으며, 그 보호하려는 마음은 너무나 강해 학대가 일어난 이래로 자각의 세계에서 방치되었던 자신의 면모를 되찾는 능력을 방해한다. 성인이 되어서도 이러한 왜곡과 부인이 다른 사람과 관계 맺는 능력뿐 아니라 자신과 관계를 맺는 능력에도 심각한 제한을 가져오게 되므로, 지지와 격려를 필요로 한다.

원만한 인간관계를 위한 프로그램 8

주제

나의 애착유형과 인간관계에 대한 이해

목적

① 나의 애착유형에 대하여 이해한다.
② 나의 애착유형이 인간관계에 미치는 영향을 이해한다.
③ 나의 애착유형의 특성을 고려하여 인관관계를 개선시킬 수 있는 방법을 배운다.

강의

애착이론에 의하면 한 개인이 어릴적 부모와의 관계에서 형성한 애착관계는 이후 성격발달과 대인관계에 큰 영향을 미친다고 한다. 즉, 애착은 아동기와 청소년기를 거쳐 성인이 되어서까지 영향을 주며 이는 성인애착의 유형으로 이어져 한 사람의 성격 특성으로 발전하며 대인관계에 영향을 준다. 따라서 자신이 어떠한 성인애착 유형인지를 파악하고 이를 고려해 본다면 인간관계에 더욱 도움이 될 것이다.

성인애착 유형의 대표적인 예로는 Hazan과 Shaver(1987)가 안정애착, 불안정-회피애착, 불안정-양가애착의 세 가지 범주로 나눈 것이 있다. 한편, Bartholomew와 Horowitz(1991)는 3범주 모델이 회피애착을 잘 나타내지 못한다고 보고 성인애착 유형을 네 가지 범주로 개념화하였다. 여기에서는 이를 자세히 살펴보고 활동에 적용해 보고자 한다.

Bartholomew와 Horowitz(1991)는 Bowlby(1973)의 개인 내적작동모델에 초점을 두고 개념화하여 성인애착 유형을 네 가지로 분류한 성인애착 관계 질문지를 개발하였다. 자신이 사랑과 보호를 받을 가치가 있는지에 대한 자기모델과 타인이 나에게 사랑과 보호를 제공할 것인지에 대한 타인모델을 바탕으로 내적작동모델이 긍정적 또는 부정적인가에 따라 네 가지 유형으로 나누는 것이다(그림 8-1 참조).

자기모델 / 타인모델	긍정(+)	부정(–)
긍정(+)	안정형 (Secure)	몰입형 (Preoccupied)
부정(–)	거부형 (Dismissing)	두려움형 (Fearful)

그림 8-1 Bartholomew와 Horowitz(1991)의 성인애착의 4범주 모델

자신과 타인에 대한 관점이 모두 긍정이면 안정형, 자신에 대해서는 긍정적이지만 타인에 대해서는 부정적이면 거부형, 자신에 대해서는 부정적이지만 타인에 대해서는 긍정적이면 몰입형, 자신과 타인에 대한 관점이 모두 부정적이면 두려움형이다.

① 안정형 : 자신과 타인에 긍정적인 관점으로 타인과 정서적으로 친밀해지기 쉽고 상호 신뢰와 책임, 의존을 바탕으로 편안함과 만족감을 느껴 관계가 더 오랫동안 지속되는 경향이 있다. 자신이 남들에게 의지하든 남들이 자신에게 의지하든 간에 편안하게 느끼며 혼자서 지내거나 남들이 자신을 받아들이지 않는다고 해서 걱정하지는 않는다. 파트너와의 친밀감에 수용적이며 감정에 솔직하지만 부정적 신호에 대해서는 둔감할 수 있다. 예를 들어, 안정애착인 사람에게 파트너와 헤어지는 장면을 상상해 보라는 지시를 내렸을 때 대다수가 따르지 못했는데 그 이유는 부정적 신호에 둔감하기 때문에 파트너와 헤어지는 부정적인 장면을 상상하지 못하는 것이다.

② 거부형 : 자신에 대한 관점은 긍정적이나 타인에 대한 관점은 부정적인

것으로 자신은 사랑받을 가치가 있다고 보지만 타인은 그렇지 않다고 보며 높은 자기 확신과 독립적인 성향을 나타낸다. 다른 사람들과 정서적 관계를 맺지 않고 지내는 게 편안하다. 독립심과 자기 충족감을 느끼는 것이 매우 중요하고 남들에게 의지하거나 남들이 자신에게 의지하는 것을 좋아하지 않는다. 무엇보다 자신의 독립성이 중요하기 때문에 파트너에 대해 비판하는 행동이 자연스럽다.

③ 몰입형 : 자신에 대한 관점은 부정적이나 타인에 대한 관점은 긍정적인 것으로 본인은 사랑받을 자격이 없다고 느끼고 불안해하는 한편, 상대에게 지나치게 의존한다. 남들과 정서적으로 완전히 친밀한 관계를 맺기를 원하지만 남들은 자신이 원하는 만큼 가까워지기를 꺼리는 것 같다. 누군가와 친밀한 관계를 맺어야 안심이 되고 자신이 남을 소중하게 생각하는 만큼 남들이 자신을 소중하게 생각하지 않을까 봐 염려한다. 사랑에 쉽게 빠지지만 오래 지속되지 않는 경향이 많으며 다소 집착적인 면을 보일 수 있다.

④ 두려움형 : 자신과 타인에게 모두 부정적인 관점을 가지는 것으로 자신은 사랑받을 가치가 없다고 느끼고 타인을 신뢰하지 못하며 정서적으로 친밀한 관계를 원하지만 거부에 대한 두려움으로 친밀감을 회피한다. 남들과 가까워지면 크게 상처를 받을까 봐 걱정을 한다.

프로그램 내용

<STEP 1>

다음에 제시되는 성인애착 유형 테스트를 해 본다.

* 본 질문지는 다른 사람과의 관계에서 자신이 어떻게 느끼는지 알아보기 위한 것이다. 배우자가 있거나 이성교제 중이라면 파트너와의 관계를 생각하며 응답하고, 그렇지 않다면 과거의 경험이나 혹은 일반적인 관계에서 자신의 경험을 토대로 점수를 매기면 된다.

전혀 그렇지 않다 : 1, 그렇지 않다 : 2, 보통이다 : 3, 대체로 그렇다 : 4, 매우 그렇다 : 5

문 항	점수
1. 내가 얼마나 호감을 가지고 있는지 상대방에게 보이고 싶지 않다.	
2. 나는 버림을 받는 것에 대해 걱정하는 편이다.	
3. 나는 다른 사람과 가까워지는 것이 매우 편안하다.	
4. 나는 다른 사람과의 관계에 대해 많이 걱정하는 편이다.	
5. 상대방이 막 나와 친해지려고 할 때 꺼리는 나를 발견한다.	
6. 내가 다른 사람에게 관심을 가지는 만큼 그들이 나에게 관심을 가지지 않을까 봐 걱정이다.	
7. 나는 다른 사람이 나와 매우 가까워지려 할 때 불편하다.	
8. 나는 나와 친한 사람을 잃을까 봐 걱정을 많이 한다.	
9. 나는 다른 사람에게 마음을 여는 것이 편안하지 않다.	
10. 나는 종종 내가 상대방에게 호의를 보이는 만큼 상대방도 그렇게 해 주기를 바란다.	
11. 나는 상대방과 가까워지기를 원하지만 곧 생각을 바꾸어 그만둔다.	
12. 나는 상대방과 하나가 되길 원하기 때문에 사람들이 때때로 나에게서 멀어진다.	
13. 나는 다른 사람이 나와 너무 가까워졌을 때 예민해진다.	
14. 나는 혼자 남겨질까 봐 걱정이다.	
15. 나는 다른 사람에게 내 생각과 감정을 이야기하는 것이 편안하다.	
16. 지나치게 친밀해지고자 하는 욕심 때문에 때로 사람들이 두려워하여 거리를 둔다.	
17. 나는 상대방과 너무 가까워지는 것을 피하려고 한다.	
18. 나는 상대방으로부터 사랑받고 있다는 것을 자주 확인받고 싶어 한다.	

문 항	점수
19. 나는 다른 사람과 가까워지는 것이 비교적 쉽다.	
20. 가끔 나는 다른 사람에게 더 많은 애정과 더 많은 헌신을 보여줄 것을 강요한다.	
21. 나는 다른 사람에게 의지하기가 어렵다.	
22. 나는 버림받는 것에 대해 걱정하지 않는다.	
23. 나는 다른 사람과 너무 가까워지는 것을 좋아하지 않는다.	
24. 만약 상대방이 나에게 관심을 보이지 않는다면 나는 화가 난다.	
25. 나는 상대방에게 모든 것을 이야기한다.	
26. 상대방이 내가 원하는 만큼 가까워지는 것을 원치 않음을 안다.	
27. 나는 대개 다른 사람에게 내 문제와 고민을 상의한다.	
28. 내가 다른 사람과 교류가 없을 때 나는 다소 걱정스럽고 불안하다.	
29. 다른 사람에게 의지하는 것이 편안하다.	
30. 상대방이 내가 원하는 만큼 내 옆에 있어 주지 않으면 실망하게 된다.	
31. 나는 상대방에게 위로, 조언, 또는 도움을 청하는 것이 어렵지 않다.	
32. 내가 필요로 할 때 상대방이 거절한다면 실망하게 된다.	
33. 내가 필요로 할 때 상대방에게 의지하는 것이 도움이 된다.	
34. 상대방이 나에게 불만을 나타낼 때 나 자신이 정말 형편없게 느껴진다.	
35. 나는 위로와 확신을 비롯한 많은 일들을 상대방에게 의지한다.	
36. 상대방이 나와 함께 시간을 많이 보내지 않으면 기분이 안 좋다.	

채점 방법

역채점 문항(3,15,19,22,25,27,29,31,33,35)

회피점수 : 홀수 점수를 더해서 18로 나누어 준다.

불안점수 : 짝수 점수를 더해서 18로 나누어 준다.

나의 애착유형은?

안정형 : 회피가 2.33보다 낮고 불안이 2.61보다 낮을 때

몰입형 : 회피가 2.33보다 낮고 불안이 2.61보다 크거나 같을 때

두려움형 : 회피가 2.33보다 크거나 같고 불안이 2.61보다 크거나 같을 때

거부형 : 회피가 2.33보다 크거나 같고 불안이 2.61보다 낮을 때

<STEP 2>

다음의 질문에 대하여 생각해 본 다음 답을 하고, 이를 다른 집단원들과 함께 발표하며 의견을 나눈다.

① 검사 결과 나의 애착유형은 어떻게 나왔는가?

② 나의 애착유형의 특성은 무엇이며 이것이 나의 다른 사람들과의 관계에서 어떻게 표현되며 영향을 미치고 있는가?

③ 나의 애착유형의 특성을 고려할 때 앞으로 더욱 원만하고 친밀한 관계를 맺기 위해 보완하거나 강화할 점은 무엇인가?

<STEP 3>

토의 및 평가
이 프로그램을 통해 새롭게 알게 된 것이나 느낌 점은 무엇인지 정리해 본다.

참고 : 위에서 사용된 체크리스트는 Brennan 등(1998)이 애착척도의 요인분석을 통해 Bartholomew와 Horowitz(1991)의 성인애착 4범주 모델을 타당화한 후, 애착유형 분류의 기준을 자신과 타인의 모델에서 불안과 회피라는 두 개의 차원으로 변환해 분류한 것이다.

참고문헌

문형춘(2007). 성인애착특성과 상담관계. 한국심리학회지:상담 및 심리치료, 19(3), 609-634.

정진미(2013). 성인애착유형과 공감수준에 따른 갈등해결전략의 차이. 단국대학교 교육대학원 석사학위청구논문.

Batholomew, K., & Horowitz., L. M.(1991). Attachment styles among young adults: A test of a four-category model. *Journal of Personality and Social Psychology*, 61(2), 216-224.

Brennan, K. A., & Clark, C. L., & Shaver, P. R.(1998). Self-report measures of adult romantic attachment: An intergrative overview. In J. A. Simpson & WS.

Rholes(Eds.), *Attachment theory and close relationship*(pp. 46-76). New York: Guilford.

09

동기 및 갈등과 인간관계

인간은 누구나 나름대로의 동기와 욕구를 가지고 있으며, 이를 충족시키기 위하여 노력한다. 예를 들어, 인간이 집단을 이루고 공동체에 소속되어 서로 관계를 맺으며 살아가는 것은 소속감의 욕구를 충족시키기 위한 행동이라고 할 수 있다. 인간이 가지고 있는 동기나 욕구는 자신의 인간관계 양상에 영향을 미치게 된다. 우리들 각자는 인간관계 속에서 자신의 욕구를 충족시키기 위한 방식으로 행동을 하기 때문이다. 한편 인간은 기본적인 욕구가 충족되어야 안정성과 균형감을 유지할 수 있으며, 그렇지 못할 때 욕구좌절을 경험하고 혼란과 문제 상황에 부딪히게 된다. 따라서 이 장에서는 동기와 욕구가 무엇인지, 대표적인 욕구 이론들은 욕구에 대하여 어떻게 설명하고 있는지, 욕구좌절이란 무엇이고 욕구좌절은 인간에게 어떠한 영향을 미치는지, 대표적인 혼란과 문제 상황인 갈등은 무엇인지, 그리고 마지막으로 욕구충족과 갈등 해소를 위한 방법은 무엇인지에 대하여 살펴보고자 한다.

1. 동기

1) 동기의 개념과 기능

(1) 동기의 개념

동기(motive : '움직인다' 는 의미의 라틴어 *movere*에서 유래됨)란 인간에게 어떤 행동을 불러일으키고, 그 행동을 지속시키는 활력을 부여하며, 특정한 목표를 이룰 수 있도록 행동에 방향성을 부여하는 내적인 힘을 가리킨다. 즉, 동기란 특정한 목표를 향해 행동하게 하는 내면적인 원동력이라 할 수 있다. 결국 우리가 하는 거의 모든 행동들은 우리의 내면에 있는 동기를 충족시키기 위한 것이라고 볼 수 있다. 이러한 동기는 흔히 욕구(need 혹은 desire), 충동(impulse), 본능(instinct)이라고 불리기도 한다. 물론 이들 용어는 엄격히 구분하자면 의미의 차이가 있기는 하지만 여기서는 유사한 개념으로 함께 사용하기로 한다.

(2) 동기의 일반적 특징

동기는 외현적으로 관찰할 수 없는 추상적인 개념인 반면, 동기로 인해 나타나는 행동은 직접 관찰할 수가 있다. 하지만 동기적 행동은 문화와 개인에 따라 다르게 나타나며, 명확히 분류하여 설명하기에 어려움이 있다. 그 이유는 동기의 표현양식에 일정한 형태가 없으며 다음과 같은 특징을 가지고 있기 때문이다.

① 동기의 표현 형태는 사람에 따라 다르다. 이러한 개인 간의 차이는 많은 동기가 개인의 특수한 경험에 따라 학습된 것이며, 이렇게 학습된 행동에 따라 표현되기 때문이다.
② 비슷한 동기라 하더라도 다른 행동으로 나타날 수 있다. 타인에 대한 적대 행동이 공격하는 행동으로 나타날 수도 있고 회피나 도피하는 행동으로 나타날 수도 있다.
③ 서로 다른 동기가 같은 행동으로 나타나기도 한다. 즐거워서 웃을 수도 있고 어이가 없어서 웃을 수도 있다.
④ 동기는 때때로 위장된 형태로 나타나기도 한다. 청소년의 성적 욕구충족에 대한 갈등이 도둑질이나 폭행 등의 행동으로 나타날 수도 있다. 여기서 도둑질이나 폭행은 획득된 동기가 아니라 성 충동의 위장된 표현이다.

⑤ 한 가지 단순한 행동이 여러 가지 동기를 표현하기도 한다. 공부를 하는 것은 명예, 성공, 자아실현, 우월 또는 경제적 안정 등 여러 가지 필요성에서 나온 행동일 수도 있다.

(3) 동기의 기능

동기는 여러 가지가 복합적으로 결부되어 표현되지만, 인간의 행동을 결정해 준다는 면에서 다음과 같은 세 가지 기능을 가지고 있다.

① 동기는 유기체의 행동에 에너지를 제공하며 이를 조정한다. 목마름의 동기는 여러 가지 난관이 있더라도 포기하지 않고 물을 계속 찾도록 하는 에너지를 제공한다.
② 동기는 선택의 기능을 갖는다. 당면 사태로 인하여 느끼는 동기는 어떤 형태로 반응할 것인가를 선택하게 한다. 목마름의 동기는 물을 마실 것인가 아니면 다른 음료수를 마실 것인가를 선택하게 한다.
③ 동기는 목표의 달성을 위해 행동하게 하고 행동의 방향을 결정한다. 목마름의 동기는 목마름을 해소할 수 있는 물을 찾는 행동을 하게 하며, 물을 충분히 마셔 목마름이 해소되면 더 이상 물을 찾지 않게 한다.

2) 동기 유발

인간이 가지고 있는 동기를 적절히 유발시키고 이용하면 효과적인 적응을 하게 되고 사회집단의 목표와 요구에 맞도록 이끌어 나갈 수 있다. 동기를 유발할 수 있는 몇 가지 유인(incentive)을 들어 보면 다음과 같다.

(1) 보상 또는 칭찬과 벌

일반적으로 보상을 주는 것이 보상을 주지 않거나 무관심한 것보다 효과가 크다고 할 수 있다. 또한 보상이나 칭찬은 성취감을 주고 사회적인 요구를 충족시켜 주기 때문에 사기와 자신감을 높일 수 있어 효과적인 반면, 벌이나 질책은 자신감을 상실하게 하여 덜 효과적이다.

그런데 Hurlock에 의하면 이러한 결과에도 개인차가 있어 개인적인 벌은 우수한 학생에게, 공개적 칭찬은 열등한 학생에게 보다 효과적이며, 또 질책은 남자에게, 칭찬은 여자에게 더 효과적이다. 그리고 일반적으로 어린아이일수록 칭찬이나 보상이 더 효과적이므로 사소한 것에라도 칭찬과 보상을 많이 해 주면 아이들의 동기를 유발할 수 있다.

(2) 협동과 경쟁심의 적절한 사용

인간 사회는 협동과 경쟁으로 이루어진다. 따라서 이 두 가지 원리를 잘 이용하면 동기 유발이 잘된다. Maller는 6학년 학생을 대상으로 개인경쟁과 집단경쟁의 효과에 대하여 연구하였는데, 그 결과 개인경쟁이 더욱 효과적이었다고 한다. 그리고 일반적으로는 경쟁이 협동보다 더 좋은 성과를 올리는 경향이 있다. 경쟁은 어린이나 청소년의 경우에, 또한 남녀 간의 경쟁이 동성 간의 경쟁보다 더 효과적이라고 한다. 그러나 경쟁이라는 것도 전 인류에게 보편적으로 나타나는 현상은 아니다. Benedict에 의하면 주니(Zuni)족에게서는 개인 간의 경쟁을 전혀 찾아볼 수 없었다고 한다.

(3) 개인과 집단

작업은 혼자 하는 것보다 여러 명이 함께 집단적으로 할 때 더 효과적이다. 집단 작업을 하다 보면 집단 내에서 다른 사람으로부터 작업 시간 등의 통제를 받게 되며, 또한 집단 내에서 개인적 경쟁심이 작용하기 때문이라고 생각된다.

(4) 성공 경험

어느 정도 자기의 목표에 대하여 성공 경험을 가지게 되면 동기가 유발되며 성취 욕구를 만족시키게 된다. 반면 포부수준은 높고 능력수준은 낮아서 그 격차가 심해지면, 즉 기대수준이 너무 높아 실패를 자주 경험하게 되면 욕구좌절을 일으키고 용기와 자신감을 감소시키게 된다. 따라서 개인의 능력을 고려하여 적절한 과제를 제시함으로써 성공 경험을 많이 갖게 하면 더 높은 수준의 동기를 유발할 수 있다.

(5) 목적의 확인

행동의 목적을 안다는 것은 욕구를 유발하는 원동력이 된다. 자신의 일을 무엇 때문에 하는 것인지, 학습의 목표가 무엇인지를 모르면 동기 유발이 되지 않아 의욕을 잃게 되며 성과가 오르지 않는다.

(6) 결과에 대한 확인

결과에 대한 인지도 작업의 효과에 큰 영향을 미친다. 즉, 결과를 통해 자신이 얼마나 진보했는지를 아는 것은 동기 유발에 도움이 된다. 간혹 대학생들의 시험성적을 학과 게시판이나 교수 연구실 문 앞에 게시하여 학생들이 자신의 성적을 확인할 수 있도록 하는데, 이러한 방법은 학생들의 학습에 대한 동기 유발에 효과적일 수 있다.

Book과 Norvell 등이 대학생들을 대상으로 실험한 결과, 학생들의 학습 성과를 채점하여 수시로 알려 주었을 때 학습을 의도적으로 강화하는 데 큰 효과가 있었다고 한다. 그러나 여기서 유의해야 할 점은, 성적이 자신의 요구수준에 비해 좋은 학생은 자신감과 만족감이 생겨 동기 유발에 도움이 되는 반면, 자신의 요구수준에 비해 성적이 잘 나오지 않은 학생은 실패감이 생겨 오히려 학습 의욕이 저하될 가능성이 있으므로 이런 점에 유의하여 적절하게 잘 지도해야 한다.

나에게 적용하기

Q. 나에게 가장 강력한 동기 유발의 유인은 무엇인가? 즉, 나는 어떤 것에 의해 가장 잘 동기화되는가? 돈 혹은 물질인가? 칭찬 혹은 명예인가? 아니면 무엇인가?

3) 동기의 분류

(1) 일차적 동기와 이차적 동기

① 일차적 동기

일차적 동기는 학습되지 않은 동기로서 생리적 동기라고도 한다. 일차적인 생리적 동기는 유기체의 선천적이고 본능적인 것과 관련이 있으며 식욕, 성욕, 갈증, 체온 유지, 수면, 휴식, 고통의 회피 욕구, 공격성의 욕구 등이 여기에 해당된다. 이러한 일차적인 욕구는 신체적 · 생리적 평형 상태를 유지하고 유기체의 생명이나 종족 보존에 필요한 동기이다.

② 이차적 동기

이차적 동기는 사회적 동기라고도 하며 후천적으로 습득한 학습이나 경험을 통한 동기를 말한다. 특히 대인관계 속에서 형성되는 사회적 동기는 모두 이차적 동기의 범주에 속한다. Murray(1938)는 인간의 동기를 생물학적 동기와 사회적 동기로 구분하고, 인간은 생물학적 동기보다는 사회적 동기에 의해 행동한다고 주장했다. 이차적 동기에는 상벌, 경쟁, 우월, 독립, 소속감, 애정, 사회적 인정 등의 심리사회적 요인에 따른 동기가 포함되며, 권력동기와 성취동기를 대표적인 예로 들 수 있다.

(2) 내재적 동기와 외재적 동기

① 내재적 동기

흥미나 호기심과 같은 내부적인 요인에 의해서 유발되는 동기를 내재적 동기라 한다. 내재적 동기는 개인적 흥미를 추구하고 능력을 발휘하며, 그 과정에서 도전할 만한 것들을 찾아내고 그것을 달성해 내는 자연스러운 경향성을 의미한다(Deci & Ryan, 1985).

사람들이 내재적으로 동기화되어 있을 때에는 활동 그 자체가 보상으로 작용하기 때문에 그 활동을 하도록 하기 위해서 어떤 유인물이나 처벌이 필요하지 않다. 내재적으로 동기화된 사람은 주어진 과제 그 자체나 그것이 가져다

주는 성취감을 즐긴다. 학습에 관련하여 내재적으로 동기화된 사람은 학습 활동 그 자체를 좋아하며 학습의 결과로 인한 성취감을 즐기기 때문에 아무도 학습을 강요하지 않는 상황에서도 자발적으로 학습에 몰두한다. 내재적 동기의 대표적인 예로는 성취동기, 자아실현의 욕구 등이 있다.

② 외재적 동기
성적이나 보상을 받기 위해, 다른 사람들로부터의 처벌을 피하기 위해, 또는 과제 자체와는 무관한 다른 이유 때문에 그 과제를 학습하는 경우에는 외재적 동기가 작용하는 것이다. 외재적으로 동기화된 사람은 활동 그 자체에는 관심과 흥미가 없고 그것이 가져다줄 보상에만 관심이 있다.

4) Maslow의 욕구 이론

인간의 동기에 관한 종합적인 이론을 제시한 학자는 Maslow이며, 그의 이론을 **욕구위계 이론**이라 한다. Maslow(1943)에 의하면, 인간은 내적인 욕구를 가지고 태어나고 이 욕구를 만족시키기 위해 노력한다. 그러나 이러한 노력의 궁극적인 방향은 단순히 생물학적인 만족이나 긴장의 감소가 아니라 자아실현의 추구라는 것이다. 즉, 인간의 긍정적이고 지적이며 상향 지향적인 측면을 강조한다.

Maslow는 인간의 욕구를 다섯 가지로 나누어 설명하였는데 ① 생리적 욕구, ② 안전의 욕구, ③ 소속 및 애정의 욕구, ④ 존경의 욕구, ⑤ 자아실현의 욕구가 그것이다. 또한 그는 이 다섯 가지 욕구를 하위의 욕구부터 상위의 욕구까지 피라미드 모형으로 설명하였는데, 낮은 단계에 있는 욕구가 조금이라도 만족되어야만 더 높은 단계의 욕구에 대한 의식이나 동기가 부여된다고 가정하였다. 즉, 생리적 욕구는 안전의 욕구가 증대되기 전에 충족되어야 하며, 생리적 욕구와 안전의 욕구가 어느 정도 만족된 후에야 소속 및 애정의 욕구가 나타나서 만족을 원하게 된다는 식으로 설명하였다.

그러나 이러한 동기의 배열에 예외가 있음을 인정하였는데, 예를 들어 어떤

그림 9-1 Maslow의 욕구위계

창조적인 사람들은 가치관과 이상이 너무 강해서 그것을 포기하기보다는 기꺼이 배고픔, 갈증, 심지어는 죽음까지 무릅쓰기도 한다. 그러나 일반적으로는 낮은 단계의 욕구일수록 그 강도와 우선순위가 강해지는 경향이 있다.

① 생리적 욕구

인간 유기체를 유지하고 안정시킬 수 있는 생리적 욕구에는 식욕, 성욕, 휴식, 수면, 갈증, 배설, 호흡 등을 포함한다. 아울러 의식주 추구의 기본 욕구가 생리적 욕구이다. 이러한 생리적 욕구는 인간의 본능적 욕구와 같고 인간에게 필수적이며 가장 기본적인 욕구이다. 따라서 Maslow에 의하면 이 욕구가 충족되어야 다음 단계의 욕구에 관심을 가지게 된다.

② 안전의 욕구

안전의 욕구는 신체적 · 정신적 위험에 대한 공포나 기존 생존 욕구의 위협에서 벗어나 안정을 찾으려는 욕구이다. 즉, 자기보존을 위해서 건강과 안전을 추구하려는 욕구이다. 의식주를 해결할 수 있는 구직, 저축, 보험 가입 등은 부분적으로 안전의 추구 때문에 동기가 부여된다. 또한 안전의 욕구는 개인의 실질적 위기, 즉 전쟁, 범죄, 홍수, 지진, 폭동 또는 그와 유사한 상황에 직면했을 때 나타난다.

③ 소속 및 애정의 욕구

사회적 욕구라고도 하는데, 집단에 소속되고자 하며 그 속에서 사랑 · 우정 · 애정 등을 얻고 싶어 하는 욕구이다. 이러한 욕구가 충족되어야 정신적으로 안정을 찾고 사회 구성원으로서의 역할을 충분히 수행할 수 있게 된다. 그렇지 못할 경우에는 고독감, 사회로부터의 소외감, 배타감을 느끼게 된다.

④ 존경의 욕구

사회적 욕구가 충족되고 나면 그 다음 단계로 존경의 욕구가 생기는데 이는 자존심의 욕구라고도 한다. Maslow는 존경의 욕구를 두 가지로 구분했는데, 자기존중과 다른 사람으로부터의 존경이 그것이다. 전자는 개인이 자신이 가치 있다고 생각하는 것을 말하며, 후자는 자기의 행위나 인격에 대해 다른 사람들로부터 인정을 받고 칭찬과 존경을 받고 싶어 하는 욕구를 말한다. 존경의 욕구가 충족되면 자신감, 명성, 힘 그리고 통제 등의 감정이 생기고, 유능한 인물로서 주위에 영향력을 갖고 있다고 느끼게 된다. 한편 이 욕구가 충족되지 못하면 열등감, 무력감, 허탈감에 빠지기 쉽다.

⑤ 자아실현의 욕구

이상과 같은 모든 욕구가 충분히 만족된다면 자아실현에 대한 욕구가 등장한다. 자아실현의 욕구는 개인의 전체적 · 인격적 욕구로서 인간의 최상의 욕구이다. 자아실현이란 자기 자신이 잠재적으로 지닌 것을 실현하려는 것으로, 참된 삶을 추구하여 자신이 성취할 수 있는 모든 것을 성취하고 싶은 것이다. 자아실현의 욕구는 이 세상에 태어날 때부터 지니고 있는 잠재력을 최대한 발휘함으로써 인생의 최대 가치와 목적을 이루려는 욕망이다. 또한 사회적 · 경제적 지위야 어떻든 간에 나름대로 소망한 직업에서 만족과 행복감을 추구하려는 것이다. 이 욕구가 잘 충족된 사람이 바로 사회적으로 건강한 사람이 된다.

5) William Glasser의 다섯 가지 기본 욕구

Glasser에 의하면, 우리의 뇌는 생리적 욕구를 관장하는 무의식적인 구뇌와 심리적 욕구를 관장하는 의식적인 신뇌가 있는데, 구뇌는 신뇌의 명령을 받아서 우리가 행동하게 한다. Glasser는 구뇌와 신뇌에 자리한 인간의 기본적인 욕구를 다섯 가지로 제시하였다. 신뇌에 자리한 네 개의 심리적 · 정신적인 욕구는 소속의 욕구(belonging need), 힘에 대한 욕구(power need), 자유에 대한 욕구(freedom need), 즐기고 싶은 욕구(pleasure need)이고 구뇌에 자리한 욕구는 생존에 대한 욕구(survival need)로, 이 욕구들은 인간의 행동을 유발하는 근원이 된다. 즉, 모든 인간의 행동은 언제나 최선의 선택이고, 우리가 선택할 때는 그 욕구들 중의 한 가지 혹은 그 이상을 충족시키려는 것이다(Glasser, 1998).

인간의 욕구는 기본적이고 본질적인 것이지만 욕구를 충족시켜 주는 구체적인 대상인 바람(want)은 각 개인에 따라 독특하고 고유하다. 이 바람들은 비현실적일 수도 있고 변할 수도 있으며 서로 갈등을 일으키기도 한다. 현실에서 얻고 있는 것이 바람을 충족시켜 주지 못할 때는 욕구좌절을 경험하게 된다.

한편, 인간의 기본적인 욕구충족에 따르는 중요한 구성 요인은 관계 맺기 및 존중과 존경의 욕구이다. 따라서 관계 속에서 타인의 욕구충족 행동을 방해하지 않으면서 자신의 욕구를 충족시키기 위해서는 현실적이고, 책임 있고, 옳은 것을 실행함으로써 효율적인 욕구충족이 이루어지도록 해야 한다.

① 생존에 대한 욕구

살고자 하고 생식을 통한 자기확장을 하고자 하는 속성으로 구뇌에서 생성된 것이다. 땀, 호흡, 소화, 혈압 등 신체적인 변화를 통해서 건강 유지의 업무를 담당한다. 그런데 구뇌 단독으로는 효과적으로 작동할 수 없기 때문에 뇌의 다른 부분인 신뇌의 도움을 필요로 한다.

② 사랑과 소속의 욕구

사랑과 소속의 유전자는 사랑하고 사랑을 받으며 서로 나누고 협력하고자 하는 인간의 속성이다.

③ 힘에 대한 욕구

경쟁하고 성취하며 중요한 존재이고 싶어 하는 속성이다. 모든 살아 있는 피조물 중에서 인간만이 힘의 욕구를 끝까지 포기하려 하지 않는다.

④ 자유에 대한 욕구

이동하고 선택하는 것을 마음대로 하고 싶어 하는 속성이다. 자유에 대한 욕구는 상대방이 원하는 것을 내게 강요하는 욕구와 내가 원하는 것을 상대방에게 강요하는 욕구 간에 균형을 잡기 위한 진화의 의지이다.

⑤ 즐거움에 대한 욕구

즐거움은 배움에 대한 유전적인 보상이다. 많은 새로운 것을 배우고 놀이를 통해 즐기고자 하는 속성이다. 인간은 유일하게 다른 동물과는 달리 즐거움에 대한 욕구가 충족되면 웃는다. Glasser는 인간이 웃는 주된 이유는 웃는 순간에 즐거움을 추구하려는 욕구가 충족되었다는 강한 느낌을 경험하기 때문이라고 하였다.

6) 욕구좌절

인간이 가지고 있는 욕구는 때로 자기 주변에 있는 갈등이나 변화에 의해 도전을 받는다. 그리고 이런 상황들로 인해 자신이 원하는 어떤 목적을 달성하지 못한 경우에 인간은 욕구좌절을 경험한다. 일반적으로 욕구좌절이란 용어는 동기의 만족을 방해받음으로써 생기는 불쾌한 감정의 뜻으로 쓰인다. 즉, 우리의 소원, 희망, 계획, 기대 등이 방해받을 때 경험하는 감정이다. 이러한 감정들은 사실 좌절에 대한 정서적 반응인데 과학적으로 기술할 수 없는 여러 형태를 취하고 있으며, 가벼운 놀람에서부터 살인적인 격분, 당황, 실망, 분

내가 측정하는 나와 배우자의 욕구 강도 프로파일

* 아래 문항에 대해 생각해 보고 다음과 같이 점수를 부여한다.

전혀 그렇지 않다 : 1, 별로 그렇지 않다 : 2, 때때로 그렇다 : 3, 자주 그렇다 : 4, 언제나 그렇다 : 5

생존의 욕구	나	배우자
1. 돈이나 물건을 절약한다.		
2. 돈으로 살 수 있는 것에 각별한 만족을 느낀다.		
3. 자신의 건강 유지에 관심이 있다.		
4. 균형 잡힌 식생활을 하려고 노력한다.		
5. 성적인 관심이 많다.		
6. 매사에 보수적인 편이다.		
7. 안정된 미래를 위해 저축하거나 투자한다.		
8. 부득이한 경우가 아니면 모험을 피하고 싶다.		
9. 외모를 단정하게 가꾸는 데 관심이 있다.		
10. 쓸 수 있는 물건은 버리지 않고 간직한다.		
합계/평균	/	/
사랑과 소속의 욕구	나	배우자
1. 나는 사랑과 친근감을 많이 필요로 한다.		
2. 다른 사람의 복지에 관심이 있다.		
3. 타인을 위한 일에 시간을 낸다.		
4. 장거리 여행 시 옆 자리에 앉은 사람에게 말을 건다.		
5. 사람들과 함께 있는 것을 좋아한다.		
6. 아는 사람과는 가깝고 친밀하게 지낸다.		
7. 배우자가 내게 관심을 가져 주기 바란다.		
8. 다른 사람이 나를 좋아해 주기 바란다.		
9. 다른 사람들에게 친절하게 대한다.		

10. 배우자가 나의 모든 것을 좋아해 주기 바란다.		
합계/평균	/	/
힘과 성취의 욕구	나	배우자
1. 내가 하는 가사나 직업에 대해 사람들에게 인정받고 싶다.		
2. 다른 사람에게 충고나 조언을 잘한다.		
3. 다른 사람에게 무엇을 하라고 잘 지시하는 편이다.		
4. 경제적으로 남보다 잘 살고 싶다.		
5. 사람들에게 칭찬 듣는 것을 좋아한다.		
6. 내 밑에서 일하는 사람이 문제가 있을 때 쉽게 해고한다.		
7. 자기 분야에서 탁월한 사람이 되고 싶다.		
8. 어떤 집단에서든 지도자가 되고 싶다.		
9. 자신을 가치 있는 인간이라고 느낀다.		
10. 내 성취와 재능을 자랑스럽게 여긴다.		
합계/평균	/	/
자유의 욕구	나	배우자
1. 사람들이 내게 어떻게 하라고 지시하는 것이 싫다.		
2. 내가 원하지 않는 일을 하라고 하면 참기 어렵다.		
3. 다른 사람들에게 어떻게 살아야 한다고 강요하면 안 된다고 믿는다.		
4. 누구나 다 인생을 살고 싶은 대로 살 권리가 있다고 믿는다.		
5. 인간의 자유로운 선택 능력을 믿는다.		
6. 내가 하고 싶은 일을 하고 싶은 때 하고 싶다.		
7. 누가 뭐라고 해도 내 방식대로 살고 싶다.		

〈계속〉

8. 인간은 모두 자유롭다고 믿는다.		
9. 배우자의 자유를 구속하고 싶은 생각이 없다.		
10. 나는 열린 마음을 지니고 있다고 믿는다.		
합계/평균	/	/
즐거움의 욕구	나	배우자
1. 큰 소리로 웃기 좋아한다.		
2. 유머를 사용하거나 듣는 것이 즐겁다.		
3. 나 자신에 대해서도 웃을 때가 있다.		
4. 뭐든지 유익하고 새로운 것을 배우는 것이 즐겁다.		
5. 흥미 있는 게임이나 놀이를 좋아한다.		
6. 여행하기를 좋아한다.		
7. 독서하기를 좋아한다.		
8. 영화 관람을 좋아한다.		
9. 음악 감상을 좋아한다.		
10. 새로운 방식으로 일하거나 생각해 보는 것이 즐겁다.		
합계/평균	/	/

- 각 욕구별 점수의 평균을 보면 나와 배우자의 욕구 강도 프로파일을 알 수 있다. Glasser는 사람들이 대체로 3을 중심으로 2나 4의 프로파일을 보일 가능성이 많다고 본다.
- 1은 아주 낮음, 2는 평균 이하, 3은 평균, 4는 평균 이상, 5는 매우 높음을 나타낸다.
- 이 프로파일은 객관적인 정답을 나타내는 것은 아니다. 원한다면 여러 번 다시 해 보고 수정할 수도 있다. 중요한 점은 욕구 강도 프로파일을 잘 이해할수록 배우자와의 관계를 더 잘 이해할 수 있게 된다는 것이다. Glasser는 주관적으로 자신과 배우자의 욕구를 잘 분석하고 생각해 볼 기회를 갖도록 권장하고 있다.

출처 :『결혼의 기술』

노, 우울, 무감동까지 다양하다.

우리는 일상생활에서 여러 가지 원인에 의해 욕구좌절을 경험하게 되는데, 대체로 다음의 세 가지로 분류할 수 있다.

① 자신이 통제할 수 없는 외적인 힘에 의해 야기되는 상황

사람이 행동하려 할 때 자기 자신 이외의 외부적인 물리적 · 자연적 · 사회적 · 환경적 결핍으로 인해 욕구충족이 불가능하게 되는 경우를 말한다. 예를 들어, 밖에서 떠드는 소리 같은 소음 때문에 잠을 제대로 잘 수 없다거나, 전쟁이나 수해로 가산(家産)을 잃고 실의에 빠진다거나, 실업자가 자기에게 맞는 직장이 없어 취직을 못한다거나 하는 것이다.

② 개인적인 특성 또는 내적인 요인

신체적 장애나 능력의 결함으로 자신의 욕구수준을 달성하지 못하는 경우를 말한다. 예를 들어, 운동선수가 되고 싶은 욕구가 있으나 신체적으로 허약하여 그럴 수 없다거나, 일류 대학에 가고 싶은데 실력이 부족한 경우가 여기에 해당된다.

③ 동시에 상반되는 두 개 이상의 욕구가 존재하는 경우

상반되는 두 개 이상의 욕구가 동시에 존재함으로써 어느 것을 선택해야 만족할 수 있을지 결정하지 못하는 경우에 생기는 욕구좌절을 말한다. 예를 들어, 대학 입시에서 두 대학을 놓고 어느 대학에 지원해야 좋을지를 몰라 갈등하면서 결정을 못 내리는 경우이다.

2. 갈등

1) 갈등의 개념

강의를 결석하고 잠을 더 잘까 아니면 출석을 할까, 학교에 갈 때 버스를 탈까 아니면 전철을 탈까, 점심은 뭘 먹을까, 강의가 끝난 후에 도서관에 갈까 아니

면 친구들과 놀러 갈까, 이 직업을 택할까 아니면 저 직업을 택할까 등은 우리가 살아가면서 경험하게 되는 갈등 상황이다. 이렇듯 우리는 일상생활에서 작은 일이든 큰 일이든 갈등을 자주 경험하게 되며, 어찌 보면 일상생활은 갈등의 연속이라고 할 수 있다.

일반적으로 **갈등**은 두 개 이상의 대등한 욕구 또는 행동목표가 동시에 일어나 그중 어느 것을 선택해야 할지 망설여지는 심리 상태를 말한다. 한편 사전적 의미로 보자면 갈등은,

① 일이 뒤얽혀 어렵게 된 상태
② 서로 달리하는 입장이나 견해 또는 이해관계
③ 정신 내부에서 각기 다른 방향의 힘과 힘이 충돌하는 상태

등으로 설명될 수 있다. 여기서 앞의 두 개념은 타인과의 관계 속에서 나타나는 갈등을 일컫는 심리사회적 입장이고, 세 번째 개념은 한 개인이 자신의 정신 내적 힘의 충돌로 인해 겪게 되는 갈등을 말한다. 따라서 갈등은 크게 개인 내적인 갈등과 인간관계에서의 갈등으로 나누어 살펴볼 수 있다.

2) 개인 내적인 갈등

Lewin은 개인 갈등의 유형을 다음의 세 가지로 나누어 설명하고 있다.

(1) 접근-접근 갈등(approach-approach conflict)

이는 모든 대안들이 바람직한 경우에 긍정적인 욕구가 동시에 나타나서 어떻게 행동해야 좋을지 모를 때 나타나는 갈등이다. 예를 들어, 점심 때 자장면을 먹을지 짬뽕을 먹을지, 두 명의 이성 친구 중에서 누구와 데이트를 해야 할지 고민하는 경우가 여기에 해당된다. 이런 경우 어느 한쪽을 택하면 괴로운 갈등 상태나 심각한 행동의 혼란을 일으키지 않고 효과적으로 적응해 나갈 수 있을 것이다. 그러나 한쪽 목표를 획득하여 욕구를 만족시키면 나머지 반대쪽에 대한 미련이 강해져서 강한 유의성을 가지게 되기도 한다. 즉, 내가 먹는

자장면보다 친구가 먹는 짬뽕이 더 맛있어 보인다든지, 포기했던 이성 친구가 더 좋아 보인다든지 하는 것이다.

(2) 회피-회피 갈등(avoidance-avoidance conflict)

두 가지 대안이 모두 바람직하지 않은 경우 부정적인 갈등이 동시에 나타나 이럴 수도 저럴 수도 없는 경우를 말한다. 어느 한쪽을 택하기도 싫고 다 포기할 수도 없는, 한마디로 말하면 진퇴양난의 상황인 것이다. 예를 들어, 수강신청을 할 때 두 과목 중에서 한 과목을 선택해야 하는데 두 과목 다 마음에 들지 않아 갈등하는 경우가 여기에 해당된다. 이러한 갈등의 경우에는 그 상황에서 도피하여 다른 행동을 취함으로써 해결하려 하거나 공상의 세계로 일시적인 도피를 꾀한다든지 하여 갈등을 해소하려 할 것이다. 그러나 이러한 방법에 의해서도 갈등이 해소되지 않으면 정서적 불안과 긴장 상태가 지속되는 부적응 상태를 유발하게 된다.

(3) 접근-회피 갈등(approach-avoidance conflict)

이 갈등은 대안이 바람직한 측면과 바람직하지 않은 측면을 동시에 갖고 있는 경우, 즉 끌리는 목표와 싫은 목표가 동시에 존재하는 경우에 생긴다. 예를 들어 디자인이 마음에 드는 옷이 있는데 값이 너무 비싸다거나, 성적을 잘 받고 싶지만 공부는 하기 싫은 경우이다. 이러한 갈등은 적극적으로 해결하지 못하는 경우 그 상황으로부터 도피함으로써 해결하려 할 것이다. 그러나 욕구가 완전히 없어지지 않고 오히려 긴장이 더 커진 상태로 남아 있기 쉽다. 그리고 이러한 긴장이 오래 지속되면 불안, 신경증 등의 부적응 행동을 유발하기 쉽다.

한편, Miller는 Lewin의 세 가지 갈등유형에 하나를 더 첨부하여 이를 이중 접근-회피 갈등이라고 하였다.

(4) 이중 접근-회피 갈등(double approach-avoidance conflict)

이는 두 가지 대안이 각각 바람직한 측면과 바람직하지 못한 측면을 가지고 있을 때 일어나는 갈등이다. 예를 들어, 보수는 많지만 안정적이지 않은 직장과 안정적이긴 하지만 보수가 적은 직장 중에서 선택을 해야 할 때, 멋있지만 성격이 별로인 이성 친구와 성격이 좋지만 외모가 별로인 이성 친구 중에서 선택을 해야 할 때 발생하는 갈등이다. 이러한 이중 접근-회피 갈등은 적어도 두 개 이상의 접근-회피 갈등으로 구성되므로 이를 해결하는 데 관여하는 심리적 과정은 아주 복잡하다.

이 상황에서 가장 효과적인 갈등 해결 방식은 각각의 대안에 대한 더 많은 정보를 수집하고 이를 공정하게 평가하여 선택하고 결정하는 것이다. 앞의 예에서 직장을 선택할 때 보수와 안정성이라는 두 가지 측면만 가지고 결정할 것이 아니라, 그 외에 직장 선택에 중요한 요인으로 작용하는 것들, 예를 들어 근무환경, 승진 기회, 직업 전망, 그 직장에 대한 사회적인 인식과 평판, 통근 거리 및 방법, 같이 일하는 사람들의 특성, 직장 분위기 등 여러 가지 조건들도 함께 고려하고 평가하여 선택한다.

나에게 적용하기

Q. 내가 최근에 했던, 혹은 가장 기억에 남는 갈등 경험을 떠올려 보자.

- 어떤 상황이었는가?
- 위의 네 가지 갈등유형 중 어디에 해당되는가?
- 그 상황에서 어떻게 해결하였는가?
- 다시 그 갈등을 처리한다면 어떤 식으로 해 볼 수 있겠는가?

3) 인간관계에서의 갈등

인간관계에서의 갈등이란 견해가 다른 두 사람이나 그 이상의 사람들 사이에서 일어나는 불화와 충돌로 해석될 수 있다. "갈등이 없는 집단은 죽은 집단이요, 갈등이 있으나 해결하지 못하고 지나가는 집단은 병든 집단이다."라는 말도 있듯이, 집단 내에서, 즉 인간관계에서 갈등이 발생하는 것은 필연적이라고 할 수 있다. 갈등론자들은 갈등이 그 공동체의 발전 원동력이라고 말하기도 한다. 인간관계에서 갈등이 생긴 그 자체를 문제시하거나 나쁘게 생각할 필요는 없다. 그러나 문제가 해결되지 않은 채 오랫동안 지속되는 갈등은 그 공동체를 파괴하는 암적 요소로 자라기 때문에 가능한 빨리 해결책을 강구해야만 한다.

3. 욕구충족과 갈등 해결을 위한 방법

인간은 누구나 나름대로의 동기와 욕구를 가지고 있으며 이를 충족시키기 위하여 노력한다. 그리고 인간은 기본적인 욕구가 충족되어야 안정성과 균형감을 유지할 수 있다. 그렇지 못해 기본적인 욕구충족이 안 되어 욕구좌절을 경험하면 혼란과 문제 상황에 부딪히게 된다. 이것은 인간관계 속에서도 마찬가지이다. 따라서 관계 속에서 건강하게 적응해 나가기 위해서는 자신의 욕구를 잘 충족시켜야 한다. 또한 대표적인 혼란과 문제 상황인 인간관계에서의 갈등 상황을 잘 해결해야 건강하게 적응할 수 있다.

1) 욕구충족

① 스스로 능동적으로 욕구충족을 위해 나서라

욕구는 자기 자신이 가지고 있는 것이다. 그런데 자신의 욕구를 스스로 충족시키기 위해 노력하지 않고, 타인에게 의존하여 타인이 대신 충족시켜 주길 바라거나 가만히 앉아 환경이 변화되기를 기다리는 사람들이 있다. 예를 들어, 새로운 친구를 사귀고 싶어 하는 사람이 마음에 드는 사람을 만났을 때 적극적으로 다가가서 말을 걸고 그 사람을 친구로 만들려고 노력하는 것이 아니라, 상대방이 먼저 자기에게 다가와 말을 걸어 줄 때까지 기다리기만 하는 경우이다. 따라서 욕구충족을 위한 첫 번째 자세는 자신의 욕구는 스스로 충족시켜야 한다는 적극적인 자세이다.

② 현재 자신의 욕구를 명확히 하라

때로는 현재 자신의 욕구가 무엇인지 불분명하게 느껴질 때도 있다. 따라서 욕구를 충족시키기 위해서는 우선 자신의 중요 동기나 욕구가 무엇인지를 면밀히 살펴보는 일이 필요하다. 지금 나에게 중요한 욕구가 성취 욕구인지, 유친 욕구인지, 안정의 욕구인지, 아니면 생리적인 것과 관련된 욕구인지 등에 대해 생각해 보아야 한다. 하지만 욕구를 단순히 성취 욕구, 유친 욕구 등으로 표현하기보다는 아주 구체적으로 표현하는 것이 충족하기도 쉬워진다. 아무튼 그 결과 여러 가지 욕구가 발견된다면 우선순위를 매겨 욕구를 구조화하는 것이 좋다. 우선순위에 따라 가장 시급하고 중요한 욕구부터 충족해 나갈 수 있도록 해야 한다.

③ 욕구를 성취할 수 있도록 목표를 설정하라

욕구의 우선순위를 매겼다면 이제 어떻게 하면 그 욕구를 충족시킬 수 있는지 목표를 세운다. 목표를 세울 때는 항상 구체적으로 실현 가능하게 세우는 것이 좋다. 예를 들어, 새로운 친구를 사귀어 친밀감을 쌓고 싶은 유친 욕구가 있다면 이 유친 욕구를 충족시킬 수 있는 목표를 구체적으로 세운다. "한 달 안에 한 명의 새로운 친구를 만든다."라는 식으로 목표를 세우는 것이다.

④ 목표를 달성할 수 있는 여러 대안을 설정하라

목표를 세웠으면 그 목표를 달성할 수 있는 여러 가지 대안, 즉 일종의 행동강령을 설정한다. 예를 들어, "한 달에 안에 한 명의 새로운 친구를 만든다."는 목표의 달성을 위해 "학교 내의 **동아리에 가입하여 새로운 사람들을 만날 수 있는 기회를 만든다." 또는 "**동호회에 가입하여 모임에 참가한다." 또는 "친구에게 **를 소개시켜 달라고 한다."라는 식으로 여러 대안을 설정할 수 있다. 대안을 설정할 때에는 그로 인한 결과를 미리 예견해 보는 것도 필요하다. 결과를 예견해 보았을 때 비효과적이거나 비효율적이라고 판단된다면 그 대안은 과감히 삭제하는 것이 좋다.

⑤ 적극적으로 나서서 행동하라

이제 설정한 대안들을 행동에 옮기는 일만 남았다. 물론 여기에는 상당한 용기와 도전이 필요하다. 하지만 자신의 중요한 욕구충족을 위해서라면 용기를 가지고 도전해 볼 만하지 않겠는가? Goethe는 이렇게 말했다. "당신이 할 수 있는 일이나 할 수 있다고 생각하는 일은 무엇이든 당장 시작하라. 배짱이야말로 그 안에 천재성이 있고, 힘이 있고, 마법이 있다." 나는 할 수 있다는 배짱과 용기를 가지고 지금 당장 시작하자.

2) 갈등 해결

인간관계에서의 갈등을 해결하는 방법에는 일반적으로 다음과 같은 것들이 있다. 이 중에서 ①~④번보다는 ⑤번이 더 현명한 갈등 해결 방법이라고 할 수 있다.

① 의견이 대립되는 상대방 또는 반대자를 제거한다

견해가 다른 사람을 집단에서 제외시킨다거나 갈등이 생긴 친구와 절교하는 식의 해결 방법이다. 이 경우에는 인간관계가 끝나 버리기 때문에 말할 필요조차 없지만, 일단 갈등이 해소되었더라도 어떤 방법에 의해서인지는 다음에 있을 발전에 큰 영향을 주게 되므로 주의해야 한다.

② 상대방을 제압한다

각종 힘을 이용하여 반대자를 제압하여 복종하게 하는 것이다. 이 경우에 한쪽의 독특성은 완전히 없어지게 된다.

③ 다른 사람의 편을 든다

자기와 의견을 같이하는 사람들의 편이 되어 반대자를 대응하기도 하며, 반대편에 들어가기도 한다. 다시 말해 다수결의 원칙으로 반대자에 대응하는 것이다.

④ 상대방과 협상한다

쌍방이 서로 양보하여 갈등을 처리한다. 하지만 이 경우에는 서로가 양보하기 때문에 각자의 독특성이 반감된다고 할 수 있다. 즉, 지금까지의 인간관계를 유지하기 위하여 자기의 절반을 잃어버리는 결과로 볼 수 있다.

⑤ 서로 통합한다

이는 가장 어려운 방법이라고 할 수 있는데, 각자의 위치를 유지하면서 서로의 특성을 혼합하여 새로운 통합안을 창조하는 것이다. 그러나 각자의 입장과 대안을 충분히 검토하여, 그중 당사자들이 가장 타당하다고 생각되는 것을 합의하여 택했다면 새로운 것이 아니고 어떤 특정한 사람의 것이라도 이 방법에 속한 것이라고 간주할 수 있다.

통합 또는 합의로 갈등을 해소하는 방법은 자기 자신의 입장뿐만 아니라 상대방의 입장도 존중하면서 어떤 결론에 도달할 수 있다. 따라서 그 결과에 의하여 추진되는 일은 자신의 일이 될 것이며, 모두가 책임을 갖고 잠재 능력을 최대로 발휘할 수가 있다. 이 단계에서는 정도의 차이가 있기는 하지만 서로의 독특성을 재인식하게 된다.

이와 같이 갈등을 해결하는 방법에는 여러 가지가 있는데, 건전한 방법으로 갈등을 풀어 나가 두 당사자 간에 의견이 존중되면서 갈등이 해결되면 이들 사이에는 신뢰감이 생긴다. 그리고 신뢰감이 생기면 그때부터 행동과 감정 표현이 자유로워진다. 즉, 자기 견해의 자유로운 표현이 가능하게 되어 관계 속에서 자아실현도 가능해진다.

이처럼 서로 신뢰하며 솔직한 표현이 가능한 관계가 되면 서로 일치감을 경험하면서 '우리 의식(we-feeling)'이 생겨 한 단계 높은 수준으로 인간관계를 진행시킬 수 있다. 그러나 만약 갈등이 바람직하지 못한 방향으로 해소되면 두 이해 당사자 간에 불신감이 생겨서 그 인간관계는 더 이상 발전하기가 어려워진다. 따라서 인간관계에서 갈등이 생겼을 때에는 바람직한 방법으로, 즉 서로 통합하는 방식으로 갈등을 해결할 수 있도록 해야 한다(갈등 PLUS ZONE 참조).

나에게 적용하기

Q. 내가 생각하는 가장 현명한 갈등 해결 방안은 무엇인가?

원만한 인간관계를 위한 프로그램 9

주제

나와 타인의 욕구(동기)에 대한 이해

목적

① 나와 타인의 욕구에 대해 이해한다.
② 나와 타인의 욕구가 인간관계에 미치는 영향을 이해한다.
③ 관계 속에서 나와 타인의 욕구를 잘 충족시킬 수 있는 방법을 배운다.

강의

인간은 누구나 욕구를 가지고 있으며, 안정성과 균형감을 유지하기 위하여 욕구를 충족시키고자 한다. 그런데 사람들은 저마다 다른 욕구를 가지고 있기 때문에 이로 인해 관계 속에서 갈등을 경험하는 경우도 있다. 예를 들어, 사랑과 소속감의 욕구를 가지고 있는 사람은 연인과 자주 만나 사랑을 확인하길 원할 것이고, 힘의 욕구를 가지고 있는 사람은 연인과의 만남보다는 일의 성취를 위해 쏟는 시간을 더 중요하게 여길 것이다. 그러다 결국에는 갈등 상황에 처하게 될 것이다. 따라서 좀 더 건강하고 원만한 관계를 유지하기 위해서는 자신과 타인의 욕구를 잘 이해하고 관계 속에서 이를 잘 조절하여 충족시킬 수 있도록 해야 한다.

프로그램 내용

<STEP 1>

본문에 나와 있는 '나와 배우자의 욕구 강도 프로파일 검사'를 해 본다(배우자 대신 이성 친구 혹은 지금 나와 가장 의미 있는 관계를 맺고 있는 친구나 사람에 대하여 해도 된다).

<STEP 2>

다음의 질문에 대하여 생각해 본 다음 답을 하고, 이를 다른 집단원들과 함께 발표하며 의견을 나눈다.

① 검사 결과 나와 배우자의 욕구 강도 프로파일은 어떻게 나왔는가?

- 나 –
- 배우자 –

② 욕구 강도에서 나와 배우자의 공통점과 차이점은 무엇인가?

③ 나와 배우자의 욕구 강도가 우리의 관계에 어떠한 영향을 미친다고 생각하는가? (예를 들면, 욕구 강도가 비슷해서 좋은 점, 혹은 차이가 나서 갈등이 생기는 점 등)

④ 어떻게 하면 관계 속에서 둘의 욕구를 잘 조절하여 더욱 많이 충족시켜 나갈 수 있겠는가?

<STEP 3>

토의 및 평가

이 프로그램을 통해 새롭게 알게 된 것이나 느낀 점은 무엇인지 정리해 본다.

갈등 PLUS ZONE

대인 간의 갈등 해결하기

1. 대인 간의 갈등 해결하기

① 갈등은 친밀한 두 사람 사이에서 불가피한 것이다. 갈등이 생기는 것이 문제가 아니라 갈등을 어떻게 해결하느냐가 더 중요하다.

② 사람들이 각기 다른 욕구를 가지는 것 자체는 문제가 되지 않으므로 이를 서로 인정해 주어야 한다.

③ 감정이 중요하기는 하지만 상황을 객관적으로 보아야 할 때에는 문제로부터 감정을 분리해야 한다.

④ 상대방을 모욕하거나 무시하는 말을 해서는 안 되고 기본적으로 서로를 존중하는 태도를 가져야 한다.

⑤ 자신의 의견만 주장하지 말자. 상대방의 의견에도 좋은 점이 있을 수 있으므로 상대방의 말을 충분히 들으며 그 방법을 택하였을 때 얻는 이점에 대하여 고려해 본다.

⑥ 갈등은 당사자들이 함께 해결해야 하며, 이때 상호 간에 동의할 수 있는 대안을 선택한다. 어떤 한 사람이 유리한 위치에 있어 이를 이용하거나 위협적으로 타협을 이끌어 내서는 안 된다.

2. 문제 해결의 과정

① 문제와 갈등 상황을 객관적으로 진술한다. 우선 종이에다 문제 상황에 대하여 가능하면 육하 원칙에 맞게 적어 본다. 이때 신문기사를 쓰듯이 객관적으로, 감정 없이, 구체적으로, 해석하지 않고, 또 논쟁하지 않으면서 적어야 한다.

② 서로의 생각, 감정, 기대를 솔직하게 표현한다. 이 상황에서 서로 진짜 문제라고 생각하는 것이 무엇인지 나누며, 자신의 감정에 이름을 붙여 함께 나눈다. 자신의 감정을 분명히 알게 되면 문제로부터 감정을 분리

하기가 쉬워진다.

③ 두 사람이 기대하는 것과 목표가 무엇인지 분명히 한다. 상대방이 쉽게 동의하지 않을 것이라 생각하지만 자신이 기대하는 것을 적는다. 다음으로는 상대방이 바랄 것 같은 기대와 목표에 대해 적고 이에 대하여 서로 대화를 나눈다. 이 과정에서 서로의 바람에 대한 이해가 가능해지며, 혹시 서로 오해한 부분이 있었다면 발견할 수도 있다. 마지막에는 서로가 공유하는 관심을 적는다. 이를 통해 두 사람이 다 원하며 동의할 수 있는 영역을 탐색한다.

④ 브레인스토밍을 통해 가능성이 있는 여러 해결책들을 찾아본다. 서로 옳다, 그르다 등의 가치 판단을 하지 말고 가능한 한 많은 아이디어를 내놓는다.

⑤ 각각의 대안들을 평가하여 모두가 동의할 수 있는 최선의 해결책을 선택한다.

⑥ 시행 기간을 가진 후 결과를 평가한다. 함께 의논하여 일정한 기간 동안 합의 사항을 시험적으로 시행해 보고 실천하면서 그 결과를 평가한다.

3. 갈등 해결 연습하기

최근에 있었던 갈등 상황에 대해 생각해 보고 다음과 같은 문제 해결의 과정을 따라가면서 최선의 해결책을 찾아본다.

① 갈등 상황과 문제를 객관적으로 서술한다.

② 나와 상대방이 진짜 문제라고 생각하는 것이 무엇이며, 그 상황으로 인해 느끼는 감정이 무엇인지 솔직하게 적는다.

③ 내가 이상적이라고 생각하며 기대하는 것을 적는다.

④ 상대방이 이상적이라고 기대하는 것을 적는다.

⑤ 둘이 모두 기대하는 것과 도달하고자 하는 목표를 적는다.

⑥ 브레인스토밍을 통해 가능한 잠정적 해결책들을 모두 적는다.

⑦ 나와 상대방이 전혀 받아들일 수 없는 해결책은 제외하고 둘 다 모두 받아들일 수 있는 해결책을 적는다. 그중에서 두 사람이 동의하여 가장 만족스러운 해결책을 찾아낸다.

참고 : Satir 의사소통 훈련 프로그램

10

의사소통과 인간관계

의사소통은 대인관계를 보다 원활하게 하도록 하는 촉진적인 역할을 하는 매우 중요한 도구라고 할 수 있다. 인간관계에서 언어적이거나 비언어적인 수단을 통해서 감정이나 태도, 정보 등을 교류하는 바람직한 방법을 학습하는 것은 보다 친밀한 관계를 맺는 데 매우 유용할 것이다. 이 장에서는 의사소통이란 어떤 원리에 의해서 이루어지는가를 이해하고, 의사소통의 구체적인 단서와 적절한 기술을 학습한다.

1. 의사소통의 의미

1) 의사소통의 의미

의사소통이란 두 사람 이상의 사이에서 언어적 · 비언어적인 수단을 통해 감정, 태도, 사실이나 정보, 신념, 생각 등을 전달하는 과정이다(이재창, 임용자, 1998). 건강한 사람들은 자신의 느낌이나 생각, 의도하는 바를 조화롭게 그리고 분명하고 명료하게 전달한다. 의사소통을 원활하게 하는 것은 심리적인 건강에 따라 그 정도가 다르겠으나, 어떻게 표현해야 하는지에 대한 기술적인 결함에 의해서 나타나는 경우도 있다. 한편 의사소통을 위한 적절한 학습이 이루어지지 않은 경우도 있다. 그러나 대체로 심리적으로 건강하고 적절하게 표현할 수 있는 기술을 갖추게 된다면 대인관계에서 매우 자연스럽고, 다른 사람들과의 교류에 대해서도 많은 자신감을 갖게 될 것이다. 그렇게 되면 자신의 능력을 자신이 처한 상황에서도 십분 발휘할 수 있고, 업무 및 역할의 수행뿐만 아니라 자기효능감의 증진을 돕게 될 것이다.

2) 의사소통의 원리

의사소통은 몇 가지 중요한 원리에 따라서 이루어진다(설기문, 1997).

첫째, 의사소통은 의도적으로 또는 비의도적으로 이루어질 수 있다. 사람들은 보통 남에게 어려운 부탁을 하거나 윗사람에게 직언을 해야 하는 경우라면 신중하게 생각해서 말을 하게 된다. 이것은 의도적으로 의사소통을 하는 예이다. 그러나 모든 경우에 의도를 가지고 의사소통을 하는 것은 아니다. 오히려 때로는 전혀 의도하지 않은 의사소통이 이루어질 수도 있다. 무의식적으로 또는 흥분하거나 화가 나서 불쑥 어떤 말을 하거나 행동을 할 수도 있다. 또는 자기도 모르게 실언을 하여 나중에 후회하는 수도 있다. 이는 바로 의도하지 않은 의사소통이 일상생활에서 얼마든지 이루어질 수 있음을 보여 주는 좋은 예들이다.

둘째, 우리는 말이 아닌 다른 방식으로 말을 할 수도 있다. 때로는 침묵을 통해 무언의 말을 하기도 한다. 여기서 '말을 한다'는 것은 결국 '의사소통을 한다'는 것을 의미한다. 이렇게 본다면 사람들은 심지어 자면서도 '말을 한다.' 즉, 잠을 자면서도 '의사소통을 한다'는 뜻이다. 이와 관련하여 침묵은 때로 "생각하고 있다."는 말을 하는 것일 수도 있고 "할 말이 없다."고 말하는 것일 수도 있다. 때로는 무거운 침묵이 "당신 같은 사람과는 상대하고 싶지 않다."는 말을 하는 것일 수도 있다. 그러나 그것은 "너무 감격하여 할 말을 잊었다."는 메시지를 나타내는 것일 수도 있다. 이처럼 우리는 꼭 말을 하지 않더라도 비언어적인 메시지를 통해 매 순간 의사소통을 한다. 그러므로 우리가 살아 있는 한 의사소통을 하지 않는다는 것은 불가능하다.

셋째, 한 번 이루어진 의사소통은 되돌릴 수 없다. 우리는 때때로 과거로 되돌아가서 했던 말이나 행동을 없었던 것으로 하고, 그 대신 다른 말이나 행동을 한 것으로 만들고 싶을 때가 있는데 그것은 불가능하다. 때로는 지나간 실수에 대해서 사과를 하거나 오해에 대해서 해명함으로써 마음의 상처를 치유하고 이해의 폭을 넓힐 수는 있으나, 그러한 과거 자체를 없었던 것으로 할 수는 없다. 이미 한 말이나 행동은 돌이킬 수가 없다.

넷째, 의사소통은 반복될 수 없다. 의사소통은 계속 진행되는 과정이기 때문에 같은 것을 반복하기란 불가능하다. 즉, 같은 사람에게 같은 말을 하더라도 시간과 장소에 따라 그 말의 의미와 말에 대한 반응이 달라질 수 있다. 그리고 또 같은 말이라도 다른 사람에게 할 때 그 말의 의미와 그것에 대한 반응이 달라질 것은 자명하다. 우리는 시간과 장소에 따라 늘 변화한다. 항상 똑같이 존재하는 사람은 이 세상에 아무도 없다. 그러므로 의사소통 또한 똑같이 반복될 수 없다.

2. Satir의 의사소통 유형

1) 회유형

회유형(placating stance)은 자신의 가치를 부정하고, 다른 사람들의 기분에 맞추려고 하며, 반대 의견을 제시하지 않고, 비위를 맞추며, 남이 제안하는 것에 대부분 동의하여 결국 자신은 중요하지 않은 사람이라는 메시지를 전달한다. 따라서 삶의 목적이 다른 사람의 문제를 덜어 주기 위한 것처럼 행동하고, 다른 사람을 화나게 하지 않으려고 노력하기 때문에 잘못되는 부분에 대한 책임을 자신이 짊어진다.

회유형의 사람은 자신이 느끼고 생각하는 것보다 상대방에게 긍정적으로 대답하는 것이 중요하다고 생각한다. 그렇기 때문에 분노를 억압하고 신체적인 혼란을 나타낸다. 그리고 타인과의 관계에서 상호작용을 이루는 상황은 존중하지만 자신의 진정한 감정은 존중하지 않는다.

2) 비난형

비난형(blaming stance)은 회유형의 반대유형으로, 자기주장이 강하고 독선적이고 명령적이며 지시적인 면을 지니고 있다. 또한 자신을 보호하기 위해서 타인이나 환경의 탓을 한다. 비난하는 사람은 자신을 힘 있고 강한 사람으로 다른 사람들이 인식하도록 노력하지만, 사실 깊은 내면에는 낮은 자존감과 실패감이 존재한다. 따라서 독재적이며 높은 사람처럼 행동하고 다른 사람의 결점을 발견하여 지적하며 다른 사람의 약점을 쉽게 찾아내는 반면에, 자신의 약점을 수용하기가 어렵다. 그래서 타인의 가치를 낮추고 자신의 상황에만 가치를 두는 것이다.

3) 초이성형

초이성형(super-reasonable stance)은 의사소통의 상황에서 자신과 타인에 대해 과소평가를 한다. 지나치게 합리적인 상황만을 중요시하고 기능적인 것만을 말하며, 대부분 객관적인 자료나 논리에 근거해서 의사소통을 하고 실수 없는 행동을 하려고 애쓴다. 감정보다는 상황에 초점을 맞추며, 매우 정확하고 이성적이고 조용하고 냉정하고 차분하다. 따라서 대인관계에서 융통성이 결여되며 원칙 중심적이고 재미없고 강박적이다.

4) 산만형

산만형(irrelevant stance)은 초이성형의 반대유형으로 의사소통이 혼란스러운 유형이다. 이들은 계속적인 움직임을 보이고 토론의 주제에서 벗어나는 쪽으로 사람들의 관심을 분산시키려고 노력하는 것이 특징이다. 생각이 자주 바뀌고 동시에 혼란스러운 행동이 빈번하며, 어떤 특별한 주제에 초점을 집중하기가 어렵다. 생각 없이 책임 없는 말을 하거나 주의집중에서 벗어나는 상황을 만든다. 위협을 무시하고 위협이 존재하지 않는 것처럼 행동하여 주위를 혼란시킨다. 행동과 말이 다른 사람의 말과 행동과는 무관하고, 말의 의미나 의도가 나타나지 않는다.

5) 일치형

일치형은 자신과 다른 사람을 함께 돌보고 현재의 객관적인 상황도 고려하여 의사소통할 수 있는 유형으로, 자기 스스로가 주체적으로 다른 사람과 관계를 맺고 접촉할 수 있는 유형이다. 이 유형의 사람들은 원만함, 책임감, 정직성, 친근감, 창의성 등을 가지고 문제를 바람직한 방법으로 해결할 수 있는 능력이 있다. 또한 이들은 자기 자신의 유일성을 존중하며 상호작용을 잘할 수 있는 에너지를 가지고 있어서, 자신의 개인적인 특성을 주장할 수도 있고 다른 사람을 신뢰하며 편안하고 정직하고 개방적인 친교를 할 수도 있다. 따라서 일치형은 가장 바람직한 의사소통의 유형이라고 할 수 있다.

3. 언어적 의사소통과 비언어적 의사소통

1) 언어적 의사소통

의사소통은 크게 언어적인 의사소통과 비언어적인 의사소통으로 구분할 수 있다. 그러나 언어적인 의사소통에 비해서 비언어적인 의사소통이 제공하는 단서들이 더 정확한 경우가 있다. 한편 언어적인 의사소통보다 비언어적인 의사소통이 더 강하게 전달되는 경우도 있다. 언어적인 의사소통에서는 음성과 전달하고자 하는 메시지를 분명하게 전달하기는 하지만, 화자가 청자에게 의도적으로 제한된 정보를 제공하는 경우도 있기 때문에 청자는 화자가 전달하는 정보의 정확성을 확인하는 데 비언어적인 의사소통에 의존하게 되는 경우도 있다. 따라서 정확한 의사소통을 하기 위해서는 언어적인 의사소통과 비언어적인 의사소통을 조화롭게 활용해야 할 것이다.

언어적인 의사소통에서도 매우 애매하고 불확실하게 정보가 전달되는 경우가 있다. 신경언어학(Neuro Linguistic Programming)에 의해서 연구된 의사소통 과정에서 인간의 심층 구조에서 표층 구조로 가기 위해 그 경험이 변형되는 세 가지 방법을 밝혀냈다. 그 방법들을 다음과 같이 살펴보고자 한다(이재창, 임용자, 1998).

(1) 일반화

일반화(generalization)는 구체적이고 사소한 경험을 가지고 전체 경험으로 확대하는 것을 말한다. 일반화로 인해 구체적인 것에 대한 섬세함과 풍요로움이 감소되며, 특정한 경험과 사건 또는 느낌은 보편적 수준으로 확대된다. 일반화의 예는 "철수는 나를 좋아하지 않아요."를 "남자들은 나를 좋아하지 않아요." 또는 "아무도 나를 좋아하지 않아요."로 표현하는 것이다. 보편적으로 일반화에 사용되는 한정사(수식어)에는 '모두, 각각의, 모든, 무엇이든' 등이 포함되고, 부정적인 한정사로는 '결코 … 가 아니다, 아무 데도 없다, 조금도 없다, 아무것도 없다, 아무도 없다' 등이 포함된다.

(2) 삭제

삭제(deletion)는 본래의 경험과 심층적 의미에 대한 언어적 표현 중 일부분을 제거 또는 누락하는 표현을 말한다. 이러한 경우 그 언어나 문장은 미완성의 의사소통 상태가 된다. 예를 들면, "일을 다 망쳤단 말이야."라는 표현은 누구의 일인지, 누가 망쳤는지, 무엇을 어떻게 했는지에 대해 의문이 생긴다. 또 "난 어떻게 해야 좋을지 모르겠어."라는 말을 들으면 무엇에 관해서 하는지, 누구에게 하는지, 언제 어디서 하는지, 자기 자신을 위해서 하는지 등의 구체적인 정보가 빠져 있으므로 의사소통이 미완성이 된다.

(3) 왜곡

의미를 왜곡(distortion)하는 대표적인 예는, 타인이나 외부 사건 및 환경이 원인이 되어 그 결과 자기의 내적 상태를 초래한다고 믿고 자신의 경험을 표현하는 것이다. 즉, 타인이나 외부에서 내 감정 상태를 만들어 낸다고 생각하여 그 원인과 결과를 믿는 것이다. "아내가 나를 미치게 만든다.", "아내는 나로 하여금 그녀를 미워하게 만들어."라는 표현이 그 예에 해당된다. 왜곡의 또 다른 예는 의사소통의 왜곡망이 자신의 과거 경험이든, 선입견 또는 고정관념이든 간에 자신의 왜곡망을 사용하여 다른 사람의 마음을 자기 나름대로 알 수 있다고 믿는 것이다. 이렇게 남의 마음 읽기는 남을 주관적으로 해석하는 과오를 범하게 하고, 자신을 괴롭히고 고통스럽게 만들 수도 있다. "남편은 나를 사랑하지 않아요." 또는 "아버지는 나를 쓸모없다고 여겨요." 등이 흔히 의미를 왜곡하는 표현에 속한다. 이런 표현을 듣는 경우 상대방은 "그것을 어떻게 알아요?", "그것은 누구의 생각이지요?", "무엇이 또는 그의 어떤 특별한 행동이 그런 생각을 하게 했나요?"라고 물음으로써 그 왜곡된 의미를 변화시킬 수 있다.

2) 관심집중, 경청, 자기표현

(1) 관심집중

모든 인간관계에서도 질적인 관계란 우선적으로 관심을 기울이는 것에서부터 출발하게 된다. 상대방이 나를 보고 있는지는 관심집중의 기본적인 행동 특징이다. 나를 보지 않고 다른 곳에 시선을 두고 마주 앉아 있다면 내게 관심이 있다고 믿지 않는다.

상대방이 내게 관심을 기울일 때 사용할 수 있는 미시적 기술은 'SOLER'로 다음과 같이 요약할 수 있다(제석봉 등, 1999).

S : 상대를 바로(squarely) 바라본다. 상대방에게 관여하고 있다는 자세를 취하는 것으로 '나는 당신과 함께 있다, 당신과 함께 나누고 싶다' 라는 뜻을 전달한다. '바로' 라는 말은 문자 그대로 상대방에게 관심이 있다는 것을 전달해 준다.

O : 개방적인(open) 자세를 취한다. 상대방과 상대방의 말에 마음을 열고 있다는 증거로서, "내가 지금 취하고 있는 자세는 내가 개방적이고 만나고 싶다는 태도를 갖추고 있다는 사실을 상대방에게 얼마나 잘 전달하고 있는가?" 하고 자문해 볼 필요가 있다.

L : 이따금 상대방 쪽으로 몸을 기울인다(lean). 상대방 쪽으로 몸을 기울이

는 것은 의사소통을 촉진하는 일종의 신체적 유연성 또는 반응성을 가리킨다.

E : 좋은 시선의 접촉(eye contact)을 유지한다. 상대방과의 좋은 시선 접촉은 '당신과 함께 있다, 당신에게 관심을 가지고 있다, 당신이 하는 말을 듣고 싶다' 는 뜻을 전달해 준다.

R : 편안하고(relaxed) 자연스러운 자세를 취한다. 편안한 자세는 두 가지를 뜻한다. 첫째, 조바심하거나 주의를 흩뜨리는 표정을 짓지 않는 것이다. 둘째, 개인적인 접촉과 표현의 도구인 몸짓을 편안하고 자연스럽게 하는 것이다.

(2) 경청

화자와 청자의 대화에서 경청할 때의 관건은 청자가 상대적으로 더 비중을 두어야 할 화자의 말과 행동을 선택해서 그것에 주목하는 것이며, 화자의 말과 행동에 대한 경청은 성공적인 대화로 이끄는 주요 요인이다. 경청은 화자가 생각이나 감정을 자유롭게 표현할 수 있도록 북돋워 주므로 감정의 명료화, 사고의 합리화를 돕고, 의사소통의 중요한 관건이 되며, 화자의 말과 행동을 보다 적극적으로 경청하는 것은 청자의 핵심이다. 제석봉 등(1999)은 체계적인 경청의 방법을 다음과 같이 설명하고 있다.

① 언어적 메시지의 경청과 이해

의사소통을 원활하게 하기 위해서는 화자의 이야기를 경청해야 하는데, 그 이야기 속에는 화자의 경험과 행동과 정서가 배어 있다. 언어적이든지 비언어적이든지 내면의 감정을 읽을 수 있는 단서나 힌트는 다양하다. 그러므로 화자의 말과 행동을 경청함에 있어서 감정을 읽을 수 있는 단서를 찾아낼 필요가 있다. 우선 청자는 화자가 말하려고 하는 것, 말과 관련된 감정과 내면의 의도가 무엇인지를 파악해야 한다.

② 비언어적 메시지의 경청과 이해

보편적으로 많은 의사소통의 내용 가운데는 언어적인 메시지와 더불어 비언어적인 메시지를 전달하기 때문에 화자의 메시지를 있는 그대로 수용하는 것이 중요하다. 화자로부터 전달되는 메시지를 왜곡하거나, 자신의 경험 방식으로 해석하거나 이해하지 않고, 확대하거나 축소하지 않으며, 화자가 표현하는 말과 행동을 정확하게 읽어 내는 방법을 학습하는 것이 중요하다. 우리가 비언어적인 메시지에서 가장 일반적으로 확인하는 단서는 자세, 몸짓, 얼굴 표정 등과 같은 신체언어이다. 이 같은 신체언어를 통해서 좋아하거나 싫어하는 등의 감정을 알아차리게 되며, 비언어적인 메시지만으로 관계를 유지하는 경우도 있다. 비언어적인 메시지의 또 다른 단서는 이유 없이 약속을 어기거나, 약속 장소에 늦게 나타나거나, 연락이 두절되거나 하는 행동인데, 이는 무시하거나 싫어한다는 의미의 메시지를 전달하게 된다.

③ 공감적 경청과 냉철한 경청

공감적 경청은 화자에게 관심을 기울이고 관찰하고 경청하며 화자와 함께하는 것을 의미한다. 이는 화자의 세계를 이해하는 데 필수적인 요소이며, 청자와 화자가 온전히 함께하기 위해서 자신의 관심사를 제쳐 두기 때문에 사심 없는 대화가 이루어지게 된다. 공감적 경청은 공감적 이해를 낳고, 공감적 이해는 공감적 반응을 낳는다.

냉철한 경청은 화자의 경험적 실제의 한 부분을 이루는 차이, 왜곡, 부조화를 탐지하는 것을 말한다.

(3) 자기표현

의사소통에서는 듣는 것이 말을 하는 것보다 더 중요하다. 그러나 경청하는 것만이 대화의 최선은 아니다. 경청에 대한 반응 또는 자신이 전달하고자 하는 내용은 어떠한 방식으로든 전달하는 것이 관계를 원활하게 해 준다. **자기표현**이란 자신의 가치관, 욕구나 바람이 무엇인지를 알고, 자신의 생각과 감정을 다른 사람에게 전달함으로써 자신의 욕구충족을 이루는 주도적인 행동을 말한다. 자기표현의 장점은 자기개방과 자기노출을 통해서 친밀감이 생기고, 우호적인 관계를 맺을 수 있으며, 감정의 정화를 경험하게 된다는 것이다. 또한 자신의 생각이나 감정을 왜곡되게 경험하는 것을 예방할 수 있으며, 있는 그대로의 모습으로 타인에게 수용된다. 반대로 자기표현에 뒤따르는 단점은 타인과 의견 차이가 생기고 가치가 충돌할 가능성이 있으며, 심리적인 거리감을 느낄 수도 있다는 것이다. 이 같은 단점을 보완하기 위해서는 적절한 자기표현 기술을 익히는 것이 중요한 과제일 것이다.

① 개방적인 나-전달법

개방적인 나-전달법은 자신의 생각이나 감정, 가치관, 선호하는 것, 혐오하는 것 등을 일상에서 다른 사람들에게 알리는 방법이다. 그러나 화자와 더불어 청자가 있을 때 선택적으로 개방을 한다는 것이다. 왜냐하면 우리는 동조, 지지, 공감을 해 주는 사람이 있을 때 더욱 자기개방을 촉진하게 되기 때문이다. 자기개방적인 나-전달법을 사용하면 다른 사람들도 자신의 경험을 기꺼이 개방하게 되고 더욱더 가까워질 것이다.

② 주도적인 나-전달법

보편적인 대화에서 "예.", "아니요."라고 할 때 사용한다. 주도적인 나-전달법은 자기표현을 진술하는 것으로, 스스로의 결정을 말한다. 즉, 자기표현에 있어서 개인적인 책임을 가지고 스스로의 행동을 선택하는 것이다. 또한 타인에게 자기표현을 할 때 모든 결정에 대한 설명을 할 필요가 있다고 판단될 때 사용한다. 자신의 욕구와 가치관을 바탕으로 한 것은 타인의 이해와 수용을 요구할 때 사용하면 효율적이다. 예를 들어, 상사가 퇴근 시간이 다 되어 일을 시켰는데 당신이 "아니 못해요."라고만 답을 했다고 하자. 상사는 자신의 지시를 거절한다고 생각할 수도 있다. 그러나 왜 할 수 없는지에 대해서 자기표현을 하는 경우, 즉 퇴근 시간 이후에 중요한 약속이 있다고 설명하여 상사의 오해를 방지하는 경우이다.

③ 예방적인 나-전달법

예방적인 나-전달법은 다른 사람에게 미리 알림으로써 도움을 청하는 계기가 되는 것이다. 앞으로 일어나게 될 갈등을 미리 예방하기 위해서 사용한다. 예를 들어, "나는 오늘 점심으로 …가 먹고 싶다.", "다음 주에는 학회에 간다.", "시어머니 생신이 다가온다." 등의 사실을 미리 알려 줌으로써 앞으로의 상황에 대비할 수 있다.

3) 비언어적 의사소통

비언어적인 행동의 표현은 신체 각 부위를 통한 비언어적 의사소통, 음성을 통한 비언어적 의사소통, 환경을 통한 비언어적 의사소통으로 분류한다.

(1) 신체 각 부위를 통한 비언어적 의사소통

눈 마주침, 자세, 얼굴빛, 표정, 반복적인 행동, 접촉 등을 통해서 이해할 수 있다. 예를 들면, 시선의 방향과 응시하는 시간이나 빈도, 피곤해 보이거나 팔짱을 끼거나 손가락을 만지작거리는 것, 의자의 앞부분에 걸터앉기 등을 말한다.

(2) 음성을 통한 비언어적 의사소통

음조와 음색, 말의 속도, 음성의 강도, 말씨 등을 통해서 이해할 수 있다. 예를 들면 무감정, 단조로움, 생기, 억양의 변화, 확신 있는 의사표현, 말씨의 항상성과 일관성, 말의 명확한 끝마무리 등을 말한다.

(3) 환경을 통한 비언어적 의사소통

상대방과의 거리, 물리적 환경, 의복, 실내에서의 위치 등을 들 수 있다. 예를 들면 상대방이 다가올 때 멀리 비켜나거나 상대방이 피하는데 계속 다가가기, 정돈된 분위기인지 너저분한 분위기인지, 대담한 의복인지 격에 맞는 의복인지, 유행하는 의복인지 평범한 의복인지 등을 말한다.

4. 효과적인 의사소통 기법

1) 이형득(1999)이 제시한 의사소통 기법

(1) 관심 기울이기

타인과 좋은 관계를 형성 · 발달시키는 데 중요한 하나의 요건은, 상대방이 전달하고자 하는 의사를 정확히 이해하려고 노력할 뿐 아니라 관심 기울이기 기법을 통해서 그와 같은 사실을 상대방에게 전달해 주는 것이다. 관심 전달은 대인 간의 상호작용을 강화하고 촉진하는 데 크게 도움이 되기 때문에 특히 관계 형성의 초기 단계에는 필요 불가결한 것이다(Ivey 등, 1968).

효과적인 관심 기울이기 행동은 상대방을 존엄성을 가진 인격체로 존중하며 그가 말하는 것에 깊은 관심을 가지고 있다는 사실을 나타내는 것이다. 관심 기울이기를 통해서 우리의 행동이 타인에게 미치는 영향을 관찰할 수 있을 뿐만 아니라, 인간관계상의 문제가 통제할 수 없을 만큼 심각해지기 전에 미연에 방지할 수 있으며, 타인들의 경험을 공감적으로 이해할 수 있다. 또한 몸의 자세, 움직임, 몸짓 등은 관심을 표명하는 것이기 때문에 대인관계에서 신체적으로 이완되고 편안하며 자연스러운 자세를 취하는 것은 매우 중요하다. 특히 상대방과의 부드러운 시선 접촉은 관심 기울이기의 핵심이다. 부드럽고 적절한 시선 접촉을 통해서 그 사람에 대한 관심과 존경을 전달할 수 있다. 즉각적인 언동 반응은 상대방의 말이 끝난 직후에 간단한 말("아! 그랬어요?", "아, 그렇군요." 등)이나 고개를 끄덕이는 등의 동작 반응을 해 보이는 것을 말한다. 이와 같은 언동은 상대방이 전달하려고 하는 메시지를 이해하려고 노력하고 있다는 사실을 알려 주는 데 도움이 된다.

이와 같이 편안한 자세, 적절한 시선 접촉, 즉각적인 언동 반응 등과 같은 관심 기울이기 행동은 상대방에 대한 관심과 존경을 전달하는 데 많은 도움을 주기 때문에 효과적인 대인 간의 상호작용을 강화해 줄 뿐만 아니라 생산적인 인간관계 형성과 발달에도 크게 이바지한다.

(2) 의사 확인하기

의사 확인이란 우리가 상대방의 생각, 정보 혹은 제안을 그가 의도한 바 그대로 정확히 이해하고 있는가에 대해서 확인해 보는 것을 말하며, 타인의 말이나 그 내용을 어느 정도로 정확히 이해하고 있는가를 나타내 보이는 하나의 방법이라고 볼 수 있다. 상대방의 메시지 내용을 오해하여 의사소통에 장애가 되는 경우를 종종 경험하게 된다. 이때 의사 확인은 이와 같은 오해를 명료하게 하는 기회가 된다. 의사 확인은 상대방의 생각을 단어나 문체만 바꾸어서 물어보는 것이 아니라, 상대방의 생각을 자기 자신의 말이나 개념으로 바꾸어서 진술하는 것이다. 즉, 상대방이 무엇을 말하려고 하는지, 원하는 것이 무엇인지를 이해하는 과정에서 이루어지는 것이다.

(3) 지각 확인하기

지각 확인은 타인의 느낌이나 경험적인 면에 초점을 두기 때문에 의사 확인의 보충적인 역할을 한다. 우리가 지각하는 것은 각자의 경험을 바탕으로 하기 때문에 흔히 왜곡된 지각일 수가 있다. 그래서 타인과의 좋은 관계를 맺으려면 그들의 느낌이나 경험을 정확히 이해하고 있는가를 알아보기 위해서 자신의 지각을 탐색하고 확인할 필요가 있다. 지각 확인을 통해서 상대방의 느낌과 경험을 판단과 평가와 설명 없이 확인하는 것이 중요하다.

(4) 자신의 느낌 보고하기

우리가 원한다거나 원치 않는다고 해서 마음대로 느끼거나 느낌을 멈출 수 없다는 사실을 우리는 경험을 통해서 이미 잘 알고 있다. 대부분의 인간관계에서 우리는 자신의 느낌을 처리하는 데 또는 타인의 느낌을 다루는 데 어려움을 경험한다. 무엇보다도 느낌을 건설적으로 취급하고 처리하는 것은 매우 어려운 일이라고 할 수 있다. Wallen(1967)은 느낌을 건설적으로 활용하는 방법을 다음과 같이 설명하고 있다.

첫째, 느낌을 갖는다는 것은 자연스러운 일임을 명심하라. 당신의 느낌을 당신의 것으로 수용하라. 그리고 그것을 경험하라. 당신이 갖는 느낌에 대해서 정당화하거나 변명하려고 하지 말라.

둘째, 당신이 갖는 느낌이 전기의 '퓨즈' 역할을 한다는 사실을 인정하라. 긍정적인 느낌은 당신이 안전하다고 느낀다거나, 타인을 신뢰하고 있다거나, 성장하는 데 자유롭게 느끼고 있다는 사실에 대한 단서가 된다. 부정적인 느낌은 인간관계에서 무엇이 잘못되어 있다거나, 명료화하거나 보다 더 이해해야 할 무엇이 있다는 사실에 대한 단서가 된다.

셋째, 타인의 느낌에 항상 유의하라. 그리고 타인이 간접적인 표현을 할 때는 그 배후에 있는 느낌을 자신이 정확히 읽었는지 확인해 보라.

넷째, 적절하다고 생각될 때 당신과 타인 간의 관계의 명료화를 증진시키는 방향과 방법으로 당신 자신의 느낌을 말로 보고하라.

(5) 피드백 주고받기

피드백(feedback)은 상대방에게 그의 행동의 결과가 어떠한지에 대해서 정보를 제공해 주는 것을 말한다. 다시 말해 그의 행동이 나의 행동에 어떤 영향을 미치고 있는가에 대해서 그에게 직접 말로 보고해 주는 것이다. 피드백 활동을 통해 타인에게 미치는 영향에 대해서 학습할 수 있다. 또한 피드백은 대인 간의 행동을 개선할 수 있는 기회를 제공해 주며, 타인과의 관계적 맥락에서 자신을 확인하고자 하는 데 많은 도움이 되고, 행동 결과에 대한 이해도 돕는다. 즉, 피드백은 대인관계에서 매우 중요한 부분으로 관계에서 매우 직접적인 개입을 하는 것이다.

건설적으로 피드백을 주는 데 고려해야 할 기본 요소들이 몇몇 학자들(Schmuck 등 1972; Myers & Myers, 1976)에 의해서 확인되었는데, 이를 바탕으로 피드백에서 유의할 점은 다음과 같다.

① 비강요성

피드백을 받는 사람의 행동을 변화시키려고 하거나 충고를 하기보다는 피드백을 주는 사람의 생각과 정보를 함께 나누어 가지는 형식으로 이루어질 때 더 잘 받아들여질 수 있다.

② 준비성

피드백을 받는 편에서 그것을 생산적으로 처리할 준비가 되어 있는지 주의 깊게 고려한 후에 피드백을 한다. 피드백은 신뢰감이 형성되고 위협적이지 않은 사람이 줄 때 가장 효과적이다.

③ 진솔성

피드백은 그런 행동을 하게 된 이유나 그 뒤에 숨어 있는 동기에 대해서보다는 그 사실 자체에 대한 명백한 보고의 형식으로 주어질 필요가 있다. 진솔한 피드백이 되기 위해서는 그 사람의 동기보다는 행동 자체에, 그리고 추리보다는 관찰 자체에 초점을 맞추어야 한다. 즉, 피드백은 분명하고 왜곡되지 않으며 구체적이어야 한다.

④ 즉시성

피드백은 가능한 한 반응을 일으킨 그 행동이 일어난 직후에 주어질 때 가장 효과적이다.

⑤ 가변성

피드백은 변화가 가능한 행동에 한해서 주어져야 한다. 아무리 정확한 피드백이라 하더라도 인력으로 변화시킬 수 없는 것에 대해서라면 무용지물이다. 피드백은 바람직한 행동의 대안까지 제안될 때 더욱 효과적이다.

2) Thomas Gordon이 제시한 의사소통 기법

Gordon은 중요한 사람들과의 관계, 특히 부모-자녀 관계, 부부관계 등 가족 관계에서 보다 효율적인 대화를 하고 보다 효율적인 대처 방법을 찾아 가는 과정에서 발생하는 대화의 방법을 가르치는 데 주력해 왔다. 우리나라에서도 PET(Parent Effectiveness Training) 교육과정이 한국적인 상황에 맞게 고안되어 현재 많은 부모, 교사, 성직자 등 다른 사람들을 돕는 데 종사하고 있는 사람들에게 실용적인 프로그램으로 널리 사용되고 있다(Thomas Gordon, 1988; 김인자 역, 1993).

(1) 목표 설정하기

인간관계에서 우리는 상대방이 하는 행동이나 말을 보고 들으면서 자신이 수용되거나 비수용되는 태도 중 한 가지를 선택할 것이다. 그런데 대화 중 어떤 행동에 대해서 당신의 감정이 상했다면 그것은 당신이 수용할 수 없다는 것이고, 당신이 문제를 소유했다는 뜻이다. 그리고 어떤 행동에 대해서 당신은 감정이 상하지 않았는데 상대방의 감정이 상했다면 상대방이 문제를 소유한 것이다. 또한 대화의 주제나 행동에 대해서 당신과 상대방 모두 감정이 상하지 않을 수도 있는데, 그때는 당신과 상대방 둘 다 문제를 소유하지 않은 것이다.

그런데 인간관계에서 당신 또는 상대방 어느 쪽이 문제를 소유했는지를 가리는 것은 매우 중요하다. 문제를 가진 사람은 문제를 해결해야 하는 과제를 부여받은 것이기 때문이다. 따라서 문제를 소유하지 않은 쪽에서 문제를 소유한 쪽에게 사용하게 되는 의사소통 기술은 문제를 소유한 쪽이 사용하는 의사소통 기술과는 다르다. 문제를 소유하지 않은 쪽에서는 문제를 소유한 쪽을 돕는 기술을 적용할 필요가 있고, 문제를 소유한 쪽은 문제 해결을 위해 도움을 요청하는 데 필요한 기술을 사용해야 하기 때문이다. 즉, 문제를 소유한 사람이 스스로 문제를 해결할 수 있도록 돕는 과정이며, 수용할 수 없는 행동을 수용할 수 있도록 돕게 된다.

(2) 반영적 경청하기

반영적 경청은 상대방이 문제를 가지고 있을 때 사용하게 되는 기술로서 3단계로 이루어진다. 첫 번째로, 말, 태도 또는 신체적 표현을 통해서 상대방이 문제를 가지고 있다는 단서를 전달한다. 두 번째로, 관찰할 수 있는 단서를 해

독하고, 상대방이 경험하고 있는 것이 정말인지 점검하도록 상대방에게 느낌이나 생각을 피드백해 준다. 세 번째로, 상대방이 우리의 피드백을 긍정하면 계속 진행하고 피드백을 부정하면 좀 더 확실한 암호를 보낸다.

반영적 경청 기술은 상대방이 어떤 문제를 가지고 있는지를 알려 주는 기술이다. 그래서 상대방이 어떻게 느끼고 있는지를 알아서 적절한 반응으로 되돌려주는 것이다. 예를 들어, 딸아이가 "저는 밴드부에서 탈퇴하고 싶어요. 그 답답한 밴드부 선생님은 우리가 밴드 연습 외에는 다른 할 일이 아무것도 없는 줄 알고 있거든요."라고 했다면, 당신은 딸이 화나고 좌절감을 가졌다는 것을 감지하고 "너는 많은 과제 때문에 꽤 좌절해 있는 것 같구나."라고 이야기하게 될지 모른다. 또한 딸이 "만일 할아버지가 내 머리 모양에 대해 한마디만 더 하시면 한바탕 해댈 거예요."라고 한다면 당신은 얼마나 화가 나는지, 짜증이 나는지를 알아차리게 될 것이다. 그래서 당신은 "너는 정말로 네 머리 모양을 흠잡는 것이 지겹구나."라고 말하게 될 것이다.

(3) 나-전달법

반영적 경청이 상대방과 관련된 의사소통 기법이라면, 나-전달법은 자기 자신과 관련된 의사소통 기법이다. 다른 사람의 행동에 대해서 평가하고 비난하거나 명령하는 것이 아니라 자기 자신이 느끼는 감정과 경험을 표현하는 것이다. 즉, 비난 없는 행동을 서술하고 자신에게 미치는 구체적인 영향과 자신의 느낌을 전달하는 것이다. 나-전달법의 활용은 스스로도 자기 자신을 더 잘 이해하게 하고, 상대방에게 나를 더 잘 알릴 수 있도록 도와주며, 궁극적으로는 상대방으로 하여금 마음을 정직하게 개방하도록 용기를 주게 된다.

나-전달법은 예를 들어, "네가 지금 방으로 들어올 때 나는 기분이 좋았어."와 같이 매우 긍정적일 수 있는 반면에, "내 마음이 상하고 위협을 느끼게 돼. 너를 다시는 보고 싶지 않아."와 같이 매우 부정적일 수도 있으며, 또한 "나는 아무런 느낌도 없어."와 같이 중간 입장일 수도 있다. "너는 색상 선택을 아주 잘하는구나." 대신에 "네가 칠한 색상이 나는 아주 좋아."처럼 다른 사람을 평가하지 않으면서 긍정적으로 지지할 수 있으며, "그 블라우스는 잘못 선택했어." 대신에 "나는 그런 블라우스가 마음에 들지 않아."처럼 다른 사람을 비하하지 않으면서 싫은 감정을 전달할 수 있다.

나-전달법은 자신이 상대방의 행동을 수용할 수 없다고 느낄 때 특별히 활용할 수 있다. 상대방의 행동을 비난하지 않고 나의 진실한 마음과 감정을 드러내기 때문에 상대방이 방어적이지 않으면서 책임감을 느끼게 된다.

나의 도움 없이 상대방이 자발적으로 자신의 행동을 변화시키기 위해서는 자신의 문제가 무엇인지 알 필요가 있다. 그렇게 되기 위해서는 세 가지 정보가 필요하다. 첫째, 문제를 유발하는 상대방의 행동은 무엇인가? 둘째, 그 행동은 나에게 어떤 영향을 미치고 있는가? 셋째, 나는 그 결과에 대해서 어떤 느낌을 가지고 있는가? 이러한 세 가지 요소를 나-전달법의 3요소라고 한다. 이것은 우리가 수용할 수 있는 방향으로 상대방이 행동하게끔 영향을 주게 된다. 나-전달법의 3요소가 효과를 보는 것은 두 가지 이유에서이다. 첫째, 상대방이 자기 행동이 우리에게 구체적인 영향을 미친다는 것을 믿기 때문이다. 둘째, 상대방이 그 행동을 계속하려는 욕구가 그다지 강하지 않거나 또 다른 방법으로 충족될 수 있기 때문이다. 다시 말해서, 상대방이 자신의 행동이 우리에게 진짜 문제가 된다는 것을 알게 되면 상대방도 우리를 위해서 행동을 바꾸게 될 것이다.

그런데 상대방의 새로운 행동은 정확하게 우리가 바란 것일 수도 있고 전혀 기대하지 않은 것일 수도 있다. 예를 들어 낮잠을 자던 어머니가 크게 소리지르며 싸우는 두 형제에게 나-전달법으로 말했을 때, 어머니가 원했던 것처럼 형제는 싸움을 멈추고 각각 따로 놀게 될 수도 있다. 다른 한편으로, 형제는 싸우는 소리가 어머니에게는 들리지 않는 차고로 자리를 옮겨서 싸움을 계속하는, 전혀 기대하지 않았던 결과를 보일 수도 있다.

(4) 환경 재구성하기

즉, 상대방의 수용할 수 없는 행동을 제거하기 위해서, 또는 우리에게 문제를 일으킬 수 있는 상대방의 미래 행동을 방지하거나 최소화하기 위해서 물리적인 환경을 수정하는 것이다. 환경을 재구성하는 방법은 다음과 같다. 첫째는 환경에 더해 주기이다. 흥미를 끌 수 있는 활동이나 소재를 도입하는 환경을 풍요롭게 하거나 확대하는 것을 말한다. 둘째는 환경 정돈하기이다. 즉, 바람직하지 못한 행동을 일으키는 자극이나 물리적인 요소들을 줄이는 축소하기와 제한하기이다. 셋째는 환경 바꾸기이다. 활동 공간의 구조를 편리하게 만들어 주는 단순화하기와 체계화하기, 재배열하기 등이다. 넷째는 주어진 환경을 계획하기이다. 서로의 욕구충족을 이끌어 낼 수 있는 시간을 정하는 시간표 작성하기나, 앞으로의 일을 대비할 수 있도록 미리 귀띔해 주는 정보 교환하기 등이다.

(5) 제3의 방법으로 갈등 해결하기

대부분의 사람들은 자신이 문제를 잘 해결한다고 생각한다. 우리는 날마다 많은 문제를 해결하는데 의식적이건 아니건 모두 매우 유사한 과정을 사용하고 있으며, 그 과정을 교육자인 John Dewey는 여섯 가지 기본 단계로 요약하였다.

1단계 : 욕구 해결을 위해 문제 정의하기

자신의 욕구와 감정을 진술한 다음 상대방의 욕구에 대해 자신이 이해한 것을 말로 표현한다. 그리고 양자의 욕구를 충족시킬 수 있는 해결 방안을 찾고 있다는 것을 상대방이 분명히 이해하도록 해야 한다.

2단계 : 가능한 해결책 제시하기

문제 해결의 창조적인 부분으로, 해결이 가능한 방법들을 모두 이야기하거나 적어 본다. 가장 좋은 해결책을 얻으려고 노력하고 있다는 점을 명심해야 한다. 합리적이고 실행 가능한 해결책이 많이 제시되었거나 한 가지 해결책이 다른 것들보다 더 낫다는 것이 확실해졌을 때 3단계로 옮겨도 된다.

3단계 : 해결책들에 대해 평가하기

문제 해결 단계에서는 정직하고 모든 욕구 해결책에 대해서 냉철해야 한다. 결함이 없는지, 실행 가능한지, 모두에게 유용한지, 힘들지는 않은지 등을 파악할 필요가 있다.

4단계 : 상호 수용할 수 있는 해결책 결정하기

서로가 하나의 해결책에 합의해야 한다. 일반적으로 모든 욕구와 그 해결책을 나열해 보면 분명히 좋은 해결책이 드러나게 된다. 나중을 위해서 해결책을 적어 놓는 것도 좋다.

5단계 : 해결책 실행하기

해결책을 만드는 것과 실행하는 것은 별개이기 때문에 일반적으로 해결책이 합의된 후에 곧바로 실행에 옮기는 일에 대해서 이야기할 필요가 있다. 가장 바람직한 태도는 결정이 이행되지 않을지 결과를 의심하기보다는 상대방이 결정을 충실하게 수행할 것이라고 믿는 것이다.

6단계 : 실행 결과에 대해 평가하기

앞에서의 해결책이 최선이 아니고, 때때로 당신이나 상대방이 더 나은 해결책을 위해 수정하거나 거부해야 할 해결책의 잘못된 점을 발견할 수도 있다. 문제 해결의 결과에 대한 자신의 감정뿐만 아니라 그 해결책에 대한 상대방의 감정을 알아보는 것도 중요하다.

(6) 가치관 대립에 대처하는 기술

① 모델링

상대방과 자신에게 바람직한 행동으로 모범을 보이는 것으로, 이는 상대방에게 자신이 수용되고자 하는 바람의 가치관을 본보기로 보여 주는 것이다. 모델링(modeling)은 자신의 가치관과 행동이 일치하고, 가치관을 시범으로 보여 주는 데 확고하고 분명해야 한다. 상황이 바뀌더라도 일관성 있게 해야 효과적으로 영향을 줄 수 있다.

② 의논

상대방의 가치관에 영향을 줄 수 있는 방법으로, 자신이 강화시키거나 약화시키고자 하는 가치관과 관련된 장점과 정보를 제공하는 것이다. 효과적인 도움을 제공하기 위해서는 관련 자료의 준비를 토대로 설득력이 있도록 해야 한다. 상대방의 질문과 반대에 반영적 경청과 나-전달법을 적절하게 사용하는 것이 매우 중요하다.

③ 자기수정

상대방과의 가치관 차이를 수용할 수 없다면 자신의 가치관을 재검토하고, 상대방의 가치관에 맞출 것인지를 생각하고 검토한 후에, 상대방의 가치관을 수용하여 자신의 가치관을 변화시키는 것이다.

원만한 인간관계를 위한 프로그램 10

주제

의사소통에 대한 이해와 적용

목적

① 자신의 의사소통에 대해서 파악하여 자기이해의 영역을 넓힌다.
② 자신의 자기표현 양식이 대인관계에 미치는 영향에 대하여 이해한다.
③ 자신의 성장을 위한 보완점에 대해 생각한다.

강의

건강한 사람들은 의사소통을 할 때 자신의 느낌이나 생각, 의도하는 바를 조화롭게 그리고 분명하고 명료하게 전달한다. 효과적인 의사소통에서 무엇보다도 중요한 것은 자신과 상대방을 향해 관심을 기울이는 것이다. 편안한 자세와 적절한 시선 접촉, 즉각적인 언동 반응 등과 같은 관심 기울이기는 상대방에게 관심과 존경을 전달하는 데 많은 도움을 주기 때문에 대인 간의 상호작용을 강화할 뿐만 아니라 생산적인 인간관계 형성과 발달을 가져오게 된다. 그리고 상대방의 생각이나 정보 혹은 제안 등의 의도에 따른 정확한 이해와 함께 타인의 느낌이나 경험적인 면에 초점을 맞추어 의사 확인을 하고, 자신의 느낌을 보고 피드백을 주고받는다. 그러나 많은 사람들은 적절하게 의사소통할 수 있는 기술을 익히지 않는다. 따라서 의사소통 훈련을 하는 것도 인간관계를 촉진시키는 중요한 대안이다.

프로그램 내용

<STEP 1>

이 연습은 다른 사람과 의사소통을 증진시키고자 하는 중요한 영역을 정하는 데 도움을 줄 것이다. 다음 30문항은 각각 여러 방법으로 다루어질 수 있다. 각 문항을 읽고 자신이 그 상황에 있다고 상상하여 그 사건의 장면은 명확히 머릿속에 그려 본다. 누구든 함께 있으면 그 사람도 장면 속에 포함시킨다. 그리고 그 상황에서 자신이 어떠한 대화로 응할 것인지를 상상한다. 묘사된 상황에 처해 본 적이 없다 할지라도 어떻게 느끼고 움직이고 말할 것인지를 상상하는 것은 가능할 것이다. 잠시 생생하게 그 장면을 그려 본 다음, 다음의 척도에 따라 예상되는 자신의 행동에 관한 만족도를 체크해 본다. 30문항을 다 끝낸 후 그 뒤에 나와 있는 지시 사항을 따른다.

예상되는 자신의 행동에 완전히 만족함(5점)
예상되는 자신의 행동에 그런대로 만족함(4점)
예상되는 자신의 행동에 만족스럽지도 불만족스럽지도 않음(3점)
예상되는 자신의 행동에 조금 불만족스러움(2점)
예상되는 자신의 행동에 아주 불만족스러움(1점)

( ) 1. 어느 날 저녁 친구 집에 우연히 들렀는데 파티가 진행 중이다. 집주인인 친구를 제외하고는 아무도 알지 못하는데, 친구가 같이 파티를 즐기자고 해 놓고는 보이지 않는다. 당신은 시간적 여유도 있고 손님들은 흥미로워 보인다.

( ) 2. 홀로 4시간가량의 비행기 여행을 하고 있다. 옆 자리에 앉은 사람은 친근해 보인다. 그 사람은 "고향이 어디에요?"라는 질문을 하며 대화를 시작한다.

( ) 3. 레스토랑에서 친구와 식사를 하는데 사장이나 은사 또는 당신이 존경하는 사람이 당신의 식탁에 와서 인사를 한다. 그는 당신과 잠시

이야기를 하고 싶어 하는 것처럼 보이는데, 그와 당신의 친구는 처음 만났다.

(　) 4. 당신은 당신이 알고 있는 사람이 일하는 직장의 연례 크리스마스 파티에 참석 중이다. 다른 사람들과 공통점이 별로 없지만 사교적으로 어울리고 싶다.

(　) 5. 1주일 전에 재미있어 보이는 사람이 당신의 집 아래층에 이사 왔다는 것을 알게 되었다. 당신은 그 사람과 만나고 싶다. 지금 당신은 계단을 걸어 내려가다 그(그녀)가 당신 쪽으로 다가오는 것을 본다.

(　) 6. 며칠 계속되는 강연이나 회합에 참석 중인데 친구로 사귀고 싶은 사람이 몇 명 있다는 것을 알았다. 당신은 일찍 그 장소에 도착해서 함께 대화를 나누고 있는 그들을 발견했다. 당신이 그들에게 접근하자 그들이 쳐다본다.

(　) 7. 친한 친구가 막 끝마친 그림을 보여 주면서 당신에게 솔직한 의견을 구한다. 당신은 그 그림이 전혀 좋아 보이지 않는다.

(　) 8. 당신은 휴가 중에 새로운 운동(스키, 암벽타기, 등산 등)을 그룹으로 지도받고 있다. 강사가 기초적인 원리에 대해서 강의하고 나서 그룹의 모든 사람들은 내용을 다 파악하고 몹시 시작하고 싶어 하는 눈치인데, 당신은 아직도 몇 가지가 혼동된다.

(　) 9. 당신이 가까이 지내 온 이웃이 먼 도시로 이사를 가게 되었다. 아마도 오랫동안 만나지 못할 것 같다. 당신은 그(그녀)에 관하여 어떻게 생각하는지 직접 말한 적이 없다. 오늘 저녁 마지막으로 함께 보내고 있다.

(　) 10. 한 친구가 당신의 외모를 칭찬한다. 그 말은 진지한 것 같다.

(　) 11. 한 친구와 논쟁을 했다. 그것에 관해 생각한 결과 당신은 자신이 잘못했고 어리석게 행동했다는 것을 깨닫게 되었다. 당신은 그 친구에게 사과를 해야 한다고 생각한다.

(　) 12. 당신은 최근에 우울하게 지내고 있지만 어느 누구에게도 그 기분을

말하지 않았다. 지금 한 친구가 무슨 일이 있냐고 묻고 있다.

( ) 13. 가까운 친구 하나가 최근 기분이 상해 있는 것 같다. 당신은 무엇이 잘못되었는지 묻는다. 친구는 당신에게 남의 일에 참견하지 말고 네 일이나 걱정하라고 한다.

( ) 14. 친목회에 나가기 전에 당신은 옷차림이 어떻게 보이는지 친구에게 물어본다. 친구는 "네가 진실을 알기 바란다면, 그 꼴은 정말 보기 흉해."라고 대답하고는 더 상세히 설명하기 시작한다.

( ) 15. 학교나 직장에서 선생님이나 사장이 "나는 자네가 하려고만 한다면 더 잘할 수 있으리라 생각하네."라고 하면서 당신 일에 반응을 보인다.

( ) 16. 당신은 최근에 무척 바빴다. 지금 당신은 친구들에게 더 이상 관심을 갖지 않는다고 비난하는 옛 친지를 우연히 길에서 만났다.

( ) 17. 정치적인 토론에 참여하고 있는데, 친구가 당신에게 무엇에 관해 이야기하고 있는지조차 모르면서 말을 한다고 비난을 퍼붓는다.

( ) 18. 방금 당신은 구독하고 싶지 않은 까닭에 잡지를 팔러 다니는 외판원에게 거절했다. 당신이 거절하자 그는 "그렇게 불쌍한 사람들에게 관심조차 없습니까?" 하고 응수한다.

( ) 19. 요즈음 당신은 친구와 가족들로부터 점점 멀어지고 있다고 느꼈다. 당신은 이런 감정이 수그러들기를 바라고 있으나 아직까지 그들에게 말하지는 않았다. 그러나 그 감정은 사라지지 않고 친한 관계는 점점 무너져 가고 있다.

( ) 20. 당신은 꼭 한 시간밖에 여유가 없다고 치과 접수계원에게 말하고 한 시간으로 충분하다는 확언을 받은 후 10시로 진료 예약을 했다. 진료 예약 시간 2~3분 전에 치과에 도착했으나 무려 35분 동안 대기실에서 기다려야 했다. 나중에 온 여러 명의 환자들이 당신보다 먼저 치료를 받으러 진료실로 들어간다.

( ) 21. 당신은 영화를 관람하고 있는데 가까이 앉아 있는 두 사람이 커다란

소리로 이야기하기 때문에 방해가 된다.

( ) 22. 당신은 손님들이 붐비는 상점에서 차례를 기다리고 있다. 판매원이 "다음은 누구 차례지요?"라고 묻자, 당신 뒤에 들어온 누군가가 "접니다."라고 대답한다.

( ) 23. 파티에서 어떤 손님들이 어떤 인종이나 민족을 헐뜯는 말을 하기 시작한다. 사람들은 점점 더 흥분하고 당신 생각에도 다른 사람들의 기분이 상한 것 같은데 아무도 반박하지 않고 있다.

( ) 24. 당신은 이사를 갔는데 곧 이웃집 사람들이 음악광이라는 것을 알게 되었다. 그들은 1주일에 4~5일씩 밤에도 음악을 크게 틀어 놓아 그 소리 때문에 잠을 잘 수가 없다.

( ) 25. 몇 달 전에 한 이웃이 책 한 권을 빌려 갔다가 몇 페이지가 찢어지고 더럽혀진 채로 돌려주었다. 그런데 그 사람은 또 당신이 좋아하는 CD 중에서 두 개를 빌려 달라고 요구하고 있다.

( ) 26. 한 친지가 집에 놀러 오라고 두 번이나 초대해서 갔었는데 두 번 다 조금도 즐겁지 않았다. 지금 그는 당신을 파티에 초대하면서 "그때 약속이 없을 테니 꼭 올 거지?"라고 말한다.

( ) 27. 친구 몇 명이 당신에게 함께 여행을 가자고 제의했는데 여행을 가면 하루 정도는 회사에 출근을 하지 못할 것이다. 당신은 상사에게 이 사정 이야기를 해야만 된다는 것을 알고 있다.

( ) 28. 당신은 크고 무거운 가구 몇 점을 집 안으로 옮기려 한다. 그러기 위해서는 이웃의 도움이 필요하고 한두 시간이 걸릴 것이다. 이웃이 "도움을 필요로 할 때는 언제든 도와 드릴게요."라고 전에 말한 적이 있다.

( ) 29. 2~3일 동안 낯선 도시를 방문 중인데 일반 관광객들이 잘 찾지 않는 곳을 특히 둘러보고 싶다. 카페에서 당신이 알고 싶고 또 방문하고 싶은 장소에 관해서 어떤 부부가 이야기하는 것을 우연히 듣는다.

(　) 30. 최근에 직장을 구했는데, 당신은 다른 사람들에게 일을 할당해 주는 업무를 맡았다. 출근 첫날인데 그들로부터 대장 행세를 하려고 한다는 말을 듣지 않으면서도 그들이 일을 잘할 수 있도록 지시를 내려야 한다.

* 답에 대한 평가

위의 문항들은 다섯 그룹으로 나눌 수 있는데, 1~6번은 대화 기술, 7~12번은 감정과 사고의 표현, 13~18번은 비평에 대한 대처, 19~24번은 갈등의 처리, 25~30번은 요청하기와 거절하기 등이다. 각 그룹별로 숫자로 나타낸 답을 합해 봄으로써 자신이 그 영역의 자기표현에 얼마나 만족하는지 짐작할 수 있다. 점수가 17 이하이면 그 영역에 집중적으로 신경을 써야 하고, 30 정도이면 전혀 문제가 없는 영역이라고 할 수 있다(Adler, 1976; 김인자 역, 1991).

30문항의 점수를 계산한 후에 앞에서 파악한 내용의 그래프를 그려 본다.

26~30					
21~25					
16~20					
11~15					
6~10					
1~5					
점수	대화 기술	감정과 사고의 표현	비평에 대한 대처	갈등의 처리	요청하기와 거절하기

위에 적힌 내용에 대한 평가를 통해서 알게 된 자기표현의 적절한 부분과 변화 · 개발해야 할 부분을 점검해 본다.

<STEP 2>

STEP 1의 평가를 통해서 알게 된 자기표현의 적절한 부분과 변화 · 개발해야 할 부분을 다른 집단원들과 함께 발표하며 의견을 나눈다.

① 적절한 자기표현의 영역과 변화 · 개발해야 할 영역은 어떤 부분인가? 왜 그렇다고 생각하는가?

② 나의 자기표현 양식은 나의 생활이나 인간관계에 어떠한 영향을 미치는가?
- 긍정적인 영향 –
- 부정적인 영향 –

③ 나의 자기표현 양식을 좀 더 만족스럽게 하기 위해 보완해야 할 점은 무엇이고, 이를 위해 어떤 노력을 할 수 있는가?

<STEP 3>

토의 및 평가

이 프로그램을 통해 새롭게 알게 된 것이나 느낀 점은 무엇인지 정리해 본다.

의사소통 PLUS ZONE

효과적으로 의사소통하기

1. 의사소통의 중요성

성경에 "함부로 말하는 것은 칼로 찌름과 같고, 지혜로운 자의 혀는 좋은 약과도 같다."는 말이 있다. 그만큼 의사소통이 중요하다는 것이다. 하지만 효과적인 의사소통은 쉽지 않아서 충분한 연습이 필요하다.

2. 의사소통은 어떻게 이루어지는가?

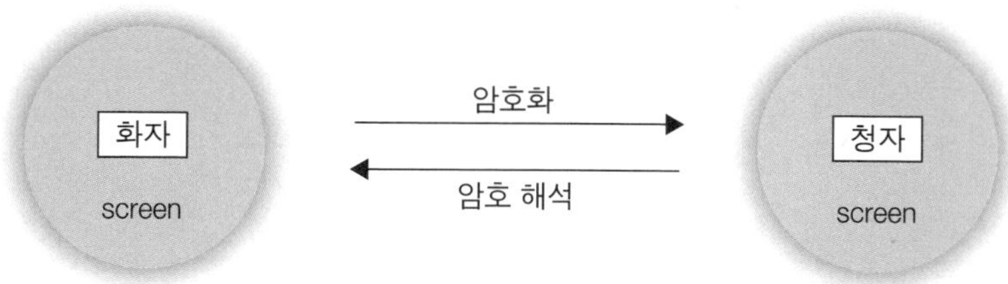

① 의사소통의 망(screen)이란 메시지를 통과시켜서 전달하고 받아들이게 되는 망으로서 자신의 경험, 욕구, 감정, 가치관, 신념, 편견, 선입관 등으로 구성되어 있다.

② 말하는 사람도 듣는 사람도 각자 자신의 망을 통해 메시지를 주고받기 때문에 왜곡(오해)이 생길 수 있으므로 정확하고 효과적인 의사소통을 하기가 어렵다.

③ 따라서 이를 방지하기 위해서는 피드백의 과정을 거치고, 자신의 망을 최대한 투명하게 한 채로 대화를 하는 자세가 필요하다. 즉, 투명한 망의 상태로 마음을 서로 비추어 상대방의 입장에서 그의 말과 마음을 이해해야 한다.

3. 효과적으로 의사소통하기

1) 잘 듣기

① 듣기를 방해하는 걸림돌을 염두에 둔다(비교하기, 짐작하기, 대답할 말 준비하기, 걸러내기, 판단하기, 딴 생각하기, 조언하기, 언쟁하기, 옳아야만 하기, 슬쩍 넘어가기, 비위 맞추기, 동일시하기 등).

② 상대방이 말하고자 하는 내용은 중요하다는 생각을 가져야 한다.

③ 상대방의 말을 끊지 말고 끝까지 들어준다. 다 들어 보지도 않고 대답하지 말고 충분히 듣는 자세를 갖는다.

④ 잘 듣고 있다는 것을 언어적 · 비언어적으로 표현해 준다.

⑤ 상대방의 말을 잘 이해하지 못했거나 의도를 깨닫지 못할 때는 다시 한 번

말해 달라고 요청한다(피드백 주고받기).

⑥ 대화는 말로만 이루어지는 것이 아니기 때문에 상대방의 행동과 표정, 모습에도 주의를 집중하고, 또한 자신도 올바른 태도를 취하면서 듣는다.

⑦ 문제에 대한 해결 방법이나 자신의 의견은 여유를 가지고 마지막에 제시한다.

⑧ 상대방의 이야기를 다른 곳으로 옮기지 않는다(비밀 보장).

공감 연습하기

1. 공감이란?

공감적 이해란 자신이 직접 경험하지 않고도 다른 사람의 감정을 거의 같은 내용과 수준으로 이해하는 것이다. 즉, 공감은 상대방의 귀로 듣고, 상대방의 눈으로 보고, 상대방의 혀로 맛보고, 상대방의 마음으로 느끼는 것이다. 공감을 통해 자신이 이해받고 있다는 느낌을 가지면 상대방을 보다 신뢰하게 되어 자신을 깊이 드러내 보이게 된다. 그리고 이러한 과정이 진행됨에 따라 더 친밀하고 촉진적인 관계가 이루어진다.

2. RE(Couple's Relationship Enhancement)식으로 공감 연습하기

① 두 명이 서로 두 손을 맞잡고 눈을 맞춘다.

② 한 명이 자신이 경험했던 아픈 기억에 대하여 솔직하게 이야기한다(감정도 함께 표현).

예 : 어린 시절 가장 상처 받았던 기억, 상대방에게 서운했던 기억 등

③ 이야기를 다 들은 사람은 공감을 해 주되 객관적인 공감이 아닌 주관적인 공감을 해 준다. 즉, "나 ○○○는…"으로 시작하여 상대방이 한 얘기를 '나'를 주어로 해서 다시 반복해 준다. 이때 정말로 상대방이 되어 감정까지도 그대로 함께 이야기해 준다.

④ 역할을 바꾸어 ②, ③을 반복한다.

⑤ 서로 느낌이나 소감을 나눈다.

2) 잘 말하기

① 말하기를 방해하는 걸림돌을 염두에 둔다(나는 좋은 사람이다, 네가 잘못이야, 너는 옳고 난 부족해, 나는 불쌍한 피해자이다, 나에게는 잘못이 없다, 나는 약하고 보호받아야 한다, 나는 강하다, 나는 모든 것을 다 안다).

② 개방적이고 수용적인 태도를 취하며 말한다.

③ 상대방에게 상처가 될 수 있는 비판적인 단어나 감정이 실린 말을 하지 않는다(내뱉지 말고 삼켜야 하는 말도 있다). 작은 일이라도 칭찬을 많이 해 주고 격려가 되는 말을 많이 해 준다.

④ 갈등이 생겼을 때는 여기, 지금(here and now)의 문제만을 가지고 대화한다. 과거의 일을 들추어 허물을 거듭 말하지 않는다.

⑤ 애매한 말로 표현하지 말고 구체적이고 알아듣기 쉬운 말로 분명하게 표현한다.

⑥ 일반화된 이름 붙이기를 하지 않는다. 상대방의 인간성보다는 행동에 초점을 둔다.

예 : "당신은 항상 그런 식이에요. 자기밖에 모르는 사람이지요."
"당신이 그렇게 행동하는 것이 나에게는 상처가 돼요."

⑦ 용서를 구할 때에는 오직 자신의 잘못만을 고백해야 한다.

예 : "당신이 그렇게 이기적으로 행동하니까 화가 났던 거예요. 내가 화낸 거 잘못했어요. 용서해 줘요."
"당신에게 이기적이라도 소리치며 화내서 미안해요. 잘못했어요."

⑧ 화가 났을 때는 감정으로 공격하기보다는 말로 표현한다. 이때 비난하고 판단하는 식의 너-메시지(You-message)보다는 나-메시지(I-message)를 사용한다.

나-메시지 연습하기

1. 나-메시지란?
행동+영향+감정(내가 바라는 것)

① 받아들일 수 없는 행동만을 설명한다.
상대방의 행동이나 객관적인 상황에 대해서만 설명할 뿐 그것에 대한 판단을 개입시키지 않는다.

② 상대방의 행동이 자신에게 끼치는 문제(영향)를 설명한다.
실제적이고 구체적인 영향을 설명한다(이렇게 실제적인 영향에 대해 생각하다 보면 때로는 아무런 영향이 없다는 것을 발견할 때도 있다).

③ 상대방의 행동에 대해 자신이 느낀 감정을 그대로 표현한다.
감정을 먼저 확인한다(화, 걱정, 불안, 당황 등).

2. 나-메시지의 예
출근을 해야 하는데 당신이 내 차 바로 뒤에 주차를 하면(행동) 차 주인을 찾아서 차를 빼 달라고 해야 하고 출근도 늦을 수 있어서(구체적인 영향) 몹시 짜증스러워요(감정).

3. 나-메시지 연습하기

① 내가 저녁 뉴스를 보고 있는데 네가 이야기하면, (   ) 나는 뉴스에서 무슨 소리를 하는지 들을 수 없어서 (   ) 몹시 안타까워. (   )

② 내일까지 업무 보고를 해야 하는데 김 대리가 업무를 마치지 않고 퇴근을 하면 (   ) 나는 매우 낭패스럽고 화가 나요. (   ) 김 대리가 하지 않은 일을 내가 대신 해야 하니까요. (   )

③ 당신이 환기가 안 되는 방에서 담배를 피우면 (   ) 나는 기침이 나고 신경이 쓰여서 (   ) 짜증스러워요. (   )

④ ○○씨가 작업 시간에 동료의 이야기를 하고 있으면 (   ) 나는 걱정돼요. (   ) 오늘까지 작업을 끝내지 못하면 작업반장인 내가 상사에게 꾸중을 듣게 될 테니까요. (   )

⑤ 일요일 아침 일찍 TV를 크게 틀면 (　　) 나는 잠을 잘 수가 없어서 (　　) 피곤하고 (　　) 짜증이 난다. (　　)

⑥ 일에 대한 자세한 설명이 없이 업무를 지시하면 (　　　) 어떻게 일을 해야 할지 몰라서 (　　　) 몹시 당황되고 불안하네요. (　　　)

⑦ 몇 시간째 친구가 뾰로통해 있다. 왜 그러는지 모르겠다.

나-메시지 :

⑧ 혼자서 집안일을 하고 있는데 동생(혹은 룸메이트)은 소파에 누워 TV만 보고 있다.

나-메시지 :

11

부적응행동과 인간관계

사람은 태어나면서 죽을 때까지 사회 속에서 다양한 인간관계를 끊임없이 맺으며 살아간다. 따라서 인간관계는 개인이 사회 속에서 적응해 살아가는 데 중요한 기능을 한다. 인간관계를 잘 맺지 못하면 여러 가지 부적응행동을 초래하게 되고, 이러한 부적응행동은 다시 건강한 인간관계를 맺는 데 장애 요인으로 작용하는 악순환이 되풀이된다. 따라서 이 장에서는 부적응의 개념과 여러 가지 부적응행동의 유형에 대하여 살펴보고, 이것들이 인간관계와 어떤 관계가 있는지, 어떤 영향을 미치는지에 대하여 살펴볼 것이다.

1. 적응과 부적응

부적응적 행동이란 심각한 적응 실패에 의해 야기되는 건강하지 못한 행동이라고 할 수 있으며 보통 심리장애, 이상행동, 또는 정신 질환이라고 표현하기도 한다. 사람들은 흔히 심리장애나 정신 질환이라고 하면 이상하고 창피하고 심각한 것이라고 여겨, 전염성이 없는데도 불구하고 그런 장애가 있는 사람들을 꺼려 하거나 멀리하려는 경향이 있다. 그러나 정신 질환도 다른 질병과 마찬가지로 일종의 병이며, 따라서 치료와 회복이 가능하다.

하지만 그렇다 하더라도 사람들이 심리장애나 정신 질환을 가지고 있는 사람들을 꺼리거나 멀리하는 것은 아마도 그들과 원만한 인간관계를 맺기가 결코 쉽지 않기 때문일 것이다. 그런데 심리장애나 정신 질환을 가지고 있는 사람들은 상당수가 인간관계에서의 고통스럽고 불쾌한 경험이 원인이 되어 그런 장애가 생기게 된 경우를 볼 수 있다. 예를 들어, 커다란 실연의 고통을 경험한 사람이 우울증에 걸리게 되고, 그 후 주위 사람들이 우울증에 걸린 이 사람과 관계를 맺으려 하지 않는 경우처럼, 인간관계와 그 속에서 나타나는 부적응행동은 서로 영향을 미치는 밀접한 관계에 있다.

그렇다면 무엇이 부적응행동이고 무엇이 적응행동인가? 다시 말하면, 심리장애나 정신 질환을 분류하는 준거는 무엇인가? 이에 대해서는 정신장애를 진단하고 분류하는 학자마다 견해를 달리하므로 그 견해를 통합하기는 쉽지 않다. 하지만 대개의 경우 다음의 기준들을 준거로 삼아 적응행동과 부적응행동을 구분하게 된다.

1) 통계적 기준

통계적으로 정상의 기준에서 일탈되어 있을 때를 부적응행동으로 보자는 견해이다. 물론 여기서의 일탈은 평균이나 정상 범주에서 심하게 일탈되어 있을 경우를 말한다. 예를 들어, 지능 점수가 평균치에서 심하게 일탈되어 아주 낮게 나온 경우 '정신지체' 로 분류하여 부적응행동의 범주에 포함시킨다.

2) 사회적 규범의 기준

우리는 각자 자기가 속한 사회 속에서 생활을 영위해 나간다. 따라서 한 개인의 일생은 그가 속한 사회에 적응하는 과정이라고 할 수 있다. 사회에 적응한다는 것은 그 사회의 규범을 받아들이고, 그 사회에서 요구하는 적절한 행동양식과 행동규범을 지키며 생활한다는 것이다. 하지만 어떤 사람이 그가 속한 사회의 규범을 어기고 부적절하고 삐뚤어진 행동을 한다면 그는 적응을 못하는 사람이 될 것이다. 이렇게 한 사회의 규범에 적응하지 못하고 일탈된 행동을 하는 경우를 부적응행동으로 보자는 것이 사회적 규범의 기준이다. 예를 들어 약물 남용, 알코올 중독, 성 문제 등이 여기에 해당된다.

3) 주관적 불편감의 기준

스스로 심리적으로 불편감과 괴로움을 느낄 때를 부적응행동으로 보자는 것이다. 이를 증상에 의한 기준이라고도 하는데, 대체로 주관적 불편감은 증상으로 경험되기 때문이다. 주관적으로 느끼는 불편감에는 불안, 우울, 분노, 고독 등이 있으며 여러 가지 유형으로 나타나는데, 대개 불안의 강도가 크고 지속 기간이 길며 이러한 불편감 때문에 일상생활, 인간관계, 직업적인 수행에 어려움이 있을 경우에 부적응행동이라 할 수 있다.

4) 이상하고 기괴함

인간이 사회 생활을 하면서 일반적으로 받아들여지기 힘든 이상하고 기괴한 행동을 할 때를 부적응행동으로 보자는 견해이다. 예를 들어, 망상이나 환각을 본다든지, 사람들 앞에서 옷을 벗는 행동을 한다든지 하는 경우이다. 이처럼 일반인들은 하지 않는 이상하고 기괴한 행동을 하는 경우에 부적응이라 할 수 있다.

5) 비효율성

인간은 사회 생활에서 각자 맡은 바 역할이 있다. 그리고 일반적으로 이런 역할을 책임 있게 수행할 것을 기대한다. 즉, 직장의 일을 잘하고, 인간관계를 원만히 수행하며, 자신의 삶을 잘 영위해 가면 효과적으로 기능하는 것으로 볼 수 있는데, 그렇지 못하고 이러한 생활인으로서의 기능을 효율적으로 수행하지 못한다면 부적응행동이라고 보는 것이다. 예를 들어, 사회공포증이 너무 심해서 집 밖으로 나가지도 못하고 그래서 직장 생활도 하지 못하게 되는 경우가 해당된다.

2. 부적응적 행동과 인간관계

1) 섭식장애

요즈음 우리 사회는 남녀노소를 불문하고 날씬한 몸매를 원하며, 특히 청소년이나 여성의 경우에는 그런 경향이 더 심하다. 그래서 날씬해지기 위해 과도하게 다이어트에 신경을 쓰게 되고, 간혹 다이어트에 실패하면 그로 인한 스트레스로 심리적인 문제를 겪는 경우도 적지 않다. 심하면 사람들 만나기를 꺼려서 건강한 인간관계를 맺지 못하는 등 위축된 삶을 살아가게 된다. 이렇게 외모에 관심이 많고 자신의 외모에 대해 자신감이 없는 사람들과 또 다른 개인 내적인 문제가 있는 경우에 섭식장애가 나타날 수 있다. 섭식장애는 먹는 행동에 심각한 문제를 나타내는 장애로서 신경성 식욕부진증과 신경성 폭식증 두 가지가 있다.

(1) 신경성 식욕부진증(거식증)

신경성 식욕부진증은 섭식장애 가운데 가장 흔하고 잘 알려진 장애에 속한다. 신경성 식욕부진증은 최소한의 정상 체중 유지를 거부하며 체중 증가에 심한 공포를 보이고, 객관적으로 보았을 때 평범하거나 괜찮은 자신의 외모에 대해 왜곡하여 지각하는 경향을 드러낸다. 보통 신경성 식욕부진증을 보이는 사람들은 정상 체중의 85%를 넘지 않는 체중인데도 불구하고 체중 감소에 지나치게 집착하여 음식물을 지나치게 통제하고, 때로는 체중 감소의 방법으로 구토제나 이뇨제를 사용하기도 하며, 심지어는 그 부작용으로 사망에 이르기도 한다.

신경성 식욕부진증의 원인에 대해서는 여러 가지 견해가 있으며 다양한 이유들에 기인한다고 할 수 있다. 예를 들어, 과도하게 여성미에 집착하거나 성적으로 매력 있게 보이는 데 대한 갈등이 있기도 하고, 대학을 가기 위해 집을 떠나는 것과 같은 압박감을 주는 생활 사건과 연관되어 있기도 하다. 또한 대체로 인간관계에서 갈등이 있고 자신감이 없으며, 그것이 자신의 신체 이미지를 왜곡되게 지각하는 것으로 표현된다고 볼 수도 있다.

사회문화적 · 개인적인 특징을 살펴보면 여성이 90% 이상을 차지하고 상류계층에서 더 많이 발생하는 것으로 보인다. 이들의 어머니는 과보호적인가 하면 아버지와는 거리감이 있는데, 아버지는 상당히 지적이고 경쟁적이고 야심적인 경향이 있으며 사회적 · 경제적으로는 성공을 이루었지만 자신이 최고라는 의식은 갖지 못하고, 자신의 자존감을 높이기 위해 자녀에게 지나친 기대를 거는 경향이 있다는 견해가 있다.

(2) 신경성 폭식증(과식증)

신경성 폭식증은 폭식을 한 후에 체중 증가를 막기 위해 토해 버리거나 이뇨제, 변비약 등을 복용하는 양상을 보인다. 폭식은 자기조절 능력의 상실과 관련되며 기분 상태, 대인관계에서의 스트레스, 자신의 체중이나 체형과 관련된 느낌 등에 의해 유발된다. 폭식은 일반적으로 불쾌한 기분을 감소시키는 효과도 있기는 하지만 빈번해지면 자기경멸이나 자기비난을 수반하게 되어 우울한 감정에 빠지게 한다. 폭식은 보통 구토를 동반하게 되는데, 폭식을 한 후에 불편감, 체중 증가에 대한 걱정 등으로 인해 억지로 먹은 것을 토해 버리는 것이다. 때로는 폭식한 것을 보상하기 위해 하루 이상 안 먹기도 하고 무리한 운동을 하기도 한다.

2) 불안장애

현대 사회는 급속도로 발전하고 변화하며 이러한 변화는 때로 현대인의 삶을 위협할 정도이다. 따라서 현대 사회에서 살아가기 위해서는 어느 정도의 긴장과 불안은 필수적이라고 할 수도 있다. 그러나 불안의 정도가 너무 심하여 일상생활에 적응하는데, 그리고 원만한 인간관계를 맺는 데 지장을 초래할 정도라면 불안장애라고 할 수 있다. 불안장애의 하위 유형으로는 공황장애, 광장공포증, 사회공포증, 특정 공포증, 강박장애, 일반화된 불안장애 등 여러 가지가 있지만, 여기에서는 대표적으로 사회공포증과 강박장애에 대하여 살펴보겠다.

(1) 사회공포증

사회공포증은 흔히 대인공포증이라고도 하며, 다른 사람들을 만나거나 다른 사람들 앞에서 무엇인가를 수행해야 할 때 두려움을 경험하는 장애이다. 즉, 대인관계적 상황이나 여러 사람들 앞에서의 수행 상황에서 현저한 두려움을 호소하는 경우를 사회공포증이라 할 수 있다. 이 장애의 진단 기준은 다음과 같다.

① 대인관계적 상황 혹은 수행 상황에 대해 뚜렷하고도 지속적인 두려움을 보인다.
② 본인 스스로 그러한 두려움이 과도하거나 불합리하다고 인식한다.
③ 두려워하는 대인관계적 상황 혹은 수행 상황을 회피하거나 심한 불안을 경험하며 견딘다.
④ 두려워하는 상황에 대한 예기 불안, 상황의 회피, 실제 상황에서의 고통으

사회공포증 사례

대학생인 A양은 약간 내성적이고 소심하긴 하지만 평소에 공부도 잘하고 똑똑한 학생이었다. 하지만 그녀는 다른 사람들 앞에서 자기소개를 하거나 과제를 발표해야 할 때가 되면 몹시 긴장하고 불안해하였다. 자기 차례가 올 때까지 심한 불안과 긴장 때문에 심장이 빨리 뛰고, 이 심장 뛰는 소리가 다른 사람들에게 들리지나 않을까 하여 더욱 불안해졌다. 그리고 막상 자기 차례가 되면 얼굴이 빨개지고 식은땀이 나며 정신이 멍해져서 제대로 발표를 하지 못하는 등 실력 발휘를 할 수가 없었다. 따라서 가능하면 자기를 내세워야 하는 상황이나 발표를 해야 하는 상황은 피하려고 애썼고, 그래서 점점 더 내성적인 학생이라는 소리를 듣게 되고 친구들과의 교류도 줄어들었다.

로 말미암아 직업기능, 학업기능, 사회적 활동, 일상생활에 상당한 지장이 초래된다(DSM-Ⅳ, 1994).

이러한 사회공포증이 있는 사람들은 사람들 만나기를 꺼려 해서 대인관계를 회피하기 때문에 인간관계가 위축되고 일상생활에 큰 지장을 받는다.

(2) 강박장애

강박장애는 강박적 사고(강박관념)나 강박행동을 수반하는 장애이다. 강박관념이란 본인도 불합리하다고 인정하지만 통제할 수 없는 어떤 생각이나 심상이 반복적 · 지속적으로 떠오르는 것을 말한다. 강박행동이란 손 씻기, 정돈하기, 확인하기 등의 어떤 의식적 행동이나 기도하기, 숫자 세기, 주문 외우기 등의 정신적 활동을 몇 번이고 되풀이하려는 억제할 수 없는 충동에 따른 행동이다. 강박관념은 불안을 증가시키는 한편, 강박행동은 불안을 감소시켜 주는 역할을 하지만 이는 일시적인 효과에 지나지 않는다. 강박증 환자들은 이러한 강박관념이나 강박행동 때문에 많은 시간을 소모하며 일상생활에서 고통과 지장을 받는다. 이 장애의 진단 기준은 다음과 같다.

① 강박적 사고나 강박적 행동을 보인다.
② 이 장애가 경과되는 도중 어느 시점에서 강박적 사고나 강박적 행동이 지나치거나 비합리적임을 인식한다.
③ 시간을 소모하는 강박적 사고나 행동은 심한 고통을 초래하거나 정상적인 일, 직업이나 학업기능, 사회적 활동이나 사회적 관계에 심각한 지장을 초래한다(DSM-Ⅳ, 1994).

강박증 환자들은 강박관념이나 강박행동 때문에 일상생활에 적응하기가 어려우며, 또한 그들이 보이는 강박관념이나 강박행동이 다른 사람들에게는 이상하고 기이하게 보이기 때문에 원만한 사회적 관계를 맺기도 어려워진다.

강박장애 사례

B군은 20세로 고등학교 2학년 때부터 강박 증세가 시작되었다. B군은 잠자기 전에 숫자를 세는데 1에서 9까지 세다가 자기도 모르게 9를 넘으면 다시 1부터 9까지 세는 행동을 반복한다. 그리고 한 장소에서 한 가지 생각을 끝내야 하는데 계단을 오르다가 어떤 생각이 떠오르면 기분이 찜찜하여 그 생각이 완전히 끝날 때까지 계단의 그 자리에 가만히 서 있는다. TV를 켤 때에는 리모콘을 들고 숫자를 1부터 9까지 한 번씩 차례대로 눌러 본 다음 자신이 원하는 채널에 고정시킨다. 세수할 때, 양치질할 때, 머리 감을 때에도 꼭 아홉 번씩 물로 헹구어 내야 안심이 된다. 그러지 않으면 지저분한 것들이 다 씻겨 나가지 않고 몸에 붙어 있어서 자신을 괴롭힐 것 같다는 두려움이 있기 때문이다.

3) 우울증

우울증은 기분장애의 하위 유형으로, 기분장애란 기분이나 감정이 극단적인 양상을 보여서 일상생활이 어려운 정도에 이르는 경우를 말한다. 기분장애는 크게 우울장애와 양극성장애(조울증)로 분류할 수 있는데, 우울장애는 기분이 지나치게 침울한 상태를 말하고 양극성장애는 우울증과 조증(기분이 지나치게 고양되어 있는 상태)이 번갈아 가며 나타나는 상태를 말한다.

우리는 살다 보면 일상생활에서 침울, 슬픔, 주눅, 불행 등의 부정적인 기분을 느끼는 경우가 많고, 이때 한 번쯤 우울증을 의심해 보기도 한다. 이렇듯 우울증은 '심리적 감기' 라고 할 정도로 많은 사람들이 경험하는 흔한 장애라고 할 수 있다. 하지만 그렇다고 해서 우울증을 가볍게 여겨서는 안 된다. 우울증이 심각해지면 자살에까지 이를 정도로 심각한 장애일 수도 있기 때문이다.

살아가면서 누구나 우울한 기분을 경험하게 되며, 특히 스트레스 사건이나 실패, 좌절 등을 겪으면 우울해지는 것은 당연한 현상이라고 볼 수 있다. 따라

우울증 사례

준석이 엄마는 요새 몇 개월째 기분이 침체되어 있다. 전에도 가끔씩 기분이 가라앉았던 적이 있지만 이번처럼 오래 가지는 않았다. 어젯밤도 잠이 오지 않아 몇 시간이나 뒤척이다가 새벽에야 겨우 잠이 들었으나 얼마 자지 못하고 다시 깨어서 아침까지 잠을 이루지 못했다. 그래서인지 남편을 출근시키고 아이들을 학교에 보내고 난 뒤에는 정신이 몽롱하고 피곤하여 소파에 멍하니 앉아 있다. 빨래며 청소며 집안일이 산더미처럼 쌓여 있는데도 도무지 손과 발이 움직여지질 않아서 무슨 일을 시작하기가 너무 힘들다. 입맛도 떨어져 맛있게 음식을 먹어 본지도 오래되었고 크게 웃어 본 기억도 오래전이다. 예전에 좋아하던 TV 연속극도 이젠 흥미가 없어졌고 신문이나 책의 글도 눈에 들어오지 않는다. 남편, 아이들과의 대화도 점점 줄어들고 아이들이나 남편 모두 자신과 아예 얘기를 하려 들지도 않으며 관심도 가져 주질 않는 것 같아 서운하고, 그래서 더 외롭다. 오랜만에 친구들이 만나자고 해도 집에서 한 발짝도 나가기가 힘들어 싫다고 하고 혼자 집에만 틀어박혀 있다. 아내로서 엄마로서 역할을 제대로 해내지 못하는 것 같다는 죄책감으로 살아서 뭐하나 싶고 모든 것이 무가치하게 느껴진다. 갑자기 이 세상 모든 것으로부터 벗어나고 싶다. 그래서 오늘도 10층 아파트 베란다에서 아래를 내려다보며 한숨짓고 있다.

서 우울한 증상이 생겼다고 해서 다 우울증이라고 진단할 수는 없다. Mahoney (1980)는 우울증을 부적응행동으로 진단하려면 다음과 같은 네 가지 기준이 적용되어야 한다고 주장하였다.

① 경험한 스트레스에 비해 우울증이 지나치게 심하게 나타나는 경우
② 우울증을 일으킬 수 있는 선행 사건이 불분명한 경우
③ 우울증 증상이 너무 심해 일상생활을 못할 만큼 혼란스러운 경우
④ 우울증 증상이 심한 상태에서 만성화되어 장기간 지속된 경우

우울증의 증상은 정상인에게서 보이는 기분의 고저와는 달리 기분이 심하

우울증 자가진단

다음은 자신의 우울 정도를 점검해 볼 수 있는 검사이다. 나는 어느 정도 우울할까… 지난 한 주 동안 이런 경험을 얼마나 자주 했는지 표시해 본다.
0 : 전혀 느끼지 않았다, 1 : 조금 느꼈다, 2 : 상당히 느꼈다, 3 : 심하게 느꼈다

1. 나는 기분이 슬프고 울적하다. ( )
2. 나의 미래는 희망이 없다고 느껴진다. ( )
3. 나 자신이 무가치한 실패자라고 생각한다. ( )
4. 나는 다른 사람에 비해 열등하고 나에게 어떤 문제가 있다고 느껴진다. ( )
5. 나는 거의 모든 일에 대해 나 자신을 비판하고 자책한다.( )
6. 어떤 일을 판단하고 결정하기가 힘들다. ( )
7. 쉽게 화가 나고 짜증이 난다. ( )
8. 진로, 취미, 가족, 친구에 대한 관심이 사라졌다. ( )
9. 어떤 일에 나 자신을 억지로 내몰지 않으면 일을 하기가 힘들다. ( )
10. 나의 외모는 볼품없다고 생각한다. ( )
11. 식욕이 없거나 지나치게 많이 먹는다. ( )
12. 불면으로 고생하고 잠을 자도 개운하게 못 잔다. 또는 이유 없이 피곤해서 너무 많이 잔다. ( )
13. 성(sex)에 대한 관심을 잃었다. ( )
14. 건강에 대한 걱정을 많이 하게 된다. ( )
15. 인생은 살 만한 가치가 없으며, 어쩌면 차라리 죽는 게 나을지도 모른다는 생각이 든다. ( )

＊ 평가

- 0~10점 : 현재 우울하지 않은 상태이다.
- 11~20점 : 가벼운 우울 상태에 있다. 기분전환을 위한 노력이 필요하다.
- 21~30점 : 무시하기 힘들 정도로 상당히 우울한 상태이다. 우울을 극복하기 위한 적극적인 노력이 필요하며, 이런 상태가 2개월 이상 지속될 경우 전문가의 도움을 구할 필요가 있다.
- 31~45점 : 심한 우울 상태이다. 가능한 한 빨리 전문가의 도움을 받아야 한다.

출처 : guidance@www.hongik.ac.kr

우울 극복하기

■ 우울은 극복할 수 있다!

우울해지면 우울 상태에서 빠져나오기가 불가능하다는 생각을 하기 쉽다. 하지만 우울을 극복할 수 있다는 동기는 기본적이면서 중요한 극복의 요소이다.

■ 생활 패턴을 바꾸자.

축 처지는 음악, 눈물 펑펑 나오는 소설을 붙잡고 있으면서 스스로 우울의 구덩이를 파고 있지는 않은가? 즐거움이나 여유를 얻을 수 있는 새로운 일과 생각을 찾아보자.

■ 혼자 있는 시간을 줄이자.

누구든 좋다. 함께 있으면 편하고 즐거워지는 사람과 얘기도 하고 영화도 보고 산책도 해 보자.

■ 부정적인 생각을 그대로 받아들이지 말자.

'그 친구가 날 싫어하는 것 같아. 아마 친구들 모두 날 안 좋아할 거야.' 라는 생각을 '그 친구는 나랑 잘 안 맞는 것 같아. 하지만 내 주변엔 좋은 사람도 많이 있어.' 로 바꿔 보자. 부정적인 생각을 긍정적인 생각으로 전환하려는 노력이 필요하다.

■ 너무 어려운 목표를 설정하거나 과중한 책임감을 갖지 말자.

큰 업무를 작게 나누어서 우선순위를 설정하고 할 수 있는 만큼만 하자. 자신에게 너무 큰 것을 기대하지 말라. 기대가 크면 실망만 커지는 법!

■ 기분이 좋아지는 활동에 참여해 보자.

운동, 영화, 종교, 사회 활동 등 어떤 것도 좋지만 너무 무리하거나 즉시 기분이 좋아지지 않는다고 초조해하지 말라. 기분은 갑자기 좋아지는 게 아니다.

■ 중요한 결정은 우울이 끝난 후로 잠깐 미루자.

직업을 바꾼다든지, 결혼, 이혼과 같이 중요한 결정을 할 때는 당신을 객관적으로 볼 수 있는 사람들과 함께 상의하라. 우울한 상태가 좋아질 때까지 중요한 결정을 연기하는 것이 좋다.

■ 그래도 안 되면?

노력해도 성과가 없고 힘들다면 주위에 도움을 구한다. 상담기관을 찾아 전문적인 도움을 받는 것이 좋다.

출처 : guidance@wow.hongik.ac.kr

게 저조해서 일상생활을 못할 정도이며, 식욕을 잃어서 체중도 감소하고 신체적으로 초조하거나 활동이 지체되는 것으로 나타나는데, 이를 몇 가지 영역으로 나누어 살펴보면 다음과 같다. 정서적으로는 슬픔, 불행감, 절망감, 외로움, 무가치감, 걱정, 죄책감을 보인다. 또한 인지적으로는 극히 약한 자존감과 함께 부정적, 비관적, 무능력함, 열등감, 자기비하 등의 사고를 보이며 주의집중, 기억, 사고의 어려움 등을 호소하기도 한다. 심한 경우 죽음에 대한 생각이나 자살 생각을 자주 반복하는 경향이 있다. 행동적으로는 무슨 활동이든지 시작하기 무척 어려워하고, 쉽게 지치고 피곤하며 즐거운 활동에도 흥미를 잃게 된다. 신체적으로는 식욕을 잃어 체중이 감소하는가 하면 반대로 너무 많이 먹어 살이 찌기도 한다. 불면증을 호소하는 경우도 많고 반대로 과다 수면을 보이는 경우도 있다. 또 소화불량이나 두통을 호소하며 성욕도 사라진다.

우울증은 보통 남자보다 여자에게서 발생률이 두 배 정도 높게 나타나며, 특히 여성에게는 산후 우울증이나 폐경기에 즈음하여 갱년기 우울증도 많이 나타날 수 있다. 우울증에 걸리면 만사가 귀찮고 의욕이 생기지 않기 때문에 사회적인 활동을 하지 않는 경우가 많고 집 안에만 틀어박혀 지내기도 한다. 따라서 인간관계가 점점 위축되어 더욱 고립감이나 외로움을 느끼게 되기도 한다.

4) 신체형장애

신체형장애란 신체적 증상을 보이지만 신체의학적 조건으로는 충분히 설명되지 않는 장애를 말하는 것으로 건강염려증, 신체화장애, 전환장애 등이 이에 속한다. 이러한 신체형장애는 인간관계에서의 문제와 갈등으로 인한 심리적 문제를 부인하고 신체적 증상에 집착함으로써 자신의 책임을 회피하려는 경향과 관련될 수 있다.

(1) 건강염려증

건강염려증은 자신의 신체 증상을 잘못 해석하여 심각한 질병에 걸렸다고 몹시 두려워하고 그러한 생각에 집착하는 것이다. 이 장애에 속하는 사람들은 의학적인 검사로 이상이 없음을 확인했음에도 불구하고 질병에 대한 두려움이 지속된다. 따라서 이 병원 저 병원을 찾아다니며 검사를 받음으로써 시간과 돈을 낭비하게 되고 다른 생활에 심각한 지장을 초래한다.

건강염려증 사례

평소에 성실하고 깔끔한 성격인 회사원 C씨는 얼마 전 회사 동료들과 함께 술을 많이 마시고 취한 상태에서 낯선 여자와 하룻밤을 보내게 되었다. 그런데 그 이후로 자신의 몸에서 이상한 점을 발견하게 되었다. 붉은 반점들이 몸의 이곳저곳에 생긴 것이다. 곧 그는 의학 서적을 뒤져 보고 그것이 AIDS 반점이라고 확신하게 되었다. 두려움으로 병원에 가서 검사를 받은 C씨에게 의사는 AIDS가 아니라 지루성 피부염이며, 아마도 스트레스 때문에 생긴 것 같다고 하였다. 그러나 C씨는 이를 믿지 못하고 다른 병원을 찾아가 또 검사를 했지만 결과는 마찬가지였다. 그래도 C씨는 검사 결과가 또 잘못 나왔다고 생각하며 자신은 AIDS에 걸렸다고 확신하였고, 그래서 이제 얼마 살지 못할 것이라는 두려움에 회사일도 제대로 하지 못했다.

(2) 신체화장애

특별한 이상을 발견할 수 없는데도 다양한 신체 증상을 호소할 때 **신체화장애**라고 진단한다. 호소하는 증상은 다양한데 두통, 피로감, 알레르기, 비뇨기 증상, 위장 관련 증상, 가슴 두근거림, 구토 등의 증상을 보인다. 보통 사춘기 후반부터 30세 이전에 발병하며 여자에게 많이 나타난다.

신체화장애 사례

1남 1녀를 키우고 있는 30대 후반의 D씨는 몸의 이곳저곳이 아파 병원에 자주 다니는데, 이런 현상은 대학생 시절부터 계속된 것이다. 결혼하기 전 직장에 다닐 때에는 회사일로 조금이라도 스트레스를 받으면 여러 가지 증상이 나타났었다. 결혼한 후에는 주로 시댁 일로 스트레스를 받게 되면 여러 가지 증상이 나타나는데, 시어머니가 집에 하루라도 다녀가면 두통이 생기고 온몸이 쑤시는 등 몸살이 나고, 시어머니나 시누이의 잔소리를 듣는 날이면 어김없이 소화가 안 되어 병원에 가서 소화제를 처방받아 먹어야 했다. 제삿날이나 명절이 다가오면 며칠 전부터 두통이 생기고 소화가 안 되는 증상이 생긴 지도 오래되었다. D씨는 시댁 식구들에게 불만이 있거나 부당한 대우를 받아도 이를 표현하지 못하고 속으로 삭이는데, 이런 것이 여러 신체 증상으로 나타나는 것 같다고 스스로도 생각하고 있다.

(3) 전환장애

전환장애는 심리적인 갈등이나 압박이 신체 증상 또는 신체장애를 일으키는 것으로 다음 두 가지 기준에 일치하는 경우를 말한다. 첫째로 신체적 장애를 호소하는 데 그치지 않고 실제로 감각의 상실이나 마비 등 뚜렷한 신체 증상이 있어야 하고, 이런 증상이 심리적 갈등과 관련이 있어야 한다. 둘째로는 이런 증상의 신체적인 원인이 없어야 한다. 전환장애는 주로 감각기관의 장애나 운동기관의 장애로 나타나는데, 예를 들어 신체생리적인 원인이 없이 눈이 멀거나 귀머거리가 되거나 손에 감각이 없어지는 경우이다.

전환장애는 보통 10세 이전이나 35세 이후에는 드물게 발병하며, 일반적으로 급성으로 발병하는 경우가 많아 증상이 갑자기 시작된다. 전환장애로 병원에 입원하는 환자들은 대체로 2주 내에 증상이 회복되는데, 1년 내에 재발되는 경우가 20~25%에 이른다. 또한 급성으로 발병된 경우와 발병 전 스트레스가 분명한 경우 예후가 양호한 것으로 알려져 있다.

전환장애 사례

대학에서 피아노를 전공하고 있는 E양은 중요한 테스트를 앞두고 먹고 자는 시간을 제외하고는 온통 연습에 몰두하였다. 드디어 테스트를 받는 날 여러 심사위원들이 지켜보는 가운데 피아노 앞에 앉은 E양은 건반 위에 손을 올려놓고 연주를 시작하려 하였다. 그런데 어찌된 일인지 손가락 마디마디가 뻣뻣하게 굳어 피아노를 칠 수가 없었다. 결국 E양은 테스트를 받지 못했다. 나중에 가족들이 테스트 받기가 겁이 나서 엄살을 부린 게 아니냐고 하자, E양은 버럭 화를 내며 정말로 손가락이 굳어서 피아노를 칠 수가 없었다고 말했다.

5) 알코올 관련 장애

우리나라의 문화는 사회 생활의 음주에 대해 관대하고 술 문제를 심각하게 보지 않는 경향이 있다. 오히려 술을 못 마시면 사회 생활도 못하는 것처럼 여기고 직장의 회식 자리에는 술이 빠지지 않으며, 술을 같이 마시고 취해 봐야 본 모습을 알 수 있고 더 친밀해질 수 있다고 생각하는 경향이 있다. 따라서 우리나라의 이런 문화 속에는 실제로 알코올 장애가 있는 사람들이 많다고 할 수 있다.

알코올 관련 장애는 크게 알코올 남용과 알코올 의존 두 가지로 나뉜다. 알코올 남용의 경우, 음주 후의 영향으로 학교나 직장에서 학업이나 직무를 제대로 수행하지 못하거나 결석 또는 결근을 하기 일쑤이다. 또한 주부의 경우 알코올 남용으로 인해 자녀양육이나 가사에 태만해지기도 한다. 알코올 남용 상태에서는 때로 법적인 문제를 일으키기도 하는데 음주운전이나 싸움이 그 예이며, 술이 깬 다음에는 후회하면서 다시는 그러지 않겠다고 다짐하지만 이런 행동을 지속하는 것이 특징이다.

반면에 알코올 의존은 음주와 관련해서 내성, 금단 증상, 강박적인 행동이 동반되는 경우를 말한다. 알코올 금단 증상은 계속 먹던 술을 끊은 뒤 몇 시간

혹은 며칠 이내에 손이 떨리거나 불면증 또는 환시, 환청, 착각 등을 일으키거나 발작 등이 일어나는 것이다. 따라서 대개는 다시 알코올에 의존하게 되며 이로 인해 사회적 · 직업적 기능을 제대로 유지할 수 없다.

인간관계에서 문제나 갈등을 많이 경험하며 이를 건강한 방법으로 해결하지 못하는 사람들이 알코올에 의존하여 해결하려는 과정에서 알코올 관련 장애가 많이 발생한다. 평소에 자기주장을 잘하지 못하고 의기소침하며 주눅이 들어 있던 사람이 술의 힘을 빌려 전혀 다른 성격의 사람으로 변해 이를 해소하고자 하는 것이 그 예이다.

6) 성격장애

사람은 누구나 고유한 생활양식이나 행동 방식을 가지고 있다. A군은 꼼꼼하고 빈틈이 없는가 하면, B군은 이기적이고 자기밖에 모르는 행동을 할 수도 있다. 이처럼 개인의 독특한 행동 방식을 성격 특질이라고 하며, 이는 그 사람의 개인 생활이나 사회 생활에 지속적으로 영향을 미치게 된다. 부적응적인 인간관계를 나타내는 사람들 중에는 성격 자체가 특이하여 다른 사람에게 배척당하고 잘 어울리지 못하는 경우가 있다. 이렇게 한 개인이 지닌 지속적인 행동양식, 즉 성격 특질 때문에 사회 생활에 적응하지 못하고 심각한 문제를 야기할 경우 성격장애로 진단된다.

성격장애를 보이는 사람은 첫째, 스트레스를 경험할 때 융통성 없이 부적응적 반응을 반복하고, 둘째, 일이나 사랑하는 데 어려움을 드러내고 정신 건강 수준이 아주 낮으며, 셋째, 대인관계 갈등을 심하게 드러내고, 마지막으로 다른 사람을 난처하게 만드는 성향을 지니고 있는 것이 특징이다(Vaillant & Perry, 1985). 이러한 성격장애는 만성적인 행동양식으로서 거의 사춘기에 시작되고 성인 초기에는 그 특성들이 뚜렷하게 드러난다.

성격장애에는 많은 하위 유형이 있는데, 임상적 증상의 유사성에 따라 군집 A, 군집 B, 군집 C 성격장애로 크게 분류할 수 있다(DSM-Ⅳ, 1994).

(1) 군집 A 성격장애

사회적 고립과 기이한 증상이 특징인 성격장애로 분열형 성격장애, 분열성 성격장애, 편집성 성격장애가 여기에 속한다.

① 분열형 성격장애

분열형 성격장애는 생각이나 행동이 다소 기괴하고 말하는 것도 때로는 뜻을 알아듣기 어려워서 대인관계를 잘 유지하지 못하며 혼자 지내는 경우가 많다. 이들은 다른 성격장애보다 더 심각한 사회적 부적응을 경험한다. 또한 심한 스트레스를 받으면 일시적으로 정신병적 증상을 나타내기도 하여 망상에 가까운 이상한 생각을 하기도 하고, 때로는 마술적 사고나 텔레파시, 천리안 등의 초능력에 지대한 관심을 보이기도 한다.

분열형 성격장애 사례

40대 중반의 독신인 F씨는 가까이 지내는 사람도 없이 늘 혼자였으며, 주위 사람들은 그를 가리켜 이상하고 기이한 사람이라고 하였다. 그는 혼자 뭔가를 중얼거리는 버릇이 있고, 물건을 사기 위해 상점에 가면 한 코너에서 한 시간이고 두 시간이고 물건을 고르다가 결국은 아무것도 사지 못한 채 상점을 나오곤 하였다. 최근에 실직을 당하자 그의 증세는 더욱 심해졌는데, 누군가 음모를 꾸며 자기를 실직하게 만들었다는 말을 주위 사람들에게 하고 다닌다.

② 분열성 성격장애

분열성 성격장애는 다른 사람과 관계를 맺지 않고 혼자 지내는 것이 특징적이다. 이들은 혼자 일하기를 좋아하고 타인에 대해서 무관심하며, 칭찬이나 비판 또는 다른 사람이 표현한 감정 등에 무감각하거나 반응하지 않는다. 그들은 기쁨이나 고통 등을 경험하지 않는 것처럼 보이며 감정이 메말라 있는 듯한 인상을 준다. 따라서 친밀한 인간관계를 잘 맺지 않으며, 아예 사회적 관계

분열성 성격장애 사례

23살의 G군은 중학생 시절부터 주변 사람들과 관계를 거의 맺지 않고 혼자 지내 왔다. 그는 학교에서도 늘 혼자 있는 경우가 많아 교사들은 그를 다른 아이들과 동떨어져 있는 외로운 학생이라고 묘사하곤 했다. 하지만 정작 그는 별로 외로움을 느끼지 못하는 듯이 보였다. 요즘도 그는 하루 종일 거의 집에서 홀로 보낸다. 낮에는 잠을 자고 밤에는 이상한 책들을 보면서 무언가 메모를 하곤 한다. 아버지나 어머니가 그와 이야기를 하려고 애써도 G군은 도통 관심을 보이지 않았다. 그는 늘 말이 없고 무감각해 보이며, 같은 질문을 적어도 두 번은 반복해야 대답을 한다. 물론 대부분의 대답은 한마디이고 무표정에서 나오는 말들이다.

에 대한 동기가 없는 것처럼 보인다. 이들이 지닌 두드러진 인지 도식은 다음과 같다.

"왜 내가 다른 사람과 친해야 하나?" "다른 사람과 친하게 지내는 것은 중요하지 않다." "나의 가장 친한 친구는 나일 뿐이다." "다른 사람이 무슨 말을 하든 상관없다."

③ 편집성 성격장애

편집성 성격장애는 전반적이고 근거 없는 의심을 많이 하고, 사람을 믿지 않으며, 극도로 다른 사람들을 경계하고, 정서가 메마른 것이 두드러진 특징인 장애이다. 이들은 타인의 성의나 진심을 그대로 받아들이지 못하고 숨은 동기를 찾는 데 몰두하는 경향을 보이며, 늘 누군가를 경계하고 위협 상황에 대해 대처할 준비가 되어 있는 것처럼 보인다. 타인을 믿지 못하고 의심이 많기 때문에 사람들과 잘 싸우고 다른 사람의 화를 불러일으키기도 한다. 또한 자신의 약점이나 잘못을 받아들이지 않고 모든 잘못을 상대방에게 돌리는 성향이 있어서 상대방의 분노를 사기도 한다. 따라서 이 장애를 지닌 사람들은 친밀한 대인관계를 맺기가 어려우며, 지나치게 사람들을 경계하기 때문에 비밀

편집성 성격장애 사례

H씨는 머리가 좋은 고등학교 물리 선생님이었다. 그는 학교에서 매우 우수하고 열성적인 교사라는 평판을 얻고 있었다. 그러나 그는 항상 자신의 아내가 바람을 피우고 있다는 부정 망상에 사로잡혀서 아내가 바람을 피운다는 증거를 수집하는 일에 몰두하였다. 그는 학교에 있을 때 하루에도 수십 번씩 집에 전화를 하여 아내의 행방을 체크했으며, 통화 중이면 아내가 누구와 통화하는지 몹시 궁금해하며 혹시 다른 남자에게 전화하는 것 아니냐고 의심을 하여 아내와 다투는 일도 많았다. 심지어는 출근할 때 주차장에 세워 둔 차 바퀴 앞에 종이를 놓아 두고 퇴근할 때 그것을 보고 아내가 낮에 차를 가지고 나갔었는지를 확인하였다. 차를 가지고 나갔었다고 의심이 되는 날엔 아내에게 외출했었느냐고 물어보는데, 아내가 무심결에 나가지 않았다고 하면 뭔가 숨기는 게 있다고 혼자서 고민하며 밤을 새우곤 했다. 그러다 최근에 입시 출제위원이 되어 한 달간 집에 못 들어가는 바람에 아내와 떨어져 있게 되자 의심이 더욱 증폭되어 불안이 심해졌다.

이 많거나 냉정한 사람으로 비쳐진다. 이들이 지닌 두드러진 인지 도식은 다음과 같다.

"사람들은 결국 나를 해치려 할 것이다." "사람들은 언제나 나를 이용하려 들기 때문에 믿을 수가 없다." "누가 나를 모욕한다면 사소한 일일지라도 꼭 복수를 해야 한다." "다른 사람들과 거리를 두어야 한다. 가까이 하면 나의 약점을 잡을 것이므로."

(2) 군집 B 성격장애

극적이고 감정적이며 변덕스러운 것이 특징인 장애로 히스테리성 성격장애, 자기애적 성격장애, 반사회적 성격장애, 경계성 인격장애가 포함된다.

① 히스테리성 성격장애

히스테리성 성격장애는 자기연출적이며, 다른 사람들의 주의를 끌지 못하면 불편하게 느끼고 자신이 인정받지 못한다고 생각한다. 이들은 타인과의 관계에서 개방적이고 열정적이므로 처음에는 주의집중의 대상이 될 수 있다. 그러나 남을 조종하려 들고 과시적이며, 피상적이고 변덕스럽고 끊임없이 뭔가를 요구하는 경향을 보여서 처음의 좋은 인상을 계속 유지하지 못한다. 또한 대인관계에서는 다른 사람의 칭찬이나 관심에 너무 의존하여 다른 사람의 보살핌이나 관심이 없으면 견딜 수 없을 만큼 불안해한다. 또 성적으로 유혹하고 용모에 관심이 많아 외모를 치장하는 데 시간과 돈을 낭비한다. 감정 표현의 깊이가 얕고 정서적으로 변화가 심해 금방 신이 났다가도 권태로워하고, 관계에서도 금방 좋아했다가 곧 분노를 드러낸다. 이들이 보이는 주요 인지 도식은 다음과 같다.

"외모가 중요해." "나는 언제나 다른 사람의 주의를 끌어야 해." "내가 원하는 것은 무엇이든 어떻게 해서든지 얻어야 해." "감정은 즉각적으로 직접 표현해야 해." "미모는 사람을 판단하는 데 가장 우선시되는 기준이야."

히스테리성 성격장애 사례

I양은 외모가 화려하고 능력 있는 무용수이지만, 자기보다 인정받는 동료를 시기하고 질투하고 험담하곤 하여 동료들과 싸움이 잦고 항상 문제를 일으켰다. 그녀는 평소에도 기분의 변화가 심했으며, 다른 사람에게 지는 것을 싫어해서 공연의 주인공 역을 맡기 위해 수단과 방법을 가리지 않았다. 그리고 주인공 역을 못 맡게 될 때에는 우울해하며 주변 사람들에게 분노를 표현했다. 그녀는 다른 사람들이 항상 칭찬을 해 주어야 신이 났으며 혹시 약점을 꼬집어 말해 주면 몹시 속상해하고 화를 냈다.

② 자기애적 성격장애

〈그리스 · 로마 신화〉에 나오는 미소년 나르시스가 우물에 비친 자신의 모습에 반한 나머지 빠져 죽었다 하여 '자기에게 반한 상태의 사람' 또는 '자기밖에 모르고 무한한 성공욕에 사로잡힌 사람'을 나르시스트(narcissist), 즉 자기애적 성격장애자라고 한다. 이렇게 **자기애적 성격장애**는 자기가 주요 인물이며, 그래서 특별한 대우를 받아야 한다는 과장된 생각과 느낌을 드러내는 것이 특징이다. 이들은 사려 깊지 못하고, 다른 사람을 공감하거나 배려해 주지 못하며, 명성이나 부, 성공욕에 집착하고 이를 위해 남을 이용하는 행동 양상을 보인다. 또한 이들은 타인의 평가에 극도로 예민하여 부정적 평가를 받을 경우 분노나 부인으로 반응한다. 거만하고 자기중심적이고 자기의 능력을 과장하며, 자신보다 더 의미 있는 인생을 살아가는 타인들을 시기하거나 경멸하기도 한다. 이들이 보이는 주요 인지 도식은 다음과 같다.

"나는 언제나 내 뜻대로 해야 하며, 다른 사람들은 내 뜻대로 따라야 한다." "나는 어느 누구보다도 특별하고 잘난 존재이다." "나와 비슷한 특별한 사람과만 교제해야 한다." "나는 존경과 숭배를 받아야 한다."

자기애적 성격장애 사례

20대 후분의 J양은 항상 '나는 누구보다도 지성적이며 고상한 생각만 하고, 또 아무리 둘러보아도 나만 한 미모를 가진 여자가 없는데 남들은 왜 그렇게 보는 눈이 없을까?' 라는 생각을 한다. 하지만 그녀는 나름대로 직장에서 다른 사람들이 모두 자기를 '직장에서 가장 예쁜 여자'로 알아준다고 믿고 있으며, 따라서 있는 대로 콧대를 높이고 살았다. 또한 자신은 아주 특별하고 귀한 존재라고 생각했기 때문에 옷과 액세서리는 무조건 유명 브랜드나 명품만을 고집했고, 너무 비싼 경우에는 이태원의 '짝퉁'이라도 꼭 가져야 했다. 그녀는 요즘 클래식 음악에 심취해 있어서 대중가요를 즐기는 친구들을 지나칠 정도로 경멸하였고, 자기 수준에 맞는 친구가 없어서 고민이라고 하였다.

나의 공주병/왕자병 지수는?

다음은 자신의 자기애 정도를 점검해 볼 수 있는 검사지이다.
매우 동의한다 : 3, 어느 정도 동의한다 : 2, 약간 동의한다 : 1점, 전혀 동의하지 않는다 : 0

1. 나는 공상이 심한 편이다. ( )
2. 나는 다른 사람에 비해 행동이 과장된 편이다. ( )
3. 나는 칭찬받는 것을 무척 좋아한다. ( )
4. 나는 다른 사람들이 나를 비난하면 지나치게 상심한다. ( )
5. 나는 다른 사람들과 친밀한 인간관계를 맺지 못한다. ( )
6. 나는 내가 대단히 중요한 존재라고 생각한다. ( )
7. 내가 속한 모임에서는 내가 없으면 안 된다. ( )
8. 나는 능력이나 성적이 좋은 편은 아니지만 남들에 비해 잘난 편이다. ( )
9. 나는 성공한 미래에 대해 공상하기를 좋아한다. ( )
10. 나는 연예인이나 유명인과 사랑에 빠지는 상상을 자주 한다. ( )
11. 평범한 사람들은 나를 잘 이해해 주지 못한다. ( )
12. 나는 상류층의 사람들하고만 어울려야 마음이 편하다. ( )
13. 나는 남들보다 더 좋은 대우를 받아야 한다는 특권 의식이 있는 편이다. ( )
14. 나는 필요하다면 다른 사람을 이용할 수도 있다고 생각한다. ( )
15. 나는 다른 사람의 감정이나 요구에는 별로 관심이 없다. ( )
16. 나는 자주 다른 사람들을 질투하는 편이다. ( )
17. 나는 다른 사람들이 나를 질투하고 있다고 생각한다. ( )
18. 나는 가끔 거만하고 방자하다는 말을 듣는다. ( )

③ 반사회적 성격장애

반사회적 성격장애에 해당되는 사람들은 사회적인 규범과는 거리가 먼 공격적이고 폭력적인 행동을 하며, 자신의 이득과 쾌락을 위해 남을 조정하거나 속이기 일쑤이다. 이들은 생활 전반에서 남들의 권리를 무시하거나 침해하

19. 나는 내가 이 세상의 중심이라고 생각한다. ( )
20. 나는 나의 외모가 남들에 비해 잘났다고 생각한다. ( )

* 평가

- 0~20점 : 아주 건강하다.
  자기도취적 사랑에서 벗어나 자기뿐만 아니라 다른 사람에게도 사랑을 베풀 수 있는 건강한 사람이다. 다른 사람을 사랑하는 것은 아름답고 바람직한 현상이지만, 다만 자신에게 너무 냉정한 편일 수 있으니 자기 자신에게도 좀 더 애착을 가질 필요가 있다.
- 21~40점 : 공주병/왕자병 주의 요망
  자기를 사랑하는 것과 타인을 사랑하는 것의 중간에 위치해 있다. 자기중심이 다소 강하지만, 다행인 것은 다른 사람도 사랑할 수 있는 여유가 있다는 것이다. 자기뿐만 아니라 평소에 다른 사람을 먼저 배려하고 타인의 존재를 인정해 주려고 노력한다면 병적으로 발전하지는 않을 것이다. 그러나 성인이 되어서도 자기중심적인 사고방식이나 행동이 지속되면 병적으로 발전할 수도 있으니 조심해야 한다.
- 41~60점 : 심각한 공주병/왕자병
  누가 뭐래도 나는 공주고 왕자라고 생각하는 사람들이다. 이 세상의 중심은 나이고, 타인들은 나를 위해 존재하며, 나는 특별한 대우를 받아야 한다고 생각한다. 만약 지금 자신의 나이가 20살을 넘었고 공주병/왕자병 때문에 인간관계나 사회 생활에 지장이 있다면 전문가와 상의하는 게 좋다. 그러나 아직 청소년기의 학생이라면 너무 심각하게 생각하지 말고, 자신도 소중하지만 다른 사람도 소중하다는 생각을 갖고 남을 존중하려고 의도적으로 노력하라.

는 행동을 일삼으면서도 자신의 행동에 대해 별로 반성하지 않으며 죄의식을 느끼지도 않는다. 또한 충동적이고 책임성이 없기 때문에 사회적인 역할이나 직업적인 수행상에 문제를 보인다. 이들이 보이는 주요 인지 도식은 다음과 같다.

반사회적 성격장애 사례

K군은 중학교 때부터 폭력을 행사하기 시작하였고 도벽 성향도 보였다. 돈이 필요할 때 다른 학생들을 괴롭히거나 폭력을 행사하여 돈을 빼앗았는데, 주로 자기보다 어린 아이를 대상으로 하였다. 결국 고등학교 때 학교에서 권고자퇴 처리되었으며, 이후에는 같이 자퇴한 친구들과 어울려 다니며 여기저기 싸움을 걸고 돈을 훔치기도 하고, 밤늦게 돌아다니며 남의 집 유리창이나 자동차에 돌을 던지며 친구들과 유리창 깨기 시합을 즐기기도 했다. 가출하여 친구들과 밖에서 지낸 지 꽤 오래되었으며 돈이 없을 때는 종종 노숙도 하였다.

"타인을 이용하거나 속여서라도 내가 원하는 것을 얻어야 한다." "때로 법이나 규범은 지키지 않아도 된다." "내가 공격적이고 폭력적인 행동을 하더라도 잘못된 게 없다."

④ 경계성 인격장애

경계성 인격장애는 정서적인 불안정성과 예측할 수 없이 유동적인 대인관계, 그리고 손상받기 쉬운 자아개념이나 정체 의식 등이 특징적이다. 이 장애에 속하는 사람들은 대인관계에서 특히 타인으로부터 버려진다는 데 민감하고 혼자 있지 못하며 타인과 함께 있기를 갈망하지만, 친밀한 관계를 급히 형성했다가도 항상 거절의 두려움 때문에 장기간 지속하지 못하고 금방 관계를 끊는다. 이 과정에서 처음엔 상대방을 지나치게 이상화하거나 자신에게 붙들어 두려고 하다가, 얼마 안 가서 그 사람과의 관계가 자신의 기대에 미치지 못해 실망감이 느껴지면 상대를 무시하고 비난하고 증오하는 등 변덕스러운 반응을 보이므로 친밀한 관계를 지속하기가 어렵다. 가까운 타인으로부터 거절이나 이별을 당하여 공허감이나 권태감에 빠지게 되면 자기파괴적인 행동을 하는 경우가 많은데, 심한 경우 자살을 기도하기도 한다. 이들이 보이는 주요 인지 도식은 다음과 같다.

경계성 인격장애 사례

대학생 L양은 며칠 전 다량의 수면제를 먹고 자살 기도를 했다가 식구들에게 발견되었다. 옆에는 자살하기 위해 먹은 수면제 통과 한 통의 편지가 있었다. 얼마 전 헤어진 남자 친구에게 쓴 유서였다. 그 유서는 자기를 버린 남자 친구를 원망하고 증오하는 글로 가득했다. 원래 감정 조절이 안 되고 우울증과 공허감에 시달리던 L양은 남자 친구와 헤어지게 되자 유서를 써 놓고 자살을 기도한 것이다. L양은 항상 관계를 맺는 것이 극적이었다. 처음에는 간이라도 빼 줄 것처럼 상대방을 숭배하고 집착하다가 상대방에게서 조금이라도 거절의 기미가 보이면 곧 그를 증오하고 비난하였다. 남자 친구에게도 처음에는 헌신적이고 열정적으로 잘 해 주었는데, 얼마 전 남자 친구가 여자 후배와 함께 있는 것을 한 번 목격한 후로는 남자 친구의 사랑이 식어서 자신을 버릴 것이라는 생각으로 괴로워하면서 끊임없이 남자 친구를 괴롭히며 헤어지자고 했다. 그렇지 않다며 설득을 하던 남자 친구도 결국은 견디다 못해 이별을 통고했고, 그날 L양은 자살 기도를 한 것이다.

"세상은 위험할 뿐 아니라 악의에 차 있다." "나는 연약하고 취약하다." "나는 기본적으로 받아들여지지 못한다." "사람들은 나를 사랑해 주든가 아니면 버리든가 둘 중의 하나이다."

(3) 군집 C 성격장애

불안하고 두려우며 근심스러운 것이 특징인 성격장애로 회피적 성격장애, 의존적 성격장애, 강박적 성격장애가 여기에 속한다.

① 회피적 성격장애

회피적 성격장애는 낮은 자존감, 거부에 대한 극도의 예민함, 불안과 불신, 사회적 두려움, 소심함, 사회적인 불편 등이 특징적인 장애이다. 이 장애는 분열성 성격장애와 마찬가지로 사회적 철수 경향을 나타내는데, 분열성 성격장애

회피적 성격장애 사례

대학생 M군은 대인관계의 어려움을 호소했다. 그는 친구들을 사귀기가 너무 힘들었으며, 혹시 사람들과 어울릴 기회가 있으면 내내 너무 긴장하고 신경을 써서 녹초가 될 지경이라고 했다. 그는 남을 지나치게 의식하는 자신의 소심한 성격이 너무 싫다면서 앞으로 어떻게 사회 생활을 해 나가야 할지 걱정이라고 하였다. 친구들을 많이 사귀고 다양한 인간관계를 맺고 싶지만 왠지 다른 사람들이 자신을 싫어할지도 모른다는 두려움에 선뜻 나서지 못해 늘 사람들을 피해 다니는 습관이 있다.

는 사회적 무관심과 정서적 메마름이 특징인 반면, 회피적 성격장애는 사회적 관계를 갖고자 하지만 이에 대한 불안과 근심으로 인해 관계를 잘 맺지 못하는 것이 특징이다. 즉, 이 장애를 지닌 사람들은 관계에 대한 요구는 크지만 너무 수줍고 억압되어 있어 관계를 맺기가 두렵고 어려운 것이다. 이들이 보이는 주요 인지 도식은 다음과 같다.

"나는 관계를 잘 맺지 못할 것이다." "나는 다른 사람들과의 관계에서 당황하거나 바보스럽게 행동할지도 모른다." "사람들은 나를 거부할 것이다."

② 의존적 성격장애

의존적 성격장애는 일상적인 일이나 사소한 결정도 혼자서 하지 못하고 다른 사람에게 의지하는 성향이 특징적이다. 이 장애에 속하는 사람들은 혼자 있을 때 무력감을 느끼고 자신이 없으며, 따라서 매사에 끊임없이 타인의 보증을 필요로 하고, 자기주장을 잘 못하고 다른 사람의 요구에 순종하는 경향을 보인다. 이들은 의존관계를 중시하고, 이 관계를 지속하기 위하여 상대방이 무시하거나 학대를 해도 잘 참고 견디며 자신의 지위를 격하시키기도 한다. 이들이 보이는 주요 인지 도식은 다음과 같다.

"나 혼자서는 아무것도 할 수 없다." "내가 잘했는지에 대해 타인의 보증이 필요하다." "상대방에게 무시를 당하더라도 이 관계를 지속시켜야 한다."

의존적 성격장애 사례

30대 후반의 회사원 N씨는 3녀 1남의 막내아들로 늘 어머니와 세 누나에게 귀염을 받으며 응석받이로 자랐다. 어머니와 누나들과 떨어진다는 건 N씨로서는 상상도 못할 일이었다. 초등학교에 입학했을 때는 분리불안으로 인해 한동안 학교에 가지 못한 적도 있었다. 청소년기까지 친구들 사이에서 그의 별명은 '아기'였다. 그러나 성인이 되어서도 N씨는 어머니와 누나들의 관심과 보호 아래 지냈으며, 결혼을 못하고 노총각으로 지내다가 비로소 얼마 전 어머니가 소개해 준 아가씨와 결혼을 하여 가정을 이루었다. 맞벌이를 하는 아내의 직장이 어머니 집과는 너무 멀어서 어쩔 수 없이 분가를 하게 되었으나, N씨는 무슨 일이 있을 때마다 어머니 집으로 달려가 어머니나 누나들의 확인과 동의를 구했다. 어머니나 누나들 없이는 혼자서 아무것도 결정하거나 선택하지 못했고, 그래서 N씨의 부인은 이로 인해 스트레스를 받고 있다.

③ 강박적 성격장애

강박적 성격장애는 정리정돈을 지나치리만큼 잘하고 완벽주의적이며, 엄격하고 대인관계에서도 마음의 통제를 많이 하기 때문에 정서적으로 위축되어 있고 개방적이지 못하며, 실수를 용납하지 않는 특징을 보인다. 이들은 지나치게 양심적이고 고지식하여 융통성이 없고, 따라서 자신과 타인 모두에게 엄격한 도덕적 원칙과 기준을 따르도록 강요한다. 의사결정에 있어서도 최선의 방법이 무엇인지를 고려하고 숙고하는 일에 많은 시간을 소비하여 정작 결정을 잘 내리지 못하게 되고, 그래서 오히려 우유부단해 보일 수 있으며, 과제를 할 때에도 너무 꼼꼼하게 완벽을 기하려다가 마감일을 놓쳐 할 일이 계속 누적되는 경우가 많다. 이들은 스트레스에 취약하기는 하지만 정도가 심하지 않으면 완벽주의적인 성향으로 인해 성공적인 생활을 하는 경우도 많다. 이들이 보이는 주요 인지 도식은 다음과 같다.

"모든 일은 완벽하게 해야 한다." "정리정돈은 항상 잘되어 있어야 한다."

강박적 성격장애 사례

가정주부 O씨는 남편 때문에 너무 힘들다고 했다. 그녀의 표현을 빌리자면, 그녀의 남편은 지나칠 정도로 꼼꼼하고 완벽주의적이며 고지식하고 융통성이 없는 사람이라고 한다. 또한 지나치게 깔끔하여 퇴근하고 돌아와 가장 먼저 하는 것이 신발장 선반 위나 창틀에 먼지가 있는지를 점검하는 일이라고 한다. 혹 먼지가 조금이라도 있으면 아내에게 잔소리를 하고 청소를 다시 하라고 호통을 친다. 또한 정리정돈을 하는 데에 강한 집착을 보여 심지어는 아내의 화장대 정리와 아이들의 방 정리까지 손수 해 주며 잔소리를 늘어놓는다는 것이다. O씨는 남편에게 그날그날 가계부 검사까지 받아야 하는데 100원이라도 오차가 생기면 그걸 밝혀낼 때까지 확인 작업을 멈추지 않는다. 지난밤에는 500원이 비었더니 어디서 오차가 생긴 거냐고 따지며 1시간가량을 보냈다고 한다.

“최선의 방법이 분명히 있을 것이고 그걸 꼭 찾아야 한다.” “규칙이나 절차 등은 꼭 엄수해야 한다.”

3. 부적응적 인간관계의 개선

현대 사회를 살아가는 많은 사람들이 지금까지 살펴본 여러 부적응 문제 때문에 괴로워하고 있다. 이러한 부적응 문제의 상당수는 인간관계에서의 문제 때문에 생겨나고, 또 그렇기 때문에 다시 그 사람의 인간관계에 영향을 미치게 된다. 따라서 원만한 인간관계를 맺으며 살고 싶다면 개인이 가지고 있는 역기능적인 부적응 문제를 잘 해결할 필요가 있다. 그렇다면 자신에게 부적응 문제가 있는지를 어떻게 판단할 수 있을까?

아마도 가장 먼저 생각해 볼 수 있는 것은 앞서 살펴보았던 적응과 부적응을 구분하는 기준 중에서 ‘주관적 불편감의 기준’일 것이다. 즉, 자기 스스로가 지금 어떠한 문제를 갖고 있다고 생각하며 그로 인해 지속적인 불편감을 느낀다면 부적응 문제가 있을지도 모른다고 판단을 할 수가 있다. 하지만 그렇다고 해서 **의학도의 병**(medical student' s disease)에 걸릴 필요는 없다고 전문가들은 조언한다. 앞에서 많은 부적응행동에 대해 살펴보면서 자신도 그런 문제를 겪고 있다는 생각을 했을지도 모른다. 그래서 '어, 이건 내 얘긴데….' 라고 생각했을 수도 있다. 의학도의 병이란 질병이나 정신 질환의 증상을 공부하는 과정에 있는 의학도가 걸림직한 병이라는 뜻이다. 즉, 학생들이 책이나 교수의 강의에서 설명된 여러 가지 증상이나 증후들이 자신의 사고나 행동과 너무나 흡사하다고 느끼고, 심지어는 공부한 것과 같은 행동장애를 실제로 일으키기도 한다는 것이다.

그런데 비단 의학도가 아니더라도 요즘 우리 사회에서 유행하고 있는 웰빙(well-being)에 대한 관심을 비롯해서 건강에 지나치게 관심을 갖고 염려하는 것은 이러한 자가진단의 의학도의 병을 유발할 가능성을 높인다. 앞서 여러 부적응행동에 대해 학습한 후 '내게 있는 증상과 똑같아. 알고 보니 내가 … 성격장애였네.' 라는 식의 자가진단을 내릴 가능성도 충분히 있다는 말이다. 이런 가능성이 있는 것은 적응과 부적응 사이의 차이가 모호하기 때문일 수도 있다.

우리 모두는 감정의 변화를 경험한다. 때로는 불안하고 두렵고 긴장되고 우울하기도 하다. 엑스레이를 찍어 신체의 이상을 판명하듯이 적응과 부적응을 명확히 구별할 수는 없기 때문에 우리 모두가 가질 수 있는 한때의 증상을 부적응이라고 해석할 수 있다. 이 책을 통해 부적응행동을 학습하기 전에 자신의 행동에 대해 별 관심을 갖지 않았다면 대개의 경우는 잘 적응하고 있는 것이며, 따라서 지금도 역시 자신의 사고나 행동에 대해 심각하게 생각하지 않아도 될 것이다. 하지만 그러한 증상이나 징후의 강도가 심하고 비교적 오랫동안 생각하게 되며, 또한 자신이 느끼는 불편감의 정도가 심하다면 전문가를 찾아가 보는 것이 좋겠다. 그래서 정확한 진단을 받아 보는 것이 도움이 될 것이다. 이것은 또한 자신에게 부적응 문제가 있는지를 판단할 수 있는 두 번째 방법이기도 하다.

전문가를 찾게 되면 여러 심리검사를 통해 객관적으로 자신의 문제에 대해 측정해 볼 수 있으며, 면접을 통해 전문가의 의견도 들을 수 있다. 그 결과 부적응행동이라는 결론을 얻으면 전문가의 도움을 받아 함께 문제를 해결할 수 있을 것이다. 여기서 전문가란 정신과 의사나 상담심리학자, 심리치료사 등을 의미한다.

요즈음은 인식이 많이 바뀌어 가고 있지만, 아직도 우리 사회는 정신과나 상담소, 심리치료소와 같은 상담기관에 대해 편견을 가지고 있는 게 사실이다. 그런 곳은 문제가 아주 심각한 사람 혹은 정신이 이상한 사람이 가는 것으로 여겨 대부분의 사람들이 상담기관 찾기를 꺼린다. 그러다 보니 진작 전문가를 찾았으면 금방 호전되었을 수도 있는 증세가 자신도 모르게 더 깊어지고 결국 치료가 더 어려워지는 경우도 있다. 그러나 상담기관은 꼭 문제가 있는 사람들만 드나드는 곳이 아니다. 물론 심리적으로 어려움이 있는 사람들이 일차적으로 도움을 받을 수 있는 곳이 상담기관이지만, 잘 적응하고 있는 사람들도 자신의 성장과 잠재력 계발 등을 통해 더욱 잘 적응할 수 있도록 도움을 받을 수 있는 곳이기도 하다. 따라서 상담기관 이용의 목적을 어떠한 심각한 문제의 해결이나 치료에 두지 말고 자신의 성장과 발전이라는 측면에 두는 것이 바람직하다. 그리고 이제는 정신과나 상담소, 심리치료소 같은 상담기관에 대한 편견을 버리고 도움이 필요할 때는 언제든지 문을 두드릴 수 있는 용기를 가져야 한다.

현재 우리나라에는 각 시 · 군 · 구별로 청소년 종합 상담실이 있으며, 사회복지 시설 등에서도 심리검사와 여러 가지 상담 서비스를 제공하고 있다. 또 각 지역마다 여러 상담기관이 있어 도움을 받을 수 있다. 다만 한 가지 주의할 점은 자격이 있는 전문가들에 의해 운영되는 믿을 만한 곳인지를 잘 파악해야 한다는 것이다. 그리고 만약 대학생이라면 가장 쉽게 찾을 수 있는 곳이 각 대학 내에 설치 · 운영되고 있는 학생 상담소나 학생 생활 연구소 등의 학생 상담기관이다. 이곳에 가면 대개의 경우 심리검사나 개인상담 혹은 집단상담 프로그램 등의 여러 가지 상담 서비스를 받을 수 있다.

원만한 인간관계를 위한 프로그램 11

주제

영화 〈이보다 더 좋을 순 없다〉를 통한 부적응적 인간관계의 이해

목적

① 주인공들의 심리분석을 통해 부적응행동에 대해 이해한다.

② 영화를 통해 부적응행동과 인간관계가 중요한 관계가 있음을 이해한다.

강의

영화 〈이보다 더 좋을 순 없다〉를 함께 보고 나서 토론 시간을 갖는다. 혹은 과제로 각자 집에서 영화를 보고 와서 토론 시간을 갖는다.

프로그램 내용

<STEP 1>

영화 〈이보다 더 좋을 순 없다〉를 감상한다.

<STEP 2>

다음의 질문에 대하여 생각해 본 다음 답을 하고, 이를 다른 집단원들과 함께 발표하며 의견을 나눈다.

① 세 주인공(멜빈, 사이먼, 캐롤)의 심리를 분석하여 그들이 어떤 부적응행동을 보이는지를 설명해 본다.

② 세 사람이 보이는 부적응행동의 원인은 무엇이며, 그것은 그들의 인간관계에 어떠한 영향을 미친다고 생각하는가?

③ 세 사람의 부적응행동은 결국 어떻게 치유되어 가는가?

④ 이 영화를 통해서 부적응행동(원인과 치료 등)에 중요한 영향을 미치는 것은 무엇이라고 생각하는가?

<STEP 3>

토의 및 평가

이 프로그램을 통해 새롭게 알게 된 것이나 느낀 점은 무엇인지 정리해 본다.

부적응행동 PLUS ZONE

영화 속의 부적응행동(정신병리)	
Dr. Jekyll and Mr. Hyde(지킬 박사와 하이드, 1932)	로버트 루이스 스티븐슨의 해리장애에 대한 전형적인 소설을 영화화한 것이다.
Three Faces of Eve(1957)	조안 우드워드가 세 가지 인격을 지닌 여인(Eve White, Eve Black, Jane)을 연기하여 아카데미상을 받았다.
Psycho(사이코, 1960)	앤서니 퍼킨스가 수동적이고 병리적인 본인의 인격과 그의 죽은 어머니의 분신 자아 사이를 왔다갔다하는 노먼 베이츠 역을 한, 히치콕의 뛰어난 영화이다.
One Flew over the Cuckoo's Nest(뻐꾸기 둥지 위로 날아간 새, 1975)	정신병원에 도전하는 랜들 P. 맥머피 역에 잭 니콜슨이 열연한 고전 영화로, 입원실의 감금 생활과 전기충격 요법이 진부하고 부정확한 것임을 나타내고 있다.
Deer Hunter(디어헌터, 1978)	전쟁이 고등학교 동창생들의 삶에 끼친 영향을 그린 영화로 약물 남용, 외상 후 스트레스 장애, 우울증 등의 정신병리학적인 요소들이 다루어지고 있다.
Blue Velvet(블루 벨벳, 1986)	마약, 성폭력, 가학 변태성욕을 흥미롭게 다룬 영화이다.
Born on the Fourth of July(7월 4일생, 1989)	베트남전 참전 용사들이 겪는 분노, 좌절, 격노 그리고 극복에 대하여 그린 영화이다.

영화 속의 부적응행동(정신병리)	
Sleeping with the Enemy(적과의 동침, 1991)	줄리아 로버츠가 소유적이고 가학적인 남편에게 학대받는 아내 역을 맡았다.
Silence of the Lambs(양들의 침묵, 1991)	앤서니 홉킨스가 반사회적 성격을 가진 정신과 의사이면서 사람을 먹는 한니발 렉터 역을, 조디 포스터가 FBI 수사원 역을 맡았다.
My Girl(마이 걸, 1991)	장의사를 하는 아버지, 치매에 걸린 할머니와 같이 사는, 건강염려증에 걸린 11세 소녀에 대한 이야기를 담은 영화이다.
Scent of A Woman(여인의 향기, 1992)	50대의 퇴역 중령이자 사고로 시력을 잃고 알코올 중독에 시달리는, 냉소적이고 비관적인 프랭크(알 파치노)를 통해 자살 심리와 우울증을 이해할 수 있는 영화이다.
Rain Man(레인맨, 1993)	더스틴 호프먼이 머리는 비상하지만 초기에는 동생에게 이용당하는 자폐증 환자 역을 맡았다.
Piano(피아노, 1993)	아이 때부터 자발적으로 말하기를 멈추어 버린 한 여자에 관한 영화이다.
301 302(1995)	요리가 취미인 301호의 송희와 302호의 대인기피증, 거식증 환자인 윤희의 이야기를 그린 영화이다.
Copycat(카피캣, 1995)	악명 높은 살인자의 범행을 따라하는 연쇄살인자의 정신 상태를 해석하려는 법 심리학자로 시고니 위버가 출연한다.
Primal Fear(프라이멀 피어, 1996)	리처드 기어가 주연한 서스펜스 영화로, 겉으로는 해리장애 때문에 극악한 범죄를 저지르는 남자에 대해서 다루며 꾀병의 문제와 감별 진단에 대한 의미 있는 질문들을 던진다.
올가미(1997)	전형적인 고부 갈등의 구성 속에 마마보이 신드롬, 병적인 모성애를 잘 짜 넣은 영화이다.
As Good As It Gets(이보다 더 좋을 순 없다, 1997)	잭 니콜슨이 강박장애를 가진 동성애 혐오자이자 인종차별주의자인 소설가역을 하였다.
Good Will Hunting(굿 윌 헌팅, 1998)	반항적이지만 비상한 머리를 가진 젊은이 윌 헌팅과 심리학 교수인 숀 맥과이어가 만나 내면의 아픔을 나누는 영화이다.

영화 속의 부적응행동(정신병리)	
얼굴 없는 미녀(2004)	경계성 인격장애인 여자 환자를 최면 요법으로 치료하며 금지된 사랑을 나누게 되는 남자 의사의 이야기를 다룬 영화이다.
말아톤(2005)	자폐증 진단을 받은 아들 초원이와 엄마 경숙의 이야기를 마라톤을 소재로 해서 담은 영화이다.

제 3 부

다양한 인간관계의 소중함

12

친구 간의 인간관계 : 우정

인간은 사회적 동물이므로 다른 사람들과 함께하고 관계를 맺고 싶어 한다. 그 관계의 대표적인 것이 친구관계와 이성관계이다. 우리는 아무하고나 친구가 되고 싶어 하지 않는다. 자기가 좋아하는 사람, 매력을 느끼는 사람과 우정을 나누고 싶어 한다. 따라서 이 장에서는 다른 사람들에게 정적인 감정을 유발하는 호감의 요인이 무엇인지, 우정은 무엇이며 어떻게 발전되고 붕괴되는지, 그리고 우정을 발달 · 지속시키기 위해서는 어떻게 해야 하는지에 대하여 살펴볼 것이다.

1. 호감의 형성

1) 호감의 일반 요인

(1) 칭찬과 호의

Carnegie는 인간은 항상 칭찬에 굶주려 있다고 하면서 “아낌없이 칭찬하라. 그것이 호감을 사는 지름길이다.”라고 했다. 그러므로 다른 사람에게 호감을 얻기 위해서는 그를 칭찬하면 된다. 일반적으로 우리는 자기를 좋아해 주는 사람을 좋아하는 경향이 있다. 따라서 누군가 자신에게 긍정적인 표현을 하면 그 사람에게 호감이 생길 것이다. 『칭찬은 고래도 춤추게 한다』라는 제목의 책도 있듯이, 칭찬을 받으면 고래도 춤을 춘다는데 하물며 인간은 어떻겠는가?

그러나 칭찬이 언제나 효과적인 것은 아니다. 여기에는 몇 가지 조건이 있다. 자기보다 높은 지위에 있는 사람이 칭찬을 하면 효과가 크지만 자기보다 지위가 낮은 사람의 칭찬은 효과가 적다. 그리고 기대하지 않았던 칭찬은 예상했던 칭찬보다 더 효과적이다. 또한 칭찬을 받는 사람이 자존감이 약하고 남에게 인정을 받고자 하는 욕구가 강할수록 칭찬의 효과가 크다. 특히 권위적인 사람은 칭찬을 좋아한다. 따라서 이런 사람들의 호감을 사는 데는 칭찬이 필수적이다.

사실 칭찬이 좋은 줄은 누구나 안다. 그러나 칭찬을 잘하는 방법을 아는 사람은 드물다. 이런 의미에서 칭찬과 구별하여 생각해 볼 것이 있는데, 그것은 바로 아첨이다. 그렇다면 칭찬과 아첨은 어떻게 다를까? 한마디로 말하자면 칭찬은 진심에서 우러나오는 말이고, 아첨은 뭔가 숨은 동기를 가지고 하는

칭찬 10계명

1. 칭찬할 일이 생겼을 때 즉시 칭찬하라.
2. 잘한 점을 구체적으로 칭찬하라.
3. 가능한 한 공개적으로 칭찬하라.
4. 결과보다는 과정을 칭찬하라.
5. 사랑하는 사람을 대하듯 칭찬하라.
6. 거짓 없이 진실한 마음으로 칭찬하라.
7. 긍정적인 눈으로 보면 칭찬할 일이 보인다.
8. 일이 잘 풀리지 않을 때 더욱 격려하라.
9. 잘못된 일이 생기면 관심을 다른 방향으로 유도하라.
10. 가끔씩 자기 자신을 칭찬하라.

출처 : 『칭찬은 고래도 춤추게 한다』

말이라고 할 수 있다. 영국 왕 조지 5세는 버킹검 궁전의 서재에 여섯 개 조로 된 금언을 걸어 놓았는데, 그중 하나가 "값싼 칭찬은 주지도 말고 또 받지도 말라."이다. 아첨은 바로 '값싼 칭찬'인 것이다. 칭찬이 아닌 아첨을 하면 오히려 역효과가 나타날 수 있다. 상대방에게 아첨이 아닌 칭찬을 해 주려면 입에 발린 소리가 아니라, 상대의 자기평가에 꼭 맞도록 합당한 말을 해 주면 된다. 또한 칭찬을 해 줄 때에는 솔직하고 진지하게 표현해야 한다.

(2) 근접성

"눈에서 멀어지면 마음에서 멀어진다(Out of sight, out of mind)."라는 말이 있다. 또한 "멀리 있는 친척보다 가까이 있는 이웃사촌이 더 낫다."는 말도 있다. 이렇듯 근접성은 대인매력과 가장 관계가 깊은 요인 중의 하나이다. 인간은 가까이 있는 사람들과 우정을 키워 나가려는 경향이 있기 때문에 멀리 있는 사람과는 우정이 덜 두터워지는 것 같다고 심리학자들은 말한다. 이러한 주장은 가까이 있는 사람으로부터는 비교적 쉽게 사회적 보상(예를 들어 교우관계, 사회적 인정, 도움 주고받기 등)을 얻을 수 있으나 멀리 떨어져 있는 사람으로부터는 같은 보상을 얻는 데 더 큰 노력과 시간이 필요하다는 데에 근거를 둔 것이다. 이러한 근접성의 원리 때문에 남자 친구가 군대를 가게 되면 앞으로 관계가 잘 지속될 것인지 걱정을 하게 되는 것이다.

(3) 친숙성

처음에는 낯설었던 대상도 자주 접촉하다 보면 친숙해지고 호감을 갖게 된다. TV에 많이 나오는 연예인에게 호감을 갖게 되는 것이 그 예이다. 이를 **단순접촉 효과**라고 한다. 낯선 사람의 사진을 한 번만 보여 주고 그 인물에 대한 호감도를 평가한 경우와 사진을 여러 번 보여 주고 난 뒤 평가한 경우, 후자 쪽이 사진 속의 인물을 더 좋게 평가한다는 연구 결과는 친숙성이 호감을 일으키는 중요 요인임을 지지해 주고 있다.

이렇게 많이 접한 경우에 보다 더 호감을 갖게 되는 현상은 대인관계는 물론 다른 영역에서도 나타난다. 많이 만난 사람에게 이끌릴 뿐만 아니라 많이 접촉한 음악, 사진, 심지어는 익숙해진 말투까지도 좋아하게 된다. 한편 반복해서 자주 접촉할 경우 상대방에 대해 더 많은 정보를 얻을 수 있고, 서로 얼마나 유사한지 다른지를 알게 됨으로써 상대와의 관계를 조절할 수 있게 된다. 따라서 친구나 연인을 사귈 때는 많은 접촉의 기회를 가져서 그 사람에 대해 많이 알아 갈 필요가 있다.

그러나 반복접촉 효과에는 한계가 있다. 예를 들어, 최초의 만남이 매우 부정적인 경우에는 접촉을 반복하는 것이 그 사람을 더 싫어하게 만들 수 있다. 따라서 단순접촉이 호감을 증가시키려면 처음 만남이 유쾌하거나 적어도 중간적이어야 한다. 또한 단순접촉 효과에는 포만점이 있기 때문에 호감을 증가시키는 최적수준의 접촉을 넘어서면 지루함을 느끼게 된다. 그런데 이러한 포만점은 개인에 따라 그리고 상황에 따라 다르므로 그때그때 잘 대처해 나가야 한다.

(4) 유사성과 상호 보완성

매력을 느끼게 하는 또 다른 요인은 유사성과 상호 보완성이다. 심리학에서는 일반적으로 많은 실험을 통해 상호 보완성보다는 유사성이 더 매력을 느끼게 한다고 밝히고 있다. 즉, 자신과 비슷한 태도, 가치관이나 성격을 가진 사람들에게 매력을 느낀다는 것이다.

그렇다면 왜 유사성이 더 많은 매력을 느끼게 하는가? 여기에는 몇 가지 이유가 있다. 즉, 타인이 자신과 비슷한 태도를 지니고 있음을 발견하는 것에는 다음과 같은 여러 가지 장점이 있다. 첫째, 자신의 견해가 옳다는 것을 확신할 수 있을 뿐만 아니라 다른 사람으로부터 인정받을 수 있다는 점에서 자신에 대한 직접적인 보상이 될 수 있다. 둘째, 두 사람이 같은 견해를 가지고 있기 때문에 서로를 더 쉽게 이해할 수 있을 뿐만 아니라 상대방에 대하여 자신이 어떻게 행동해야 할지를 잘 예측할 수 있다. 셋째, 두 사람을 동시에 만족시킬 수 있는 활동에 함께 참여함으로써 서로 자주 만나 이해의 폭을 넓힐 수 있다.

이렇게 유사성이 매력을 증가시켜 준다는 사실이 보편적인 경향이기는 하지만 예외가 있을 수 있다. 친구나 연인들 혹은 결혼한 많은 부부들 중에는 '어떻게 저렇게 다를 수 있을까?' 하는 의문이 들 정도로 서로 이질적인 면을 가지고 있는 경우가 있다. 어떤 사람들은 자신과 다른 사람에게 매력을 느끼게 된다. 이것이 바로 자신의 부족한 점을 상대를 통해 보완하고자 하는 상호 보완성이다. 이 같은 상호 보완성은 과제 처리나 판단을 내리는 데 있어서 각자의 역할을 분담할 수 있도록 도와준다. 예컨대, 의존적인 사람은 남을 잘 돌보는 특성을 가진 상대를 찾는다. 얼핏 보면 이러한 경향은 서로 상반되는 것처럼 보이지만 양자 모두 이런 특질의 조합을 찾는다는 점에서 일치한다. 이와 같이 서로 간에 상호 보완적인 특성을 가지고 있으면서 공통의 목표와 가치를 지닐 때 비로소 매력의 요소가 될 수 있다.

앞서 말했듯이, 최근에 이루어진 대부분의 연구에서는 상호 보완성보다는 유사성이 매력과 더 많이 관련되어 있음을 밝히고 있다(Meyer & Pepper, 1977). 특히 일반적으로 태도, 가치관, 성격 면에서의 유사성은 두 사람이 서로에게 매력을 느낄 수 있는지 없는지를 가장 잘 예측할 수 있는 요인 중의 하나로 볼 수 있다.

2) 호감의 개인적인 요인

(1) 능력과 실수

사람은 일반적으로 능력이 있는 사람을 더 좋아한다. 그처럼 유능해지고자 하는 욕구가 있기 때문인지도 모른다. 그러나 유능한 사람이 언제나 호감을 사는 것은 아니다. 너무 유능하고 완벽한 사람은 부담스럽고 긴장하게 하며, 따라서 접근하기가 어렵게 느껴질 수 있다. 그러므로 유능함과 동시에 약간 결점이 있는 사람을 우리는 더 좋아한다. 그리고 때로는 유능한 사람이 실수를 할 경우에 더 매력을 느끼기도 한다.

Anderson 등(1966)은 실험을 통해 능력 있는 사람의 작은 실수는 그를 더 매력적으로 만든다는 사실을 밝혀냈다. 그들은 대학생들을 피험자로 하여 다음과 같은 네 가지 실험 조건을 만들었다. ① 유능하면서 실수를 저지른 사람, ② 유능하면서 실수를 저지르지 않은 사람, ③ 능력은 보통인데 실수를 저지른 사람, ④ 능력은 보통인데 실수를 저지르지 않은 사람 등이다. 이들에게 얼마나 호감을 느끼는지 평정하게 한 결과, 유능하지만 실수를 저지른 사람을 가장 매력적으로 평가하고 능력은 보통이면서 실수를 저지른 사람을 가장 덜 매력적으로 평가하였다. 이러한 것을 **실수 효과**라 한다. 실수는 완벽한 사람의 경우에만 그를 더욱 매력적으로 보이게 하고, 똑같은 실수라도 못난 사람이 했다면 그를 더욱 못나 보이게 한다는 것이다.

(2) 신체적 매력

외모는 상호 간의 매력에 결정적인 요인이다. 우리는 잘생긴 용모를 선호한다. 일반적으로 대학생들이 이성을 만날 때 중요하게 여기는 것은 단연 신체적 매력이다. 이런 현상은 어릴 때부터 보고 자란 만화나 TV 광고 같은 대중매체가 이를 강화하기 때문이다. 대중매체의 주인공은 거의 대부분 아름답다.

신체적 매력의 영향은 아주 크며, 후광 효과(halo effect) 또한 엄청난 것으로 알려져 있다. **후광 효과**란 어떤 하나의 특징이 좋게 평가되면 다른 특징들도 좋게 평가되는 현상을 일컫는다. 따라서 사람들은 신체적으로 매력적인 사람을 더 능력 있고 착하다고 지각한다. 심지어 범죄를 저질렀을 경우에도 신체적 매력을 가진 사람에 대해서는 그가 처한 상황 때문에 어쩔 수 없이 범죄를 저질렀을 것이라고 상황에 귀인하는 반면, 신체적 매력이 없는 사람은 범죄의 원인이 그 사람에게 있다고 귀인하는 경향이 있다. 얼마 전 인터넷에서 한 여자 강도를 얼짱 강도라 칭하며 팬 카페까지 생기는 해프닝이 일어났던 것이 대표적인 예라 할 수 있다.

신체적 매력의 효과와 관련하여 또 한 가지 재미있는 것이 있다. 바로 개인의 신체적 매력의 효과는 그 사람이 사귀고 있는 사람에 대한 우리의 지각에도 영향을 준다는 사실이다. 흔히 우스갯소리로 하는 이야기가 있다. 매력적이고 예쁜 여자와 못생긴 남자가 팔짱을 끼고 걸어가면 사람들은 '저 남자는 분명히 직업이 좋거나 능력이 있는 남자일 거야.' 라고 생각한다는 것이다. 심리학에서는 이것을 **발산 효과**(radiation effect)라고 한다.

이렇게 신체적 매력이 호감의 형성에 중요한 영향을 미친다고 해서 매력적이지 않거나 평범한 외모를 가진 사람들이 낙담할 필요는 없으며, 성형외과로 달려갈 필요는 더더욱 없다. 왜냐하면 실제로 성공한 대부분의 사람들이 신체적으로 매력이 있다고 생각하기는 어렵기 때문이다. 신체적 매력은 일반적으로 하나의 자산이지 결코 성공적인 인생을 위한 필수적인 전제 조건은 아니다. 더구나 신체적 매력이 인간관계 형성에서 결정적이거나 항상 유리한 요인은 아니다. 그 예로, 대학생들에게 친구를 사귀는 데 관련되는 중요한 요인들을 순서대로 열거해 보라고 했을 때 신체적 매력은 상위 10위권 안에 포함되지도 않았다. 따라서 신체적 매력은 호감의 형성에 중요한 영향을 미치기는 하지만, 보다 중요한 것은 외적으로 보이는 아름다움이 아니라 내적인 아름다움이라는 것을 기억해야 한다.

(3) 성격 특성

우리는 일반적으로 차갑고 적대적인 사람보다는 따뜻하고 친절한 성격을 지닌 사람을 좋아하는 경향이 있다. 또한 불성실하고 책임감 없는 사람보다는 성실하고 책임감 있는 사람을, 비관적이고 부정적인 사람보다는 긍정적이고 밝은 성격의 사람을 좋아한다. Anderson이 연구에서 대학생들의 성격 특성에 관한 호감도를 조사한 결과, 그들은 성실함, 정직함, 이해심 많음, 진실함, 지적임, 믿음직함, 사려 깊음, 따뜻함, 친절함, 유쾌함, 유머 있음, 책임감 있음 등을 좋아하는 성격 특성으로 꼽았다.

그러나 호감을 느끼게 하는 성격 특성은 시대와 문화에 따라 달라질 수 있다. 우리나라의 경우, 예전에는 차분하고 다소곳한 여성에게 더 호감을 가졌지만 요즘은 적극적이고 발랄한 여성에 대한 호감도가 높아지고 있는 경향을 볼 수 있다.

나에게 적용하기

Q. 내가 생각하는 매력적인 사람은 어떤 특성을 지녔는가?

2. 친구와 우정

1) 우정의 의미

우정은 자연 발생적이고 자발적이면서 이해와 무관하다는 점에서 이해타산적인 그 어떤 관계와도 다르다. 혈연관계처럼 주어지는 관계도 아니며, 비공식적인 관계이면서 종교나 이념 등 어떤 목적을 가진 동료나 동지적 관계도 아니다. 그러면서도 혈연관계의 특성을 지닌 자연 발생적인 사랑의 관계라고 할 수 있다. 우정은 처음 시작 단계에서는 호감이 전제가 되겠지만, 일단 우정이 형성되면 어떤 조건도 없이 계층이나 지위 또는 남녀를 불문하고 보다 깊고 지속적인 사랑의 관계를 가지며, 우정 그 자체가 목적이라는 것이 특징이다.

우정은 특히 청소년들에게 중요한 역할을 한다. 청소년들 사이의 우정은 다음과 같은 여섯 가지 기능을 한다.

① 우의

우정은 청소년들에게 친숙한 친구, 그들과 기꺼이 시간을 보낼 수 있고 공동의 생활을 할 수 있는 누군가를 제공한다.

② 자극

우정은 청소년들에게 흥미 있는 정보, 흥분, 즐거움을 제공한다.

③ 물질적 지지

우정은 청소년들 간에 시간과 자원을 공유하도록 하며, 필요한 경우에는 물질적인 도움을 주기도 한다.

④ 자아의 지지

우정은 청소년들이 자신 있고 매력적이고 가치 있는 인간으로서 자신을 바라보도록 하며 지지, 격려, 피드백을 제공한다.

⑤ 사회적 비교

우정은 청소년들이 사회에서 다른 사람과 관련하여 제대로 행동하고 있는지에 관한 정보를 제공한다.

⑥ 친밀감/애정

우정은 청소년들에게 따뜻하고 가깝고 믿을 만한 다른 사람과의 관계, 자신을 드러낼 수 있는 관계를 제공한다.

2) 우정을 쌓는 원리

임상심리학자 McGuiness는 우정을 돈독히 쌓아 가는 다섯 가지 원리를 제시하였다. 그가 제시한 다섯 가지 원리는 다음과 같다.

① 행복의 근원은 사람에게 있음을 알라

다른 사람과 깊은 관계를 맺고 있는 사람은 우정을 인간관계에서 최우선으로 생각한다. "나의 사랑하는 친구가 죽을 때마다 내 한 부분이 땅에 묻힙니다. 그러나 나의 행복과 생기와 이해심에 끼쳤던 친구들의 영향은 계속 내 안에서 나를 지탱해 줍니다."라고 말한 Helen Keller는 우정이 자기 자신의 일부라는 것을 잘 표현하고 있다.

다음 질문을 자기 자신에게 던져 보라.

- 곤경에 처했을 때 찾아갈 수 있는 친구가 있는가?
- 사전 양해 없이 찾아갈 친구가 있는가?

우정의 기본 원칙

진정한 친구란 무엇인가? 정말 친구는 누구인가? 이 글은 거기에 대한 답을 제공해 준다.

친구는 사회보장의 궁극적인 형태이다.
맛있는 스테이크보다 더 나은 것은 오래된 친구뿐이다.
친구들의 숫자를 세지 말라. 오히려 의지할 수 있는 친구가 있는지를 헤아려 보라.
친구에게서 받을 수 있는 가장 좋은 선물은 미소이다.
친구란 당신이 스스로를 좋아할 수 있도록 도와주는 사람이다.
친구란 당신이 남에게 보여지기를 바라는 모습대로 당신을 보아 주는 사람이다.
당신이 얻을 수 있는 가장 좋은 선물은 친구이다.
남에게 줄 수 있는 가장 좋은 선물은 친구이다.
친구는 그 사람이 다른 어딘가에 있더라도 당신에 의해 선택된 사람이다.
좋은 친구는 대체로 아주 훌륭한 경청자이다.
우정이란 사람들을 함께 붙여 주는 회반죽과 같다.
친구란 일반적으로 질문하기를 피하고 판단하지 않으려고 하는 사람이다.
좋은 친구는 당신 안에 있는 좋은 점을 찾아 다른 사람에게 이야기해 주는 사람이다.
친구와 적의 차이점은 친구는 기분 좋게, 적은 쓰라리게 느끼게 해 준다는 점이다.
친구가 저녁 초대를 하면 박하사탕을 꼭 사는 것이 좋다. 무엇보다도 그 친구는 그렇게 해 줄 만한 가치가 있지 않은가.
진정한 친구는 우리의 가장 좋은 모습을 기대하고, 우리는 그들을 실망시키지

- 함께 오락을 즐기는 친구가 몇 명이나 되는가?
- 궁핍할 때 도움을 줄 수 있는 친구는 얼마나 되는가?

않기 위해 최선을 다한다.

친구는 우리의 추억 중에서 가장 훌륭한 보물이다. 진정한 친구는 '책임을 묻지 않는' 보험의 가장 좋은 형태이다.

친구는 신이 주신 가장 멋진 선물이다.

현대 사회에서 우리가 지닌 대부분의 물건들과 달리 친구는 대체로 평생 유지된다.

친구는 당신의 잘못과 단점을 보는 데는 시력이 약하다.

친구는 당신을 비웃는 법이 없고 항상 당신과 함께 웃는다.

친구와 함께 산책하면 데이지 꽃 향내가 더 쉽게 느껴진다.

친구는 충고하는 경우는 드물고 도움의 손을 내미는 경우가 많다.

친구는 경직된 머리와 굳은 가슴을 피하려고 애쓴다.

친구는 가치를 잴 수도 없는 보물이다.

친구는 구름을 쫓아 버리는 태양과도 같다.

친구들에 대해 절대로 좋은 소리를 하지 않는 사람은 한 명의 친구도 가지지 못할 것이다. 친구는 가장 좋은 설교는 좋은 예를 보여 주는 것임을 인식하고 있다.

친구는 마지막에 "당신을 사랑한다."라고 말한다.

우리는 모두 친구가 되어야만 하지 않을까? 우리는 친구들이 늘 그러는 것처럼 몇 마일이라도 더 친구를 위해서 걸을 용의를 지녀야 하지 않을까?

이 글은 아마도 당신이나 다른 사람들의 마음을 건드릴 것이다. 그렇다면 이 글은 그 임무를 다한 것이다. 이 세상은 우리가 친구들을 가장 먼저 고려하고 낯선 사람들(언젠가 친구가 될)을 곧이어 고려할 때 훨씬 더 나아질 것이기 때문이다.

출처 : Thomas S. Parish, 우애령 역

이런 물음에 긍정적으로 대답을 할 수 있는 사람은 진실한 친구를 가지고 있으며, 따라서 행복한 사람이라고 할 수 있을 것이다.

② 자기를 개방하라

Rilke는 사랑은 외로운 두 사람이 서로를 보호하고 만지고 반기는 데서 싹튼다고 하였다. 우리는 자기를 허심탄회하게 개방하여 보여 주는 사람을 좋아한다. 그러나 인간은 체면을 중시하므로 가면을 잘 쓴다. 가면을 쓰는 것은 거절에 대한 두려움과 남에게 자신의 약점을 들키지 않으려고 경계하는 것이라 할 수 있다. 이렇게 포장된 사람끼리 만나면 겉으로는 아무런 문제가 없는 것처럼 보일지 몰라도 그 관계는 결국 깊어질 수가 없다. 따라서 우정의 형성에는 무엇보다도 자신을 진실하게 드러내는 자기개방이 필요하다.

③ 말로 표현하라

"단지 표현하지 못하기 때문에 우정이나 사랑이 여물지 않는 것은 비극 중에 비극이다. 사랑받기를 원하면 사랑하라." 이는 로마의 철인 Seneca의 명언이다. 사랑은 사랑의 표현까지 포함한다. 그래서 요즘 유행하는 표어 중에는 "사랑은 동사입니다"라는 말이 있다. 우정도 마찬가지이다. 표현했을 때 그 빛을 발할 수가 있는 것이다. 그런데 우정과 사랑을 표현할 때에는 주의할 점이 있다. 우선 자기 감정을 과장하지 말고 상대방에게 강요해서도 안 된다. 사랑을 되돌려 받으려고 강요하는 마음으로 표현하지 말라. 그리고 유연성을 가져야 한다. 우정을 이루려면 우선 손을 뻗쳐 상대의 반응을 살피고 상대의 반응에 따라 나아갈 것인지 물러설 것인지를 결정하라. 이 사람과 우정을 나누지 못하면 끝장이라든가 비참하다는 생각은 버려야 한다.

④ 사랑과 우정의 기교를 배워라

우정과 사랑은 마음으로 하는 것이지만 겉으로 표현되는 것도 있어야 한다. 의례적인 생일 축하나 선물 등은 형식적이고 기교만 앞세우는 것처럼 느껴질지도 모르지만, 기교가 없는 사랑 또한 멋이 없고 무미건조하다. 작고 사소한 친절이 큰 힘을 발휘한다는 것을 명심하자.

⑤ 언제나 빈 공간을 두어라

친밀한 관계, 즉 우정과 사랑 같은 관계에서 가장 갈망하는 두 가지 욕구는 소속되고 싶은 욕구와 자유로워지고 싶은 욕구, 이 두 가지의 상반된 욕구라고 한다. 따라서 서로가 친밀해질수록 상대가 독립된 존재임을 기억해야 한다. 서로를 지나치게 간섭하지 않는 관계가 오래 간다. 상대를 소유하려 들지 말고 다른 우정도 허용하라. 그 친구가 나하고만 친해야 한다는 생각은 버려야 한다. 서로 사랑하는 사이일수록 자유로운 공간을 두어라. 나무는 서로의 그늘에서 자라지 않는 법이다.

3) 우정의 발전과 붕괴

우정은 어떻게 시작되어 발전할까? 우정은 자연 발생적인 우연과 특정한 의도의 혼합물이라고 할 수 있다. 이러한 우정은 일반적으로 다음과 같은 단계를 밟아 형성된다.

① 처음 단계에서는 서로를 알지만 인사도 하지 않는다.

② 다음은 의례적인 인사를 나누며 서로 가볍게 접촉하는 단계로, 이 단계에서는 관계를 유지한다는 것이 별로 중요한 의미를 갖지 않지만 사회적인 매력 요소나 서로에 대한 관심이 오간다.

③ 다음 단계는 서로를 진실로 아는 단계이다. 자기공개를 하면서 개인적 감정을 나누고 관계 유지를 중요하게 생각하는 시기이다.

이렇게 우정이 형성되면 두 사람은 많은 시간을 같이한다. 그러나 이런 관계를 유지하기 위해 치러야 하는 부담도 있다. 함께 많은 시간을 보내다 보면 서로에 대한 책임감이 커지고 자칫 독립성이 약화될 위험성이 있으며, 다른 친구들에게 부정적인 영향을 줄 수 있다.

우정의 붕괴에는 몇 가지 요인이 있다. 우선 우정의 특징이라고 꼽았던 여러 가지 특성을 충족시키지 못하는 경우 관계가 깨진다. 진실성이 없고 비밀을 유지하지 못할 때, 자발적인 도움이 없을 때, 있는 그대로 수용하고 이해하지 못할 때, 서로 존중하지 않고 질투하거나 비판적일 때 우정관계는 붕괴된다. 물리적으로 멀리 떨어져 있거나 새로운 친구관계가 형성되는 것도 우정을 붕괴시키는 요인이 될 수 있다.

3. 우정의 발달과 유지

지금까지 우정은 무엇이며 어떻게 발전되고 붕괴되는지에 대하여 살펴보았다. 우정을 지속시키는 것은 쉬운 일이 아니다. 따라서 건강한 우정을 지속시키기 위하여 명심해야 할 것들에 대해 살펴보겠다.

① 자기 자신을 개방하라

두 사람 간의 관계를 발전시키기 위해서는 자기 자신에 대한 정보를 상대방에게 알려 주는 것이 필요하다. 즉, 자기 자신을 있는 그대로 솔직하게 개방해야 한다. 서로 아는 만큼 더 가까워질 수 있다. 그런데 흔히 우리는 처음에 포장된 자기를 보여 주는 경향이 있다. 처음 호감을 주고받는 관계에서는 그것이 그런대로 효과적일 수도 있지만, 좀 더 친밀하고 진실된 관계를 맺기 위해서는 솔직한 자신의 모습을 보여 줄 필요가 있다.

② 지속적인 관심과 호의를 보여 주어라

친구를 사귀기 위해서는 상대의 관심을 끌려 하기보다는 상대에게 순수한 관심을 보여야 한다. 내가 상대에게 관심을 갖지 않는데 어떻게 상대가 나에게 관심을 갖겠는가? 따라서 관심을 얻고 싶다면 먼저 관심을 보여야 한다. 상대에게 관심과 호의가 있음을 말이나 행동으로 표현하여 상대가 느낄 수 있도록 해야 한다. 우리는 누구나 자신에게 관심과 호의를 가져 주는 사람에게 어쩔 수 없이 끌리게 마련이다.

③ 상대방을 인정하고 수용하라

친밀하다고 해서 서로의 성격, 기호, 취미, 가치관, 태도 등이 일치해야 하는 것은 아니다. 아무리 친한 사이일지라도 서로의 독립성과 개성을 존중해 줄 필요가 있다. 나와 다르다고 상대방을 나에게 맞추려고 애쓰지 말고, 서로의 차이점을 이해하면서 있는 그대로의 상대방을 인정하고 수용해야 하는 것이다. 검은색 고무신을 하얗게 만들고 싶어서 아무리 걸레로 문질러 봐도 하얗게 되기는커녕 오히려 검은색이 더욱 반짝반짝 빛이 나는 것처럼 사람도 마찬가지이다. 친구를 자신의 기준에 맞추기 위해 강요하다 보면 어느새 친구는 어긋나서 저만큼 멀리 가 있을 것이다. 있는 모습 그대로를 사랑하자.

④ 함께할 수 있는 활동을 찾아라

우정을 지속시키기 위해서는 함께 같은 활동을 즐기는 것이 효과적이다. 같이 활동하면서 시간과 즐거움을 공유하다 보면 어느새 우정의 크기도 더 커질 것이다. 취미 생활을 함께 한다든지 봉사 활동을 함께 한다든지, 함께할 수 있는 활동은 찾아보면 얼마든지 있다.

⑤ 현실적 도움을 교환하라

우정의 주요 기능 중 하나는 서로 필요할 때 도움을 주고받을 수 있다는 것이다. 따라서 서로 필요할 때는 현실적인 도움을 주고받아야 한다. 서로의 문제에 대해 같이 고민하고 해결책을 강구할 수 있어야 한다. 그리하여 상대가 힘들 때 가장 먼저 떠올려 도움을 청할 수 있는 사람이 내가 될 수 있도록 하자.

⑥ 상대방에 대한 믿음을 가져라

관계에서 가장 중요한 것 중의 하나가 믿음이다. 믿음이 없이는 어떠한 관계도 건강하게 지속될 수 없다. ‘언제 어느 상황에서라도 나는 항상 너의 편이다.’ 라는 정서적 지지와 절대 믿음이야말로 관계의 기초이며 핵심이라고 할 수 있다.

원만한 인간관계를 위한 프로그램 12

주제

호감을 줄 수 있는 사람에 대한 이해와 적용

목적

① 세상에는 다양한 성품의 사람들이 있다는 것을 이해한다.
② 타인의 입장을 이해하고 수용하는 태도를 갖는다.
③ 호감을 줄 수 있는 사람이 되기 위한 방법을 안다.

강의

우리는 다양한 성품의 사람들과 더불어 살아가고 있으며, 그중에는 내가 좋아하는 사람과 싫어하는 사람이 있다. 만났을 때 금방 호감이 생기는 사람이 있는가 하면 공연히 부담스럽고 못마땅한 사람도 있다. 상대방에게 호감을 줄 수 있는 사람들의 특성은 무엇인가? 상대방을 부담스럽고 불편하고 싫어지게 만드는 사람들의 특성은 무엇인가? 앞에서 이에 대한 일반적인 사항들을 살펴보았다. 그런데 이것은 개인별로 차이를 나타낸다. 개인에 따라 자신이 좋아하는 사람과 싫어하는 사람의 취향이 다를 것이다. 한편, 부담스럽고 불편하고 싫어지게 만드는 사람들도 다른 관점에서 보면 장점이 있을 수도 있다. 예를 들어, 고집이 센 사람은 자기주장이 강한 사람이라고 재해석할 수 있을 것이며, 소심한 사람은 사려가 깊은 사람이라고 재해석할 수 있을 것이다. 이렇게 시각을 달리하여 바라보면 싫어하는 사람에 대해서도 좀 더 이해하고 수용할 수 있게 된다. 또한 중요한 것은 스스로 상대방에게 호감을 불러일으킬 수 있는 사람이 되도록 노력하는 것이다. 그렇게 되면 다양한 성품의 많은 친구들을 사귈 수 있을 것이다.

프로그램 내용

<STEP 1>

잠깐 눈을 감고 내가 태어나서 지금까지 만났던 수많은 사람들에 대해 떠올려 본다. 그중에서 특히 내가 좋아하고 편안한 관계를 맺을 수 있었던 사람들과 공연히 부담스럽고 못마땅해서 불편한 관계를 맺었던 사람들, 아니면 관계를 맺으려고도 안 했던 사람들을 떠올려 본다.

<STEP 2>

다음의 질문에 대하여 생각해 본 다음 답을 하고, 이를 다른 집단원들과 함께 발표하며 의견을 나눈다.

① 다음 유형 중에서 나는 어디에 가깝다고 생각되는가?(조금이라도 가깝다고 생각되는 유형)

- 말이 많은 사람
- 앞에 잘 나서는 사람
- 자기중심적인 사람
- 수줍음이 많은 소극적인 사람
- 고집이 센 사람
- 계획성이 없는 사람
- 교만한 사람
- 직설적으로 표현하는 사람

② 나의 유형은 나에게 어떤 이득과 손해가 되는가?

③ 내가 싫어하는 사람은 어떤 유형인가?

④ 시각을 달리하면 내가 싫어하는 유형의 사람에게서 어떠한 장점을 찾을 수 있는가?

⑤ 다른 사람에게 호감을 줄 수 있는 사람이 갖추어야 할 다섯 가지 조건은 무엇이라고 생각하는가?

⑥ 다른 사람들에게 좀 더 호감을 줄 수 있도록 앞으로 내가 할 수 있는 것은 무엇인가?

<STEP 3>

토의 및 평가

이 프로그램을 통해 새롭게 알게 된 것이나 느낀 점은 무엇인지 정리해 본다.

13

이성 간의 인간관계 : 사랑

인간관계 속에서 가장 커다란 행복감을 맛볼 수 있게 해 주는 것은 아마도 사랑의 감정일 것이다. 그러나 반면에 사랑 때문에 힘들어하고 괴로워하기도 한다. 따라서 이 장에서는 이성 간의 인간관계, 즉 사랑에 대하여 살펴볼 것이다. 이를 위해 우선 남녀의 차이에 대하여 알아보고, 사랑은 무엇이며 어떠한 유형이 있는지, 사랑은 어떻게 발전되고 붕괴되는지, 그리고 사랑을 발달 · 지속시키기 위해서는 어떻게 해야 하는지에 대하여 살펴볼 것이다.

1. 이성 : 남녀의 차이

이성 간의 인간관계에 대하여 알아보기 위해서는 먼저 남녀의 차이에 대하여 살펴볼 필요가 있다. 근래에 남녀평등의 목소리가 커져 가고 따라서 성의 차이보다는 개인 간의 차이로 보아야 한다는 의견이 대두되고 있긴 하지만, 남녀 간에는 실제로 차이가 존재할 수밖에 없다. 이 차이점에 대하여 인지하고 있다면 서로를 더 잘 이해하고 상대방의 행동에 대해 적절히 대처해 나갈 수 있으므로 결국 원만한 이성관계를 맺는 데에 도움이 될 것이다.

남녀는 생물학적인 차이, 차별적 교육, 성 역할 정체감의 차이에 기인하는 차이점을 보인다. 이 중 일부는 실제로 차이가 있는 경우도 있지만, 어떤 경우는 성 역할 고정관념에 근거한 것으로 실제와 다른 것도 있다. 즉, 남자는 이러이러해야 하고 여자는 이러이러해야 한다는 식의 주장이 그것이다.

남자들은 일반적으로 여자보다 체격이 크고 힘도 세다. 생물학적으로 볼 때 초기 성장은 여자가 빠르며, 남자에 비해 촉각과 후각이 더 예민한 편이다. 또 사춘기에 이르러 성 호르몬의 분비와 함께 남녀는 전혀 다른 생리적 반응을 보이며, 여자에게만 출산 능력이 있다는 것은 분명한 차이점이라고 할 수 있다.

또 한 가지 분명해 보이는 차이점을 들 수 있는데, 그것은 남자가 다양한 질병에 대해서 여자보다 취약하다는 연구 결과이다. 여자는 남자보다 오래 살고 스트레스에 강하며, 스트레스 질환으로 인한 중년기 사망률도 남자보다 낮다. 이것은 평균수명이 남자보다 여자가 길다는 사실에 의해 뒷받침되는 주장이기도 하다. 그러나 남자들이 스트레스를 받는 상황에 더 많이 노출된다는 사실을 감안한다면 단순히 생물학적 차이로만 설명될 수 있는 것은 아닌 듯싶다.

1) 남녀 간의 성차에 관한 심리학적 연구 결과

① 남아는 공간지각 능력이 우수하고 여아는 언어 능력이 우수하다. 이것은 뇌 조직의 차이에 기인하며 12세를 전후해 뚜렷한 차이를 보인다.

② 개념 형성 능력이나 추리력, 창의성, 도덕 판단 등에서는 남녀 간에 일관성 있는 차이가 없다.

③ 여아는 대인관계가 자존감의 중요한 원천인 반면, 남아는 신체적 활동 및 타인에 대한 지배성이 자존감의 원천이다.

④ 남자들은 여자에 비해 자기확신도가 높고 성공에 대해 자신에게 귀인하는 경향이 많은 반면, 여자들은 성공을 우연이나 운 등의 외부로 귀인하는 경향이 많다.

⑤ 남녀의 성취동기는 성 역할 고정관념에 따르는 경우가 많다. 즉, 남자는 남자다운 일에 대한 성취동기가 높고, 여자는 여자다운 일에 대한 성취동기가 높다.
⑥ 행동상으로는 차이가 없지만, 주관적으로 여자들이 남자보다 겁이 많고 불안정하다고 보고한다.
⑦ 남자가 더 공격적이고 지배적인 반면, 여자는 의존적이고 돌보는 성향이 크다.

2) 『화성에서 온 남자 금성에서 온 여자』를 통해서 본 남녀의 차이

이성관계에 영향을 미치는 남녀의 차이에 대해서 대표적으로 언급한 사람은 John Gray(1992)이다. 그는 결혼의 위기에 처한 2만 5천여 부부들을 위한 세미나의 결과로 만들어진 『화성에서 온 남자 금성에서 온 여자』라는 책에서 다음과 같이 남녀의 차이를 설명하고 있다.

① 남자와 여자의 가치관은 본질적으로 다르다

남자들은 어떻게든 해결책을 제시하려 들고 감정 따위는 무시하는 반면, 여자들은 쓸데없는 조언과 보살핌을 제공하려 한다는 것이다. 따라서 문제 상황에서 여자는 남자가 문제를 스스로 해결하도록 믿어 주고 지지해 주고 신뢰를 보여 주기만 하면 되고, 남자는 여자의 문제를 단순히 잘 들어주고 공감해 주기만 해도 여자에게 도움이 될 것이다.

② 스트레스를 해결하는 방법이 다르다

남자들은 스트레스 상황이 닥치면 어디론가 사라져서(이 책에서는 동굴로 비유함) 자기를 괴롭히는 문제에 대해 조용히 생각해 보는 경향이 있는 반면, 여자들은 자신의 문제에 대해 누구에겐가 이야기하고 싶어 하는 본능적인 욕구가 있다.

③ 이성인 상대방에게 동기를 부여하고 많은 것을 이끌어 내는 방법에도 차이가 있다

남자들은 상대가 자기를 필요로 한다고 느낄 때 마음이 움직이고, 여자들은 자기가 사랑받고 있다고 느끼면 의욕이 생긴다.

④ 남녀는 서로 다른 언어를 사용한다

따라서 이 때문에 오해가 생기기도 한다. 예를 들어, 여자가 "당신은 이제 더 이상 나를 사랑하지 않아요."라고 말했을 때 그 의미는 이렇다. "오늘 나는 당신이 나를 사랑하지 않는 것 같다고 느꼈어요. 내가 당신을 달아나게 만드는 것이 아닌지 두려워요. 당신이 진정으로 나를 사랑하고 있고 나를 위해 무척 애쓰고 있다는 것을 잘 알고 있지만 오늘은 왠지 좀 불안한 마음이 들어요. 내가 당신의 사랑을 느낄 수 있도록 '나는 당신을 사랑해.' 라고 말해 주겠어요? 당신이 그렇게 말하면 기분이 참 좋아져요." 그러나 "당신은 이제 더 이상 나를 사랑하지 않아요."라는 여자들의 말에 대한 남자들의 해석은 "나는 당신한테 내 청춘을 다 바쳤는데 당신은 해 준 게 뭐가 있어요? 나는 당신한테 이용당한 거였어요. 당신은 자기밖에 모르는 냉정한 사람이에요. 당신은 뭐든지 자기 하고 싶은 대로 하고 다른 사람한테는 관심조차 없잖아요. 당신을 사랑했던 내가 어리석었지. 이제 내겐 아무것도 남은 게 없어요."라는 것이다.

⑤ 남녀는 친밀감에의 욕구가 다르다

남자는 친밀성의 욕구와 자율성의 욕구가 번갈아 작용하기 때문에 이성을 좋아하면서도 가까이 다가갔다가는 곧 멀어지려고 하는 행동이 반복된다. 여자는 이처럼 멀어지려고 하는 남자의 본능적 욕구를 효과적으로 조절함으로써 마치 고무줄처럼 그를 자기에게로 되돌아오게 만들 수 있다.

⑥ 여자의 사랑은 마치 파도처럼 리듬 있게 오르내림을 반복한다

남자는 이렇게 난데없이 나타나는 감정의 급작스러운 변화를 이해하고 받아들여야 한다.

⑦ 원하는 사랑에 차이가 있다

남자가 원하는 사랑은 주로 신뢰해 주고 인정해 주고 고마워하는 그런 종류인데 반해, 여자는 관심을 기울여 주고 이해해 주고 존중해 주는 사랑을 필요로

한다.

⑧ 행동 방식이 다르다

남자들은 항상 자기가 옳은 것처럼 행동함으로써 여자의 감정 따위는 무시해 버리려는 경향이 있는가 하면, 여자들은 상대에게 이의를 제기하는 대신 자기도 모르게 불만이나 비난을 표시함으로써 남자의 방어 심리를 자극하게 되는 경우가 많다.

⑨ 남녀의 채점 방식이 다르다

예를 들어, 여자들은 선물을 그 크기와 상관없이 모두 같은 비중으로 받아들인다. 따라서 하나의 큼직한 선물에 많은 점수를 주기보다는 작은 사랑의 표현들이 그에 못지않게 중요한 것으로 취급된다. 반면에 여자들은 남자가 원하는 바로 그것을 제공함으로써 한꺼번에 많은 점수를 얻을 수 있다.

⑩ 어려움에 처했을 때 의사를 전달하는 방법이 다르다

자기 감정을 숨기는 방법은 남녀가 서로 다른다. 예를 들어 부정적인 감정이 솟아오르면 이를 상대에게 그대로 전달하는 것이 아니라, 여자는 남자에게 비난하거나 원망조의 말을 함으로써, 남자는 여자에게 냉정하고 야비하게 들릴 수 있는 말을 거침없이 함으로써 감정을 숨기게 된다.

⑪ 도움 청하기를 어려워하고 불만스럽게 느끼는 정도는 여자 쪽이 조금 더 심하다

여자들은 굳이 자기가 도움을 청할 필요가 없다고 생각한다. 상대에게 요청하지 않아도 도와주는 것이 서로에게 사랑을 보여 주는 방법이라고 생각하기 때문이다. 반면에 남자들은 요청이 있어야만 비로소 움직인다.

그런데 Gray는 자신의 임상 경험을 토대로 남녀의 차이를 설명하고 있으므로 100% 이 결과를 일반화하기에는 무리가 따른다. 또한 어찌 보면 남녀의 차이라기보다 개인의 차이라고 생각되는 면이 있을 수도 있다. 하지만 남녀 간이건 개인 간이건 기본적으로 사람마다 이러한 차이가 있음을 알고 인정한

다면 상대에 대한 이해의 폭이 넓어져 더욱 큰 사랑을 키울 수 있을 것이다.

2. 사랑의 의미

동서고금을 막론하고 인간관계에서 가장 커다란 행복감을 맛볼 수 있게 해 주는 것은 아마도 사랑의 감정일 것이다. 그렇다면 사랑은 무엇인가? 사람마다 나름의 답을 할 수 있겠지만 그 어느 것도 사랑에 대한 궁극적인 정의가 될 수는 없다. 그것은 우리가 경험하는 사랑이 어떠한 실체가 있는 것이 아니라 현상이고 체험 그 자체이기 때문인지 모른다. 또한 사랑만큼 복잡하고 오묘한 감정도 없기 때문이다.

사전적 정의로 보자면 사랑은 '아끼고 위하는 따뜻한 인정을 베푸는 일 또는 그 마음' 또는 '마음에 드는 이성을 몹시 따르고 그리워하는 일 또는 그러한 마음'이며, 이성관계에서의 사랑의 의미는 후자라고 할 수 있다. 하지만 사랑을 이렇게 한마디로 정의 내리기는 역부족이다. 왜냐하면 다양한 맥락에서 다양한 관계를 지칭하기 위해 사용되며 사람마다 나름대로 서로 다른 정의를 내릴 수 있는 것이 사랑이기 때문이다. 따라서 여기에서는 사랑의 의미에 대해 한마디로 정의 내리기보다는 Lee(1977, 1988)가 제시한 사랑의 유형에 대하여 살펴보는 것으로 사랑에 대한 이해를 돕고자 한다.

1) Lee의 사랑의 여섯 가지 유형

Lee는 사랑에 여섯 가지 유형이 있다고 했는데, 이 중에서 어느 것이 다른 것보다 더 가치 있거나 더 성숙하다고 쉽게 결론지을 수 없다. 또한 대개의 경우 사람들은 여러 종류의 성질이 혼합된 사랑을 하고 있으며, 그중에서 우세한 것과 열세한 것이 있을 뿐이다.

① 우애적 사랑

우애적 사랑(storge)은 친한 친구에게서 느끼는 친밀감과 우정에서 생겨나며, 이러한 사랑은 서서히 발달하여 오래 지속되는 경향이 있다. 친구끼리는 관심과 취향이 비슷하여 동일한 활동을 즐긴다. 이들의 사랑은 뜨겁거나 낭만적이지는 않지만 은근히, 사려 깊게 서로를 진심으로 위한다. 갈등이 생기더라도 합리적으로 평화롭게 잘 해결하므로 그것 때문에 관계가 끝나는 예는 드물다. 따라서 이런 사랑을 나누는 부부들의 이혼율은 매우 낮으며, 설사 이혼하게 된다 하더라도 그들의 우정은 계속 남아 있어서 가끔 서로 찾아보기도 하고 어려운 일이 생기면 도움을 주기도 한다.

② 낭만적 사랑

서로 만나자마자 마치 강한 전류에 감전된 것처럼 금방 사랑의 불꽃이 튀는 것이 낭만적 사랑(eros)의 특징이다. 이 같은 사랑에서는 상대의 외모가 사랑에 빠지는 가장 중요한 요인이 되며, 뜨거운 열정과 욕망이 중요하다. 그러나 이와 같은 매력과 열정의 강도가 영원히 지속되는 것은 아니다. 그들은 사랑이 식으려 할 때 현실 대신 공상으로 대처하거나, 혹은 인간이란 결국 완전한 존재가 아니라는 사실을 점차 받아들인다. 그렇다고 해서 사랑의 불꽃이 영영 꺼져 버리는 것은 아니다. 언제나 마음속에 고요한 불씨로 남아 있다가 가끔 상대방에게서 옛날의 모습을 볼 때마다 다시 뜨겁게 피어오른다.

③ 유희적 사랑

유희적 사랑(ludus)은 마치 게임을 하듯 재미와 쾌락을 중시하는 사랑이다. 이런 사랑을 하는 사람들에게 사랑의 약속 같은 것은 서로 간에 금기 사항이며, 동시에 여러 명의 애인과 사랑을 나누는 것이 예사이다. 그들은 여러 가지 형태의 외모를 골고루 좋아하므로 이 사람에게서 저 사람으로 쉽게 옮겨 가며, 어떤 사람과도 심각한 사랑에 빠지거나 특별히 흥분하지 않는다. 때로는 현재 하고 있는 사랑을 더 재미(스릴)있게 하기 위하여 실제로는 없는 다른 애인을 거짓으로 꾸며 댐으로써 현재 사귀고 있는 애인의 희망을 좌절시키기도 한다. 하지만 이런 사랑을 하는 사람들에게도 최소한의 지켜야 할 규칙은 있다. 가령 상대방을 속이기 위하여 부당한 거짓말을 하지 않는다거나(속여서 함께 잠자리를 하는 일 같은 것), 게임식 사랑의 시합과정에서 상대방에게 너무 심한 마음의 상처를 주지 않도록 배려하는 것 등이다.

Lee는 이상의 세 가지를 일차적 사랑으로 보았다. 이는 마치 여러 색깔을 만들어 내는 삼원색과 같은데, 이러한 세 가지 사랑 중에서 두 가지가 혼합된 것이 이차적 사랑으로서 다음의 것들이 해당된다.

④ 소유적 사랑

소유적 사랑(mania)은 상대방에 대한 강력한 소유욕과 집착을 중요한 요소로 하는 사랑으로, 낭만적 사랑과 유희적 사랑이 혼합된 것이다. 이들은 상대방을 완전히 소유하거나 상대방에게 자신이 소유당한다는 생각에 집착하기 때문에 강한 흥분과 깊은 절망의 극단을 오간다. 또한 마치 사랑의 노예가 된 것처럼 상대방의 사랑을 확인하기 위하여 모든 시간과 정력을 소모한다. 뿐만 아니라 상대방에게 버림받지 않을까 하는 불안으로 항상 마음을 졸이고, 조금이라도 배신의 기미가 보이면 그렇게 뜨겁던 사랑이 하루아침에 불타는 증오로 변해 버린다. 따라서 이것은 사랑이라기보다 하나의 중독 현상으로 볼 수도 있다.

⑤ 이타적 사랑

이타적 사랑(agape)은 무조건적 · 헌신적으로 타인을 보살피는 사랑으로, 낭만적 사랑과 우애적 사랑이 혼합된 것이다. 이는 사랑의 대상이 사랑받을 자격이 있는지의 여부나 그로부터 돌아오는 보상적인 대가에 상관없는 헌신적인 사랑이다. 따라서 자기희생이 중요한 요소가 된다. 이들은 진정한 사랑이란 받는 것이 아니라 주는 것이라고 생각하며, 자기 자신보다는 사랑하는 사람의 행복과 성취를 위하여 희생한다. 기독교 신앙에서 말하는 무조건적인 사랑이나 불교에서 말하는 대자비적인 사랑이 이에 속한다.

⑥ 실용적 사랑

실용적 사랑(pragma)은 이성에 근거한 현실적이고 합리주의적인 사랑으로 논리적 사랑이라고도 한다. 이는 우애적 사랑과 유희적 사랑이 혼합된 것으로, 사랑의 대상을 선택할 때 사랑의 관계가 안정적이고 지속적일 수 있는 서로의 조건을 고려한다. 따라서 상대방의 성격, 가정 배경, 교육수준, 종교, 취미 등을 고려하여 자신과 적합한 사람을 선택한다. 논리적 사랑을 하는 사람이라고 해서 낭만의 가치를 전혀 인정하지 않는 것은 아니다. 앞의 여러 가지 조건을 고려하여 연인을 선택한 후에 강렬한 애정 감정과 열정이 뒤따르기도 한다. 우리나라에서 선이나 중매를 통해 조건을 보고 배우자를 만나는 것이 실용적 사랑의 대표적인 예라 할 수 있다.

이러한 사랑의 종류에 있어서 남녀 간에 차이가 있을까? 사랑에 관한 여러 연구 결과에 의하면 차이가 분명히 있는 것으로 나타나고 있다. 여자들에게는 실용적 사랑, 소유적 사랑, 우애적 사랑이 훨씬 많으며, 남자들에게는 유희적 사랑과 낭만적 사랑이 훨씬 더 많다. 이타적 사랑에 있어서는 남녀 간에 별로 차이가 없는 것으로 나타나고 있다.

3. Sternberg의 사랑의 삼각형 이론

Sternberg는 사랑을 해 보았던 사람들을 대상으로 사랑에 관한 흥미로운 연구를 수행하였다. 연구에서 그는 사랑이 어떤 요소들로 구성되어 있는지를 알아보았고, 각 요인이 어떻게 배합되어 있는가에 따라 다양한 사랑의 형태가 나온다는 것을 발견하였다. 연구 결과 밝혀진 사랑의 구성요소는 친밀감과 열정 그리고 상대방에 대한 개입 세 가지였다.

1) 사랑의 3요소

① 친밀감

친밀감(intimacy)은 사랑의 정서적 측면을 반영하는 것으로서, 서로가 가깝게 맺어져 있다는 느낌과 상대방의 행복을 증진하려는 욕망, 함께 있을 때 느끼는 행복감, 상대에 대한 존중, 정서적 지지 등을 의미한다. 이러한 친밀감은 만남의 횟수와 교제 기간에 비례하여 서서히 증가한다. 그러나 친밀감은 어느 정도 수준에 이르면 더 이상 증가하지 않으며, 따라서 서로 친밀하다는 것을 의식하지 않는 상태가 되기도 한다. 하지만 안정적이고 오랫동안 관계를 유지시켜 주는 중요한 사랑의 요소이다.

② 열정

열정(passion)은 사랑의 생리적 혹은 동기적 측면을 반영하는 것으로서, 상대에게 감정적 · 성적으로 끌리는 것과 같은 강렬한 생리적 욕구를 수반한다. 친밀감과 달리 열정은 급속히 달아올라 뜨겁게 상대에게 열중하게 만드는데 최고 수준에 얼마간 머무르다가 곧 시들어 간다. 따라서 열정은 사랑의 초기 단계에서는 중요한 요소이지만, 시간이 갈수록 강도가 감소하거나 다른 형태로 변화하기 때문에 장기간 안정적으로 관계를 유지시켜 주는 기능은 약하다.

③ 개입

개입(commitment)은 사랑의 의지적 혹은 행동적 요소로서 상대방을 사랑하겠다는 결단이요, 사랑을 지속하겠다는 책임과 약속이며, 이를 실행하는 행위이다. 개입은 두 사람 간의 관계에 맞춰 서로의 생활이나 활동을 조정하고 결정하는 일, 구체적으로 서로 돕고 관여하는 모든 행위와 절차를 포함한다. 약혼이나 결혼이 대표적인 예이며, 요즈음 젊은이들 사이에서 유행하는 언약식, 사랑의 징표나 선물의 교환, 주변 사람들에게 연인을 소개하는 일 등도 개입의 예이다. 오래되지 않은 단계에서는 서로에 대한 개입이 적지만 장기적이고 안정적인 관계를 유지하는 사랑일수록 개입 요소가 큰 비중을 차지한다.

2) 사랑의 유형

모든 사랑이 위의 세 가지 요소를 포함하고 있거나 이 세 요소가 균형을 이루지는 않는다. 어떤 관계는 친밀감이 다른 요소보다 더 크게 작용하고, 또 다른 관계에서는 열정과 개입이 친밀감보다 크게 작용할 수 있다. 이렇게 각 요소가 얼마만큼 작용하고 있는지에 따라 똑같이 사랑이라고 부르더라도 그 실제 내용은 조금씩 달라질 것이다. Sternberg는 이들 3요소의 배합에 따라서 사랑을 여덟 가지 유형으로 나누어 설명하였다.

① 가식적 사랑

세 가지 구성요소가 다 같이 결핍된 사랑으로, 사랑의 관계라기보다는 일반적 만남에 불과한 거짓 사랑이다.

② 우정적 사랑

친밀감만 있는 경우로서 친구관계에서 느끼는 우정과 같은 것이다. 우정적 사랑을 하는 사람들은 서로 흥미나 태도가 많이 일치하며, 시간이 갈수록 서로에게 믿음을 갖는다. 처음엔 친구같이 좋아하다가 결혼하게 되는 경우를 친밀감에 의한 우정적 사랑이라 할 수 있다. 이런 사람들은 시간이 지나면서 공통의 대화가 줄어들고 함께 나누는 시간이 줄어들어 서로를 지지하고 지탱하는 관계가 빈약해진다면 메마른 관계가 될 수도 있음을 조심해야 한다.

③ 광적인 사랑

열정만 있는 사랑을 말하며, 첫눈에 반하는 불 같은 사랑이다. 흔히 젊은이들이 꿈꾸는 화끈한 사랑이자 상사병을 앓는 짝사랑이다. 그러나 이런 열정에 들떠 있는 상태는 오래 가지 않고 시간이 흐름에 따라 둔해진다. 그래서 뜨겁게 만난 사람들이 식어 가는 열정을 되찾기는 더욱 힘이 들다.

④ 공허한 사랑

친밀감과 열정 없이 개입만이 존재하는 의무적인 사랑이다. 중매로 만나 친밀감이 싹트기도 전에 열정도 없이 결혼하는 것이 그 예가 될 수 있다. 이런 경우 결혼이라는 동참관계를 설정한 후에 서서히 가까워지면서 친밀한 관계로 발전시켜 나갈 수 있다. 그러나 친밀감과 열정 없이 어떤 조건에 의해 단지 계속 함께 사는 경우에는 책임과 의무에 의한 삭막한 결혼 생활을 할 수가 있다. 반면에 처음엔 친밀감과 열정을 가지고 결혼을 했지만 살다 보면 이런 감정은 사라지고 의무와 약속만 남아 그것 때문에 사는 경우도 있다.

⑤ 낭만적 사랑

친밀감과 열정의 요소를 갖추고 있는 사랑이다. 낭만적인 사랑을 하는 사람들은 육체적 · 감정적으로는 빠져 있지만 결혼이나 미래에 대한 약속은 없다. 흔히 청소년기에 경험하는 첫사랑이 여기에 해당된다. 청소년기의 첫사랑은 현실적인 약속이나 결혼은 고려하지 않는 동시에 현실적인 조건이나 제약이 전혀 문제되지 않는 사랑이므로 결혼으로 이어지는 경우는 드물다. 따라서 흔히 첫사랑은 실패한다는 속설이 있는 것이다.

⑥ 동반자적 사랑

동반자적 사랑은 열정 없이 친밀감과 의지만이 존재하는 경우이다. 이런 사랑으로 결혼한 사람들은 육체적 매력은 느끼지 못하나 장기적으로 일종의 우정을 약속한다. 서로 열정은 없지만 상대방이 결혼을 하여 떠나가 버리면 그제서야 서로 얼마나 의지했는지를 알게 되는 경우, 바로 영화 〈해리와 샐리가 만났을 때〉와 같은 경우이다. 이런 사랑은 두 사람의 신뢰를 깨뜨릴 만한 큰 일만 생기지 않으면 평생 동안 잘 지낼 수 있다.

⑦ 눈먼 사랑

친밀감이 없이 열정과 개입의 요소만 있는 사랑으로, 서로 열정에 사로잡혀 친밀감이 생기기도 전에 결정을 내려 버리는 불안정한 형태의 사랑이다. 이러한 관계는 두 사람을 이어 주는 정서적 요인이 존재하지 않기 때문에 오래도록 지속되기 어렵다. 이는 영화 속의 인물이나 할리우드의 배우들처럼 쉽게 만나 뜨거워져서 같이 살다가 또 쉽게 헤어지는 경향이 있어 할리우드식 사랑이라고도 한다.

⑧ 완전한 사랑

친밀감과 열정, 개입의 세 가지 요소를 고루 갖춘 가장 성공적이고 이상적인 사랑이다. 따라서 그만큼 이루기도 힘들다. 그중에서도 열정을 계속 유지하기가 힘든데, 항상 서로에게 새로운 모습을 보이면서 기본적인 신뢰감을 유지하도록 충실히 행동해야 한다.

4. 사랑의 발전과 붕괴

1) 사랑의 발전

친밀한 관계 — 연애, 사랑 — 는 우리의 일생과 심리적 적응에서 매우 중요한 부분이다. 또한 친밀한 관계를 맺는 것은 행복감을 느끼고 성공적인 적응을 하는 데 매우 중요한 요소이다. Thibaut와 Kelly의 생각을 빌리면 이러한 관계의 발달은 선택, 협상, 개입, 제도화의 4단계로 이루어진다.

① 선택

여러 사람 중에서 특정인을 찾으려 애쓰다가 마침내 발견하는 단계이다. 이 단계에서는 장차 그 사람과의 관계가 얼마나 만족스러울지를 예측한다. 그런데 그것은 대개 매우 작은 정보를 근거로 하여 이루어진다. 소위 '첫눈에' 마음이 결정되는 것이다.

선택 단계에서 사람들은 자신에 대해 실제보다 더 좋은 모습을 보여 주려고 노력하는데, 이러한 허세는 진정한 친밀감을 방해할 가능성이 있다. 따라서 공식적인 관계 이상으로 친해지기를 원한다면 서로 자기 자신을 솔직하게 보여 주어야 한다. 이것은 일종의 모험이며 관계를 발전시키기 위해 치러야 하는 대가이다. 그만큼 자신을 솔직하게 보여 주기란 쉽지 않은 일이다.

초기 단계에 내포된 또 다른 문제는 수줍음이다. Zimbardo1 등(1977)에 의하면 수줍음은 대인관계를 형성하는 데 나타나는 매우 흔한 장애이다. 지나치게 수줍어하는 사람은 어느 수준 이상으로 대인관계를 진척시키기 어렵다. 즉, 마음에 드는 상대를 발견해도 더욱 친밀한 관계로 발전시키는 데 어려움이 있다. 따라서 지나치게 수줍어하는 성향이 있는 사람은 수줍음의 정도를 정확하게 파악하고 어떻게 경감시킬 수 있을지 생각해 볼 필요가 있다.

② 협상

관계가 실제로 이루어지는 단계이다. 이 단계에서 사람들은 피차 만족스러운 상호작용 방식을 발견하기 위해 밀고 당기면서 상대방이 원하는 것과 내가 원하는 것을 협상·절충하게 된다. 이 과정에서 두 사람은 서로를 좀 더 잘 이해하게 되고 함께 잘 보내는 방식을 만들어 내려고 애쓴다.

이 단계에서 가장 중요한 측면은 자기개방이다. 자기개방이란 자신의 생각, 느낌, 포부와 꿈, 공포, 의심, 심지어는 창피한 부분까지도 상대방에게 솔직히 드러내는 것이다. 이러한 정직한 자기노출을 통해서만 상대방의 진정한 욕구와 소망을 알 수 있고 친밀한 관계를 시작할 수 있다. 이러한 자기개방에는 결정 요인이 두 가지 있는데 상호성과 신뢰가 그것이다. 자기개방은 상호적이다. 즉, 내가 더 많이 나를 보여 줄수록 상대방도 그만큼 더 많이 자신을 드러낸다는 것이다. 또한 상대방이 신뢰를 저버리지 않으리라는 확신이 들었을 때 더 많은 것을 개방하기가 쉽다. 따라서 자기개방을 서로 많이 하면서 신뢰를 쌓아야 협상 단계에서 관계가 잘 이루어질 수가 있다.

③ 개입

협상이 잘 이루어져서 서로가 수용하고 만족하는 결과를 얻고, 두 사람 모두가 공평하다고 느끼는 생활 방식을 발견하게 되었을 때 안정된 관계가 구축된다. 그리고 일단 이러한 안정된 관계가 구축되고 나면 두 사람은 관계를 강화하기 위하여 이제 서로에게 개입하기로 결정할 것이다. 즉, 오랜 시간을 함께 보내면서 서로 의지하기도 하고 만족스러운 행동을 함께하며 독점적인 파트너로서 단둘만의 오붓한 시간을 갖게 된다.

이 단계에서 두 사람이 독점적이고 지속적인 관계로 들어가려는 결정을 내리는 것은 자유롭게 그리고 심사숙고 끝에 이루어져야 할 매우 중대한 결정이다. 그러나 많은 경우 결정을 내릴 때 여러 가지 사회적 압력을 받게 된다. 부모의 염려·잔소리·위협, 친구들의 부추김과 잔소리 등이 그 예이다. 특히 부모의 반대에 부딪히게 되는 경우가 많은데, 부모의 반대는 언젠가는 그 관계를 약화시킬지 모르지만, 적어도 처음에는 부모의 압력에 저항한다는 지각과 부모의 물질적 · 정신적 도움 없이 함께 있겠다는 지각으로 두 사람의 개입을 매우 강화시킨다. Rubin(1973)은 이것을 **로미오와 줄리엣 효과**라고 불렀다. 이러한 여러 압력에 의해 자발적으로 결정하지 않고 타의에 의해 또는 분위기에 이끌려 내린 결정은 관계의 지속성이라는 측면에서 볼 때 위험하다. 이 결정이야말로 무엇보다도 자유롭게 내려야 할 개인적인 결정이어야만 하기 때문이다.

④ 제도화

친밀한 관계, 즉 연애를 지속하다 보면 그것을 공식화하여 사회로부터 인정받고 싶어지게 된다. 따라서 관계의 마지막 단계는 제도화이며, 이는 개입 단계의 확장이라 할 수 있다. 이 단계에서는 개입이 공식화되어 약혼이나 결혼 또는 그 이외에 남들로부터 인정받을 수 있는 언약식과 같은 의식을 치른다.

2) 사랑의 붕괴

흔히 사랑을 시작할 때는 영원을 약속하지만 많은 사람들이 애초의 기대나 희망을 달성하지 못하고 사랑을 끝내고 만다. 그렇다면 왜 사랑은 실패할까? 왜 어떤 사랑은 성공하고 어떤 사랑은 실패할까? 이러한 물음에 답하기 위해 Hill(1979) 등은 성공적인 사랑과 실패한 사랑을 조사하여 이를 설명할 수 있는 요인들을 서로 비교해 보았다. 그 결과, 지속적인 사랑을 유지하는 쌍들과 비교해 볼 때 헤어진 쌍들은 첫 2년 동안에 서로에게 밀착되지 않았으며 평등한 관계를 유지하지 못했다. 즉, 남자나 여자 중 한 사람이 관계에 더 흥미가 있었고 더 많은 것을 투자했다. 그리고 두 사람은 서로 비슷한 점이 적었다.

또한 헤어진 이유를 알아보기 위해 헤어진 남녀들을 대상으로 광범위한 인터뷰를 실시하였다. 헤어진 이유는 다양했는데, 분석 결과 실패에 이르게 된 주 원인은 사랑하는 동안에 관심의 차이가 있었고 싫증을 많이 느낀 것으로 밝혀졌다.

한편 Duck(1982)은 사랑이 어떻게 끝나는가를 설명하기 위한 모델을 제시하였는데, 이는 다음과 같은 네 단계로 이루어져 있다.

① 일방적 심리 단계 : '나는 더 이상 참을 수 없다'

파탄의 발단이 되는 일을 경험하고 관계를 더 이상 참을 수 없는 것으로 결심할 때 일어난다. 이 단계 동안에는 상대방의 행동 중에서 사랑을 종식시키는 원인이 될 수 있는 행동에 대한 평가를 한다.

② 양방적 인지 단계 : '사랑을 끝낼 정당한 이유를 가지고 있다'

이 단계에서 두 사람은 사랑을 끝내게 할 수 있는 어떤 실마리를 인지하고 이 문제 때문에 상당한 시련을 경험한다. 이때 상대방과 직면하여 현재의 관계를 개선할 것인지 정리할 것인지를 결정하지 않으면 안 된다. 현재의 관계 개선은 사랑을 계속 유지하면서 갈등의 원인을 제거하는 방향이며, 재정리는 사랑의 질적인 변화를 포함한다. 즉, 연인에서 친구로 관계를 재정리하는 것 등이다.

③ 사회적 단계 : '더 이상 길이 없다'

만약 사랑을 끝내기로 결정했으면 이제 사회적 적응을 위한 다른 시도가 시작된다. 주위 사람들이 그들의 관계가 끝났다는 것을 알게 되므로 여기에 대한 변명을 해야 한다. 이러한 변명은 자신의 자존심을 보호하기 위한 수단일 뿐만 아니라 다음에 또 다른 사람과 사랑을 해야 할 경우를 위한 대비이기도 하다. 이 단계에서 이별이 주위 사람들에게 어떤 영향을 미칠 수 있다는 사실을 분명히 알고 거기에 대한 대비도 이루어져야 한다.

④ 정리 단계 : '나는 최선을 다했다'

마지막 단계인 정리 단계는 두 사람의 관계를 정신적으로나 육체적으로 완전히 끝맺는 시기이다. 이 단계에는 주로 자아개념에 부합되고 주위 사람들에게 합리적으로 보일 수 있도록 하는 노력이 일어난다. 사랑이 실패한 이유를 자신이나 주위 사람들에게 일부러 설명하려 하는 한편, 새로운 사랑을 만들기 위한 준비 등이 이루어진다.

5. 사랑의 발달과 유지

지금까지 사랑은 무엇이며, 어떻게 발전되고 붕괴되는지에 대하여 살펴보았다. 그런데 우정과 마찬가지로 사랑을 지속하는 것은 쉬운 일이 아니다. 많은 사람들이 사랑 때문에 즐거움과 행복을 느끼는 한편, 사랑 때문에 힘들어하고 괴로워하기도 한다. 따라서 이제 마지막으로 사랑을 발달시키고 유지하기 위하여 명심해야 할 것들에 대해 살펴보겠다. 사랑을 위하여 명심할 것에는 기본적으로 우정을 위하여 명심할 것들이 모두 포함된다. 거기에 덧붙여 몇 가지를 더 제시할 것이고, 관계에 문제가 생겼을 때 어떻게 해야 할지에 대해서도 살펴보자.

① 사랑과 집착을 구분하라

종종 사랑에 너무 집착하는 사람들이 있다. 이에 대해 앞에서 Lee는 소유적 사랑이라고 했다. 소유적 사랑은 상대방에 대한 강력한 소유욕과 집착을 중요한 요소로 하는 사랑이다. 집착을 사랑으로 오인하고 있는 사람들은 상대방을 완전히 소유하려 하고, 또한 스스로 상대방에게 소유당하고자 한다. 따라서 상대방의 사랑을 확인하기 위하여 모든 시간과 정력을 소모한다. 뿐만 아니라 상대로부터 버림받지 않을까 하는 불안으로 항상 마음을 졸이며 살아간다. 이러한 집착은 사랑이라기보다는 하나의 중독 현상으로 볼 수 있다. 건강한 사랑을 하기 위해서는 자신과 상대방을 옭아매는 집착을 버리고 순수한 애정과 관심을 가져야 한다.

② 동정과 사랑을 혼동하지 말라

동정과 사랑을 혼동하는 사람들이 있다. 실패자나 약자에게 느껴지는 연민의 감정을 사랑으로 착각하는 것이다. 물론 이런 연민의 감정에서 시작하여 나

중에 진정한 사랑이 싹틀 수도 있지만, 내내 연민의 감정으로만 사랑을 하는 것은 바람직하지 못하다고 할 수 있다. 진정한 사랑은 대등한 입장에서 일대일의 관계가 성립할 때 가능하다. 상대방보다 더 나은 위치에서 베풀어 주는 입장에 있다면 서로 대등한 동반자 관계를 맺기가 어려워진다. 이렇게 일방적으로 한쪽은 베풀고 다른 한쪽은 의지하게 되는 사랑은 건강한 사랑이 아니다. 결국 서로에게 짐이 될 뿐이다. 따라서 동정심으로 사랑하는 것은 피해야 한다.

③ 낭만적인 사랑을 너무 기대하지 말라

사춘기 소녀가 백마 탄 왕자님을 꿈꾸듯이 성인이 되어서도 낭만적인 사랑을 꿈꾸고 있는 사람들이 많다. 그런 사람들은 첫눈에 반해서 눈이 멀어 버리는 그런 상대를 만나고자 한다. 또한 사랑도 그렇게 낭만적으로 지속되길 바란다. 하지만 앞에서도 살펴보았듯이 열정만 있는 사랑은 쉽게 달아오른 만큼 쉽게 식어 버린다. 처음엔 상대방의 장점만 보이고 단점까지도 장점으로 보이지만 시간이 지나 열정이 식어 버리면 상대방의 단점들이 눈에 띄기 시작하면서 실망이 커지게 된다. 물론 오랜 시간이 흘러도 열정이 지속된다면 좋겠지만 그건 거의 불가능한 일이라고 할 수 있다. 사랑은 낭만적인 것이기도 하지만 또한 현실적인 일이기에 그 현실 속에서 열정은 식을 수밖에 없기 때문이다. 따라서 너무 낭만적인 사랑만 기대해서는 진실한 사랑을 할 수 없게 될지도 모른다.

④ 어떤 관계도 완전할 수 없음을 명심하라

모든 사람들이 장점뿐만 아니라 단점을 가지고 있는 것과 마찬가지로, 모든 관계도 긍정적인 측면과 부정적인 측면을 함께 가지고 있다. 우리의 관계만 문제가 있다고 생각하지 말라. 아마 다른 사람들도 그와 비슷한 문제를 경험하고 있을 것이다. 어떠한 관계도 완전할 수는 없기 때문이다. 그러니 너무 부정적인 시각으로만 문제를 바라볼 필요는 없다. 보다 중요한 것은 그 문제를 어떻게 합리적으로 해결해 나가느냐 하는 것이다.

⑤ 현재의 문제 상황을 분석해 보라

합리적으로 문제를 해결하기 위해 우선 해 볼 수 있는 일은 현재의 문제 상황을 분석해 보는 것이다. 문제가 무엇인지, 그 문제가 생기게 된 원인은 무엇인지, 그 문제를 해결할 수 있는 방법에는 어떠한 것들이 있으며 그중 가장 최선의 방법은 무엇인지에 대해 면밀히 검토하라. 현재의 문제 상황에 대해 정확하게 이해하면 그 실마리도 쉽게 찾을 수 있을 것이다.

⑥ 문제 해결을 위해 도움을 청하라

때로 둘이서는 도저히 문제를 해결할 수 없다고 판단되면 문제 해결을 위해 도움을 요청하는 것도 좋은 방법이 될 수 있다. 제삼자는 상황을 객관적으로 보고 판단할 수 있으므로 감정적으로 휘말리는 당사자들과는 달리 좀 더 현명한 해결책을 찾을 수 있을 것이다.

⑦ 끝은 새로운 시작일 수도 있다는 사실을 받아들여라

위기는 성숙을 낳는다. 그리고 끝은 완전한 끝만을 의미하지는 않는다. 끝이라는 것은 새로운 시작의 의미를 내포하고 있는 말이다. 혹시 끝내는 것과 그 후의 변화가 두려워 불행한 관계를 지속하고 있는가? 불행한 관계를 그대로 유지하는 것보다는 적어도 좀 더 긍정적인 결과가 잠재해 있는 불확실한 미래를 택하는 것이 훨씬 현명하다.

원만한 인간관계를 위한 프로그램 13

주제

남자와 여자에 대한 이해

목적

① 남자와 여자로서의 문제에 대한 자신과 타인의 기대를 확인한다.
② 토론과 논쟁을 통해 필요하다면 ①을 수정하거나 확고히 한다.
③ 남자와 여자에 대한 이해를 통해 건강한 이성관계를 맺을 수 있는 준비를 한다.

강의

남녀 간에는 차이가 존재할 수밖에 없으며 이러한 차이로 인해 이성관계에서 갈등이나 문제가 생길 수도 있다. 그런데 보다 중요한 것은 남녀 간에 존재하는 실제적인 차이점보다는 이에 대해 각 개인이 어떠한 관점을 가지고 있느냐 하는 것이다. 따라서 남녀에 관한 이러한 기대의 차이를 확인해 볼 필요가 있으며, 자신과 타인의 입장과 기대가 다를 수도 있다는 것을 이해하고 받아들임으로써 원만한 이성관계를 맺을 수 있을 것이다.

프로그램 내용

<STEP 1>

다음에 제시된 문항들을 읽고 동의하는지, 동의하지 않는지를 결정한다. 그리고 그렇게 생각하는 이유를 생각해 적어 본다.

① 남자들은 여자보다 근본적으로 강하다. 정신적으로나 육체적으로 모두 강하다.

동의함 ( ) 동의하지 않음 ( )

그 이유는 무엇인가?

② 여자는 남자보다 더 많이 일한다. 특히 결혼을 하면 더욱 그렇다.

동의함 ( ) 동의하지 않음 ( )

그 이유는 무엇인가?

③ 여자는 일반적으로 남자보다 돈을 더 적게 번다. 그것은 일을 더 힘들고 강하게 하지 않기 때문이다.

동의함 ( ) 동의하지 않음 ( )

그 이유는 무엇인가?

④ 여자가 할 수 있는 일과 남자가 할 수 있는 일에는 커다란 차이가 없다.

동의함 ( ) 동의하지 않음 ( )

그 이유는 무엇인가?

⑤ 남자는 여자보다 자신의 감정을 다루고 표현하는 데 능숙하지 못하다.

동의함 ( ) 동의하지 않음 ( )

그 이유는 무엇인가?

⑥ 이 세상에서 남자는 여자보다 유리한 입장이 되는 경우가 많다.

동의함 ( ) 동의하지 않음 ( )

그 이유는 무엇인가?

⑦ 남자와 여자는 재정적인 부분이나 가정일, 자녀양육을 똑같이 분배해서 해야 한다.
동의함 ( ) 동의하지 않음 ( )
그 이유는 무엇인가?

⑧ 여자는 남자보다 잔소리를 더 많이 한다.
동의함 ( ) 동의하지 않음 ( )
그 이유는 무엇인가?

⑨ 남자는 절대 우는 모습을 보이면 안 된다.
동의함 ( ) 동의하지 않음 ( )
그 이유는 무엇인가?

⑩ 남자는 업무 지향(일 중심)적이고 여자는 관계 지향(사람 중심)적이다.
동의함 ( ) 동의하지 않음 ( )
그 이유는 무엇인가?

<STEP 2>

이에 대하여 다른 집단원들과 함께 발표하며 의견을 나눈다.

<STEP 3>

토의 및 평가

이 프로그램을 통해 새롭게 알게 된 것이나 느낀 점은 무엇인지 정리해 본다.

14

가족 간의 인간관계

우리는 수많은 인간관계 속에서 살아가고 있지만 시대와 문화가 변해도 본질적인 의미가 변하지 않는 것은 가족관계일 것이다. 가족 간의 관계는 다른 사회적인 관계와 달리 무조건적인 지지와 존중을 통해서 자신에 대한 신뢰와 희망을 가질 수 있도록 돕는다. 또한 사회적인 역할 수행 능력을 획득하도록 돕는다. 따라서 이 장에서는 가족의 기능적 · 형태적 측면을 알아보고, 결혼과 부부관계 및 부모-자녀 관계, 형제자매 관계가 가진 본질적인 특성과 바람직한 역할 등을 살펴보고자 한다.

1. 현대 가족의 특징

가족이란 각자 삶의 배경이 다른 두 사람이 부부관계를 맺고 인격적 · 성적 · 문화적인 교류를 맺는 부부를 중심으로 혈연관계에 있는 사람들과 모여 살면서 가족 의식을 바탕으로 가계를 공동으로 운영해 가는 집단이다. 가족관계는 시대나 문화적인 변화에 따라서 그 의미가 변화되어 가고 있다. 따라서 현대 가족의 특징을 형태적인 측면과 기능적인 측면에서 살펴보고자 한다(강문희 등, 2003).

1) 가족의 형태적인 측면

첫째, 확대가족에서 핵가족으로 변화되어 가고 있다.

둘째, 현대 가족은 친척들과 접촉할 기회가 적어짐에 따라 상호 부조의 정신이 약화되고 있으므로 가족관계가 옛날보다 소원해지고 있다. 또한 친가 친척보다 외가 쪽의 접촉이 확대되어 가고 있다.

셋째, 배우자 선택에 있어서 두 당사자의 결정이 보다 중요해졌으며, 이성을 만날 수 있는 기회가 많아짐에 따라 자유연애 결혼의 형태가 증가하고 있다.

넷째, 살림의 형태는 결혼한 두 사람이 분가하여 새로이 건설하는 단가살이인 독립 생활을 하는 경향이다.

다섯째, 남녀평등 사상이 정착됨에 따라 가족 계승에 있어서 모계 위주로 변모되어 가고 있다.

여섯째, 가족의 형태가 핵가족, 소가족의 형태로 축소됨에 따라 인간관계의 범위가 1세대나 2세대에 국한된 부부와 자녀의 관계로 좁아졌다.

2) 가족의 기능적인 측면

첫째, 가족의 생산기능은 거의 소멸된 반면 소비 단위로서의 기능은 강화되었다. 즉, 많은 상품 중에서 어떻게 현명하게 물자를 구입하고 소비하느냐 하는 문제가 가정 경제와 밀접한 관계를 맺고 있다.

둘째, 가족의 기능으로서 자녀의 기술, 직업교육 기능은 약화되고 인성교육, 전인교육은 중요시되고 있다. 사회의 많은 교육기관에 의하여 기술 · 직업 전문교육이 시행되는 반면 자녀의 인성교육, 도덕교육은 가족이 맡아야 할 기능으로, 변화하는 사회에서 자녀가 중심을 찾고 확고한 가치관을 정립할 수 있도록 돕는다.

셋째, 일과 학업 등으로 시달린 가족들이 휴식하며 긴장과 경쟁 속에서 지친 심신의 피로를 풀고 서로를 돌봐 줌으로써 다음 날의 활력 재생산을 위한 쉼터의 기능을 가지고 있다.

2. 결혼

1) 결혼의 의의

강문희 등(2003)은 결혼에 대해서 다음과 같이 설명하고 있다.

첫째, 결혼은 사회적으로 승인된 남녀의 성관계이다. 성관계를 가진 남녀가 모두 부부라고는 할 수 없다. 그것은 사회적으로 정당하다고 승인되어야 한다. 성관계가 없는 부부는 특수한 예외에 해당되고 부부간에 성관계가 없을 경우는 이혼 사유가 되며, 결혼 자체가 성립되지 않는다는 제도를 갖고 있는 사회도 있다. 사회적인 승인을 받기 위해 결혼식을 하고 혼인 신고를 하는 등 제도적인 절차가 따른다. 이러한 의미에서 보면 결혼이란 단순한 사적인 관계에서 머무르는 것이 아니라 사회적인 관계임을 알 수 있다.

둘째, 결혼은 일시적인 관계가 아니라 영속적인 관계이다. 성적 관계인 부부관계에서는 필연적으로 자녀를 출산하게 된다. 인간이 태어나서 자립하기까지는 상당한 시간이 필요한데, 자녀양육을 위해서 인간은 가족이라는 집단을 형성한다. 따라서 부부관계는 일시적이어서는 안 되고 계속성이 전제되어야 한다. 이를 전제로 하여 부부는 영원한 사랑을 맹세하고 출발하게 된다. 일시적인 동거 기간을 설정한 남녀관계는 비록 개인적으로 떳떳하다고 하더라도 사회적으로 정당한 부부와는 구별된다.

셋째, 결혼은 권리와 의무의 관계이다. 부부관계는 제도적으로 인정을 받는 사회적 관계이기 때문에 권리와 의무가 존재한다. 권리와 의무에는 여러 가지가 포함되어 있고 시대, 사회, 문화에 따라 다른 점도 있으나, 적어도 부부가 속한 사회나 문화가 타당하다고 생각하는 남편의 역할과 아내의 역할을 책임 있게 수행할 것을 기대한다. 특히 자녀를 부양할 의무와 권리, 정조를 지켜야 할 의무와 권리는 어느 사회, 어느 문화에서도 공통적으로 인정하는 보편적 사항이다.

넷째, 결혼은 전인격적 관계이다. 사회적 존재인 인간은 다른 사람과의 관계없이는 살아갈 수가 없다. 사회적인 관계는 어떤 목적을 위해 맺어진 관계가 대부분으로 수단적 관계 또는 기능적 관계라고 할 수 있다. 그러나 부부관계는 상대방에 대하여 그리고 인격 자체에 대하여 가치를 발견하고 그 사람과 함께함으로써 기쁨을 느끼는 관계이므로 부부 사이에는 어떠한 매개물도 필요하지 않다. 이러한 부부관계를 통해 성적 · 정서적 · 경제적 · 사회적인 여러 관계가 동시적으로 전개되고 가장 사적이면서도 포괄적인 관계를 맺게 된다.

강문희 등(2003)은 결혼의 의미를 다음과 같이 설명하고 있다.

첫째, 사랑의 실현이다. 현대의 결혼 욕구 중 가장 강한 동기는 사랑하는 사람과 함께 살고 싶다는 것이다. 사랑의 실현을 위해서는 결혼이라는 관문을 통과해야 하며, 실제로 결혼 생활을 통해 성숙한 사랑을 이루어 나간다.

둘째, 결혼을 하는 이유는 성적인 욕구의 합법성을 부여받고 이를 충족하기 위해서이다. 성숙한 남녀는 생물학적으로 성욕을 표현하게 되어 있는데, 이것에 대해서 사회가 합법적으로 인정하고 성관계를 허용하는 제도가 결혼이다. 따라서 사회적 · 법적으로 인정된 성욕 충족을 통해 안정감과 만족감을 갖고자 결혼을 한다.

셋째, 결혼을 함으로써 남녀 간의 경제적 협력이 가능해지므로 경제적 안정을 이룰 수 있다. 전통적인 성 역할 수행과정에서는 남편이 경제적 부양을 하고 아내는 가정을 돌봄으로써 경제적 안정을 이루었다. 오늘날에는 맞벌이 부부가 증가하고 있는데, 배우자를 고를 때도 빠른 시일 내에 경제적으로 안정되는 데에 도움이 되는 직업을 가진 여성, 안정된 직장을 가진 남성을 배우자 조건으로 보는 것은 이와 관련된다.

넷째, 자녀를 출산할 기회를 갖게 된다. 전통 사회에서는 결혼이 자녀 출산과 가계 계승의 중요한 수단 중 하나였다. 적절한 시기에 자녀를 갖고 싶은 욕구도 결혼을 결정하는 중요한 요인이 된다.

다섯째, 정서적 안정을 추구한다. 결혼은 개인에게 정서적 · 감정적 안정을 가져다준다. 결혼을 함으로써 생의 동반자로서 서로를 이해해 주고 감정적 지지를 받고자 하는 욕구를 충족시킬 수 있다. 개인은 여러 사람들보다 각별한 한 사람과의 관계에서 더 친밀한 일대일의 관계를 유지하여, 이를 통해 자신의 정서적 욕구가 충족되기를 원하기도 한다.

여섯째, 성인으로서의 신분을 획득한다. 결혼은 어느 사회에서나 성인이 되는 신분을 부여한다. 우리나라에는 성년의제라는 제도가 있어 실제 미성년자라 할지라도 자녀를 출산하고 혼인 신고를 하면 성인 신분을 주는 법이 있다. 결혼을 통해 부모로부터 독립하고 독립된 신분을 획득할 수 있으므로 결혼을 하려는 욕구가 작용한다. 특히 우리 사회는 결혼을 해야 성인 취급을 하는 의식이 강하다.

일곱째, 사회적 기대에 부합하기 위해서이다. 대부분의 사회에서는 성인이 되면 으레 결혼을 해야 한다고 기대한다. 특히 타인이나 주변을 많이 의식하고 가족주의가 강한 우리나라에서는 적절한 시기에 결혼을 하지 않고 있으면 주위 사람이나 환경으로부터 압력을 받게 된다. 따라서 결혼하는 것 자체가 그런 압력으로부터 해방됨을 의미하기 때문에 결혼을 하기도 한다.

이상의 내용을 통해서 결혼을 정의 내리면, 결혼은 인간의 요구와 의무 간에 균형을 잘 유지하고 책임 있는 역할을 수행하도록 하며, 이를 통해 하나의 성숙된 인격체로 완성되어 가는 인생의 중대한 과제라고 할 수 있다.

2) 배우자의 선택

배우자의 선택은 직업을 선택하는 것 이상으로 중요한 일이다. 배우자의 선택은 여러 가지 방식으로 이루어지는데 흔히 중매혼, 자유혼, 절충형으로 구분된다. 중매혼은 배우자를 자신이 결정하기보다는 가족, 즉 부모나 친척 등이 선택하는 경우를 말한다. 이 경우에는 당사자들의 애정이나 성격보다는 집안의 특성이나 사회경제적인 지위가 중요한 선택 기준이 된다. 자유혼은 자신이 배우자를 선택하고 결혼에 대한 결정이 당사자에 의해서 이루어지는 경우를 말한다. 또한 절충형은 타인의 소개를 통해서 교제를 하다가 결혼을 결정하게 되는 유형으로, 당사자들의 결정에 의해서 부모의 동의를 구하는 경우와 부모의 선택과 결정에 따라서 당사자가 동의를 하는 경우가 있다.

최근에는 결혼 정보 회사를 통해서 소개를 받는 경우도 점점 더 확산되고 있다. 이는 중매혼과 자유혼, 절충형의 장점을 활용하는 방법이라고 할 수 있다. 배우자 선택에 있어서 자신의 성격과 배우자의 성격, 그리고 사회경제적인 지위 등을 고려하여 더욱 신중하게 폭넓은 영역에서 선택의 기회를 갖도록 돕고자 하는 데 목적이 있다. 보다 적절한 선택을 통해서 만난 상대와 교제를 하며 애정을 키워 나가다가 부부관계로 이어지는 경우를 기대하는 것이다.

3) 결혼에 대한 기대

사람들은 결혼하는 이유에 대한 답을 사랑하기 때문이라고 한다. 결혼관계에서 사랑은 여러 가지 사랑의 형태를 조합한 것으로 나타나게 되는데, 결혼에 있어서 사랑이란 무엇인지 정의를 내리기는 쉽지 않다. Ellenson은 진실한 사랑이란 사랑을 키워 나가는 과정이라고 말한다. 진실한 사랑을 하는 사람은 상대방의 완전한 측면과 결점을 모두 보기 때문에 상대방의 결점을 수용할 수 있다.

사랑은 우리로 하여금 사랑하는 사람에 대해서 안정감과 신뢰감을 갖게 한다. 또한 사랑은 새로운 관계에서 생기는 상호 이익의 감정과도 관련된다. 나와 너, 더불어 우리라는 인식이 확장되는 것이다. 그래서 사랑이란 단어는 존중, 동반자 의식, 신뢰, 보살핌, 상호 보완 의식 등과 같이 '이상(ideal)' 에 가까운 성질을 갖추고 있어 서로의 관계가 자신의 행복에 중요할 경우에 사용된다. 서로 사랑하는 관계에서 이러한 구성요소들은 남녀 모두에게 있으며, 사랑은 이러한 성질을 서로에게 보여 주는 양방적인 과정이다.

존중(respect)은 긍정적인 관점에서 상대방을 보게 하는 구성요소, 즉 타인을 찬미하고 인정하려는 것이다. 그리고 신뢰(trust)는 타인의 맹세를 받는 것으로 자기확신(self-assurance)을 갖도록 해 준다. 신뢰관계에는 모험이 뒤따르지만 사랑은 상호 간의 신뢰에 기초한다. 사랑에서 보살핌(caring)의 요소는 타인의 감정과 욕구에 정서적으로 민감하게 반응하는 것이다. 자기 자신의 욕구와 마찬가지로 타인의 욕구에 의해 영향을 받거나 행동을 하게 되는 것은 배려의 특징이다.

상호 보완 의식은 독립과 결합의 합성체이다. 비록 사람들이 각자 자기 나름대로 독립적이고 온전하며 독특한 존재라고 할지라도, 부부관계에서 상이하고 독립적이며 독특한 개인이 각자의 개인적인 존재성을 희생함이 없이 보다 완전한 관계를 형성할 수 있는 것은 바로 상호 간의 보완 의식 때문이다.

동반자 의식을 포함하는 사랑의 관계는 오늘날과 같이 긴장이 팽배한 사회에서 특히 중요하다. 우정을 갖고 일하고자 하는 바람은 동반자 의식의 예가 된다. 그리고 이러한 의식은 공통의 관심사를 갖게 하기도 하고, 단순히 서로를 친구로 만들어 주기도 한다.

또한 결혼에는 아주 드문 경우이지만 또 다른 종류의 사랑이 있다. 이는 상호 의존성의 감정과 서로를 위한 공통 관심사로 표현되는 사랑이다. 이러한 사랑은 단순한 나의 바람이나 동반자 의식 이상의 것으로서, 상대방의 현재 모습과 앞으로의 성취 가능성에 관심을 갖고 지원해 주는 문제와 관련된다. 이와 같은 수용은 결혼 상대자에 대한 지원과 지속적인 성장에 기여하는 바람을 낳게 된다. 이러한 사랑은 지원적인(supportive) 사랑이라고 하는데, 지원적인 사랑을 하는 사람은 자기 자신의 욕구와 관계없이 사랑하는 사람을 돕고자 한다. 이는 훌륭한 결혼으로 더욱 원숙해지고 원만한 관계를 형성하도록 해 주는 사랑의 형태이다. 이는 또한 바람이나 동반자 의식을 대신해 주지는 못해도 그러한 바람이나 의식을 신장시키는 데 도움을 준다(주삼환, 명제창, 1987).

4) 성공적인 결혼을 위한 적응

Lewis는 성공적인 결혼을 위해서 적응해 가는 과정이 6단계로 이루어진다고 설명하고 있다(1973).

첫째, 유사성의 단계로 상대방의 사회적 배경, 가치관, 성격 등이 유사함을 지각한다. 둘째, 라포르(rapport) 형성의 단계로 서로 상대방에 대해 긍정적인 평가를 하고 호감과 친밀감을 느낀다. 셋째, 자기공개의 단계로 상대방에 대한 신뢰감이 증진되면서 서로 자유롭고 솔직하게 자기표현을 할 수 있는 관계로 발전한다. 넷째, 역할 탐색(role taking)의 단계로 밀접한 관계 속에서 자신의 역할을 구축해 가고 상대방의 역할에 대한 기대를 형성하게 된다. 이와 더불어 상대방의 성격과 능력에 대하여 구체적으로 파악함으로써 기대하는 역할의 수행 능력을 평가하게 된다. 다섯째, 역할 조화(role fit)의 단계로 서로에 대한 역할 기대와 역할 수행을 조정하여 상호 보완적인 조화를 이루어 가는 단계이다. 상대방의 기대에 맞추어 자신의 역할을 조정해 나가는 동시에 상대방의 역할에 대한 자신의 무리한 기대를 변화시켜 가는 과정이다. 여섯째, 상호 결정(dyadic crystalization)의 단계로 서로의 역할을 수용하여 확정하고 한 쌍의 동반자로서 정체감과 일체감을 느낀다. 이 단계에서 결혼을 하여 주위 사람들로부터 공식적인 부부로 인정을 받게 된다.

Ellenson(1982)은 성공적인 결혼으로서의 적응을 신혼 단계와 어버이의 단계로 나누어 설명하였는데, 신혼 단계는 대부분의 결혼에 있어서 최초로 적응을 하는 시기이다. 그리고 독신 생활에서 결혼 생활로 전환하는 시기로서 특히 금전, 역할, 직업에 대한 기대, 성적인 적응 문제와 관련된다. 또한 어버이가 되는 단계를 거치면서 부부는 새로운 적응을 한다. 어버이 시기와 관련된 통설이나 민속을 통해서 보면 가정에 자녀가 늘어나면서 장점과 단점이 모두 나타난다는 것을 알 수 있다. 부부가 자신들이 갖고 있는 태도를 고찰하고, 이러한 태도가 결혼 후의 적응에 영향을 준다는 사실을 인식하는 것은 현명한 태도라고 할 수 있다. 사람들은 어버이로부터 태어났기 때문에 나중에 자연스럽게 어버이가 된다. 그렇지만 보다 적극적인 어버이가 되는 기술을 학습할 수가 있다.

부부가 느끼는 만족은 남녀 모두 신혼 기간과 자녀를 출가시키고 부부끼리만 살게 될 시기에 높았으며, 불만족은 자식이 청년기에 들어섰을 때 가장 높았다. 그리고 이러한 감정은 부부와 자녀 모두에게 제기되는 아주 정상적이고 기대된 긴장이란 점을 고려한다면 충분히 이해가 될 것이다(주삼환, 명제창, 1987).

사람들은 어떤 한 가지 때문이 아니라 복합적인 이유로 인해 결혼을 하게 되는데, 결혼 생활을 함에 있어서 삶에 대한 태도가 진실하고 바람직한 이유를 가지고 결혼 생활을 하게 된다면 건강하고 성공적인 결혼 생활이 될 것이다.

3. 부부관계

1) 부부관계의 특성

첫째, 자발적이다.

둘째, 안정과 성장의 균형을 포함한다. 관계를 건강하게 유지하기 위해서 예측 감각과 안정감이 있어야 하지만 새로움과 유연성도 있어야 한다.

셋째, 과거 · 현재 · 미래를 가지고 있다. 부부는 과거의 역사와 미래의 계획을 통해서 연결된다. 부부는 추억에만 의존할 수 없으며, 현재의 관계를 신선하게 유지하고 미래의 목표를 발전시켜야 한다.

넷째, 두 사람의 관점과 역사를 병합하는 것을 의미한다. 여기에는 다른 가치관과 세계관이 포함된다. 부부관계는 모든 것을 협의해야 하는 관계이다.

다섯째, 지지를 주고받음을 의미한다. 이는 상대방의 욕구를 자신의 욕구만큼 중요하고 소중하게 생각하는 것을 의미하며, 동시에 상대방으로부터 지지를 받는 것도 필요하다. 관계는 서로 주고받는 상호 호혜적인 것이어야 한다.

여섯째, 부부관계는 각자 분리된 정체성과 개성을 유지한 채 지속되지만, 때로는 부부를 위해 그러한 정체성을 제쳐 두는 능력이 필요하다. 거꾸로 부부를 하나로 이어 주는 것 중 하나는 각자가 상대방의 정체성을 존중해 주는 것이다(Bubenzer & West, 1992).

2) 부부관계에 영향을 미치는 요인(최규련, 1993)

(1) 결혼 전

① 부모의 성공적인 결혼 생활

가족 배경으로서 성공적인 결혼 생활을 한 부모를 둔 사람은 성공적인 부부관계를 형성하는 경향이 있다. 부모의 부부관계는 장래에 자녀의 결혼 생활과 부부관계에 영향을 미치는 모델의 역할을 한다.

② 연령과 성숙도

결혼하는 사람의 연령과 성숙도는 부부관계의 안정성에 영향을 미친다. 어린 나이에 결혼하는 사람은 결혼 생활에서 더 많은 문제를 겪으며 결혼에 실패할 가능성도 높다. 조혼이 결혼 실패와 관련되는 것은 단순한 연령 요인 외에도 교육 기회의 제한과 그에 따른 교육수준의 저하, 원하는 직업을 갖지 못함, 낮은 수입, 부모로서의 준비 부족, 정서적 미숙, 자아 인식의 결핍, 개인적 발달 과업의 성취 부족 등의 문제에서 비롯될 수 있다.

③ 교제 기간

결혼 전의 교제 기간이 길수록 결혼 생활이 행복하고 성공적이라는 보고가 있다. 반면 갑작스런 기분이나 일시적 충동으로 이루어지는 결혼은 지속성이 낮으며 결혼 초기에 실패할 가능성이 높다. 교제 기간이 충분하면 상대방의 성품과 습성을 파악할 기회가 많고 서로 삶과 결혼에 대한 기대가 무엇인지 알 수 있으므로, 부부간의 갈등이 발생할 가능성이 감소하고 의사소통의 효율성과 문제 해결 가능성을 높이는 결과를 가져온다.

④ 서로에 대한 충분한 이해와 관심

순수한 사랑, 이해, 공통의 흥미와 목표가 결혼동기로 작용했을 때는 결혼 생활을 성공적으로 해 나갈 수 있다. 그러나 일종의 도피처나 고독 해소, 부모에 대한 도전의 수단, 또는 교환되는 상품 가치를 우선으로 배우자를 택했을 때는 결혼 생활의 불만족과 실패 가능성이 높다.

⑤ 자유 의지에 따른 선택(인간적인 존중과 배려)

혼전 임신으로 인해 결혼을 한 경우에 결혼 생활에 실패할 가능성이 높다고 보고되고 있다. 그 이유는 혼전 임신과 관련하여 결혼에 대한 강요와 압박감, 덫에 걸린 듯한 후회감, 결혼 생활 준비의 부족, 교육이나 직업 계획의 차질

등의 부정적인 영향 때문인 것으로 알려져 있다.

⑥ 부모의 동의

부모의 승낙을 받고 결혼한 부부가 그렇지 못한 부부보다 더 행복하고 성공적인 결혼 생활을 한다. 부모가 자녀의 결혼을 승낙하고 인정하는 경우에 부모는 자녀의 결혼 생활에 위기가 발생했을 때 격려하고 돕는 중요한 지지자가 될 수 있지만, 그렇지 못한 경우에는 부부관계를 더욱 악화시키고 관계의 안정을 위협하는 요인으로 작용할 수 있다.

(2) 결혼 후

① 부부의 태도

배우자에 대해서 지배적이고 경쟁적이며 비하하는 태도를 보이는 부부는 결혼 생활에 실패할 가능성이 높다. 반면 민주적이고 상호 존중적인 태도를 지닌 부부는 만족스런 부부관계를 형성하는 경향이 있다.

② 부부간의 유사한 관심과 흥미

관심사나 흥미의 유사성은 부부관계에 영향을 미친다. 공통된 취미를 갖고 있거나 관심거리가 일치할 때, 부부는 함께 활동할 기회가 많고 서로를 이해하며 공감할 가능성이 높기 때문이다. 부부간에 교육수준, 사회경제적 지위, 성장 지역, 종교 등의 문화적 배경이 유사하면 가치관, 역할기대, 일상적 상호작용의 측면에서 일치점이 많아져 갈등 요인이 감소한다. 특히 부부가 가족, 자녀, 사랑, 종교, 철학 등에 공통의 관심을 두는 경우에는 돈, 명예, 향락 등에 공통의 관심을 두는 부부보다 결혼 생활에 성공할 가능성이 높다는 보고가 있다.

③ 안정적이고 우호적인 가족관계

인척과의 관계가 좋으면 결혼은 더 만족스럽고 성공적이다. 시집 식구, 처가 식구, 친인척과의 관계가 나쁘면 부부관계도 악화되는 경향이 있다. 특히 우리나라에서는 전통적으로 아내에게 시집 식구와 조화로운 관계를 유지할 의무를 요구하는데, 오늘날은 남편도 처가 식구와 좋은 관계를 유지하는 노력이 필요하다.

④ 경제적인 안정

안정되고 적절한 수입은 성공적인 결혼 생활과 관련된다. 결혼 생활의 실패와 불행은 경제 문제에 원인이 있는 경우가 많다. 가족의 수입이 불충분하고 불안정할 때 부부간의 갈등이 많아질 수 있고 수입 감소, 실업 등은 결혼 생활의 불안정과 관련된다. 특히 수입은 교육이나 직업보다 결혼 생활의 성공에 더 큰 영향을 미친다고 한다.

⑤ 종교 생활

종교 활동에의 참여도 결혼 생활의 성공과 관계가 있다. 종교 지향성과 참여도가 높은 부부가 그렇지 않은 부부보다 행복하고 성공적인 결혼 생활을 하는 경향이 있다. 종교 활동이 결혼 생활의 성공에 긍정적인 영향을 미치는 것은 일반적으로 종교적 교훈이 부부관계의 성공에 기여하는 가치와 일치되고, 또한 부부 동반으로 종교적 모임에 참여할 기회가 많아서 부부 공동의 활동과 동료감이 증가되기 때문이다.

3) 부부 갈등의 원인과 대처 방안

(1) 부부 갈등의 원인(권석만, 2003)

① 성격 차이

성격 차이라는 말은 부부간의 다양한 심리적 갈등과 마찰을 의미한다. 부부는 각기 다른 성장 배경을 가지고 있기 때문에 성격 특성 역시 다른 두 남녀가 함께 생활하는 것이다. 이러한 성격 차이로 인해 생활 속의 여러 영역, 즉 가정생활 및 습관, 감정 표현 방식, 자녀양육 문제, 재정 관리 및 소비양식, 의사결정 방식, 성욕구 및 성행동 등에서 서로 의견 대립이 생길 수 있다. 예를 들면, 한 사람은 적당히 늘어놓고 편안하게 사는 것을 좋아하는 반면 다른 사람은 깨끗하고 정리정돈된 것을 좋아하는 경우 서로에 대한 불만이 생긴다. 한 사람은 외식도 하고 철따라 옷도 사 입고 여행을 하는 등 소비적인 경향이 있는 반면에, 다른 사람은 매우 절제적이고 인색하다면 서로에 대한 욕구불만이 생기게 된다. 한 사람은 적극적으로 애정 표현을 하고 배우자로부터 그러한 애정 표현을 기대하는데, 다른 사람은 애정 표현을 매우 억제한다면 서로에 대한 불만이 싹트게 마련이다. 그 밖에도 부부간에 성욕구나 성행위 방식에 차이가 있으면 성생활에 불만족하게 된다.

② 배우자의 부정

정조를 지키는 것은 부부 사이의 약속이며 의무이다. 결혼 후에 배우자의 성적인 매력이 감소하고 부부간의 심리적 갈등으로 정서적 유대감마저 저하되면 가정 밖에서 성적·정서적 욕구를 충족시키려는 경향이 생겨날 수 있다. 이러한 혼외의 애정관계는 부부관계에 치명적인 해체 요인이 된다.

③ 가족 간의 불화

부부간의 갈등뿐만 아니라 넓은 의미의 가족관계에서 여러 가지 갈등이 생겨날 수 있다. 예를 들어 고부 간의 갈등, 처갓집에 대한 불만, 시집 식구에 대한 불만 등은 부부관계를 악화시킨다. 설혹 부부간의 관계가 돈독하다 하더라도 주변 친척이나 가족들과의 관계가 원만하지 못하면 부부관계에 갈등이 생길 수 있다.

④ 경제적인 문제

가족을 부양하기 위해서는 최소한의 경제적 지원이 필요하다. 이러한 경제적 지원이 부부 중 한 사람에 의해 심각하게 부족한 상태에 이르게 되면 부부관계가 해체될 수 있다. 예를 들어 남편의 경제적 무능, 남편 또는 아내의 지나친 소비 경향, 사업 실패로 인한 경제적 파탄 등은 이혼에 이르게 하는 경제적 문제가 될 수 있다.

⑤ 건강 문제

부부 중 한 사람의 장기적인 질병은 부부관계에 심각한 영향을 미치게 된다. 질병으로 인한 부실한 역할 수행, 질병 치료를 위한 경제적 지출, 질병으로 인한 정서적 고통 등은 배우자에게 커다란 심리적 부담이 될 수 있다. 많은 경우에 부부간의 애정으로 이러한 어려움을 극복할 수 있지만, 질병 상태가 장기화되면 부부간의 애정이 약화되고 여러 가지 경제적 · 심리적 문제가 발생하여 부부관계가 해체될 수 있다.

(2) 부부 갈등의 대처 방안

결혼 생활에서 긴장과 갈등은 불가피하지만 긴장과 갈등을 어떻게 해결하는지가 결혼 생활을 성공 또는 실패로 이끄는 중요한 쟁점이 된다. Ellenson(1982)에 의하면 부부 갈등의 대처 방법으로 규칙을 갖는 것이 중요하다. 그러한 규칙으로는 다음을 살펴볼 수 있다(주삼환, 명제창, 1987).

첫째, 공정하고 서로 동의할 만한 규칙을 가져라.

둘째, 시기, 외부인, 신체적 조건 등의 상식을 사용하라.

셋째, 사람의 인성이 아닌 행동에 못박아라.

넷째, 훌륭한 의사소통은 양방적이다.

다섯째, 자신이 이해한 대로 상대방의 관점을 다시 진술해 주어라.

여섯째, 문제를 규정하라.

일곱째, 문제점에 충실하라.

여덟째, 약점을 공격하지 말라.

아홉째, 타협에 인색하지 말라.

열째, 좀 더 참겠다는 각오를 하라.

한편, 가족치료자인 Satir는 건설적인 갈등 해결을 모색하기 위한 성공적인 타협 지침을 다음과 같이 제시하였다(김영애, 2002).

첫째, 갈등이 불가피하다는 것을 인정한다. 모든 부부는 갈등을 느끼고 다투게 마련이다. 그러나 갈등이 반드시 부부관계에 문제가 있음을 시사하는 것은 아니다. 갈등을 어떻게 해결하느냐가 더 중요하다.

둘째, 상대방을 모욕하거나 무시하는 말, 위협, 분노 등을 불러일으키는 말을 해서는 안 된다. 서로를 기본적으로 존중하는 태도를 지켜야 한다.

셋째, 타협은 문제 상황에 대해 두 사람이 모두 중요하고 타당한 이유를 가졌지만 동시에 반대되는 관점을 가지고 있을 때 시도한다. 술을 취하도록 마시는 것을 좋아한다고 해도 그 문제는 타협할 성질의 것이 아니다. 모든 갈등과 논쟁이 타협을 요구하는 것은 아니다. 또한 상대방이 관심을 가지고 있다는 것만으로 그 관심이 정당성을 얻지는 않는다. 즉, 연극에 관심이 있다는 것이 정당하더라도 그것은 타협할 정도로 중요한 일이 아니다. 타협은 서로가 중요하게 여기는 부분에서 대립됨으로써 갈등이 생길 때 그것을 해결하기 위해 사용하는 방법이다.

넷째, 문제로부터 감정을 분리해야 한다. 감정은 중요하지만 상황을 객관적으로 볼 수 있어야 한다. 감정과 사실은 분리되어야 한다.

다섯째, 유리한 위치를 차지하거나 방어하기 위해서 타협하는 것이 아니라 상대방의 관심이 무엇인가를 제대로 파악하려는 태도로 협상에 임해야 한다. 상대방의 방법에도 좋은 점이 있을 수 있다. 자신의 의견을 포기하고 상대방의 방법을 택하였을 때 얻을 수 있는 것을 고려해 보는 것이 현명하다.

여섯째, 상호 간에 동의할 만한 대안을 선택한다. 서로에게 이득이 되는 공정한 약속을 한다. 공평한 타협을 통해서 두 사람 모두에게 이익이 있어야 한다.

일곱째, 융통성을 가져야 한다. 한 가지 결과에 대한 선입관으로 눈이 멀어서는 안 된다. 자기의 방법이 반드시 옳을 수는 없다. 삶이란 다양한 측면을 지녔기 때문에 다른 길로 가다 보면 더 좋은 경험을 할 수도 있기 때문이다.

여덟째, 소신을 가져야 한다. 최종 해결책에는 여러 번의 시행착오와 교정이 따르게 마련이다. 해결책이 없다는 생각으로 포기하지 말아야 한다. 이러한 타협은 과정이지 어떤 결과가 아니다. 따라서 서로 일치하는 타협점을 찾기 위해서는 서로의 감정을 분명히 하고 여러 번 시도해야만 할 때가 많다. 특히 갈등 밑에 깔려 있는 상대방의 열망을 찾아내는 것도 타협하는 지름길이 될 수 있다.

4. 부모-자녀 관계

1) 부모-자녀 관계의 특성

첫째, 부모-자녀 관계는 인간관계 중에서 가장 혈연적인 관계이다. 다른 말로 하면, 가장 일차적인 인간관계이며 가장 본능적인 애착이 강한 관계이다. 아울러 부모-자녀 관계는 선택의 여지 없이 숙명적으로 주어지는 인간관계로서 관계의 가입과 탈퇴가 불가능하다. 따라서 부모-자녀 관계는 싫든 좋든 평생을 유지해야 하는 관계이다.

둘째, 부모-자녀 관계는 가장 수직적이고 종속적인 관계이다. 부모와 자녀는 20~30년의 나이 차이와 더불어 능력과 경험에 현저한 차이가 있으므로 자녀는 일방적으로 부모를 따르고 의존해야 한다. 부모 역시 어리고 미숙한 자녀를 일방적으로 보호하고 양육해야 하는 지배적인 위치에 있게 된다. 이런 점에서 부모-자녀 관계는 서로 불평등한 자격과 위치에서 일방적인 상호작용이 일어나는 수직적인 관계이다.

셋째, 한 인간의 인격 형성에 있어서 가장 중요한 관계는 부모-자녀 관계이다. 자녀의 입장에서는 태어나서 최초로 맺는 인간관계이며 부모의 양육을 통해 성격을 형성해 간다. 또한 부모의 입장에서 자녀는 부부 사이의 사랑의 결실이자 자신의 피를 물려받은 분신과 같은 존재이다. 따라서 부모는 거의 본능적이고 무조건적인 애정으로 자녀를 보호하고 양육하게 된다. 이런 점에서 부모-자녀 관계는 가장 기본적이며 근원적인 인간관계라고 할 수 있다.

넷째, 부모-자녀 관계는 주요한 교육의 장이다. 자녀는 부모를 통해 사회의 기본적인 적응 기술을 배운다. 또한 부모는 자녀에게 사회의 도덕적 규범과 가치를 가르친다. 즉, 가장 기본적인 사회화 과정이 부모-자녀 관계 속에서 일어난다. 또한 자녀에게 있어서 부모는 닮아 가야 할 동일시의 대상이자 인생의 모델이 된다.

마지막으로, 부모-자녀 관계는 세월이 흐르면서 관계의 속성이 현격하게 변화한다. 자녀가 어릴 때는 일방적인 의존적 관계이지만 자녀가 점차 성장하면서 의존적 관계에서 독립적 관계로 변화해 간다. 특히 자녀가 청소년기에 접어들어 부모의 보호나 통제에서 벗어나려 하면서 부모-자녀 관계에 변화와 갈등이 초래된다. 자녀가 점차 성숙함에 따라 부모는 노쇠해진다. 따라서 말년에 노쇠한 부모는 오히려 자녀에게 의존하게 되며, 자녀는 노쇠한 부모를 봉양해야 되는 보호자의 위치에 서게 된다. 이렇듯이 세월의 흐름에 따라 역할과 관계가 변화하는 것이 부모-자녀 관계이다(권석만, 2003).

2) 부모의 바람직한 역할

바람직한 부모의 양육 태도는 크게는 부모의 가치관, 성격 측면 등, 작게는 자녀와의 의사소통 기술 등의 광범위한 영역이 있다. 부모의 내재적인 요인에 의한 부모의 역할을 살펴보면 다음과 같다.

첫째, 민주적인 가정 분위기를 조성한다. 우리나라 가정의 경우에 가부장적, 장유유서적 육아 형태가 많이 남아 있고, 나이에 따라 역할 분배가 위계적으로 되어 있으며, 성에 따라 분명한 구별이 있으므로 자녀들의 민주적인 성격 특성, 결정 능력을 키우기는 쉽지 않다. 이런 점에 유념하여 부모와 자녀가 자유롭게 민주적 의사소통을 할 수 있는 분위기를 조성하고 의사소통 기술을 학습시킬 필요가 있다.

둘째, 자녀를 존중하는 태도를 갖는다. 어른의 고정된 사고 틀에 자녀를 맞추기 위해서 강제성을 띤 요구를 한다든가 하는 것은 오히려 자녀의 자율성을 억제하는 결과를 초래한다. 자녀를 이해하고 존중할 때 자녀는 건강하고 독립적인 성인으로 자라나게 된다(강문희, 2003).

셋째, 자기개방을 한다. 부모는 자기 자신 및 자녀의 욕구와 필요를 인식할 수 있어야 한다. 부모의 자기개방이 없는 대화는 불가능하다. 그런데 『청소년

백서』(2002)에 의하면 가정에서의 부정적 대화 단절 현상을 잘 나타내 주고 있다. 고교생 중 22%가 아버지와 대화하는 시간이 하루에 1분도 안 된다고 응답하였고, 11%는 어머니와의 대화 시간도 1분에 못 미친다고 보고하였다. 또한 중학생 열 명 가운데 한 명은 부모가 자신을 믿지 못한다고 답하였으며, 학년이 올라갈수록 부모와의 교감이 부족한 것으로 나타났다. 뿐만 아니라 음란 사이트 접속도 초 · 중 · 고등학생의 92%가 집에서 접속했다고 보고하였으며, 가출 청소년 50%의 가출 이유가 부모와의 갈등에 기인한 것으로 나타나 가정에서의 대화 단절의 심각성을 잘 알 수 있다.

이 같은 사실에서도 알 수 있는 바와 같이 부모는 자녀의 필요와 욕구를 잘 헤아리고 자신이 무엇을 하고 있는지, 그리고 가정에서의 자신의 위치와 역할에서 갖게 되는 생각과 느낌에 대해 개방할 필요가 있다. 적절한 자기개방을 하면 훈육자로서의 역할을 원활하게 수행하게 될 것이다. 적절한 자기개방 없이 자녀의 개방만을 요구한다면 자녀는 벽을 보고 이야기하는 느낌을 갖게 될 것이고, 부모와의 교류에 대해서 편협적으로 지각하게 될 것이다. 따라서 대화의 장을 만들고 대화를 이끌어 내는 것보다 더 중요한 것은 부모의 적절한 자기개방이다.

넷째, 훈육자로서의 역할이다. 자녀의 건강한 성장을 위해서 의식주를 해결하는 지원을 담당하는 것도 부모의 기본적인 의무일 것이다. 이와 더불어 부모는 자녀가 성장하는 데 따라서 배우고 익혀야 하는 부분에 대해 명확하고 구체적인 목표와 내용을 가지고 있어야 할 것이다. 이러한 훈육은 자녀가 사회에 잘 적응할 수 있는 과정적 체험이 된다.

다섯째, 부모 스스로 내적 성장을 위해 노력한다. 사회적인 활동과 주어진 업무를 원활하게 수행하는 것도 중요하지만, 부모 자신이 한 인간으로서 성장 · 발달할 수 있도록 자신에 대한 관심과 존중 그리고 사랑하는 마음을 가지고 자신과의 만남을 이루어 나갈 때, 비로소 타인과의 관계도 좀 더 질적이고 친밀하고 신뢰하며 또한 도움을 주고받을 수 있는 관계로 가꿀 수 있기 때문이다.

5. 형제자매 관계

개인심리학자인 Adler(1915)는 출생 순위에 따라서 개인의 성격이 특징 지어진다고 하였다. 첫째는 동생이 생기면 자신이 지키던 자리를 내놓아야 하고, 부모의 집중되었던 애정과 관심이 자연스럽게 동생에게로 옮겨지는 것을 경험하게 된다. 폐위된 왕과 같은 위치에 놓이게 되면서 그 자리를 다시 회복하기 위한 노력을 하며 책임감과 배려심 등을 학습하게 된다. 둘째는 태어날 때부터 형이나 누나라는 경쟁 상대가 있기 때문에 좀 더 우월하기 위한 도전을 받아들이게 된다. 즉, 둘째는 형의 단점을 찾는 것이 발달되며 형을 능가할 수 있는 능력을 갖추기 위해서 노력함으로써 인정을 받고자 한다. 따라서 야망과 능력을 갖도록 학습하게 된다. 그리고 막내는 응석받이로 자라면서 독립심의 부족과 함께 열등감을 경험하게 되지만, 강한 동기 유발을 학습하게 된다.

권석만(2003)은 형제자매의 특성을 다음과 같이 설명하고 있다.

첫째, 같은 부모의 피를 물려받은 혈연적 동료관계이다. 혈연으로 맺어진 형제자매 관계는 일차적인 관계로서 선택의 여지 없이 부여되었으며 가입과 탈퇴가 불가능하다. 또한 같은 부모의 유전자를 물려받기 때문에 여러 가지 유사성을 지닐 수 있다.

둘째, 수직적인 요소와 수평적인 요소가 복합된 인간관계이다. 나이 차이가 있지만 출생 순서에 따라서 위계가 정해지는 수직적인 관계이다. 동생은 형과 언니의 말을 따르고 오빠와 누나는 동생을 보호하고 보살펴야 하는 의무를 가진다. 이와 같이 불공평한 역할에 따르는 위계적 질서를 가진 형제자매 관계는 한편으로는 수평적인 요소도 함께 갖고 있다.

셋째, 의식주를 함께하며 동고동락하는 운명 공동체이다. 가족의 일원으로서 함께 가족의 변화를 겪을 뿐만 아니라 같은 부모 밑에서 성장하고 생활하는 공통적인 체험과 입장을 공유한다. 따라서 같은 환경 내에서의 성장은 서로를 잘 이해하고 공감하게 한다.

영화 〈천국의 아이들〉에 나타난 가족 이야기

＊ 영화 줄거리

이란의 한 작은 마을에 사는 초등학생 알리는 엄마 심부름으로 시장에 갔다가 여동생 자라의 하나뿐인 구두를 잃어버린다. 가정형편이 어려운 알리는 엄한 부모님에게 사실을 말하지 못하고, 신발을 꼭 찾아 줄 테니 그때까지 자신의 신발을 나눠 신자며 울먹이는 자라를 달랜다. 그래서 오전반인 자라가 수업이 끝나자마자 달려오면 오후반인 알리는 기다렸다가 자라가 벗어 준 운동화를 신고 학교로 달려가길 반복한다. 어느 날, 자라는 학교에서 자신의 구두를 신은 아이를 발견하고 알리와 함께 뒤를 밟는다. 하지만 그 아이의 아버지가 앞이 보이지 않는 장님인데다가 자신들보다 더 가난하다는 것을 알고 구두를 포기한다.

그러던 어느 날, 전국 어린이 마라톤 대회의 3등 상품이 운동화라는 사실을 알게 된 알리는 학교 대표로 대회에 참가해 꼭 운동화를 타 오겠다고 자라에게 약속한다. 1등이나 2등을 하면 더 좋은 상품을 받을 수 있지만 알리가 필요한 것은 오직 운동화. 3등을 하기 위한 알리의 눈물겨운 노력에도 불구하고 알리는 가장 빨리 결승선을 통과한다. 결국 동생과의 약속을 지키지 못한 알리는 1등을 하고도 낙심한 얼굴로 집으로 돌아온다.

＊ 한 대학생의 영화 감상문 : 〈천국의 아이들〉과 나의 가족 이야기

〈천국의 아이들〉을 보면서 그 속에 나타난 가족 간의 관계에 대하여 생각해 보았다. 아이들이 경제적으로 힘든 부모님을 생각해서 구두를 사 달라고 하지 못하는 모습을 보면서 어리지만 생각이 참 깊다는 생각을 했다. 그리고 딸은 어린 나이에도 불구하고 아픈 어머니를 대신해 집안일을 다 하는 것을 보고 감동을 받았다. 영화 속의 오누이 관계를 보면 오빠는 어떻게든 잃어버린 동생의 구두를 찾아 주려고 노력하고, 동생 또한 그런 오빠를 생각해 부모님에게 오빠의 잘못을 말하지 않는 것을 보며 남매 간의 정을 느낄 수 있었다. 또한 아픈 아내가 경제적인 문제로 힘들어할까 봐 괜히 큰소리치고 허풍을 떨어 아내를 안심시키려고 노력하는 아버지를 보며 부부끼리는 저렇게 믿음을 주어야 하는구나 하고 느꼈다.

이제 나의 가족 이야기를 해 보겠다. 나를 낳아 주신 생모는 나를 낳자마자 얼마 안 있어 아버지와 헤어지셨다고 한다. 그래서 아버지는 젖동냥을 해서 나를 키워 주셨다. 그러다가 아버지가 일을 하셔야 했기에 나는 아는 분 댁에 맡겨져 초등학교에 들어가기 전까지 거기서 살았다. 그리고 그 후에 두 번째 어머니가 생겼으나 새어머니는 초등학교 1학년 때 집을 나가서 그 뒤로는 아버지와 단둘이 살게 되었고, 아버지와 단둘이 살 때는 학교에 갔다 오면 혼자 집을 보면서 라면도 끓여 먹고 밥도 해 먹고 연탄불도 갈았다.

나는 어릴 때 어머니의 정이나 사랑을 많이 받지 못했다. 새어머니가 들어오셨지만 항상 경제적 문제로 아버지와 많이 다투셨고, 밖에서 일을 하시다가 다른 남자를 만나 또 한 번 집안에 풍파를 일으키고 집을 나가 버렸다. 나중에 다시 들어오셔서 같이 살기도 했으나 결국 중학교 1학년 때 두 분은 헤어지게 되었다. 그리하여 나와 아버지는 다시 단둘이 살게 되었고, 어렸을 때는 무척 엄했던 아버지와 난 이때부터 친구보다도 가까운 부자지간이 되었다.

그러다가 중학교 2학년 때 아버지가 세 번째 어머니와 만나셨다. 세 번째 어머니는 이혼을 하여 딸과 아들이 있는 분이었다. 그래서 서로의 아픔을 어느 정도 이해하시는 것 같았다. 우리는 함께 즐겁게 살았다. 그런데 내가 고등학교 1학년 때 아버지가 건설일을 하시다가 갑자기 큰 사고를 당해 수술을 받게 되었다. 그때 어머니가 병원에서 아버지를 간호하셨다. 나는 학교를 다닌다는 이유로 아버지를 자주 찾아뵙지 못했고, 어머니에게 힘이 많이 되어 주지 못해서 지금 생각하면 죄송한 마음이 든다. 어머니는 중환자 보호자실에서 밤낮으로 계셨고 집에 오셔도 씻기만 하고 곧바로 병원으로 가셨다. 그렇게 반년을 보낸 후 어머니의 극진한 간호로 아버지가 중환자실을 나오실 수 있게 되었다.

그 뒤로 우리는 이사를 하여 어머니의 딸인 누나와 같이 살게 되었다. 나는 어렸을 때부터 누나가 있었으면 좋겠다고 생각했기 때문에 누나와 친하게 지내고 싶었다. 그래서 누나에게 맞추면서 친해지기 위해 무척 노력했다. 어느새 누나랑 나는 친해지게 되었고, 형도 군대를 제대하고 난 후에 가끔 집에 놀러 오면서 정말 든든하고 끈끈한 가족이 되었다. 이렇게 가정을 이루고 살면서 여러 가지 어려움이 닥쳐 오기는 했지만 잘 이겨 낼 수 있었고 지금까지 계속 행복한 가정을 이루고 있다.

〈계속〉

난 이렇게 굴곡진 가족관계를 가졌으나 그때그때 참 많은 것을 배울 수 있었다. 첫 번째 어머니와 두 번째 어머니에게는 가정을 이루었을 때는 책임감을 가지고 열심히 살기 위해 노력해야 하며 다른 이성에게 한눈을 팔아서는 안 된다는 것을 배웠고, 세 번째 어머니에게는 아무리 힘들고 어려워도 가족과 함께 이겨 내기 위해 노력해야 하며 가족을 항상 먼저 생각하고 서로 챙겨 주어야 한다는 것을 배웠다. 그리고 재혼을 해서 다시 다른 사람과 가정을 꾸린다는 것이 얼마나 어려운 일인지를 간접적으로 배울 수 있었다. 이제는 친구 같은 아버지에게 농담처럼 나에게 어머니 복을 많이 주셔서 감사하다고 말하기도 하지만, 어쨌든 어려운 상황 속에서도 나를 이렇게 잘 키워 주신 것에 대해 항상 감사드린다.

또한 나는 어렸을 때부터 경제적인 어려움으로 인해 절약 정신이라든가 돈의 귀중함을 알아서 지금도 검소하게 살려고 노력한다. 그리고 어려서부터 외롭게 자란 나는 남에게 관심을 받고 싶어 하는 성격으로 바뀌어서 목소리도 크고 말도 많아지게 되어 지금은 많은 사람들과 원만한 관계를 맺으며 잘 지내고 있다.

마지막으로, 나는 가족은 정말 중요하며 가족을 이룬 후에는 정말 많은 노력과 사랑으로 화목하고 편안한 가정을 만들어야 된다고 생각한다. 그리고 세상을 살면서 부딪히게 되는 어려움, 예를 들어 경제적인 어려움 등은 가족끼리 조금만 더 이해하고 서로 노력함으로써 이겨 내야 된다고 생각한다.

영화 〈천국의 아이들〉은 나에게 한 번 더 가족의 소중함을 알게 해 주었고, 가족과의 관계에 대해 생각하고 반성해 볼 수 있는 계기가 되었다.

넷째, 인생에서 가장 오랜 기간 동안 유지되는 인간관계이다. 출생과 더불어 형제자매 관계 속으로 들어가며 나이가 비슷하기 때문에 거의 평생 동안 지속되는 관계이다. 또래와의 관계와 달리 일차적인 관계이므로 관계의 절연이 있을 수 없다. 그러나 간혹 형제자매 간에 절연을 하면 다른 동료관계와 달리 절연의 해소 혹은 관계 회복에 큰 어려움이 따른다.

다섯째, 경쟁적인 요소가 있다. 형제자매는 부모로부터 공급받는 모든 것을 나누어 갖는 위치에 있다. 부모는 흔히 자녀를 서로 비교하여 평가하고 그러한 평가에 따라 애정과 물리적 보상을 달리 준다. 따라서 형제자매는 서로를 경쟁적인 상대로 인식할 수 있다.

원만한 인간관계를 위한 프로그램 14

주제

가족관계를 통한 자기이해와 적용

목적

① 자신의 가족관계에 대해서 파악하여 자기이해를 넓힌다.
② 자신의 가족관계가 대인관계에 미치는 영향에 대하여 이해한다.
③ 자신의 성장을 위한 보완점에 대해 생각한다.

강의

가족이란 각자 삶의 배경이 다른 두 사람이 부부관계를 맺고 인격적이고 성적이고 문화적인 교류를 맺는 공동 운명체이다. 가족관계는 시대나 문화적인 변화에 따라서 그 의미가 변화되어 가고 있다. 건강하고 바람직한 가족관계를 재정립하는 것은 매우 중요하다. 바람직한 가족관계의 정립에 따른 측면을 살펴보면 하나의 체제로서의 가족을 이루는 것과 가족 간의 의사소통이 원활해지는 것이다.

프로그램 내용

<STEP 1>

* 나의 가족은 얼마나 건강한가?
가족이 원활하게 기능하는 정도는 가족 건강성의 중요한 척도이다. 다음 문항을 통해 자신이 속한 가족의 건강성을 평가해 보자.
전혀 그렇지 않다 : 1점, 상당히 그렇지 않다 : 2점, 보통이다 : 3점, 상당히 그렇다 : 4점, 매우 그렇다 : 5점

( ) 1. 우리 가족은 서로 돕고 의지하며 산다.
( ) 2. 가족에 관한 일에 대해서 부모의 의견이 대부분 일치한다.
( ) 3. 우리 가족은 상당히 친한 편이다.
( ) 4. 우리 가족은 취미 생활을 같이한다.
( ) 5. 대부분의 경우 우리 가족은 대화로 모든 문제를 해결할 수 있다.
( ) 6. 의견의 차이가 있어도 서로 간의 사랑이 줄어들지는 않는다.
( ) 7. 의도는 좋겠지만 우리 가족은 서로 간의 간섭이 너무 심하다.
( ) 8. 우리 가족은 서로 좋지 않은 감정을 많이 가지고 있다.
( ) 9. 우리 가족은 서로 오해하는 경우가 많다.
( ) 10. 우리 가족은 모든 사항에 대해서 계획을 하지도 못하고 결정도 잘 내리지 못한다.
( ) 11. 우리 가족은 서로를 크게 변화시키기 위해서 노력한다.
( ) 12. 문제에 대해서 가족과 의논하기보다 제삼자와 의논하는 것이 편하다.
( ) 13. 중요한 결정을 내려야 할 때 가족 모두의 의견을 존중한다.
( ) 14. 우리 가족은 개개인이 무엇을 하든지 유연하고 개방적인 입장을 취한다.
( ) 15. 가족 결정에서 가족 모두가 의견을 제시할 수 있다.
( ) 16. 부모는 모든 결정을 하기 전에 자녀의 의견을 듣는다.
( ) 17. 부모는 결정 사항에 대해서 자녀의 의견을 물어보고 같이 참여시킨다.
( ) 18. 우리 가족은 모두 다른 사람의 도움 없이 각자의 능력껏 살아가고 있다.

* 채점 및 해석

이 척도는 가족관계의 세 가지 측면을 간이검사의 형식으로 평가하고 있다. 1~6번 문항은 가족의 친밀감, 즉 가족 간의 심리적 거리, 공유 활동, 의사소통의 개방성 등을 측정한다. 총점(6~30점 만점)에 따라 다음과 같은 해석이 가능하다.

- 6~8점 : 가족관계가 매우 소원한 편이다. 가족 간에 지속적인 갈등이 존재할 수 있으며, 이를 해결하기 위한 적극적인 노력이나 이에 대한 적응이 필요하다.
- 9~15점 : 가족관계가 소원한 편이며 가족 간의 친밀도를 높이는 노력이 필요하다.
- 16~20점 : 보통 정도의 가족 친밀도를 느끼고 있으나 좀 더 친밀도를 높이는 것이 바람직하다.
- 21~26점 : 상당히 친밀한 가족관계를 맺고 있다.
- 27~30점 : 매우 친밀한 가족관계를 맺고 있다. 그러나 가족관계에 비해 다른 인간관계가 소원하지는 않은지 생각해 볼 필요가 있다.

7~12번 문항은 가족 갈등, 즉 가족 간의 오해, 문제 해결과 계획의 어려움 등을 측정한다. 총점(6~30점 만점)에 따라 다음과 같은 해석이 가능하다.

- 6~8점 : 가족관계가 원활하며 가족 문제의 해결 능력이 매우 우수하다.
- 9~15점 : 가족관계가 원활하며 가족 문제의 해결 능력이 우수하다.
- 16~20점 : 보통 정도의 가족 갈등을 느끼고 있다.
- 21~26점 : 가족 간의 갈등과 관여가 상당하여 불만을 지니고 있다.
- 27~30점 : 가족 간의 갈등과 관여가 심해 보이며 가족 문제를 함께 해결해 나가는 능력이 매우 부족하다.

13~18번 문항은 가족관계의 민주성, 즉 가족 구성원의 독립성, 원활한 의사소통, 개인 의견의 존중 등을 측정한다. 총점(6~30점 만점)에 따라 다음과 같은 해석이 가능하다.

- 6~8점 : 가족관계에서 민주성과 독립성이 매우 부족하다. 개인의 의사를 존중해야 하고 자유로운 의사소통과 참여가 매우 필요하다.
- 9~15점 : 가족관계에서 민주성과 독립성이 상당히 부족하다. 개인의 의사를 존중하고 자유로운 의사소통을 위한 노력이 필요하다.

- 16~20점 : 보통 정도의 원만한 의사결정 과정이 이루어지는 가족관계이다.
- 21~26점 : 가족관계가 상당히 민주적이고 독립적이다.
- 27~30점 : 가족관계가 매우 민주적이고 독립적이다. 그러나 혹시 가족관계에서 리더십이나 중심점이 없어 어떤 일의 결정을 쉽게 내리지 못하는 경향이 있지는 않은지 생각해 볼 필요가 있다.

※ 이 척도는 김유숙 등(2003)이 번안한 ICPS family functioning Scales(Noller 등, 1992)의 문항을 일부 발췌해서 권석만(2004)이 단축형으로 구성한 것을 인용한 것으로, 이로 인해서 19, 20, 21번 문항은 전체 내용에서 삭제되었다.

<STEP 2>

STEP 1에서 적은 내용을 다른 집단원들과 함께 발표하며 의견을 나눈다.

① 우리 가족의 건강은 어느 수준인가? 그리고 무엇에 기인한다고 생각하는가?

② 나의 가족관계는 나의 생활이나 인간관계에 어떠한 영향을 미치는가?

- 긍정적인 영향 –
- 부정적인 영향 –

③ 내가 더욱 건강한 가족 구성원이 되기 위하여 앞으로 보완해야 할 점은 무엇이고, 이를 위해 어떤 노력을 할 수 있는가?

<STEP 3>

토의 및 평가

이 프로그램을 통해 새롭게 알게 된 것이나 느낀 점은 무엇인지 정리해 본다.

15

직장에서의 인간관계

현대 사회에서는 성인이 되면 대부분 직업을 갖는다. 개인적인 차이가 있기는 하지만 대개 20대 초반이나 중반부터 일을 하기 시작하여 50~60대까지 인생의 귀중한 황금기를 일을 하면서 보낸다. 사회가 고령화됨에 따라 은퇴 후에도 또 다른 일을 찾아 직업 생활을 영위하므로, 사람들은 성인기 이후의 대부분의 시간을 일을 하면서 생활하게 된다. 따라서 일이 인간의 삶에서 얼마나 중요한 부분을 차지하는지에 대해서는 더 말할 필요도 없을 것이다. 이렇듯 성인기 대부분의 시간을 보내게 되는 일과 직장에서의 인간관계도 앞서 살펴보았던 가족이나 친구, 이성 간의 인간관계 못지않은 중요한 부분을 차지한다. 직업은 우리가 주로 어떤 사람들을 만나게 될지와 그 사람들과 어떤 관계를 맺게 될지를 결정하는 것이다. 그리고 직업 안에서 다양한 인간관계도 경험하게 될 것이다. 따라서 이 장에서는 일과 직업에 관한 일반적인 사항에 대하여 알아보고 직업에서 경험할 수 있는 스트레스, 직장에서의 인간관계 유형, 그리고 직장에서의 성공적인 인간관계를 위한 전략 등에 대하여 살펴볼 것이다.

1. 일과 직업

1) 일의 동기

우리는 왜 일을 할까? 이러한 질문에 대한 가장 흔한 대답은 돈을 벌기 위해 일을 한다는 것이다. 물론 경제적인 이유도 일을 하는 목적이기는 하지만 그것만으로는 충분한 답이 되지 못한다. 일을 하는 데에는 여러 중요한 심리적 · 사회적 이유들이 있다.

① 기본적인 욕구충족의 기능

인간은 일을 함으로써 여러 가지 기본적인 욕구를 충족할 수 있다. Maslow에 의하면 인간은 일을 함으로써 그가 제시한 다섯 가지 기본 욕구를 충족시킬 수 있다. 우선 경제적인 안정을 통해 의식주를 해결하는 생리적 욕구와 안전한 삶을 영위하는 안전의 욕구를 충족시킬 수 있다. 또한 직업을 갖고 그 안에서 다양한 사람들과 관계를 맺음으로써 사랑과 소속감의 욕구를 충족시킬 수 있다. 그리고 그 직업에서 자신의 능력을 발휘하면 자신이 유능하다고 느끼게 되어 자존심이 고양되고 다른 사람들에게도 인정을 받음으로써 존경의 욕구를 충족시킬 수 있다. 궁극적으로는 일을 하면서 자신의 잠재력을 계발하고 능력을 창조적인 방식으로 사용하여 자아실현의 욕구를 충족시키게 된다.

② 자립 성취의 기능

직업을 갖게 되는 20대쯤이면 보통 부모로부터 독립해 자신의 삶을 스스로 책임질 수 있어야 한다. 그런데 부모로부터의 자립은 일이나 직업을 갖게 되어 경제적인 능력이 뒷받침되어야 가능해진다. 따라서 우리는 일을 함으로써 부모로부터 자립하여 스스로를 부양하며 자신의 삶을 자의적으로 꾸려 나갈 수 있게 된다.

③ 자아정체성 확립의 기능

직업을 통해 자아정체성을 확립할 수가 있다. 가족이나 고향, 출신 학교 등과 마찬가지로 직업은 그 사람을 다른 사람과 구분 짓는 특성이 된다. 따라서 직업은 그 사람이 누구인지를 정의하는 데 도움을 준다. 예를 들어, 우리는 자기소개를 할 때 자신의 직업을 말함으로써 자신을 정의하게 된다. 이처럼 자신이 하고 있는 일, 즉 직업은 그 사람의 자아정체성의 근원이 된다.

④ 사회적 기능

일은 또한 개인의 사회 생활에도 영향을 미친다. 일이 사랑과 소속감의 기본 욕구를 충족시킨다고 한 것처럼 일은 개인의 사회적 관계에 영향을 미친다. 많은 시간을 일을 하며 직장에서 보내기 때문에 그 속에서 중요한 인간관계를 맺고, 이는 그 사람의 사회적 관계의 중요한 일부로 작용하게 된다. 또한 직장은 여러 사람으로 구성된 인적 조직 구조를 가지고 있다. 따라서 개인은 일을 통해 상사와의 관계, 부하와의 관계, 동료와의 관계 등 다양한 사회적 관계를 경험하고 발달시키게 된다.

2) 일에 대한 개인적 태도

사람은 누구나 일에 대한 기본적인 태도가 성격처럼 형성되어 있어서, 어떤 사람은 일하기를 좋아하고 일에 몰두할 수 있는 안정된 성향을 가졌는가 하면, 또 어떤 사람은 일하기를 싫어해서 마지못해 하는 성향을 가졌다. 이러한 일에 대한 기본 태도를 만족도와 일의 동기수준을 고려하여 만족 이완형, 불만 피동형, 불만 근면형, 만족 돌격형의 네 가지 유형으로 분류할 수 있다.

① 만족 이완형

비교적 편안한 가운데 일하며 일에 만족하는 유형이다. 그러나 이런 유형의 사람은 업무 부담이 커지거나 일의 압력이 심한 작업환경에 처하면 불만족하게 될 수 있다.

② 불만 피동형

해고를 피하거나 징벌을 안 받으려고 마지못해 일을 하면서 일에 만족하지 못하는 유형이다. 따라서 이들은 강제성을 띤 장면에서 일할 수밖에 없고, 일하면서 스트레스도 많이 받는다.

③ 불만 근면형

직장에 대해서는 불만이 많지만 자기가 맡은 일은 열심히 성실하게 수행하는 유형이다. 때로 전문 직업인 중에는 자기 회사나 기업의 경영에 대해서는 불만을 표시하면서도 자기가 맡은 일은 열심히 하는 경우가 있다. 일반적으로 전문 직업인은 전문적 활동의 유능성을 나타내고자 하며, 동시에 자신의 명성에 오점이 생기는 것을 싫어한다. 이런 점 때문에 불만족 근면형의 태도를 가질 수 있다.

④ 만족 돌격형

일을 통해 자아실현을 성취하고자 하는 유형이다. 이 유형의 직업인은 일을 자기 것으로 받아들이며, 필요에 따라서는 시간 외 업무도 마다하지 않는다. 따라서 이런 사람들은 자칫 일 중독증에 걸릴 수도 있다.

이러한 분류는 일에 대한 태도 유형을 점검하고 이해하는 데 도움이 될 것이다. 그리고 이를 통해 일의 세계에서 성취할 수 있도록 태도를 바꾸는 것이 장차 직업에서 성공적인 활동을 할 수 있게 할 것이다.

나에게 적용하기

Q. 나는 일에 대해 어떠한 유형의 기본 태도를 가지고 있는가?

2. 직업 적응 및 스트레스

앞에서 살펴보았듯이, 일과 직업은 다양한 욕구를 충족시켜 주는 등 우리에게 많은 긍정적인 보상을 가져다준다. 하지만 이것은 직업에 잘 적응하였을 경우에 해당되는 것이고, 실제로 직장 생활을 하면서 겪게 되는 많은 스트레스도 무시할 수 없다.

1) 직업 적응–직업 만족도

흔히 직업에 잘 적응하는 사람들은 직업 만족도가 높다. 직업 만족도의 요인으로는 다음과 같은 것들이 있다.

① 보수와 승진 기회

보수와 승진 기회는 직업 만족도의 가장 중요한 요인이라고 할 수 있다. 사람은 누구나 자신이 일한 것에 대해 정당한 대가나 보상이 뒤따를 때 만족을 느끼며, 또한 열심히 일하고자 하는 동기가 유발된다. 그런데 직업에서 주어지는 대표적인 보상은 보수와 승진이라고 할 수 있으므로 이는 직업 만족도에 중요한 영향을 미친다. 하지만 직업 만족도가 보수와 승진 기회만으로 결정되는 것은 결코 아니다.

② 목표 설정에의 참여 여부

목표 설정에 대한 참여 여부는 직업 만족도의 큰 요인이다. 예를 들어, 고용주와 함께 생산성의 양과 수단의 결정에 참여한 노동자는 일방적으로 주어진 목표를 달성해야 하는 노동자보다 직업 만족도가 더 높다.

③ 작업의 명료성

작업의 명료성, 즉 노동자가 해야 할 일이 명확할 때 직업 만족도가 더 높다. 노동자 자신이 해야 할 일이 무엇인지 분명히 알고 있거나 자신이 해야 할 일에 대해 충분히 예측이 가능한 경우가 그렇지 못한 경우보다 만족도가 높다.

④ 고용주의 기대

노동자에게 가해지는 고용주의 상충된 요구, 즉 역할 갈등이 클 때 직업 만족도가 낮다. 역할 갈등이 있을 때, 노동자들은 한 가지 일의 요구에는 부응할 수 있으나 동시에 또 다른 요구에 부응하기에는 무리가 있다. 예를 들어, 광고회사의 사주가 고용원들에게 높은 생산성과 효율성, 그리고 또 다른 요구인 창의성을 기대한다면 사주의 요구는 무리일 수밖에 없고, 따라서 고용원들은 이에 대해 불만족하게 될 것이다.

⑤ 개인의 역할 갈등

개인의 직업적 역할과 직업 이외의 역할 사이에 갈등이 있을 경우 직업 만족도에 영향을 미친다. 대표적인 예가 맞벌이하는 여성이 직면하게 되는 일과 가정 간의 역할 갈등이다. 즉, 어머니로서, 아내로서, 가정주부로서의 역할과 직업인으로서의 역할을 동시에 해 나가야 할 경우 역할들 사이에 일어나는 갈등과 과중한 역할 수행으로 인한 에너지 소모는 직업 만족도를 낮추게 될 것이다.

⑥ 일의 내용

자신이 하는 일 그 자체의 내용은 직업 만족도에 영향을 미치게 된다. 도전해 볼 가치가 있고 흥미로우며 성취 가능한 것으로 생각되는 일이라면 단조롭고 지루하고 반복되는 일보다는 훨씬 큰 만족을 주게 된다. 그런데 여기서 일의 내용이란 실질적인 일의 내용이라기보다는 그 일에 대한 노동자의 생각이나 인식에 따라 달라지는 것으로 보아야 한다. 즉, 같은 내용의 일이라도 그 일을 받아들이고 인식하는 관점에 따라서 어떤 사람에게는 흥미로운 일이 될 수도 있고 다른 사람에게는 지루한 일이 될 수도 있다는 것이다.

이상과 같이 직업에 대한 만족도는 여러 가지 상황적 · 개인적 요인에 의해 결정되는 것이기는 하지만 좀 더 자신의 직업에 만족하기 위해서는 어떤 일들을 할 수 있을까? 여기에 몇 가지 방법이 있다.

① 현명하게 자신의 직업을 선택해야 한다

적절한 능력을 갖추지 않고서는 직장에서 만족을 얻을 수 없다. 따라서 자신에게 알맞은, 즉 자신의 능력에 맞는 직업을 현명하게 선택해야 한다. 자신의 능력에 맞지 않는 직장은 피하는 것이 좋다.

② 자신의 요구에 맞도록 직업을 재구성할 수 있다

만족감을 높이기 위해 직업을 재구성하는 방법도 있다. 예를 들면, 수행해야 할 작업의 양을 늘리거나 시간을 늘리는 것은 작업 만족도를 증가시키는 데 효율적임을 보여 주는 연구 결과들이 있다. 또한 노동자가 자율성과 책임감을 가지고 작업을 할 수 있도록 작업환경을 재구성하는 것도 만족도를 높일 수 있다.

③ 자기 자신을 작업에 맞추기 위해 변화시켜야 한다
완전한 직업도 없고 전혀 만족할 수 없는 직업도 없다. 만약 자신의 직업에 대하여 대체로는 긍정적이면서 싫어하는 어떤 특정한 부분이 있는데 그것을 변화시키기가 어렵다면, 그런 부정적인 측면에 대한 자신의 지각을 바꾸는 것이 합리적일 수도 있다. 상황의 변화가 불가능하다면 그 상황에 맞추어 자신을 변화시킬 수밖에 없는 것처럼 직업에서도 마찬가지이다. 때로는 자기 직업의 부정적인 측면을 무조건 불평하기보다는 수용할 필요도 있다.

2) 직업 스트레스

현대인들은 많은 스트레스를 경험하면서 생활하는데 직업에서도 예외는 아니다. 직업을 통해 사람들은 많은 긍정적인 보상을 받게 되지만, 한편으로는 많은 스트레스를 받는다. 업무 자체에서 오는 스트레스, 상사 · 부하 · 동료 직원 등 직장 내 인간관계에서 오는 스트레스, 타인과의 경쟁 · 승진 문제와 관련하여 오는 스트레스, 명퇴나 조기 퇴직의 불안에서 오는 스트레스 등 다양한 스트레스를 경험하게 된다.

그런데 이러한 스트레스는 반드시 개인에게 부정적인 역할을 하는 것만은 아니다. 긍정적인 측면에서 보자면 스트레스는 더욱 업무에 열중하게 하며 자기를 발전 · 계발시킬 수 있는 원동력으로 작용할 수 있다. 그렇지만 직업에서 겪게 되는 과도한 스트레스는 직무동기를 저하시켜 결국 업무의 효율성을 낮출 뿐만 아니라, 심한 경우에는 여러 가지 신체적 · 심리적 질병의 주요한 원인으로 작용하는 부정적인 측면이 강한 것이 사실이다. 따라서 이러한 직업 스트레스에 대해 이해하고 이를 잘 관리할 수 있어야 건강한 직업인으로서 기능할 수 있을 것이다.

직업에서 개인이 경험하게 되는 스트레스와 문제는 다양하다. R. M. Steers (1981)는 미시간 대학에서 개발된 모형을 검토하여 조직적인 차원에서 직무의 차이, 역할 모호성, 역할 갈등, 역할 과다, 역할 과소, 타인에 대한 책임, 참여의 결여를 스트레스의 요인으로 구분하였다. 그리고 개인이 느끼는 스트레스의 정도는 사회적 지원에 의해 달라진다고 하였다. 또한 M. T. Matterson 등(1982)에 의하면 직장 등의 조직에서 발생하는 스트레스의 원인은 조직수준, 집단수준, 직무수준 등으로 구분할 수 있다. 먼저 조직수준에서의 스트레스 원인으로는 관리 정책, 조직 구조, 변화, 활동 장소, 리더십 등이 있고, 집단수준에서의 스트레스 원인으로는 집단규범, 집단 응집력의 결여, 부적절한 집단 자원 등이 있으며, 직무수준에서의 스트레스 원인은 역할 갈등, 역할 모호성, 역할 과다, 역할 과소, 사람에 대한 책임, 시간적 압박, 작업 조건, 경력 개발 등이 해당된다.

한편, 직업에서 경험하게 되는 스트레스는 크게 두 가지, 즉 직무 스트레스와 인간관계 스트레스로 구분할 수도 있는데(권석만, 2004) 다음과 같다.

① 직무 스트레스

직무 스트레스는 자신의 직책과 관련된 업무를 수행하는 과정에서 경험하게 되는 다양한 스트레스를 말한다. 예를 들면 과중한 업무 부담, 업무 완수를 위한 시간적 압박, 업무 성과에 대한 책임, 업무 성과에 대한 평가, 보상의 부족과 불공정, 열악한 근무환경 등으로 인해 야기되는 스트레스가 이에 해당된다.

② 인간관계 스트레스

직장인들은 직장 내에서의 인간관계로 인한 스트레스도 많이 경험한다. 즉, 상사와의 관계, 동료와의 관계, 부하와의 관계가 문제가 될 수 있다. 이러한 직장에서의 인간관계 스트레스는 업무보다는 직장 구성원들과의 공적 또는 사적 인간관계 속에서 경험하게 되는 심리적 부담과 갈등을 의미하며(Cooper, 1986), 직장의 구성원으로서 직면한 문제를 해결하는 데 있어 동료 간에 관심이 줄어들거나 신뢰가 부족한 경우와 같이 원만하지 못한 인간관계가 형성될 때 발생하게 된다. 일반적으로 직장에서의 인간관계 스트레스는 직무 스트레스보다 더 고통스럽게 느껴지며, 직장 부적응의 주요한 요인이 된다. 직장인들이 직장에 불만을 느끼고 전직이나 이직을 고려하는 주요한 이유 중의 하나는 직장에서 느끼는 인간관계의 갈등과 스트레스이다. 또한 이러한 인간관계 스트레스는 직무동기를 저하시키고 업무 수행의 효율성을 떨어뜨려 직무 스트레스를 야기하기도 한다.

3. 직장에서의 인간관계

직장에서 상사와 부하 그리고 동료 간에 좋은 관계를 유지하는 것은 그 자체로 사회적 지지가 되며 직장 스트레스를 낮추는 효과가 있다. 반면 직장에서의 원만하지 못한 인간관계 때문에 생기는 스트레스는 직무 스트레스보다 더 고통스럽게 느껴지며, 직장 부적응의 주요한 요인이 된다. 또한 이러한 인간관계 스트레스는 직무동기를 저하시켜 일에 몰두하는 것을 방해하고 수행의 효율성을 떨어뜨려 결국 직무 스트레스를 야기하기도 한다. 따라서 직장 내에서 원만한 인간관계를 맺는 것은 직업 적응과 성공적인 직장 생활을 위한 가장 중요한 요소 중의 하나라고 할 수 있다. 이러한 직장에서의 인간관계는 크게 상사 · 부하와의 인간관계, 동료와의 인간관계 두 가지로 나누어 볼 수 있다.

1) 상사 · 부하와의 관계

직장에서는 상사와 부하 간에 갈등이 많이 발생한다. 직장은 업무 수행을 위한 위계적 조직 사회이기 때문에 업무를 지시하는 상사와 이를 수행하는 부하 간에 갈등이 생기게 마련이다. 부하 직원의 입장에서는 상사가 부당하고 무리한 업무를 강요할 때, 업무 지시나 평소 언행에 있어서 부하 직원을 비인격적으로 대할 때, 부하 직원의 능력이나 성과를 무시하고 정당한 평가나 보상을 해 주지 않을 때, 학연이나 인맥 등을 이유로 특정한 부하 직원을 편애하거나 홀대할 때 상사에게 불만을 느끼게 된다. 상사의 입장에서는 부하 직원이 지시한 일을 제대로 수행하지 못할 때, 사사건건 이의를 제기하고 업무 지시를 받아들이지 않을 때, 상사에 대한 예의나 존중하는 태도가 없을 때, 조직의 규율을 지키지 않고 멋대로 행동할 때, 조직에 대한 소속감 없이 개별적으로 행동할 때 부하 직원에게 불만을 느끼게 된다.

그러나 대부분의 상사와 부하의 관계는 상호작용적이다. 상사는 부하 직원의 태도에 따라 그를 대하는 태도가 달라지며, 마찬가지로 부하 직원은 상사의 태도에 따라 그를 대하는 태도가 달라진다. 따라서 상사와 부하 직원이 원만한 관계를 맺기 위해서는 상사는 부하 직원을 존중해 주고 부하 직원은 상사를 존경하는 태도가 필수적이다(권석만, 2004). 또한 상사와 부하에 관한 다음의 내용에 대한 이해가 필요하다.

(1) 상사의 유형 – 의사결정에서 관리자의 행동유형

상사, 즉 지도자가 어떠한 유형과 특성을 가지고 있는가는 부하 직원과 관계를 맺는 데 중요하다. 따라서 의사결정에서 관리자의 행동유형에 대하여 살펴보고자 한다.

문제가 되는 부하 직원의 행동을 해결하기 위한 접근 방법은 관리자의 행동유형에 따라 달라지게 되는데, 관리자의 행동유형은 억제형, 수용형, 문제 해결형의 세 가지로 나눌 수 있다. 이에 대하여 열심히 일하던 부하 직원이 한 번 큰 실수를 저지른 후 상사를 찾아온 경우를 예로 들어 설명하겠다.

① 억제형 관리자

억제형 관리자는 일방적인 태도와 억압적인 자세를 가지고 있다. 이러한 관리자는 "자네에게는 일을 맡길 수 없어. 다시 또 실수를 저지를지 모르니까 말이야."와 같은 식으로 반응한다. 이 경우 부하 직원은 원한이나 적개심을 품게 될지도 모르며, 일에 대한 흥미를 잃고 더욱 실의에 빠지게 된다. 따라서 결국 부하 직원과의 관계에 악영향을 미치게 된다.

② 수용형 관리자

수용형은 부하 직원의 의견과 감정을 포용적으로 받아들이는 유형이다. 이러한 유형의 관리자는 "지난번 실수로 몹시 실망해 있는 것 같군. 이번 일을 같이 해낼 수 있는지 걱정이 되는데, 자네 생각은 어떠한가?"라고 반응할 것이다. 이때 부하 직원은 관리자가 더 이해해 주길 바라면서 자기의 생각이나 문제를 솔직하게 털어놓지 않고 주위의 상황을 경계할 가능성이 있다. 이런 경우에는 관리자가 부하 직원의 행동에 더욱 신경을 쓰게 되므로 문제행동이 더욱 강화될 수 있다.

③ 문제 해결형 관리자

문제 해결형은 부하 직원의 문제를 해결하기 위해 노력하는 유형이다. 이러한 유형의 관리자는 "자네는 지금 사기가 떨어져 있는데 자신감을 회복해야겠어. 우선 일과 후에 우리 부서의 배구 시합에 나와 같이 뛰어 보지 않겠나? 기분전환이 될 테니까. 그리고 이번 일에 관해서는 내일 아침 구체적으로 이야기하지."라고 말할 것이다. 이 경우 부하 직원은 관리자에게 호감을 가지게 되고 관리자 역시 종업원과 원만한 관계를 유지할 수 있다. 따라서 부하 직원과의 관계를 가장 원만히 이끌어 갈 수 있는 유형은 문제 해결형의 상사라고 할 수 있다.

(2) 부하 직원의 유형

직장에서 상사를 모시는 일도 어렵지만 부하 직원을 지도하고 감독하는 일도 쉽지는 않다. 따라서 상사는 부하 직원들의 유형 분류를 이해하고 그에 따라 적절히 대응해야 할 필요가 있다. 상사를 대하는 태도의 우호성에 따라 부하 직원을 추종형, 저항형, 합리형, 분리형으로 구분할 수 있다.

① 추종형

추종형의 부하 직원은 상사의 의견을 존중하고 순종하며 잘 따른다. 이 유형에는 상사를 높이 평가하고 존경심을 표현하며 상사의 의견을 적극적으로 지지함으로써 상사와 각별한 친교관계를 형성하려고 노력하는 적극적 추종형과, 상사의 지시나 결정에 불만 없이 순종하지만 적극적인 추종행동을 나타내지는 않는 소극적 추종형이 있다.

② 저항형

저항형의 부하 직원은 상사의 지휘 방식에 불만을 느끼고 반항적인 행동을 나타낸다. 특히 상사가 권위적이고 지배적으로 행동할 경우, 부하 직원의 저항행동이 강화될 수 있다. 이러한 유형에는 상사의 일방적 지시에 대해 노골적으로 이의를 제기하고 반발하는 적극적 저항형과, 상사가 부당하다고 느껴도 겉으로 반항하지는 않지만 간접적인 방법으로 상사의 지시를 잘 따르지 않는 소극적 저항형이 있다.

③ 합리형

합리형의 부하 직원은 상사에 대해서 일방적으로 추종하거나 저항하기보다는 지시 내용의 적절성을 합리적으로 판단하여 행동한다. 즉, 상사의 합리적 지시는 적극적으로 수용하지만 불합리한 지시에는 이의를 제기하고 수정을 요구하기도 한다. 상사의 의견을 존중하되 자신의 의견을 적절하게 제시하는 자기주장적 행동을 나타낸다.

④ 분리형

분리형의 부하 직원은 상사와 소원한 관계를 맺으며 상사의 지시에 정서적 반응을 보이지 않고 무관심한 태도를 나타낸다. 이러한 유형의 사람들은 직장에 대한 몰입도가 낮은 경우가 흔하다.

(3) 상사가 원하는 부하 직원의 특성

상사와 원만한 관계를 유지하기 위해서는 경영자 혹은 상사가 원하는 부하 직원의 특성에 대하여 이해하고 부하 직원으로서 이러한 요건을 갖추어야 한다. 경영자들이 사원으로서 갖추어야 할 중요한 자질이라고 여기는 것은 의사소통 능력, 성실성, 전문 기술, 외모, 업무 경험과 이력, 학위, 성적, 자격증, 대인관계 능력, 지도력, 동아리나 자원봉사 활동 경험 등인데, 이 중에서 대표적인 특성에 대하여 살펴보겠다.

① 능력과 기술

직무 수행에 필요한 기본적인 지식과 기술을 가지고 있어야 한다. 그런데 학교에서 배운 지식과 현장에서 실제로 적용하는 지식 사이에는 차이가 있을 수 있다. 따라서 취업 경쟁에서 일차적으로 채용될 수 있는 사람은 직무 수행을 위한 기본적인 기술 이상의 것을 갖추기 위해 준비해 온 사람이다. 즉, 학교에서 배운 지식을 실제 업무에 적용시킬 수 있는 능력을 지닌 사람들이다. 또한 상사들은 업무 지시를 잘 수행할 수 있는 능력과 기술을 지닌 부하 직원을 요구한다. 따라서 상사에게 인정받는 부하 직원이 되기 위해서는 일단 직무에 적합한 능력과 기술을 구비하여 상사의 요구에 부응하고 직무를 잘 수행할 수 있어야 한다.

② 주도성

주도성을 지닌 사람은 스스로 일을 하려는 강한 동기를 갖기 때문에 타인의 지속적인 감독이 없이도 기대 이상으로 일을 해낸다. 즉, 솔선수범하여 일을 수행하는 사람이라고 할 수 있다. 상사는 부하 직원이 강한 의욕을 갖고 가능한 한 빨리 스스로 업무를 수행할 수 있도록 솔선수범하기를 요구한다. 이렇게 주도적으로 자신의 일을 만족스럽게 해내는 사람들은 계속해서 성장하며 자기 분야에서 인정받고 성공할 수 있다.

③ 협동심

주도성만을 강조하다 보면 자칫 독선과 독단에 빠지기 쉽다. 어떤 조직이든지 동료들 또는 관련 부서 사람들과 공동으로 일을 추진해야 하는데, 독선이나 독단에 빠지면 효율적인 조직의 업무 수행에 차질을 빚게 된다. 따라서 상사들은 협동심이 있어서 다른 사람들과 잘 화합하여 일을 수행하고 조직 전체의 효율성을 높일 수 있는 부하 직원을 선호한다.

④ 회사에 대한 충성심

어떤 조직이나 회사든지 거기에 속한 사람들이 일원으로서 자부심과 긍지를 갖기를 원한다. 그래서 제복을 입게 한다든가, 배지를 달게 하는 등 기업과 동일시하는 정체 의식을 표현하도록 요구하기도 한다. 또한 회사에 대한 충성심에는 회사의 주요 기밀을 보호하는 자세도 포함된다.

⑤ 적합한 용모

이는 잘생긴 용모를 의미하는 것이 아니라 그 기업의 이미지와 맞는 단정한 용모와 적절한 복장을 의미한다. 상사들은 직원들이 회사의 이미지를 반영한다고 믿기 때문에 직원들이 깔끔하고 단정하게 꾸미고 일을 하기를 원한다. 요즘은 개성화 시대이기 때문에 예전처럼 엄격하게 복장을 규정하지는 않지만, 아직도 대개의 경영자들은 직원들의 복장과 용모에 대해 일반적인 기준이 있어야 한다고 주장하고 있다. 이에 따라 '점잖은 복장, 청결하고 단정한 복장을 하고 요란한 복장은 삼간다.' 와 같은 일반적인 지침을 정해 놓은 곳들도 있다.

⑥ 직장인으로서의 기본적인 태도

직장인에게 요구되는 기본적인 태도가 있다. 예를 들어, 자발적으로 직장의 규칙을 이행하는 태도, 자기의 일에 대해 책임을 지는 태도, 회사의 다른 사람을 수용하며 관심을 기울이는 태도, 근면하고 성실한 태도, 업무 수행을 위해 적절히 융통성 있는 태도 등이다. 상사들은 부하 직원들이 이러한 직장인으로서의 기본적인 태도를 구비하기를 원한다.

(4) 상사에 대한 부하 직원의 기대

부하를 잘 지도하고 관리하여 조직의 목적을 달성할 뿐만 아니라 부하 직원과 원만한 관계를 유지하기 위해서 상사는 자신에 대한 부하들의 기대를 알고 있어야 한다. 부하 직원들은 상사의 행동과 조직에 대해 일반적으로 다음과 같은 기대를 가지고 있다. 따라서 상사는 부하 직원과 원만한 관계를 유지하기 위해서 다음 사항들에 유의하여 부하 직원들의 기대를 만족시켜 줄 필요가 있다.

① 성과에 대한 인정과 승진 가능성

사람은 누구나 다른 사람에게 인정을 받으려는 욕구가 있다. 부하 직원들은 상사가 자신의 성과에 대해 인정해 주길 바란다. 그리고 조직에 대해서는 승진의 가능성을 열어 주기를 기대한다. 간혹 상사들 중에 부하 직원의 공을 가로채는 경우가 있는데, 이렇게 되면 부하 직원의 사기가 떨어질 뿐만 아니라 결국에는 사실이 드러나 오히려 상사 자신에게 불이익이 될 수도 있다. 부하 직원의 성과나 공로를 인정해 주고 칭찬해 주는 상사로서의 자세가 필요하며, 조직체는 승진의 가능성을 공평하게 열어 주어야 업무 능률을 향상시킬 수 있다.

② 인간으로서의 적절한 대우

가끔 아랫사람이라는 이유 하나만으로 부하 직원을 너무 막 대하는 상사들이 있다. 부하 직원이라 할지라도 그들의 인권을 생각하여 최소한의 예의는 지켜 줄 필요가 있다. 인간으로서의 적절한 대우가 기본이 되어야 할 것이다.

③ 적절한 작업 조건

직장인들이 조직에 기대하는 것 중의 하나는 작업 조건의 향상이다. 작업 조건이 열악하면 직원들이 스트레스를 받을 뿐만 아니라 업무 능률도 떨어진다.

④ 사회적 유대

직장에서 상사와의 관계는 일차적으로는 공적인 관계이지만, 부하 직원들은 상사와 개인적으로도 친밀함을 유지할 수 있기를 기대한다. 직장 내에서뿐만 아니라 사회적으로도 유대감을 형성하기를 원하는 것이다.

⑤ 능력 발휘의 기회

Maslow가 주장했듯이 사람은 누구나 자아실현의 욕구가 있다. 따라서 직장인들도 직장 내에서 자신의 능력을 발휘하여 자아를 실현할 수 있기를 기대하고, 조직 내에서 이를 뒷받침해 줄 수 있기를 기대한다.

⑥ 공감적 능력과 배려심

상사가 공감적 능력과 배려심이 많을 경우에는 상호 신뢰도 커지고 따뜻한 관계를 유지할 수 있는 데 반해서, 상사가 부하를 배려하지 않을 경우 부하 직원은 관계뿐만 아니라 업무의 압력도 큰 것으로 받아들인다고 한다. 따라서 상사는 부하 직원에 대하여 공감적 능력과 배려심을 가져 부하 직원의 정서적 지원책이 되어야 한다.

⑦ 분명한 명령과 지시

때로 애매모호한 업무 지시나 명령으로 인해 부하들의 스트레스를 유발하는 상사가 있다. 따라서 부하 직원에게 업무를 지시하거나 명령을 할 때에는 분명하게 전달하여 부하가 이를 잘 수행할 수 있도록 해야 한다.

⑧ 능력

부하 직원들은 능력 있는 상사를 원한다. 즉, 직무에 밝고 능숙해서 업무의 효율성을 높일 뿐만 아니라 부하들이 보고 배울 수 있는 귀감이 될 만한 상사가 되어야 한다.

2) 동료와의 관계

동료 직원은 흔히 연령이나 직위가 비슷하기 때문에 서로 친밀하게 지낼 수 있는 한편, 이로 인해 갈등관계에 놓이기도 쉽다. 동료 사이의 갈등은 크게 두 가지 측면에서 살펴볼 수 있는데, 하나는 경쟁적 상황에서의 갈등과 성격적인 문제로 인한 갈등이다.

① 경쟁적 상황에서의 갈등

동료 직원은 흔히 상사의 업무 지시를 공동으로 수행하는 경우가 많기 때문에 업무를 배분하고 수행하는 과정에서 갈등이 생길 수 있다. 또한 서로가 업무 수행 능력을 평가하는 상대적인 비교의 대상이 되기 때문에 경쟁 상황에 놓이게 되고, 그러다 보니 자연히 갈등이 생기게 되는 것이다. 특히 동료에 대한 경쟁 의식이 강해서 상사에게 자신의 업무 능력이나 성취를 과장되게 표현하거나 과잉 충성을 하는 직원은 상사의 애정을 독점할 수는 있으나 동료들로부터는 빈축을 사거나 따돌림을 받을 수 있다.

② 성격적인 문제로 인한 갈등

동료 직원 중 자신과 성격적 측면에서 맞지 않는 사람이 있다면 그로 인한 갈등과 스트레스가 생기게 된다. 이러한 갈등은 업무 수행뿐만 아니라 직장 생활의 모든 면에 사사건건 영향을 미칠 수 있으므로 큰 고충이 아닐 수 없다. 따라서 이러한 갈등과 스트레스를 잘 조절해야 동료들과 원만한 인간관계를 유지할 수 있다.

한편 직장에서의 동료관계는 사람에 따라 다양하게 나타날 수 있다. 예를 들어, 직장 중심적인 인간관계를 나타내는 사람은 동료들과의 관계를 중시하고 동료들에게 애정을 쏟으며 근무 시간 외에도 취미 활동이나 여가 활동을 함께 하는 반면, 직장 탈피적인 인간관계를 나타내는 사람은 동료들과의 관계가 피상적이며 퇴근 후에는 다른 인간관계에 시간과 애정을 쏟는다. 이러한 사람들은 직장에서 문제가 발생했을 때, 직장 내에서 함께 의논하거나 자문을 구하거나 도와줄 수 있는 지지자를 얻지 못하여 위기와 곤경에 처하게 될 가능성이 많다.

4. 직장에서의 성공적인 인간관계

지금까지 일과 직업에 관한 일반적인 사항과 직업에서 경험할 수 있는 스트레스, 직장에서의 인간관계 유형에 대하여 살펴보았다. 직장에서의 성공적인 인간관계를 위해서는 지금까지 살펴보았듯이 상사는 부하 직원이 원하는 상사로서의 자질을, 부하 직원은 상사가 기대하는 부하 직원으로서의 자질을 구비할 필요가 있다. 마지막으로 직장에서의 성공적인 인간관계를 위하여 상사나 부하 모두가 공통적으로 지녀야 할 자세에 대하여 몇 가지 덧붙이고자 한다.

① 공동체 의식을 가져야 한다

직장이란 하나의 조직이고 조직에서 기본적으로 구성원들에게 요구하는 것은 공동체 의식의 함양이다. 우리는 하나라는 공동체 의식을 가지고 서로 상부상조하는 자세를 가져야 한다.

② 서로의 인격을 존중해 주어야 한다

인간은 누구나 하나의 인격체이다. 따라서 상하 지위관계를 막론하고 누구든지 인격체로서 서로 존중받기를 원한다. 이를 위해서는 상대방의 존재 가치를 받아들이고 개성을 인정하면서 자유로운 의사표현이 이루어질 수 있어야 한다.

③ 서로 신뢰해야 한다

모든 인간관계의 바탕은 상호 간의 신뢰이다. 직장에서의 건강한 인간관계의 출발도 상호 신뢰감에서 출발한다고 할 수 있다.

④ 건설적인 비판을 수용할 수 있어야 한다

한 개인의 성장을 위해서는 긍정적인 피드백뿐만 아니라 부정적인 피드백도 잘 받아들이고 수용할 수 있어야 한다. 직장 내에서도 서로 건설적인 비판을 주고받아 서로 간의 발전과 성장을 꾀해야 한다. 이는 기업이나 조직에 있어서도 마찬가지이다. 기업이나 조직체의 입장에서도 조직 구성원들의 건설적인 비판을 받아들여 더욱 성장할 수 있는 밑거름으로 활용할 수 있는 포용력을 지녀야 한다.

⑤ 각자 업무를 충실히 담당해야 한다

조직체나 기업의 일차적 목적은 이윤 추구이며, 따라서 직장인으로서 가져야 할 기본적인 태도는 자신의 업무를 충실히 하는 것이다. 구성원 모두가 자신의 맡은 바 임무에 대해 책임감을 가지고 성실히 수행하면 직장 내에서의 인간관계에도 자연히 긍정적인 영향을 주게 될 것이다.

원만한 인간관계를 위한 프로그램 15

주제

자기소개서와 바람직한 직장인의 특성에 대한 이해와 적용

목적

① 취업을 위한 자기소개서를 써 봄으로써 자신에 대해 점검해 보는 시간을 갖는다.

② 바람직한 직장인의 특성에 대해 인식하고 이를 갖출 수 있도록 한다.

강의

① 요즈음은 대부분의 직장에서 입사 지원을 받을 때 자기소개서를 필수적으로 요구한다. 따라서 자기소개서를 통해 자신의 첫인상을 어떻게 심어 주느냐가 취업에 중요한 역할을 하게 된다. 자신을 가장 잘 표현하고 보여 줄 수 있도록 자기소개서를 작성해야 한다.

② 직장인으로서 같이 일하고 싶은 사람과 일하고 싶지 않은 사람의 특성이 있다. 이러한 특성에 대해 생각해 보고 나는 어떠한 특성을 더 많이 가졌는지, 이를 바탕으로 직장에서의 원만한 인간관계를 위하여 앞으로 좀 더 보완해야 할 특성은 무엇인지에 대해 생각해 볼 필요가 있다.

프로그램 내용

<STEP 1>

입사 지원서를 내려고 할 때를 가정하여 자기소개서를 써 본다. 자신을 가장 잘 표현할 수 있도록 자기소개서를 작성하고 서로 자기소개서를 발표해 본다.

<STEP 2>

다음의 질문에 대하여 생각해 본 다음 답을 하고, 이를 다른 집단원들과 함께 발표하며 의견을 나눈다. 각각의 질문에 대하여 다섯 가지 이상씩 답해 본다.

① 동료 직원으로서 함께 일하고 싶은 사람의 특성은 무엇인가?

② 동료 직원으로서 함께 일하고 싶지 않은 사람의 특성은 무엇인가?

③ 최선을 다해 일해 주고 싶은 상사나 경영자의 특성은 무엇인가?

④ 직장에서의 원만한 인간관계를 위하여 앞으로 내가 좀 더 보완해야 할 특성은 무엇인가?

<STEP 3>

토의 및 평가

이 프로그램을 통해 새롭게 알게 된 것이나 느낀 점은 무엇인지 정리해 본다.

16

리더십과 인간관계

21세기는 리더십이 있는 사람을 요구한다. 다양한 경험을 토대로 형성된 철학과 윤리의식은 한 개인의 삶의 양식을 형성하게 된다. 리더는 개인의 삶의 양식을 넘어서 집단의 삶의 양식을 구축하는 데 직접적이거나 간접적으로 영향을 미친다. 따라서 리더의 자질과 역량을 향상시키는 과정적 체험은 매우 중요하다고 할 수 있다. 이 장에서는 리더의 자질과 유형 및 리더십 이론을 살펴보고 직업윤리에 대해서 탐색해 보고자 한다.

1. 리더와 리더십

1) 리더의 정의

'리드(lead)하다' 는 '남들 앞에 나서서 이끌다 죽는다'라는 뜻을 내포하며, 리더(leader, 지도자)는 다른 사람들을 앞에서 이끄는 역할을 하는 사람을 의미한다. 그래서 리더는 책임을 가지고 창조력이 있어야 한다. 이 리더라는 단어 자체는 이미 하나의 개체를 포함한 또 다른 개체와의 관계를 뜻하는 큰 말이다. 리더라는 단어가 가진 의미는 또한 관계와 관계의 폭을 넓힌다는 뜻에서 집단이라는 단어와 연결될 수 있다. 집단이란 개인이 가진 정신을 넘어서서 집단이 가진 정신을 이끌어 낼 수 있으며, 이러한 집단 정신은 사회 의식을 표명하는 집단행동을 설명할 수 있는 기초가 될 수 있다. 리더는 그 집단이 어떠한 정신을 가지고 궁극적으로 도달하려고 하는 목적지에 집단원을 바람직하게 이끌어 갈 수 있을지를 고민하고 책임 있는 행동을 수행해야 한다. 따라서 리더는 지도자, 지휘자, 주장, 수령 등으로도 불린다.

『옥스포드 영어사전』에 의하면 '리더'란 말은 1300년에 나타났지만, '러더십(leadership)'은 18세기 중엽이 지나서야 영국 의회의 영향력과 통제력에 대한 글에서 나타났으며 대부분의 비영어권에서는 아주 최근에야 나타났다(Bass, 1900).

2) 리더십의 정의

리더십은 리더의 등장과 함께 인간의 관심을 끌어 왔으며, 리더십에 대한 관심은 한 집단에서 어떤 사람이 리더로 부각되고 어떤 사람을 리더로 선출할 것인가에서 출발하였다. 리더십에 대한 정의는 다양하지만 학자들의 정의에서 공통점을 찾아 정의를 내리면 다음과 같다(Hollender, 1981).

첫째, 리더십은 집단목표의 달성을 위해서 자발적으로 노력하도록 개인들에게 영향력을 행사하는 활동이다. 이러한 영향력의 발휘 정도는 소속 집단에 의해서 어느 정도 인정되느냐에 달려 있다.

둘째, 리더십은 구체적인 목표를 달성하기 위해서 의사전달 과정을 통해 개인에게 영향력을 행사하는 과정이다.

셋째, 리더십은 집단목표를 달성하기 위하여 집단 구성원의 활동을 지도하고 조정하는 데 비강제적인 영향력을 행사하는 것이다.

이와 같은 정의를 종합하면, 리더십은 집단목표를 효율적으로 달성하기 위하여 리더가 개인 또는 집단의 활동에 의도적으로 영향력을 행사하는 과정이라고 할 수 있다.

3) 리더십의 필요성

어떤 조직이든지 매우 고도로 구조화되어 있다고 할 수 있으며, 상대적으로 권한관계가 명확하게 수립되어 있게 마련이다. 그리고 조직의 목표 또한 명확하게 제시되어 있으며 조직 구성원들은 그 목표 달성을 위한 수행 능력을 갖추고 있다. 리더십이 필요한 이유는 무엇인가에 대해서 간단하게 살펴보면 다음과 같다(Katz & Kahn, 1978).

첫째, 조직 설계의 불완전성 때문이다. 모든 조직 구성원들의 활동을 고려할 수 있는 완벽한 조직을 설계하는 것은 불가능하기 때문에 조직 구성원들의 바람직한 행위를 형성하고 이를 과업 지향적으로 통합할 수 있는 기능이 필요하다.

둘째, 환경의 변화 때문이다. 리더십은 조직이 변화하는 환경 조건에 신속히 적응하게 함으로써 급변하는 환경 속에서 조직의 안정성을 유지하는 데 도움을 준다.

셋째, 조직의 내부 역학 때문이다. 리더십은 갈등하는 조직 단위들 사이에서 완충작용을 할 수 있다. 특히 리더십은 조직이 성장하거나 변화하는 시기에 다양한 조직 단위를 내부적으로 통합하는 데 도움을 준다.

넷째, 조직 구성원들의 특성 때문이다. 조직은 다양한 목표를 추구하며 조직 구성원들은 조직 내에서 다양한 욕구의 충족을 기대한다. 리더십은 개인들이 욕구를 충족하고 목표를 획득하는 것을 촉진시킴으로써 노동력의 안정성을 유지하는 데 중요한 역할을 한다.

리더십은 조직 활동에서 중요한 역할을 하며, 전통적인 조직 설계에서 결핍되는 부분을 채워 줄 뿐 아니라 조직이 환경에 적응하는 데 융통성을 증가시킨다. 또한 조직 내의 다양한 집단들을 통합하고 구성원들의 개인적인 욕구 충족을 촉진시킨다(황규대 등, 2001).

4) 리더십의 유형

(1) 독재적 리더

독재적 리더는 생산이나 효율의 극대화를 위해 완전히 통제하는 것을 목표로 삼고 있으며, 부하 직원들이 반드시 따라야 할 목표를 제시할 필요가 있다고 생각한다. 따라서 경영자들이 제시하는 목표는 곧 조직의 목표가 되며 부하 직원들은 이를 반드시 달성해야 한다. 이러한 형태의 관리에서는 직원들이 자아실현 욕구를 충족시킬 수 있는 여지라고는 거의 없다고 할 수 있다. 독재적 리더십 행동은 전통적인 관료적 조직에 의한 인간에 대한 비판적인 가정에 근거하고 있다.

이를 McGregor는 X이론이라 하고 다음과 같이 설명하고 있다.

- 대부분의 사람들은 본성적으로 게으르며 일을 싫어할 뿐만 아니라 가능하면 일을 회피하려고 한다.
- 사람들은 야망이 없으며 책임을 회피하고 다른 사람으로부터 지시받기를 좋아한다.
- 사람들은 천성적으로 자기중심적이며 조직의 목표에는 무관심하다.
- 사람들은 변화를 싫어하고 무엇보다도 안정을 원한다.
- 따라서 조직의 목표 성취를 위한 적절한 노력을 유도하기 위해서는 처벌로 근로자들을 강압하고 통제하고 지시하고 위협해야 한다. 즉, 근로자들에게 어떤 일을 시키려면 당근과 채찍이 필요하다.

(2) 민주적 리더

민주적 리더십의 특징은 참여적인 의사결정 및 목표 설정에 있다. 즉, 부하 직원은 아이디어와 제안을 리더에게 제시할 수 있다. 이와 같은 상황에서는 리더와 부하 직원 간의 협동과 상호 의사소통이 반드시 필요하며, 리더는 부하 직원의 개인적인 욕구를 인정하고 지원해 주어야 한다. 이렇게 민주적 리더십하에 직원들에게 작업에 대해서 더 많은 자율성과 자기통제력이 주어질 때 생산성이 더욱 증대하게 된다.

McGregor는 이 같은 민주적 리더십에 관한 가정을 Y이론이라 하고 다음과 같이 설명하고 있다.

- 인간은 본성적으로 조직의 요구에 수동적이거나 저항적이지 않다. 이와

같은 행동은 조직적 경험의 산물이다.

- 일에 투자되는 육체적 · 정신적 노력은 놀이, 휴식과 같이 자연스러운 것이다.
- 외적인 통제나 처벌의 위협은 조직목표의 달성을 유도하기 위한 유일한 수단이 되지 못한다. 목표 달성에 매진하는 사람들에게는 자기지시와 자기통제의 방법을 허용할 수 있다.
- 목표에 대한 매진은 일의 성취에서 오는 보상과 관련된다.
- 인간은 동기 부여, 발전 잠재력 및 조직목표 달성을 위해 책임을 수행해 나갈 능력을 가지고 있다. 따라서 이와 같은 능력을 스스로 인식하고 발전시켜 나갈 수 있도록 해 주는 것이 경영자의 책임이다.

(3) 자유방임적 리더

자유방임적인 리더십을 가진 경영자는 자문기관으로서의 역할을 하며, 부하 직원들에게 자신들의 목표를 세우게 하고, 이러한 목표를 달성하는 데 적합한 정책을 수립하도록 허용한다. 즉, 의사결정의 책임을 거의 아무런 방향 제시도 없이 부하 직원들에게 돌려 버린다. 이러한 리더십 유형은 스스로의 활동력을 얻기 위해 구성원의 멤버십에 의존해야 하기 때문에 공식 조직에는 도움이 되지 않는다. 또한 공통의 목표 대신에 자신들의 목표만을 추구하고 있는 서로 독립된 집단들도 통합시키지 못한다. 결과적으로 확고한 권한을 가지지 못한 리더는 부하 직원들이 조언을 구하지 않는 한 내부적 갈등이 생겨도 이를 해결하지 못하게 된다. 또한 이러한 상황에서는 문제 해결의 속도가 매우 느리고 부하 직원들은 업무를 회피하거나 업무에 흥미를 갖지 않게 되며, 따라서 혼란을 초래할 우려도 있다.

이상과 같은 경영자의 리더십 유형은 사람들의 생활 방식이나 문화와 관련해서도 설명할 수 있다. 즉, 위기 상황에서는 독재적인 유형이 행해지고 안정적 상황에서는 자유방임적 유형이 행해지게 된다. 그리고 부하의 과업 성과도 리더십 유형에 영향을 미친다. Lowin과 Craig의 연구에 의하면, 유능하고 생산적인 부하를 가진 리더는 무능한 부하를 가진 리더보다 훨씬 사려 깊고 감독도 덜 엄격하며 지시도 덜하다. 따라서 상사의 리더십 유형이 부하 직원 간의 관계에 상호작용적으로 영향을 미친다는 것을 알 수 있다.

2. 리더의 인간적인 자질

리더의 자질은 선천적으로 가지고 태어나는가 아니면 후천적인 노력의 결과인가? 결론적으로는 두 가지 측면의 조건이 어우러져야 할 것이라고 본다. 여기에서는 Stogdill(1974)과 신응섭 등(2000)의 성공적인 리더의 성격 특성을 토대로 이준형(2004)이 정리한 내용을 참고하고자 한다.

① 용기와 결단

용기와 결단은 리더의 자질 중 가장 중요한 것이다. 왜냐하면 리더의 용기와 결단력이 얼마나 뛰어난지 아닌지에 따라서 조직의 운명이 달라지기 때문이다. 따라서 리더는 중요한 순간마다 매력적이고 감동적인 결단을 많이 내린다. 즉, 용기와 결단은 지혜, 능력, 판단력, 추진력 등 다른 모든 자질이 빛을 발하게 한다.

② 도전적 성격-변화와 개혁 추구

조직과 구성원의 공동 이익을 우선하고 긍정적으로 변화하며, 그 정도에 따라 개혁이나 혁신이 되어야 한다. 21세기에는 지난 수 세기 동안에 일어난 변화보다 더 큰 변화가 일순간에 일어나기 때문에 변화에 민감하지 못한 리더는 도태될 뿐만 아니라, 변화에 대한 대처 방안이 올바르지 못하면 실패한다.

③ 상황 인식 능력과 위기 관리 능력

상황 인식이란 상황 규정, 상황 분석, 현실 인식 등으로 표현하기도 하는데, 어떤 사건이나 문제가 발생하여 해결하려 할 때 우선 지향 가치(목적, 목표, 비전, 결과 등)를 제시하거나 또는 설정하거나 예측하고 달성하기 위한 실천 방안(방법, 수단, 정책 등)을 강구한다. 그리고 위기 시에는 상황 인식 능력이 전부이다. 위기에는 비전 제시 능력과 실천 방안 강구 능력보다 상황 인식 능력이 절대적으로 우선한다. 위기를 극복하지 못하면 미래의 비전과 꿈을 가질 수도 꽃피울 수도 없기 때문이다. 따라서 리더에게는 상황 인식 능력과 위기 관리 능력이 요구된다.

④ 열정과 근면

성공하는 리더는 보통 사람들과 다르게 쉼없이 고민하고 노력하고 공부한다. 열정은 근면성과 관련이 있는 것으로 열정이 없으면 부지런하지 못하다. 열정이 있으면 행동의 민첩함과 느림에 상관없이 부지런하다고 보아야 할 것이다.

⑤ 신뢰성

신뢰성은 인간에 대한 믿음으로 언행의 일치이며 정직, 진실성, 성실, 진솔함 등과 밀접한 관련이 있는 것으로 리더의 중요한 자산이다. 신뢰는 리더십의 기초이며 이는 유능함, 관계성, 인격이라고 할 수 있다. 그리고 신뢰는 정직에서 오고 정직은 도덕성에서 온다.

⑥ 적극성과 솔선수범

자기효능감과 내부 통제에 대한 강한 신념을 가지고 있고, 행동상으로는 일의 발생을 수동적으로 기다리기보다는 능동적으로 주도하며, 장애 극복을 위한 방안을 단계적으로 조치하고 다양한 원천으로부터 정보를 수집하며, 성패에 대한 책임을 기꺼이 수용하는 자세가 적극성이다. 달리 말하면 적극성이란 어떤 일에 임하는 적극적인 정신 자세를 말하며 솔선수범하는 행동이라고 할 수 있다.

⑦ 겸손

겸손은 리더로 하여금 독단에 치우치지 않고 권력을 남용하지 않게 해 준다. 겸손은 자신을 낮추는 것으로 끊임없는 자기반성이 동반되는 것이다. 리더는 추진력을 발휘할 때도 겸손과 반성을 전제하지 않으면 안 된다. 겸손과 끊임없는 자기반성이 없는 추진력은 무모한 돌진을 부를 뿐이다.

⑧ 직관력

직관력이 있는 리더는 상황을 잘 알고 올바른 것을 요구하며 조절하는 능력이 있다. 직관력이 뛰어난 훌륭한 리더는 다른 사람들이 보지 못하는 것을 보고 변화를 일으키며, 다른 사람들이 알기 전에 미리 알고 앞서 나간다. 직관력이

인기 있는 대통령의 비결

시어도어 루스벨트는 인기 있는 대통령이었다. 심지어 하인들까지도 그를 사랑했다. 그의 흑인 하인 제임스 에모스는『시종의 영웅, 시어도어 루스벨트』라는 책에서 다음과 같은 감동적인 일화를 소개하고 있다.

어느 날, 나의 아내가 대통령에게 메추리는 어떤 새냐고 물었다. 아내는 메추리를 한 번도 본 적이 없었다. 대통령은 나의 아내에게 메추리는 이러이러한 새라고 자세하게 가르쳐 주었다. 그로부터 얼마 후 우리 집에 전화가 걸려 왔다(에모스 부부는 루스벨트 저택 안의 작은 집에서 살고 있었다). 아내가 전화를 받아 보니 대통령이었다. 대통령은 지금 마침 그쪽 창밖에 메추리가 한 마리 날아와 있으니 창문으로 내다보면 그 새를 볼 수 있을 것이라고 아내에게 자상하게 일러 주었다. 이 작은 에피소드가 대통령의 인품을 잘 나타내고 있다. 대통령은 우리 집 옆을 지나갈 때 우리의 모습이 보이거나 안 보이거나 "여, 애니! 여, 제임스!" 하고 정다운 말을 던졌다.

또한 루스벨트는 그의 사무실로 걸어가는 도중에 만나는 모든 사람들에게 항상 변함없이 친절하고 정이 넘치는 말로 한 사람 한 사람의 이름을 불러 가며 이야기를 건넸다고 한다. 따라서 하인들까지도 모두 그를 사랑할 수밖에 없었던 것이다. 아랫사람에게 보여 주는 이런 성실하고 진실한 관심이야말로 루스벨트를 인기 있는 대통령으로 만든 비결이 아니었을까. 따라서 인기 있는 리더가 되기 위해서는 부하들 하나하나에게 마음에서 우러나오는 진정한 관심을 가져 주고 표현해 줄 수 있어야 할 것이다.

있는 사람은 상황, 사람, 자기 자신을 읽을 수 있다. 즉, 자신의 능력, 기술, 약점, 현재의 심적 상태 등을 알려고 항상 노력한다.

⑨ 책임감

리더의 책임에는 한계가 있다. 항상 모든 것을 리더가 책임지는 것이 반드시 바람직하지는 않다. 왜냐하면 리더는 자신의 책임의 한계를 인정해야 함께하는 사람들의 책임을 정할 수도 있고, 그들이 책임을 수행할 수 있도록 책임감을 가지게도 할 수 있기 때문이다.

⑩ 리더의 흥미와 취미

흥미란 사람이 어떤 활동에 참여하고 싶어 하는 관심을 말하며, 취미는 사람이 자신의 본업 외에 흥미를 가지고 직접 즐기는 어떤 활동을 일컫는다. 흥미는 직업의 선택뿐만 아니라 그 직업에서의 성공 여부를 예측하는 데 중요한 요인이 되는 것이다. 따라서 리더로서의 역할과 활동을 좋아하는 사람은 리더가 되는 길을 선택하게 되고, 또한 거기서 성공하게 될 것이라고 가정할 수도 있다.

3. 리더십 이론

리더십 이론에 관한 연구는 연구자의 관점과 연구 방법에 따라 매우 다르게 나타나지만, 대다수의 리더십 이론은 [그림 16-1]과 같이 네 가지 유형에 속한다 (Jago, 1982).

그림에서 세로축은 리더십 유효성에 영향을 미치는 것이 리더의 특성인가 아니면 리더의 행동인가에 따른 구분으로, 특성 이론과 행동 이론으로 나뉜다. 가로축은 리더십 유효성이 어느 상황에나 적용될 수 있는 보편성을 지니고 있는가 아니면 상황에 따라 변화하는가에 따른 것으로, 보편적 이론과 상황 적합적 이론으로 구분된다.

특성 이론은 육체적, 기술적, 성격적 혹은 사회적으로 어떤 특성을 가진 리더

<table>
<tr><td rowspan="4">중심 개념</td><td rowspan="3">특성</td><td colspan="2">이론적 접근</td></tr>
<tr><td>보편적</td><td>상황적</td></tr>
<tr><td>타입 I
보편적
리더 특성</td><td>타입 II
상황 적합적
리더 특성</td></tr>
<tr><td>행동</td><td>타입 III
보편적
리더 행동</td><td>타입 IV
상황 적합적
리더 행동</td></tr>
</table>

그림 16-1 리더십 이론의 유형

* A. G. Jago(1982), Leadership perspectives in theory and research, *Management Science*, p. 316.

가 보다 성공적인 리더가 될 수 있다고 가정하면서 이러한 특성들을 찾아내려는 데 초점을 두는 접근 방법이다. 행동 이론은 리더의 유효성을 결정하는 요인으로 리더가 무엇을 하며, 어떻게 행동하느냐에 연구의 초점을 맞추는 접근법이다. 보편적 이론은 리더십이 처한 상황에 관계없이 어떤 상황에서도 가장 효과적인 리더십 유형이 한 가지 있다고 주장하며, 상황 적합적 이론은 가장 효과적인 리더의 특성 및 행동은 상황에 따라 달라진다고 주장한다.

리더십 이론에 대해서 좀 더 구체적으로 살펴보면 다음과 같다(황규대 등, 2001).

1) 보편적 리더십 특성 이론

리더십에 대한 이론과 연구들은 대부분 성공적인 리더의 특성을 찾는 데 주력해 왔는데, 효과적인 리더가 갖고 있는 특성을 찾아낼 수 있다는 기대 때문이다. 이러한 특성을 찾아낸다는 것은 아주 큰 의미가 있다. 특성 중심의 접근법에서는 리더에게 필요한 특성을 가진 사람은 어떠한 상황에서나 효과적이라고 가정한다.

리더의 특성에는 신체적 특성, 사회적 배경, 지능, 개인 특성, 과업 관련 특성, 사회적 특성 등 광범위한 특성이 포함된다. 이러한 특성은 리더십의 유효성과 통계적으로 유의한 관계가 있는 것으로 나타나기는 하지만 실제적인 유용성은 매우 제한되어 있다. 이 한계는 특성들과 리더십 유효성 사이의 관계 정도가 매우 낮고 실무적으로 사용하기에는 너무 많은 예외가 있기 때문이다. 더욱 문제가 되는 것은 적절한 리더십 특성이 상황에 따라 다를 수 있다는 것이다. 이러한 이유로 인해 대부분의 리더십 연구자들은 리더의 특성을 사용하여 어떠한 상황에서나 효과적인 리더를 식별하기란 불가능하다고 여기고 있다.

2) 상황 적합적 리더십 특성 이론

Fiedler(1967)에 의하면 리더의 유효성은 리더가 가지고 있는 주요 특성과 상황의 적합도 정도에 달려 있다. 이 이론은 관계 지향적(relationship oriented) 리더, 과업 지향적(task oriented) 리더로 분류하였다. 관계 지향적 리더는 동료를 존경할 정도는 아닐지라도 어느 정도 받아들일 만한 특성을 가지고 있을 수 있는 사람으로 바라본다. 이런 리더는 과업 수행의 요건으로 먼저 밀접한 대인관계가 필요하다고 생각한다. 그리고 과업 지향적 리더는 함께 일할 수 없는 동료들에 대해서 부정적인 정서적 반응을 강하게 보이며, 어쩔 수 없이 선택해야 하는 경우라면 과업에 대한 것을 먼저 선택하고 인간관계는 나중에 걱정하는 유형이다.

[표 16-1]은 Fiedler가 개발한 LPC(Least Preferred Co-worker)의 설문 내용이다(Fiedler, 1974).

Fiedler는 상황의 호의성을 중요한 상황 요인으로 파악하였는데, 상황의 호의성이란 리더가 통제력과 영향력을 가지고 있는 정도와 그에 따라 리더가 그룹의 상호작용 결과에 영향을 미칠 수 있다고 느끼는 정도를 말한다. 상황의 호의성은 리더-구성원 관계, 과업 구조, 지위 권력 등에 의해서 결정되며, 상황이 리더에 대해 호의적인 것은 리더-구성원 관계에서 그룹 구성원들이 리더를 신뢰하고 좋아하며 리더의 지시에 기꺼이 따를 때, 과업 구조에서 부

• [표 16-1] LPC 설문 내용

쾌활한 사람	8 7 6 5 4 3 2 1	쾌활하지 않은 사람
다정한 사람	8 7 6 5 4 3 2 1	다정하지 않은 사람
잘 거부하는 사람	1 2 3 4 5 6 7 8	잘 수용하는 사람
도움이 되는 사람	8 7 6 5 4 3 2 1	좌절을 주는 사람
열정적이지 않은 사람	1 2 3 4 5 6 7 8	열정적인 사람
잘 긴장하는 사람	1 2 3 4 5 6 7 8	편한 느낌을 주는 사람
거리감을 느끼게 하는 사람	1 2 3 4 5 6 7 8	가까운 느낌을 주는 사람
차가운 사람	1 2 3 4 5 6 7 8	따뜻한 사람
협조적인 사람	8 7 6 5 4 3 2 1	비협조적인 사람
지원하는 사람	8 7 6 5 4 3 2 1	적대적인 사람
지루한 사람	1 2 3 4 5 6 7 8	흥미로운 사람
타인과 잘 싸우는 사람	1 2 3 4 5 6 7 8	타인과 조화를 이루는 사람
자기확신에 찬 사람	8 7 6 5 4 3 2 1	주저하는 사람
효율적인 사람	8 7 6 5 4 3 2 1	비효율적인 사람
우울한 사람	1 2 3 4 5 6 7 8	즐거워하는 사람
개방적인 사람	8 7 6 5 4 3 2 1	남을 경계하는 사람

* LPC 점수는 16개 문항의 응답을 합한 점수이며, 높은 점수는 관계 지향적 리더를, 낮은 점수는 과업 지향적 리더를 가리킨다.

하가 무엇을 어떻게 하는가에 대한 것이 명확할 때, 그리고 리더의 지위 권력이 높을 때 등이다. 한편, Fiedler에 의하면 과업 지향적인 리더는 관계 지향적인 리더에 비해 매우 호의적이거나 비호의적인 상황에서 더욱 효과적이다. 반면에 관계 지향적인 리더는 호의성이 중간 정도일 때 더욱 효과적이다.

Fiedler 모형이 주는 시사점은 다음과 같다.

첫째, Fiedler에 의해 개발된 도구, 즉 LPC 척도를 사용함으로써 상황에 따라 적절한 리더십이 차별적으로 발휘될 필요가 있다.

둘째, LPC 점수를 이용하여 장차 리더가 될 사람을 평가함으로써 리더의 역할 수행에 필요한 자질을 검증할 수 있다.

셋째, 어떤 리더가 다른 리더의 직위를 맡고자 하는 경우 리더의 LPC 점수 내용을 고려하여 선발할 필요가 있다. 예를 들어 Fiedler의 이론에 따르면 매우 호의적이거나 비호의적인 상황에서는 과업 지향적인 리더가, 중간 정도로 호의적인 상황에서는 관계 지향적인 리더가 적합하다.

3) 보편적 리더십 행동 이론

1940년대 후반부터 리더의 특성보다는 관측할 수 있는 리더의 행위에 초점을 맞춘 리더십 연구가 본격화되기 시작하였다. 이러한 연구는 Blake와 Mouton의 관리격자 모형(managerial grid model)으로 발전하였다. 이들의 연구는 효과적인 리더의 유형을 규명하는 데 리더의 행동유형에 초점을 맞추었다. 이것들은 구조주도(initating structure) 행동과 배려(consideration) 행동으로 분류된다. 구조주도 행동은 부하(혹은 집단)의 역할과 책임을 명확히 정의하는 행동을 의미한다. 구조주도 행동을 하는 리더는 과업 성취를 위해 구체적인 명령이나 지시를 하고, 집단 내의 공식적인 관계나 과업을 중시하며, 집단을 조직화하려는 행동을 한다. 배려 행동은 부하의 안정, 복지, 지위의 향상, 욕구 만족 등을 고려하는 행동을 의미한다. 배려 행동을 하는 리더는 과업 그 자체보다는 부하를 우선적으로 고려한다.

이러한 두 가지 행동유형은 리더의 행동을 리더와 부하의 상호작용 측면에서 파악한다는 특징을 갖고 있다. 즉, 리더와 부하의 관계에서 보여 주는 행동에 따라 리더의 행동유형을 분류한 것이다.

관리격자 모형은 다양한 리더의 행동유형을 구분하고 상대적으로 효과적인 리더의 행동유형을 제시하고 있다. 이 모형은 보편적으로 효과적인 리더십 유형을 개발하기 위한 리더십 훈련 프로그램으로 실무에서 널리 활용되고 있다. 관리격자 모형에서는 리더의 유형을 과업에 대한 관심과 인간에 대한 관심으로 분류하였으며, 자세히 설명하면 다음과 같다(Blake & Mouton, 1982).

① 컨트리클럽형

인간에 대한 관심은 매우 높은 반면 과업에 대한 관심은 매우 낮은 리더이다. 컨트리클럽형(country club management)의 리더는 편안하고 친근한 조직 분위기와 작업환경을 조성하기 위해서 부하들의 인간관계에 대한 욕구충족에 세심한 주의를 기울일 필요가 있다고 인식한다.

② 방관형

인간과 과업에 대한 관심이 모두 낮은 리더이다. 방관형(impoverished management)의 리더는 조직을 유지하는 데 필요한 수준에서 작업이 이루어지도록 노력한다.

③ 과업형

인간에 대한 관심은 낮지만 과업에 대해서는 높은 관심을 가진 리더이다. 과업형(task management)의 리더는 인간적인 요소에는 관심을 거의 갖지 않고 작업 결과 및 집단 운영의 효율성에 주된 관심을 갖는다.

④ 팀형

인간과 과업에 대해 높은 관심을 가진 리더이다. 팀형(team management)의 리더는 작업과 조직에 몰입된 부하들이 높은 수준의 성과를 달성한다고 인식한다. 따라서 작업자들의 몰입을 높이기 위해 조직목표에 대한 공통 이해의 기반을 확산시키고, 이를 통해 부하들과의 신뢰관계를 구축한다.

⑤ 절충형

인간과 과업에 대해 모두 중간 수준의 관심을 가진 리더이다. 절충형(middle of the road management)의 리더는 최고의 조직 성과보다는 적절한 수준에서 조직 성과를 유지한다. 이를 위해 적절한 수준에서 작업의 완수뿐만 아니라 조직 구성원들의 만족을 동시에 추구한다.

4) 상황 적합적 리더십 행동 이론

상황 적합적 리더십 행동 이론은 리더의 유효성이 리더의 행동과 상황의 적합성에 따라 결정된다는 이론이다. 대표적인 상황 적합적 리더십 행동 이론으로는 House의 경로-목표 이론(path-goal theory), Griffin의 직무-리더 간

상황 적합 이론, Vroom과 Yetton의 규범적 리더십 이론(normative leadership theory) 등이 있다.

(1) 경로-목표 이론

경로-목표 이론은 부하들에게 그들이 수행하는 작업 경로와 목표의 달성 방안을 명확하게 제공하는 정도에 따라 리더의 유효성이 결정된다고 주장한다(House, 1971). 즉, 리더의 행위가 어떻게 부하를 동기 부여하고 성공을 얻을 수 있는가를 기대 이론(expectancy theory)에 입각하여 설명하며, 이 이론에 따르면 리더는 부하들이 노력하면 성과를 달성할 수 있다는 기대와 성과를 달성했을 때 보상을 받을 수 있다는 수단성(instrumentality), 보상을 통해 자신의 욕구가 충족될 것이라는 유인가(valence)를 증대시킬 때 부하를 동기 유발할 수 있다. 결론적으로 말하면, 효과적인 리더는 부하들을 동기 유발하여 목표 달성에 대한 노력을 증가시키고 성과를 향상시킨다. 리더가 부하에게 영향을 주는 행위는 다음과 같이 네 가지 유형으로 분류된다.

첫째, 지시적 리더 행동(구조주도적 리더행동)은 부하의 과업을 계획 · 통제 · 지시하는 행동으로서, 부하에게 기대되는 것이 무엇인가를 알려 주고, 구체적으로 작업을 지도하며, 표준규칙과 절차를 따르도록 부하에게 요구하는 리더 유형을 말한다.

둘째, 지원적 리더 행동(배려적 리더 행동)은 부하의 욕구충족에 대하여 배려하고, 부하의 복지와 안녕에 대한 관심을 표명하며, 온정적이고 친밀한 집단 분위기 조성에 많은 관심을 보이는 리더 유형을 말한다.

셋째, 참여적 리더 행동은 부하와 정보 자료를 상호 교환하고 활용하며, 부하의 의견이나 제안을 의사결정 과정에 반영하는 리더 유형이다.

넷째, 성취 지향적 리더 행동은 부하에게 도전적인 목표를 설정하고, 목표 달성 행동을 강조하면서 부하의 능력을 믿고 그들로부터 의욕적인 성취동기 행동을 기대하는 리더 유형을 말한다.

(2) 직무-리더 간 상황 적합 이론

상황 적합 이론은 상황 변수인 개인 특성 변수와 과업 변수를 동시에 고려한 상황에서 그 상황에 적합한 리더 행동을 제시하였기 때문에 상황 변수를 개별적으로 고려한 경로-목표 이론보다 발전된 이론으로 볼 수 있다. 그러나 부하의 직무 만족과 과업 성과를 향상시키기 위해서는 개인 특성 변수와 과업 변수만을 고려할 것이 아니라 작업팀, 보상 시스템 등과 같은 조직 변수도 고려해야 한다.

(3) 규범적 리더십 이론

규범적 리더십 이론은 리더가 규범적 의사결정을 하기 위해 활용할 수 있는 상황분석 및 의사결정 방법을 체계적으로 설명하고 있다. 의사결정자로서의 리더의 행동을 강조한다는 점에서 리더십 이론과 차이가 있으며, Vroom과

[표 16-2] Vroom-Yetton 모형에서의 리더의 의사결정 유형

전략(리더십 유형)	심볼	정 의
전제적 (Autocratic Ⅰ)	AⅠ	현재 시점에서 자신이 얻을 수 있는 정보를 활용하여 문제를 해결하기 위한 의사결정을 독단적으로 하는 유형
전제적 (Autocratic Ⅱ)	AⅡ	부하로부터 필요한 정보를 얻고 문제를 해결하기 위한 의사결정을 독단적으로 하는 유형
협의적 (Consultative Ⅰ)	CⅠ	의사결정을 해야 할 문제와 관련되어 있는 부하들과 문제를 공유하고 그들로부터 아이디어와 제안을 얻지만 의사결정은 혼자서 하는 유형
협의적 (Consultative Ⅱ)	CⅡ	집단 회의를 통해 부하들과 문제를 공유하고 아이디어와 제안을 얻으며, 의사결정 시 때때로 부하들의 의견을 반영하는 유형
그룹 (Group Ⅱ)	GⅡ	부하들과 문제를 공유하고 부하들과 함께 의사결정 대안을 만들고 평가하며, 문제의 해결안에 대해 부하들과 합의를 이루려고 노력하는 유형

* V. H. Vroom & P. W. Yetton(1973), *Leadership and Decision-Making*, Pittsburgh, PA: University of Pittsburgh Press.

Yetton에 의해 제안되어 Vroom-Yetton 모형으로도 불린다. Vroom-Yetton 모형은 리더의 의사결정 유형을 [표 16-2]와 같이 분류하였다.

5) 리더십 대체 이론

리더십 대체 이론(substitutes for leadership)은 부하, 과업, 조직의 특정한 요인들이 리더십 행동을 대체하며, 리더십 행동의 필요성에 대해 영향을 미치고 있다는 주장이다. 이러한 요인은 대체물(substitute), 중화물(neutralizer), 보완물(supolement)로 구별되는데, 리더십 대체물은 리더의 행동을 불필요하게 만드는 상황 요인을 말하며, 리더십 중화물은 리더가 특정한 방식으로 행동하는 것을 방해하는 요인을 말한다. 그리고 리더십 보완물은 상황에 따라 리더의 행동을 보완하는 요인을 말한다.

다시 말하면, 리더십의 대체물, 중화물, 보완물 개념의 주요한 의미는 리더는 환경의 영향을 받는다는 것이다. 즉, 리더의 중요성 및 효과는 리더가 활동하는 환경에 의해서 실질적으로 영향을 받으며, 조직은 리더십을 개발하고 관리할 때 부하의 특성, 과업의 구조화, 조직의 특성 등을 고려해야 한다.

6) 슈퍼리더십

슈퍼리더십(superleadership)은 부하로 하여금 자발적으로 리더십을 발휘할 수 있도록 부하의 능력 개발 및 이를 발휘할 수 있는 여건을 조성하는 리더의 행동을 강조한다. 즉, 슈퍼리더는 부하가 스스로 자신을 리드할 수 있도록 리더십을 발휘하는 리더이다.

슈퍼리더십은 전통적인 리더십 이론에서 다루었던 리더의 행동, 역할과는 큰 차이가 있다. 슈퍼리더십은 조직의 지위 계층보다는 상호 호혜적인 관계에서 리더와 부하의 관계를 설정한다. 즉, 리더는 지시와 통제보다는 부하가 충분히 역할을 수행할 수 있도록 지원과 협조에 역점을 두고, 부하들은 자신의 능력 발휘를 통해 리더와 상호작용을 하는 관계인 것이다. 이와 같은 슈퍼리더십은 세 가지 측면이 결합되어야 달성될 수 있다.

첫째, 리더는 셀프리더(self-leader)가 되어야 한다. 리더는 모범적인 행동을 통해 역할 모델, 즉 역할 수행에서 본받아야 할 모델이 되어 부하의 대리학습(vicarious learning)을 촉진해야 한다. 즉, 역할 모델이 됨으로써 부하들에게 모범을 보이고 자연스럽게 부하들이 행동을 학습하도록 할 수 있어야 한다. 이를 위해서는 리더가 자기개발을 통해 자질과 능력을 개발하여 부하들로부터 인정받고 신뢰받는 리더가 되어야 한다.

둘째, 리더 자신이 셀프리더가 되는 것과 동시에 부하들을 셀프리더로 만들어야 한다. 이를 위해서는 부하들 스스로 목표를 설정하게 하여 목표 달성에 대한 의욕과 책임 의식을 심어 주어야 한다. 또한 성과에 따른 적절한 보상을 통해 부하들의 동기를 유발하고 건설적인 질책을 하여 목표 달성을 지원해 주어야 한다. 그러나 부하가 목표 수행에 필요한 능력이 없으면 자율적인 목표 설정은 물론 이를 자율적으로 통제할 수 없다. 따라서 부하들을 셀프리더로 만들기 위해서는 부하들의 능력 육성 및 개발이 특히 중요하다.

셋째, 부하들의 자발적 행동을 격려하고 자극할 수 있는 자율적인 경영 체제가 필요하다. 조직 구성원들이 자발적 리더가 되고자 하지만 조직 체계가 이러한 성향을 용인하지 않는다면 조직 구성원들의 자발적 리더십은 현실화되기 어렵다.

7) 변혁적 리더십

변혁적 리더십(transformational leadership)은 리더와 부하들이 서로의 사기를 높이고 동기를 유발하는 과정으로 정의할 수 있다(Burns, 1978). 변혁적 리더는 부하들의 고차원적인 욕구를 불러일으키고 이를 충족시키려는 특징이 있다. 즉, 부하들이 과업 결과의 중요성과 가치에 대해 더욱 인식하도록 하고, 조직과 집단을 위해 개인적인 이해를 초월하도록 유도하며, 보다 높은 수준의 욕구를 충족시키도록 함으로써 부하들의 변혁을 추진한다. 또한 부하들은 변혁적 리더에게 신뢰와 충성심, 존경을 느끼며 처음의 기대 이상으로 동기 유발이 된다.

원만한 인간관계를 위한 프로그램 16

주제

MBTI 성격유형에 따른 리더십의 이해와 적용

목적

① 리더에 대한 특성을 파악하여 자기이해를 넓힌다.
② 자신의 성격유형에 따른 리더십을 파악하고 리더로서의 자질을 알아본다.
③ 자신의 리더십을 발휘하기 위하여 개발해야 하는 특성에 대해서 생각해 본다.

강의

우리는 수많은 사람들과 관계를 맺으며 살아간다. 그러한 과정에서 자연스럽게 요구되는 중요한 인물이 리더이다. 우리가 속한 집단에서 주어지는 역할을 무리 없이 소화해 내는 것이 관계 속에서 잘 어울려 지내는 것이라고 할 수 있다. 이 장에서는 그러한 역할을 수행하는 데 바탕이 되는 부분을 성격 특성에 따른 리더십으로 파악해 보고 자신에 대한 관점을 달리해 볼 수 있을 것이다.

성격유형	리 더 십
ISTJ	자신의 과거 경험과 자신이 알고 있는 사실적인 지식을 활용하여 의사결정을 한다. 또한 현재 눈앞에 벌어지는 것, 실제적인 것, 그리고 확실히 눈으로 보아서 알 수 있는 것 등에 관심을 두고 일을 처리한다. 이들은 전통적이고 위계가 잡혀 있는 일처리 방식을 존중하고, 정해진 규칙에 따라서 보상을 주며, 표준 시행 절차에 따라 일을 완수한 사람들에게 보상을 해 주려고 한다.

〈계속〉

성격유형	리 더 십
ISTP	일종의 본보기를 설정함으로써 사람들의 행동을 촉진시키는 것으로 나타난다. 문제에 즉각적인 반응을 보이며, 자신의 직원들에게 일을 수행하는데 필요한 정보를 준다. 또한 각자의 생리에 맞는 형식으로 일을 완성하게끔 여유를 준다. 조직체의 위계와 권위 속에서 인류 평등주의 원칙을 고수하고, 최소한의 관리 감독을 받으면서 자유롭게 일을 하기를 바라며, 그러한 방식으로 직원들을 관리한다.
ESTP	책임을 기꺼이 맡는데, 특히 위기 상황에서 더욱 그렇다. 직접적으로 설득하는 양식 형태를 지니고 있는데, 규칙 모두에 대해 일일이 주의를 하지 않고 행동에 옮겨 가며 전진한다. 문제의 즉각적인 원인을 찾아내고 즉각적인 해결책을 찾으려 한다. 또한 어떤 상황이건 재빠르게 대처하여 손쉽게 처리하고 일을 완성시킬 수 있다. 문제의 다양한 측면에서 정보를 수집하고 결정을 내리며 일을 계속 진행시킨다.
ESTJ	상황이 리더를 요구하면 재빨리 리더의 책임을 맡으며, 요구의 여부에 상관없이 직접적으로 조언을 한다. 특히 해야 하는 것에 대한 의견은 과거의 경험을 기반으로 한다. 관계보다는 과업 지향적이고, 다른 사람들에게 거칠고 저돌적이며 냉담하게 보일 수 있다. 상황의 핵심에 이르는 데 민첩하고 힘 있고 직접적이다. 또한 다른 사람들에게 개입을 의뢰하는 경우에도 다른 사람들이 자신의 최종적인 결정을 따르기를 기대한다.
ISFJ	사려심과 절차를 중시하며, 신뢰성과 이전의 업무 성과 등을 고려하여 지도자의 자리에 발탁될 수 있다. 처음에는 지도자의 자리에 앉는 것을 망설이기도 하고 실제로 지도자의 자리를 탐내지도 않으며 책임감과 의무감 때문에 수락을 한다. 조직의 요구 사항이나 조직의 구조, 위계질서 등에 따르는 것은 당연하다고 생각하며, 자신이 하지 않는 일을 타인에게 하도록 요구하지도 않는다. 세부적인 절차에 잘 따르고 구체적인 결과를 이루기 위해서 힘을 기울인다.
ISFP	다른 사람들의 의욕을 북돋아 주려고 하며 인간적인 신뢰감과 신의에 관련되어 나타난다. 인간을 평등하게 생각하고 협조적으로 팀을 이끌어 가며, 비난이나 비평보다는 칭찬과 격려로써 이끌어 가는 것을 좋아한다. 타인의 선의와 좋은 목적 등을 부드럽게 언급해 줌으로써 설득한다. 비상사태나 위기 상황이 발생하면 순간순간 요구되는 상황을 잘 처리하고 적응하면서 위기 해결을 위해서 분연히 일어선다. 대개 상황적인 요구나 다른 사람들의 요구가 없는 한 직접적으로 지도자 역할을 하려고 하지 않는다.

〈계속〉

성격유형	리 더 십
ESFP	바람직한 목표를 수행하도록 촉진하고 팀이 작업하는 것을 촉진하는 형태로 나타난다. 이들은 상황에 재빨리 적응하므로 위기 상황에 처했을 때 다른 사람들을 잘 이끌어 나갈 수 있다. 또한 직면한 문제에 관심을 집중하고 사람들과 함께 일을 해내는 능력을 발휘한다. 과업보다는 사람을 우선시하는 편이고, 협조하에서 과업을 매우 열심히 진행한다.
ESFJ	타인의 욕구와 바람에 개인적인 가치를 기울이는 유형이며, 누군가 도움을 원하는 데 아무도 도와줄 수 없을 때 종종 자원자가 된다. 자원한 일을 하면서 타인들과 협력하고 선의를 위해 일한다. 또한 열심히 일하는 표본이 되며 일을 잘하고 조직화된 것에 자신을 헌신한다. 타인이 자신처럼 열심히 일하기를 기대하며, 타인이 자신의 기준을 지키지 않을 때 실망하고 일이 제대로 될 때까지 도움을 준다.
INFJ	조용하지만 끈기 있는 노력으로 자신과 다른 사람, 조직체를 위한 원대한 목표를 주도해 나간다. 비전을 향해 일을 할 때 협력을 요구하기보다는 협력을 얻어 낸다. 겸손하고 부드러우며, 그렇지만 열정적이고도 단호한 행동 태세를 취한다. 직접적으로 다른 사람들을 선도하지 않을 때에도 여전히 사람들 사이에서 촉진자로서 행동한다. 회합에서도 사람과 새로운 아이디어 둘 다에 초점을 맞춘다.
INFP	미묘하고 부드럽고 간접적이며 타인을 배려한다. 사람들과 정면으로 대결하지 않고 함께 일을 하며 그들을 통해서 일이 이루어지도록 한다. 공격적이지 않고 매우 끈기가 있다. 마음속의 가치를 이끌어 내며, 개개인이 독립적으로 이루어 내도록 한다. 타인을 인정하고 칭찬함으로써 격려한다.
ENFP	새로운 시도로 진행되는 일에서 확실한 대변인이 필요할 때 그런 책임을 떠맡기를 좋아한다. 활력이 넘치고 열성적인 지도자형이다. 사람들의 욕구와 꿈을 이끌어 내고 관련된 봉사를 하는 데 뛰어난 능력을 보이는 사람으로 가치 지향적이다. 다른 사람의 공헌을 유도해 내고 인정해 주며, 직원들의 개인적 욕구를 평가한다.
ENFJ	매우 촉진적인 형태를 취하며, 다른 사람을 포함하여 모두 함께 참여하는 환경을 구성하기를 원한다. 자신의 직원들이 원하는 욕구를 충분히 반영해 주는 편이지만 갈등 상황에 부딪히면 매우 불편해한다. 그러나 타인에게 이익이 될 수 있다면 갈등을 겪는 자신의 불편함을 극복해 낼 수 있다. 조직체가 추구하는 가치를 잘 알고 있으며, 그러한 가치들이 자신의 가치와 상충될 때 불편함을 느낀다. 변화를 일으키며 그러한 변화는 인간적인 어떤 목적을 지향하는 것이다.

〈계속〉

성격유형	리 더 십
INTJ	아이디어 분야에서 매우 강요적으로 행동하고 현실화되도록 열심히 일한다. 재조직화를 즐기고, 필요할 때 전체 체계를 떠맡을 사람으로서 지나치게 업무에 몰두한다. 직장이나 가정환경에서는 거의 반응을 보이지 않을지도 모른다. 일단 결정이나 계획을 하면 그것을 향해서 움직이고 멈출 줄 모른다.
INTP	자신의 아이디어로 다른 사람들을 지도하면서 논리와 원칙에 초점을 맞춘다. 문제와 목표를 개념적으로 분석하고 조직의 목표에 맞게 논리적인 체계를 적용할 수 있다. 전통적인 지도자 역할을 추구하지 않고 자신이나 타인의 자발성을 더 중요시한다. 독립적인 아이디어를 가진 사람들을 지도할 때 열심히 한다.
ENTP	자신의 리더십이 집단에 영향력을 미치기를 원하며, 개인이나 집단의 욕구에 맞는 이론적 모델을 개발할 수 있다. 논리적인 사고 체계를 응용할 수 있고 어떠한 지위에서든지 타인을 설득하는 데 이유를 설명할 수 있다. 조직원에게는 독립성을 보장하여 의욕을 고취시키며 일과 조직 체계 간의 촉매 역할을 수행하기도 한다. 한편 새로운 시도를 창출해 내는 데 능력을 발휘한다.
ENTJ	이끌어 가는 사람이 되지 않을 수 없다는 것을 강조하는 이들은 될 수 있으면 신속하게 책임을 지려고 한다. 자신이 논리적으로 필요하다고 생각하는 것은 무엇이건 확실하게 결정을 내린다. 행동 지향적이고 활기에 넘치며 강인한 정신을 지니고 있다. 사물을 직접적으로 다루며 자신의 능력이 닿는 한 커다란 조직체를 운영하고 싶어 하고, 기꺼이 새롭고 특이한 업무를 맡으려고 한다. 특히 복잡한 문제를 다루는 것이나 정기적인 계획을 필요로 하는 업무에서는 더욱 그렇다.

프로그램 내용

<STEP 1>

제6장에서 살펴보았던 자신의 성격유형을 확인하고 조직 안에서의 자신의 모습을 제삼자의 입장에서 진술해 본다.

<STEP 2>

다음의 질문에 대하여 생각해 본 다음 답을 하고, 이를 다른 집단원들과 함께 발표하며 의견을 나눈다.

① 내가 생각하는 바람직한 리더의 자질을 적어 본다.

② 나는 어떤 유형의 리더인지 확인해 본다.

③ 현재 리더로서의 나의 자질로 만족스러운 내용과 보완하고 싶은 내용을 구체적으로 진술해 본다.

④ 앞으로 1년 동안 리더의 자질 향상을 위해서 내가 할 수 있는 노력은 무엇인가?

⑤ 집단원들과 앞의 내용에 대해 의견을 나누고, 바람직한 리더의 특성이 무엇인지를 정리해 본다.

<STEP 3>

토의 및 평가

이 프로그램을 통해 새롭게 알게 된 것이나 느낀 점은 무엇인지 정리해 본다.

17

사이버상의 인간관계

오늘날은 급격한 변화와 함께 정보 사회가 대두되었다. 그야말로 사이버 시대라고 일컬어지고 있다. 사이버 시대가 도래하면서 인간관계의 양상은 매우 달라졌으며, 새로운 인간관계의 양식을 창출하게 되었다. 따라서 최근에는 인터넷 심리학이라는 새로운 학문이 등장할 만큼 사이버 매체는 우리 삶의 매우 깊숙한 곳에 자리하고 있다. 이러한 변화는 인간관계의 질과 양에 많은 변화를 가져오고 있다. 따라서 이 장에서는 사이버 공간의 특성을 이해하고, 사이버상에서의 인간관계의 특성과 바람직한 인간의 자세를 살펴보고자 한다.

1. 사이버 공간의 특성

사이버는 어떤 장치에 의해 존재하는 것을 실재 물리적 공간에서 벗어나 시청각으로만 접하는 전자 접촉을 의미하며, 컴퓨터를 통해 이루어지는 것을 대표하는 의미로 쓰이고 있다. 사이버 공간은 더 이상 우리의 생활과 별개의 자리에 있지 않다. 인터넷이 우리에게 미치는 영향은 매우 크며, 무엇보다도 개인의 정체성과 관련이 크다고 볼 수 있다. Stone(1991)과 Turkle(1995) 등은 개인이 자신의 정체성을 드러내지 않는 상태에서 자신에게 억압되었던 생각이나 사상 등을 자유스럽게 표현할 수 있는 공간을 갖게 되었다고 하였다. Turkle(1995)은 익명성을 가지고 자신의 의사나 생각의 자유를 누리는 것은 대체적으로 긍정적인 측면을 가지고 있다고 주장한다. 즉, 인터넷 세상에서는 개개인이 가지고 있는 고정관념에서 벗어나 좀 더 융통성과 유연성을 가질 수 있고, 평소의 남의 시선에 대한 의식에서 자유로워질 수 있다. 표현도 훨씬 자유로워진다. 따라서 사이버 공간에서는 낯선 사람들과의 만남조차도 매우 친밀감을 갖고 표현 또한 매우 쉽게 할 수 있다.

사이버 공간에서는 인간관계가 보다 빠르고 가깝게 맺어지는 반면에 익명성으로 인해서 발생하게 되는 인간의 공격성이 직접적으로 표현된다. 상대방에 대한 배려 없이 자신의 감정적인 노출이 매우 적극적으로 이루어지는 문제점이 두드러지게 증가하고 있다. 황상민(1997)은 사이버 공간의 특성을 네 가지로 분류하여 다음과 같이 설명하고 있다.

1) 익명성과 자기표현성

사이버 공간상에서 개인의 이름은 ID로 표현된다. 이 ID는 때때로 닉네임(nickname)이라는 별명이 대신하여 이용될 수 있지만, ID는 일차적으로 사이버 공간에서의 이름이자 주소이기도 하다. 자신을 어떤 이미지로 만들 것인가의 문제는 바로 사이버 공간상의 교류의 일차적인 특성이기도 하다. 타인이 나를 알지 못할 것이며, 또 알 수 없다는 익명성은 결국 타인에 대해서나 자신의 이미지를 내가 새롭게 만들 수 있다는 자유를 경험하게 한다.

(1) 머드 게임 속에서 창조된 인간관계

사이버 공간에서 한 개인이 자신의 다양한 특성을 표현하고 이것을 구체적으로 경험하게 되는 예가 바로 머드 게임이다. 머드(MUD)라는 말은 '다수 사용자 영역(Multi-User Domains)' 또는 더 역사적으로 정확하게 이야기하면 'Multi-User Dungeons' 에서 나왔는데, 1970년대 말부터 1980년대 미국의 고등학교와 대학교에서 선풍적인 인기를 끌었던 Dungeons & Dragons라는 환상 역할놀이 게임에 그 뿌리를 두고 있다(Turkle, 1995). 머드 게임이 국내에 알려진 것은 1990년대 초 컴퓨터 관련 학생들 사이에 보급되다가 1993년 일반인을 위한 PC 통신 상용 서비스로 등장하면서부터이며, 〈바람의 나라〉, 〈쥬라기 공원〉, 〈단군의 땅〉 등 18개의 상용 서비스가 선보였다.

머드 게임의 특징은 인터넷 등 컴퓨터 통신망을 통해 개인이 돌아다닐 수 있는 사이버 공간상에서 이루어진다는 데 있다. 머드는 일종의 새로운 가상 놀이공간에서의 게임이지만, 심리적인 측면에서 보면 참여자가 일종의 가상적 인간관계를 만들 수 있는 새로운 형태의 공동체이기도 하다. 게다가 문자로 그 내용을 나타낸다는 측면에서 새로운 형태의 집단 저작물이기도 하다. 머드 게임의 참가자들은 머드 게임의 저작자이기도 하며 이 매체의 사용자이자 제작자이다. 사용자들은 이 게임에 참가하면서 단순히 내용을 만들 뿐 아니라, 새로운 사회적 관계나 사회적 상호작용 속에서 새로운 자신의 모습을 창조하는 경험을 하게 된다.

머드 게임에서 한 개인은 다른 수백 명, 수천 명의 게이머들과 함께 사이버 공간에서 서로 경쟁하고 협동하면서 자신이 꿈꾸어 왔던 새로운 자신의 모습을 만들거나 서로 힘을 합쳐 어떤 활동을 하기도 한다. 이 게임의 진행은 비교적 간단하다. 예를 들어 내가 슈퍼맨이라는 이름의 어떤 역할을 하고 있을 때, 내가 '말했다' 라고 문장을 만들면 모든 참가자들의 화면에는 '슈퍼맨이 말했다' 라고 나타나게 된다. 물론 특정 사용자에게만 메시지를 보낼 수도 있다. 어떤 머드 게임은 아이콘(icon)으로 불리는 그림으로 각자의 모습을 나타내기도 한다.

머드 게임의 매력으로 가장 많이 지적되는 것은 현실세계에서 도저히 불가능한 창조적인 경험을 사이버 공간에서 할 수 있다는 것이다. 그러나 이 매력은 더 구체적으로 설명하면 실제 현실에서 표현하지 못하는 자신의 모습을 만들 수 있다는 것이다.

(2) 인간관계의 실험장 – 채팅에 나타난 접속의 자유

개인 자신의 모습을 사이버 공간에서 표현하는 경우는 머드에만 국한되지 않는다. 현실세계와 가장 유사하면서도 익명성을 누리는 만남으로 채팅이 있다. 채팅에 의한 교류는 교류 방식이 현실의 모습을 띠면서 현실과는 또 다른 공간 속에서의 만남이 이루어진다는 데 더 현실감이 있다.

채팅에서의 만남은 구체적인 만남 그 자체이지만 관계를 지속하고 중지하는 데에 심리적인 부담감이 없다. 그뿐 아니라 이런 교류에는 나 자신이 투자해야 한다는 심리적 부담이 없으면서 새로운 인간관계를 구체적으로 경험할 수 있다. 특히 채팅이란 컴퓨터 화면상에서 나타나는 언어적 표현을 통해 이루어지기에 인간관계의 모습이 구체적인 실체 그대로 표현된다. 채팅의 참가자는 사이버 공간 속의 만남에서 이전에 자신이 경험했던 인간관계에서 자신이 억제해 왔던 욕구나 갈등을 표현하는 하나의 손쉬운 현실적 대안이 되는 경우로 발전하기도 한다.

〈접속〉이라는 영화는 채팅을 통해서 인간관계의 만남을 수정하고자 하는 사람들의 이야기를 다루고 있다. 컴퓨터라는 기계를 통해 만들어지는 공간 속에 자신의 심리적 내용을 투사하는 과정을 보여 준다. 채팅의 경험은 현실 속에서 인정하지 못하거나 거부해야 했던 자신의 모습을 어떤 방식으로든 구체화해야 한다. 왜냐하면 채팅 과정에서 자신을 어떤 방식으로든 나타내야 하고, 이것은 막연히 느껴지는 자신이 아니라 타인에게 보여지는 구체적인 모습을 만들어야 하기 때문이다.

현실에서의 만남이 아무 생각 없이 우연히 이루어지거나 고통스런 모습으로 나타나야만 했다면, 가상적 세계에서의 만남은 자신에 대한 모습을 비교적 객관적으로 알고 시작하기 때문에 새로운 사람과의 만남이나 그들과의 관계에 대한 자기성찰이 가능해지게 된다. 즉, 인간관계의 형성과 진행, 그리고 그 변화 상태에 대해 비교적 객관적인 느낌을 가지면서 그 관계 속에 자신을 두는 경험을 할 수 있는 것이다.

2) 주관적 경험의 구체화

화면에 표현되는 내용은 그 자체로는 혼란스런 자신의 내적 상태를 반영하는 것이기도 하지만, 자신의 내적 자아를 위해 현실보다 훨씬 안전한 만남이기에 쉽게 빠져들게 된다. 이런 경우 채팅이 이루어지는 사이버 공간은 마치 대화하는 사람들의 내면적 속성이 거울처럼 그대로 비쳐지는 곳이 된다. 즉, 화면 속의 글들은 사이버 공간에서 하나의 거울과 같은 모습을 띠면서 자아가 가진 혼란을 개별적인 상태로 전환시켜 준다. 예를 들면, 많은 청소년들은 사이버 공간의 채팅에서 음란행동이나 저속한 행동을 쉽게 저지르는 경우가 많다. 이것은 대부분의 경우 현실적으로 억압했던 자신의 모습을 사이버 공간상의 어떤 대상에게 퍼부어 놓는 상황이 된다.

채팅의 대화에는 자신이 타인에게 보여 주고 싶은 모습을 가능한 거칠게, 통제 불가능한 방식으로 나타내고자 하는 욕구가 작용한다. 특히 각각 다른 채팅 상대에게 동일한 방식으로 모습을 나타내지 않으려고 한다. 이처럼 자신의 모습을 가능한 한 예측할 수 없는 움직임으로 나타내려고 하는 것은 자신의 다양한 변신 모습 속에서 경험하는 우월감과 통제감의 환상 때문이다. 현실세계에서 폭주족들이 거리를 주름잡으려고 하면서 자신의 존재를 굉음이나 스피드로 나타내고자 하는 욕망이 있다면, 사이버 공간에서는 음란성이나 상대방에 대한 무제한적인 행동, 거친 표현 등으로 억제된 자신의 모습을 표현하게 되는 것이다. 마치 어린아이가 장난감이나 인형으로 놀이세계를 만들어 내듯이, 사이버 공간에서 구체적인 성격이나 역할을 통해 놀이세계를 만드는 것이다.

사이버 공간에서 나타나는 다양한 자기의 모습에 대한 흥미와 관심은 마치 나르시스의 경험과 같다. 나르시스의 경험이란 다른 사람들에게 보여지는 자신의 모습을 사랑하게 되는 것이다. 사이버 공간에서 표현된 자신의 역할과 성격에 대한 매료는 바로 연못에 비친 자신의 모습에 대한 사랑과 같은 것이다. 우리는 상징적인 측면에서 문학이나 시, 그림을 통해 자신을 은유적으로 표현하기도 한다. 그러나 이제 컴퓨터를 사용하여 무엇을 지시할 수 있고, 이것은 '가상적 세계에서 자신이 얼마나 멍청한지 또는 얼마나 강력한 존재인지와 같은, 인정할 수 없는 자신의 모습도 알 수 있게 되었다.' 라고 표현할 수 있는 상황을 만든다. 이것이 바로 사이버 공간에서의 자신의 정체성 발견과정이며 복합 정체성의 창조과정이다.

3) 복합적 자기표현

사이버 공간에서 일어나는 인간관계의 경험을 통해 청소년들은 이제 단일적이고 고정된 자신이 아니라, 관계와 역할에 따라 다양한 모습으로 자신을 표현한다. 가상적 공동체 속에서 나타나는 정체성의 모습은 지속적이고 일관적인 것이 아니라 복합적이며 다차원적인 모습으로 나타난다. 개인의 정체성은 급격한 외부 환경의 변화 속에서 자신과 세상을 비교적 지속적이고 안정적으로 경험할 수 있게 하는 것이다. 이것은 독립적인 존재로서 자신을 나타내고자 하였던 인간이 변화하는 세상 속에서 안정적인 심리 상태를 유지할 수 있게 만든 적응 기제이기도 하다. 그러나 이런 자기적응 방식은 사이버 공간에서는 더 이상 적응적이지 않다.

개인을 특징 짓는 자아의 단일적인 정체성이 해체된다는 것은 개인의 존재나 의식을 부정하거나 무시하는 것이 아니다. 단지 개인의 자기정체성 개념이 사이버 공간에서 이루어지는 인간관계에 기초한 공동체를 특징 짓는 집단의식 또는 가상 공동체 의식이라는 개념으로 지칭되는 것이다. 개인의 정체성은 일종의 가상 공동체 의식으로 변형되어 유지된다. 이것은 바로 사이버 공간이라는 새로운 사회문화적 환경 속에서 현실세계와 사이버 공간의 연결고리를 갖추면서 일종의 통합적인 자기개념을 유지하려는 적응 기제를 보여준다. 이는 결국 사이버 공간이 관심에 따라 다양하게 표현되는 개별적 정체성을 통합해 주는 가상 공동체가 출현하는 환경을 제공해 줄 수 있기 때문에 가능한 것이다.

청소년 시기에 개인적 · 사회적 정체성을 형성함으로써 일관된 심리 세계와 자아의 모습을 가지는 것은 무엇보다도 중요한 발달 과업으로 받아들여졌다. 이런 주장은 근대 이후 '특정 개인은 비교적 고정된 정체성 개념이나 역할로 표현되어야 할 뿐 아니라 그럼으로써 안정적인 심리세계를 유지할 수 있다.' 는 기본적인 가정과 부합하였다. 이런 이유로 우리는 개인 존재의 다양성을 필연적으로 개인의 정체성 혼란으로 해석하였다. 가상공간에서 경험하는 한 개인의 존재는 다양한 모습으로 서로에게 다가간다. 그 속에서 사람들은 자신의 본질적인 모습을 찾음으로써 타인관계를 만들고 유지하는 것이 아니라, 공간 속에서 주어진 공통적인 역할과 관심사를 통해 새로운 동질성을 발견한다. 가상공간에서의 공동체 의식의 출현은 결국 다양성 속에서 자신의 정체성을 찾고자 하는 현실세계의 우리의 모습이다.

사이버 공간에서의 복합 정체성의 형성이란 자유롭게 자신의 정체성을 표현할 수 있는 상황을 의미한다. 이것은 인간의 사고 능력의 확장을 의미할 뿐 아니라 사고 수단의 확장을 의미한다. 사이버 공간에서 자신이 상상하는 어떤 존재나 특성으로 또는 어떤 사회적 관계를 만들고 경험함으로써, 현실세계의 경험이나 학습 정도에 의해 우리가 땜질하듯이 만들어 내는 사고나 개념의 제한으로부터는 벗어날 수 있을 것이다. 그럼에도 불구하고 이런 복합 정체성의 경험이 아무런 대가 없이 우리에게 자유를 제공하는 것은 아니다.

복합 정체성을 경험함으로써 현실세계에서의 정체성의 혼미와 유사한 적응상의 문제가 생길 가능성이 있다. 머드 게임에 빠진 사람이 느낄 수 있는 중독증이나 지나친 자기통제 의식은 사이버 공간에서 경험할 수 있는 정체감 혼미의 한 예가 될 것이다. 이런 현상은 물론 현실적인 인간관계보다는 사이버 공간에서 경험하게 되는 인간관계가 더 직접적이고 진지하게 다가온다는 새로운 역설을 경험하는 과정에서도 예견된다. 가상 공동체 의식은 표면적인 실체를 있는 그대로 받아들일 때 청소년들이 경험할 혼란과 상실의 경험을 상쇄하는 역할을 한다. 이런 기능을 하는 가상 공동체 의식이 구체적으로 표현되는 예는 아마도 네티즌이라는 개념일 것이다.

4) 가상 공동체의 경험

(1) 개인적 정체성의 표현과 가상 공동체

사이버 공간에서 청소년들은 자신을 다양한 정체성으로 표현하고 자신의 모습이 각기 독립적으로 다른 개체와 만나는 현상을 경험한다. 이런 경험을 통해 개인은 자신의 정체성이 사이버 공간에서 만남이 이루어지는 상황에서의 역할이나 성격 특성으로 달라지는 것을 알게 된다. 구체적인 역할과 맥락 속에서 나타나는 자신의 다양한 모습을 주워 모으는 과정에서 청소년들은 추상적인 새로운 자신의 모습을 경험한다. 이것은 자기가 신이 되어 스스로 창조한 생명체의 운명이나 행동을 조절하는 느낌을 통해 초자연적인 힘이 자기에게 생긴다고 믿는 것과 같다. 그러면서 구체적인 현실 속에서 그 모습의 특성을 그려 나가는 것이다. 이런 측면에서 가상공간에서의 개인의 정체성 개념은 고정적이라기보다는 끊임없이 확장되고 변화하며, 또 새롭게 창조되는 정체성이다.

가상 공동체에서 출현하는 새로운 정체성은 현실에서처럼 제한되고 결정적인 속성을 띠는 것이 아니라 가변적이면서 실재하는 모습이다. 특히 변화의 양상이나 속도가 현실과는 비교할 수 없는 정도로 진전된다. 그뿐 아니라 이 변화의 경로를 규정하거나 인도하는 특정 기준이나 내용이 존재하지 않는다. 이런 특성은 특정 개인이 자신의 모습을 규정하게 되는 사회적 정체성이 특정 역할이나 위치에 정해지는 것이 아니라 네트워크상에서 이루어지는 활동에 따라, 그리고 서로서로 어떤 공통점을 찾느냐에 따라 달라진다. 인터넷상에 있는 수없는 뉴스 그룹이나 관심 집단 또는 동호회의 형성, 자신의 정체성을 나타내는 홈페이지, 채팅은 가상공간에서 각 개인이 자신의 모습을 새롭게 정의하고, 타인과의 관계 속에서 새로운 정체성을 형성하는 가상 공동체의 표현이다.

사이버 공간을 새로운 사회환경이라고 할 때, 이 환경 속에서 개인의 정체성이 구체적으로 표현되는 방식은 동아리, 즉 모임이다. 모임이 개인의 정체성을 나타낸다는 의미는 그 모임 자체가 참가하는 사람들의 특정 성격이나 역할을 대표하기 때문이다. 이 모임은 한 참가자의 입장에서 자신을 새롭게 표현할 수 있는 정체성을 제공한다. 그뿐 아니라 참가자들 모두에게는 이 모임이 하나의 공동체로 작용하기도 한다. 개인의 정체성이 사이버 공간에서는 '모임' 이라는 가상으로 나타나는 것이다. 모임이라는 사이버 공간 속의 동아리는 심지어 지역 특성을 가진 중 · 고교 동문회, 특정 연예인 팬클럽 등 다양한 주제와 참여자로 이루어져 있다. 그리고 이런 모임들은 관심 분야가 상당히 세분화되어 있기도 하다.

(2) 가상 공동체의 형성과 특성

사이버 공간에서의 공동체 발달은 참가자 모두를 포용하는 공동체를 만든다는 생각보다 개인적 정체성의 표현에 기초한 공동체를 말한다. 그럼에도 사이버 공간의 공동체는 현실세계의 공동체의 속성을 너무도 많이 내포하고 있다. 따라서 사이버 공간의 공동체에도 일반 사회 속의 질투와 싸움, 배타적 관계가 항상 존재한다. 특히 현실세계의 윤리 의식이나 사회규범 또는 사회적 질서에 부합하는 행위가 동일하게 존재한다. 그리고 현실세계의 타인에 대한 차별이나 배타성, 심지어 폭력적인 행위가 사이버 공간에도 엄연히 존재한다.

현실과 달리 사이버 공간에서는 자신의 정체성에 대한 변신과 파괴, 그리고 새로운 정체성의 창조가 가능하다. 이것은 개인이 자신의 모습에 대해 지속적인 특성을 유지하지 않고 변화시키려는 속성을 더욱 부각시킨다. 사이버 공간에서는 개인적 정체성의 유지라는 개념도 상실되어 개인의 정체성의 개념으로 폐쇄되고 제한되었던 인간 자아의 모습이 다양한 정체성으로 구체화된다. 이런 경우, 경험을 통해 형성되는 심리적 결과는 결국 새로운 사회적 관계나 표현양식, 그리고 새로운 가상 공동체 의식을 학습하는 것이다.

2. 사이버 공간에서의 억제 해제 효과

사이버 공간에서의 억제 해제 효과로 인간관계의 실제 상황에서는 상상할 수 없는 일들이 발생한다(채규만, 2003).

첫째, 생활에서의 상호 간의 상호작용이 감소되는 현상이 일어난다. 인터넷에서 시간을 보내는 만큼 실제 생활에서 사람들과 보내는 시간이 감소하는 것은 자명하다. 또한 인터넷 중독자들은 컴퓨터 앞에서 보내는 시간 때문에 인간관계와 사생활에 많은 어려움을 겪고 있다.

둘째, 인간관계가 쉽게 발전하고 소멸되는 현상이 생긴다(Parks & Floyd, 1996). 억제 해제 효과로 인터넷에서 자신의 욕구를 좀 더 분명히 할 수 있다 보니 관계가 쉽게 가까워질 수 있지만, 자신을 노출한 만큼의 정서적인 인간관계 기술이 현실에서는 부족하기에 쉽게 뜨거워진 인간관계는 쉽게 식고 만다. 이러한 예는 인터넷 대화방에서 쉽게 섹스 파트너를 구하여 성관계만 맺고 헤어지는 현상과도 관계가 있다.

셋째, 인터넷은 새로운 계층을 만들어 내고 또한 새로운 형태의 차별을 가능하게 했다. 전통적으로는 인종, 학벌, 사회적인 지위를 가지고 타인을 평가하면서 차별적인 행동이 있었지만, 이제 인터넷에서는 자신의 정체성이 쉽게 사라지고 새로운 형태의 정체성을 형성하면서 자신들만의 특별한 집단을 형성하여 다른 집단에 대해서 우월감을 느끼고 차별적인 행동을 하는 것이 가능해졌다.

넷째, 자신의 비현실적이거나 비정상적인 욕구를 실현할 가능성이 높아지고 있다. 인터넷을 통해서 청소년 성매매의 대상을 구한다든가, 사제폭탄 제작에 대한 정보를 얻어서 사제폭탄에 대한 호기심을 해소한다든가 하는 것과 인터넷 성폭력, 자살 사이트 등의 설치 및 운영 등을 들 수 있다.

3. 사이버상의 대인관계

일반적인 생활에서 나타나는 적극적인 대인관계에서는 자기개방이 우선된다. 그런데 자기개방이라고 하면 실제 상황에서 경험함으로써 갖게 되는 감정, 생각, 원하는 바 등을 자연스럽게 노출하고 자신의 의견을 반영하거나 타인의 의사를 존중하는 것이다. 타인의 의사 존중은 나는 틀리고 너는 옳다는 관점이 아니라 '나도 옳고 너도 옳다' 라는 입장의 차이에 근거하는 것이 바람직하다. 그러나 사이버상에서는 자신에게 솔직하고 적극적인 자기개방과 자기수용 및 타인의 수용이 이루어진다고 보기가 매우 어려운 것이 현실이다. 그리고 대인관계의 태도와 함께 의사소통의 유형에 따라서도 다양한 경험을 하게 된다. 그렇다면 사이버상에서의 인간관계는 적극적이라기보다는 매우 수동적이라고 볼 수 있다.

또한 현실 공간에는 사람들의 의견이나 감정의 표현을 조절하고 억제하게 만드는 다양한 장치가 발달되어 있다. 법률, 규범, 관행, 보복 등과 같은 외부적 장치는 물론이고 책임 의식, 체면 혹은 무의식적인 자기규제와 같은 내부적 장치도 있다. 그러나 사이버 공간에서는 그러한 억제 장치들이 힘을 잃는다. 따라서 사이버 공간에서는 네티즌들이 자기 감정과 욕구에 충실하다. 즉, 다른 사람의 눈치를 보지 않으면서 자기 감정에 따라서 움직여 과장된 행동이나 표현이 많이 나타난다. 이를 뒷받침할 수 있는 다양한 연구 결과들을 통해서 알아보면 다음과 같다.

이희열(2003)의 연구에 따르면, 인터넷 중독의 위험군에 있는 대상들은 비위험군에 있는 대상들보다 사이버상에서 대인관계가 활발하게 이루어지고 있었다. 그리고 사이버상에서의 의사소통은 다양한 유형으로 이루어지고 있었는데 회유형이 가장 많았다. 회유형 의사소통의 특징은 자신의 감정이나 사고를 주장하기보다는 타인의 감정이나 사고가 중요하다고 여기고 긍정적인 반응을 보이는 것이다. 그리고 비난형 의사소통을 사용하는 사람들은 산만형 의사소통을 사용할 가능성이 컸다. 비난형, 산만형 의사소통을 사용하는 사람들의 경우에는 충동성이 높은 것으로 나타났다. 요약하면, 인터넷을 중독적으로 사용하는 위험군이 대인관계는 원만하나 더 충동적이며 의사소통도 산만하여 지나치게 합리적으로 상황만을 중요시하거나 지시적이고 명령적일 수 있다는 것이다.

김지윤(2000)이 사이버 공간을 사용하는 두 집단, 즉 병리적 사용 집단과 정상적 사용 집단으로 분류된 집단을 대상으로 한 연구 결과에 따르면 병리적 사용 집단은 남성이, 정상적인 사용 집단은 여성이 더 많은 것으로 나타났다. 그리고 대인관계적인 서비스를 주로 이용하는 사람들이 병리적인 경향을 더 많이 보일 것이라는 연구 가설이 지지되었다. 대인관계적인 서비스는 채팅, 온라인 게임, 동호회 등과 이메일, 정보검색 서비스였다. 대인관계적이라는 의미는 사이버 공간에서의 대인적인 교류를 의미한다. 채팅을 통해서 대화를 나누고, 온라인 게임을 통해서 타인과 경쟁을 하며, 동호회에서 같은 취미를 공유하는 것을 말하며, 이메일의 경우에는 대부분이 현실에서 아는 사람들과 의사소통을 하기 위해 사용되기 때문에 그 자체가 사이버 공간에서 대인 교류적 기능을 한다고 볼 수는 없다.

따라서 사이버 공간에 빠져드는 경향이 있는 사람들은 그 안에서는 사회적 지지를 충분히 지각하고 있지만 현실 생활에서는 낮은 수준으로 지각하고 있으며, 이로 인해 한 개인의 입장에서 지각하는 대인관계 지지의 수준이 건강한 사용자들에 비해서 낮다는 결론을 내릴 수 있다. 이 결과에 대해서는 두 가지 해석을 내릴 수 있는데, 하나는 사이버 공간에서 보내는 시간이 너무 많아 현실 생활에서 충분한 양의 대인관계를 유지하지 못하므로 대면적 상황에서만 얻을 수 있는 지지를 지각할 수 없기 때문이다. 그러나 이 경우는 반드시 그 원인이 사이버 공간이 아니더라도 생길 수 있는 결과일 것이다. 사이버 공간이 아닌 어떤 다른 대상과 특별히 오랜 시간을 보낸다면 타인과 상호작용할 시간적 여유가 없을 것이다. 따라서 대인관계 지지를 지각하는 수준이 낮아질 수 있다. 다른 하나는 특별히 사이버 공간의 사용에 의한 것으로, 사이버 공간에서 제공하는 대인관계의 매력이 만족을 주어 그 안에서의 관계만으로 개인의 대인관계 모두를 채워 버리기 때문이다.

가정과 학교 등 현실의 사회 구조와 인간관계에서 소외되어 무기력해진 청소년들은 기존 체제와 현실세계에 회의를 느끼기 쉬우며, 미래에 대한 기대수준과는 달리 사실상 미래가 비관적이라고 판단하거나 현실세계에서 미래 지위에 대한 자아상이 불투명해지는 무의미감(sense of meaninglessness)을 느낄 때 정상적인 현실 생활과 인간관계에서 이탈되는 행동을 하기 쉽다. 특히 대면적인 접촉이 줄어들고 개별적인 성향이 더욱 확대되며 컴퓨터 등 대상물을 통한 가상세계 접촉이 늘어나는 인터넷 정보화 사회에서 현실의 인간소외 현상은 더욱 심각해질 가능성이 높다(이동원, 최선희, 1997).

오늘날 컴퓨터와 초고속 인터넷의 보급, PC방의 번창은 청소년들이 인터넷 가상세계를 접하고 이에 몰입하기에 매우 용이한 상황과 환경으로 작용하고 있다. 또한 익명성이 보장되고 현실에서의 자기와는 다른 모습으로 자신을 드러내며, 인간관계에서 억제해 왔던 욕구나 갈등을 마음대로 드러낼 수 있는 인터넷 사이버 세계만의 독특한 특성(Young, 1998; 황상민, 1999)은 관계에 따른 사랑, 소속, 인정 등의 기본 욕구를 충족시키지 못하고 무력감, 무의미, 규범 상실, 사회적 고립 등의 소외를 경험하고 있는 현실에서 가상의 세계를 향한 도피와 인터넷 중독 등의 부적응적인 행동양식을 학습하게 하였다.

김광수(2002)는 연구를 통해서 인터넷 중독 경향이 클수록 현실에 대한 통제력이 떨어지고, 현실 사회의 여러 가지 사건이나 일들이 지니는 목적과 의미 파악 및 결과에 대한 예측 능력이 떨어지며, 주어진 목적 달성을 위해서 사회적으로 용인되지 않는 수단의 필요성을 더 많이 느끼고, 실제 사회적 관계에서 거리감을 더 많이 갖게 되며, 사회에서 높이 평가하는 문화적 가치나 이상을 거부하거나 평가절하하는 성향이 높고, 무엇보다도 현실에서 자신이 하고 있는 일에서 만족이나 보상을 얻지 못하는 정도가 크다는 것을 시사한다고 설명하였다.

4. 사이버 시대의 인간 자세

사이버라는 문명의 이기의 주인은 인간이다. 이러한 문명의 이기는 인간의 부정적인 욕망이나 욕구를 충족하기 위한 수단으로 사용될 수도 있고, 인간 간의 상호작용을 증가시키는 긍정적인 수단이 될 수도 있다. 긍정적인 수단으로 사용하기 위해서는 인간의 바람직한 자세가 요구된다(채규만, 2003).

① 사이버 공간은 인간의 만남을 위한 수단이 되어야지 목적이 되어서는 안 된다

인간의 만남을 사이버 공간으로 대치할 수는 없다. 아무리 사이버 공간이나 수단이 발달해도 인간이 만나서 즐기는 스킨십과 만남에서 얻는 정서적인 교감을 대치할 수는 없다. 사이버 공간으로의 도피나 중독은 인간은 사회적인 동물이라는 것에 대한 도전이 될 수 있다. 사이버 공간으로 빠져서 심한 경우에는 정신과적인 문제가 발생하게 된다.

② 문자적인 정보의 교환이 주는 제한점을 이해해야 한다

현재의 수준에서 인터넷의 정보는 주로 문자의 교환이다. 문자로 서로의 감정을 주고받을 때는 비언어적인 정보, 즉 얼굴 표정, 억양, 신체적인 반응 등이 생략되어 있어서 서로 간에 오해가 생길 여지가 많다. 그러나 우리가 정보를 교환할 때 비언어적인 정보가 차지하는 중요성은 70%, 언어적인 정보의 중요성은 20%로 보고 있는데, 문자적인 정보에 의지해서 상호작용을 하고 결정을 내리는 것은 의사소통의 정확성에서 문제가 된다고 볼 수 있다. 어떤 특정한 언어의 해석도 여러 가지 의미가 있기에 서로 시간을 가지고 자세히 정보 교환을 하는 것이 중요하며, 사이버상의 문자적인 정보 교환의 제한점을 이해하고, 의미 있는 관계를 원한다면 상대방을 이해하려는 더 많은 노력이 필요하다.

③ 수직적인 관계보다는 수평적인 관계에 더 관심을 두어야 한다

TV가 우리의 안방에서 주인공 역할을 하면서 가족 간의 수평적인 교류보다는 TV 화면을 보는 수직적인 관계로 전락하고 말았다. 더욱이 컴퓨터의 화면

에 몰두하면서 인간의 교류가 단절되고 있다. 한쪽으로 치우치면 중용을 잃게 마련이다. 디지털의 수직적인 공간과 인간 간의 수평적인 관계를 활성화하는 작업이 많이 이루어져야 한다. 만남에 의한 스킨십, 자연과의 만남에 의한 삶의 여유 등 인간 교류에 상대적으로 더 많은 시간을 보내야 한다.

④ 사이버를 통한 저질 정보를 통제해야 한다

악화가 양화를 구축한다는 말이 있듯이 디지털 시대에 정보의 홍수 속에서 저질 정보가 유통되어 소비자들에게 피해를 주고 양질의 정보를 몰아 내는 경우도 있다. 예를 들어, 인간의 원초적인 감각을 자극하는 정보를 담은 문학작품들은 대중성은 있지만 양질의 정보는 아니고, 오히려 이러한 문학작품이나 정보는 우리의 영혼을 오염시키게 된다. 말초적인 자극과 쾌락을 추구하게 하는 사이버 정보의 범람은 원초적인 통제되지 않은 인간의 충동을 더 자극해서 인간의 저질화를 부채질할 가능성이 있다. 또한 이성적인 결정을 마비시키고 감정적인 쾌락적 결정을 하도록 이끄는 경향이 있다. 따라서 사이버상의 저질 정보의 제한과 추방 운동도 벌여 나가야 한다.

⑤ 사이버의 정보 교환의 윤리 제정과 그에 대한 처벌 등이 갖추어져야 한다

검증되지 않은 정보에 의한 선의의 피해자가 속출하는 것이 사이버 시대의 특징이다. 정보의 전파력을 감안한다면 누군가를 중상 비방하는 정보가 얼마든지 난무할 수 있다. 그리고 그 정보가 사실이 아닐 경우에 피해자는 엄청난 손실을 입는다. 사이버 공간이 인간에게 도움이 되도록 하기 위해서는 사이버 공간을 책임 있게 이용할 수 있는 윤리강령을 제정하여 이를 교육하고 실행에 옮겨야 할 것이다.

⑥ 사이버 공간의 이용에 적극적인 예방책이 필요하다

사이버 공간은 어떤 의미로는 중립적인 공간이다. 사이버 공간 자체가 악이거나 선은 아니다. 이를 악용하는 사람에게 일방적으로 당할 것이 아니라 예방적이고 더 적극적인 활용이 필요하다. 예를 들어, 자살 사이트가 문제를 일

으킨다면 자살 사이트를 폐쇄하는 데만 신경을 쓰지 말고, 자살 예방 사이트와 우울 환자들의 관심을 끌 수 있는 사이트를 개설해서 그들에게 다가가는 전략을 사용해야 한다.

⑦ 개인의 프라이버시 침해에 대비해야 한다

컴퓨터 해커들에 대한 컴퓨터 내 개인 비밀 정보의 무방비는 어느 시대보다도 개인의 프라이버시를 위협하고 있다. 옛날에는 연애편지를 비밀리에 보관만 잘하면 자신의 프라이버시 공간에 간직할 수 있었지만, 이제 자신의 컴퓨터에 저장된 정보는 해커들에 의해 유출되고 악용될 소지가 많아지게 되었다. 이에 대한 대책, 법 제정, 기본적인 윤리 실천이 중요하다.

⑧ 사이버 공간이 인간의 주인이 아니라, 인간이 사이버 공간의 주인이라는 의식 조장이 필요하다

사이버의 가상현실에서는 자신을 더 잘 드러낼 수 있을 뿐만 아니라 자신의 감정을 통제하기 어려운 측면도 있다. 인간의 기본적인 사회적 욕구, 친밀감, 스킨십, 상호작용은 변함이 없기에 이러한 것을 더욱 늘려 가고, 다른 사람들의 사이버 공간을 존중해 주는 배려가 필요하다. 또한 사이버 공간에서보다는 진정한 인격적인 만남을 증가시켜야 한다.

원만한 인간관계를 위한 프로그램 17

주제

인터넷 중독과 관련된 자기이해와 적용

목적

① 자신의 인터넷 사용 정도의 중독 여부를 파악하고 그것과 관련해서 자기이해를 넓힌다.
② 자신의 스트레스가 대인관계에 미치는 영향에 대하여 이해한다.
③ 자신의 성장을 위한 보완점에 대해 생각한다.

강의

사이버 공간에서의 인간관계는 새롭게 우리 삶의 한 중요한 영역으로 자리를 잡고 있다. 이와 더불어 인간이 사이버상의 교류를 어떠한 태도로 하는가가 유용함을 더할 것인지 아닐 것인지를 가늠하게 된다. 따라서 사이버 공간에서 사이버 매체를 사용하는 인격적인 면모를 갖추는 것이 중요하다.

프로그램 내용

<STEP 1>

한국형 인터넷 중독 자가진단 검사(K-척도)를 통해서 자신의 인터넷 중독수준을 알아보자. 다음 문항을 읽고 표시해 본다.

번호		항 목	전혀 그렇지 않다	때때로 그렇다	자주 그렇다	항상 그렇다
1	1	인터넷 사용으로 생활이 불규칙해졌다.	1	2	3	4
	2	인터넷 사용으로 건강이 이전보다 나빠진 것 같다.	1	2	3	4
	3	인터넷 사용으로 학교 성적이 떨어졌다.	1	2	3	4

〈계속〉

번호		항 목	전혀 그렇지 않다	때때로 그렇다	자주 그렇다	항상 그렇다
1	4	인터넷을 너무 사용해서 머리가 아프다.	1	2	3	4
	5	인터넷을 하다가 계획한 일들을 제대로 못한 적이 있다.	1	2	3	4
	6	인터넷을 하느라 피곤해서 수업 시간에 잠을 자기도 한다.	1	2	3	4
	7	인터넷을 너무 사용해서 시력 등에 문제가 생겼다.	1	2	3	4
	8	다른 할 일이 많을 때에도 인터넷을 사용하게 된다.	1	2	3	4
	9	인터넷 사용으로 가족들과 마찰이 있다.	1	2	3	4
2	10	인터넷을 하지 않을 때에도 하고 있는 듯한 환상을 느낀 적이 있다.	1	2	3	4
	11	인터넷을 하지 않을 때에도 인터넷에서 나오는 소리가 들리고 인터넷을 하는 꿈을 꾼다.	1	2	3	4
3	12	인터넷 때문에 비도덕적인 행위를 저지르게 된다.	1	2	3	4
	13	인터넷을 하는 동안 나는 가장 자유롭다.	1	2	3	4
	14	인터넷을 하고 있으면 기분이 좋아지고 흥미진진해진다.	1	2	3	4
	15	인터넷을 하는 동안 더 자신감이 생긴다.	1	2	3	4
	16	인터넷을 하고 있을 때 마음이 제일 편하다.	1	2	3	4
	17	인터넷을 하면 스트레스가 모두 해소되는 것 같다.	1	2	3	4
	18	인터넷이 없다면 내 인생에 재미있는 일이란 없다.	1	2	3	4

〈계속〉

번호		항 목	전혀 그렇지 않다	때때로 그렇다	자주 그렇다	항상 그렇다
4	19	인터넷을 하지 못하면 생활이 지루하고 재미가 없다.	1	2	3	4
	20	만약 인터넷을 할 수 없게 된다면 견디기 힘들 것이다.	1	2	3	4
	21	인터넷을 하지 못하면 안절부절못하고 초조해진다.	1	2	3	4
	22	인터넷을 하지 않을 때에도 인터넷에 대한 생각이 자꾸 떠오른다.	1	2	3	4
	23	실생활에서 문제가 생기더라도 인터넷 사용을 그만두지 못한다.	1	2	3	4
	24	인터넷을 할 때 누군가 방해를 하면 짜증스럽고 화가 난다.	1	2	3	4
5	25	인터넷에서 알게 된 사람들이 현실에서 아는 사람들보다 나에게 더 잘 해 준다.	1	2	3	4
	26	온라인에서 친구를 만들어 본 적이 있다.	1	2	3	4
	27	오프라인에서보다 온라인에서 나를 인정해 주는 사람이 더 많다.	1	2	3	4
	28	실제 생활에서보다 인터넷에서 만난 사람들을 더 잘 이해하게 된다.	1	2	3	4
	29	실제 생활에서도 인터넷에서 하는 것처럼 해 보고 싶다.	1	2	3	4
	30	인터넷 사용 시간을 속이려고 한 적이 있다.	1	2	3	4
6	31	인터넷을 하느라 수업에 빠진 적이 있다.	1	2	3	4
	32	부모님 몰래 인터넷을 한다.	1	2	3	4
	33	인터넷 때문에 돈을 더 많이 쓰게 된다.	1	2	3	4

〈계속〉

번호		항 목	전혀 그렇지 않다	때때로 그렇다	자주 그렇다	항상 그렇다
6	34	인터넷에서 무엇을 했는지 숨기려고 한 적이 있다.	1	2	3	4
	35	인터넷에 빠져 있다가 다른 사람과의 약속을 어긴 적이 있다.	1	2	3	4
7	36	인터넷을 한번 시작하면 생각했던 것보다 오랜 시간을 하게 된다.	1	2	3	4
	37	인터넷을 하다가 그만두면 또 하고 싶다.	1	2	3	4
	38	인터넷 사용 시간을 줄이려고 해 보았지만 실패한다.	1	2	3	4
	39	인터넷 사용을 줄여야 한다는 생각이 끊임없이 들곤 한다.	1	2	3	4
	40	주위 사람들이 내가 인터넷을 너무 많이 한다고 지적한다.	1	2	3	4

1 : 일상생활 장애(disturbance of adaptive functions)

2 : 현실구분 장애(disturbance of reality testing)

3 : 긍정적 기대(addictive automatic thought)

4 : 금단(withdrawal)

5 : 가상적 대인관계 지향성(virtual interpersonal relationship)

6 : 일탈행동(deviate behavior)

7 : 내성(tolerance)

한국형 인터넷 중독 자가진단 검사(K-척도) 채점 방법(중 · 고등학생 이상)

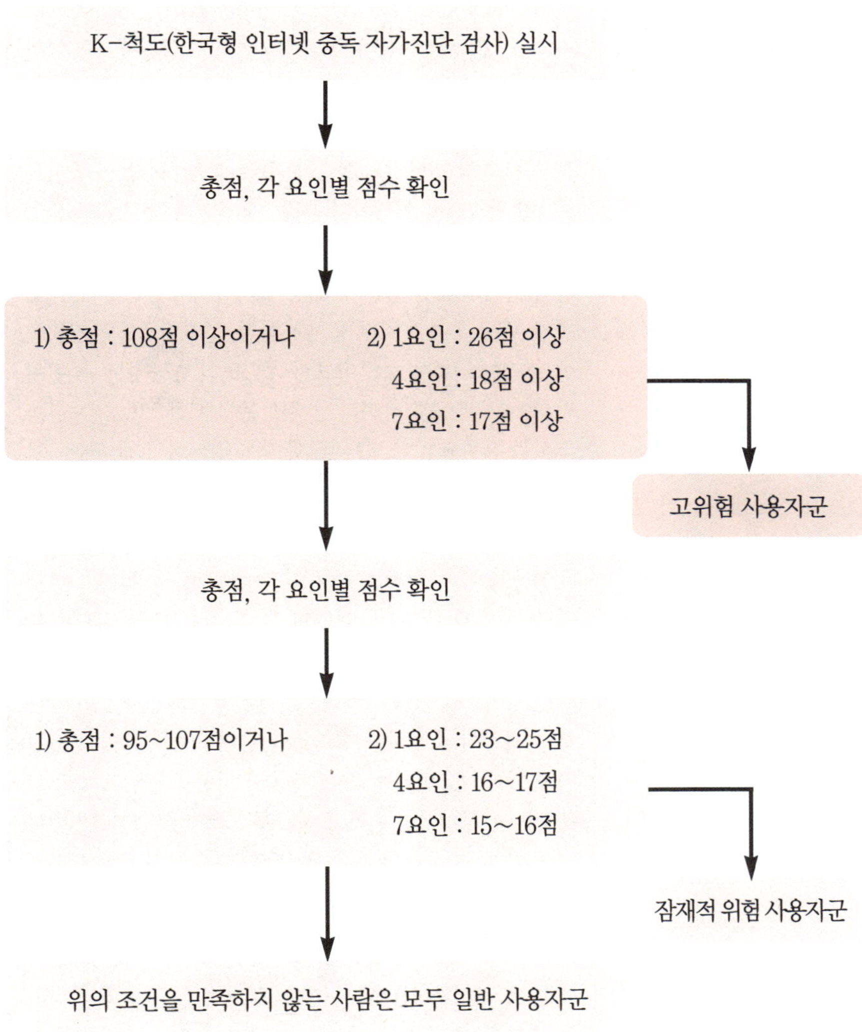

사용자군	특 성
고위험 사용자군 전체 총점 108점 이상/ 1번 요인 총점 26점 이상, 4번 요인 총점 18점 이상, 7번 요인 총점 17점 이상	인터넷 사용으로 인해 일상생활에서 심각한 장애를 보이면서 내성 및 금단 현상이 나타난다. 사이버 공간에서의 대인관계가 대부분이며, 해킹과 같은 비도덕적 행위와 막연한 긍정적 기대가 있고, 현실 생활에서 인터넷에 접속하고 있는 듯한 착각을 하기도 한다. 이들의 접속 시간은 일반적으로 1일 약 4시간 이상이며 수면 시간도 5시간 내외로 줄어든다. 대개 자신이 인터넷 중독이라고 느끼며, 학업이나 직장 생활에 곤란을 겪는다. 또한 심리적으로 불안정 및 대인관계 곤란, 우울한 기분 등이 흔하며, 성격적으로 자기조절에 심각한 어려움을 보이고 무계획적인 충동성도 큰 편이다. 현실세계에서 사회적 관계에 문제가 있으며, 외로움을 느끼는 경우도 많다. ➲ 인터넷 중독 경향성이 매우 높으므로 관련 기관의 전문적 지원과 도움이 요청된다.
잠재적 위험 사용자군 전체 총점 95~107점/ 1번 요인 총점 23~25점, 4번 요인 총점 16~17점, 7번 요인 총점 15~16점	고위험 사용자에 비해 경미한 수준이지만 일상생활에서 장애를 보이며, 인터넷 사용 시간이 늘어나고 집착을 하게 된다. 학업에 어려움이 나타날 수 있으며 심리적 불안정을 보이지만, 절반 정도의 학생은 자신이 아무 문제가 없다고 느낀다. 접속 시간은 대체로 1일 약 3시간 정도이며, 다분히 계획적이지 못하고 자기조절에 어려움을 보이며 자신감도 낮다. ➲ 인터넷 과다 사용의 위험을 깨닫고 스스로 조절하고 계획적인 사용을 하도록 노력한다. 인터넷 중독에 대한 주의가 요망되며, 학교 및 관련 기관에서 제공하는 건전한 인터넷 활용 지침을 따른다.
일반 사용자군 전체 총점 94점 이하/ 1번 요인 총점 22점 이하, 4번 요인 총점 15점 이하, 7번 요인 총점 14점 이하	일반적으로 1일 약 2시간 정도 접속하며, 대부분이 인터넷 중독 문제가 없다고 느낀다. 심리적 정서 문제나 성격적 특성에서도 특이한 문제를 보이지 않으며, 자기 행동을 관리한다고 생각한다. 주변 사람들과의 대인관계에서도 자신이 충분한 지원을 얻을 수 있다고 느끼며, 심각한 외로움이나 곤란감을 느끼지 않는다. ➲ 때때로 인터넷의 건전한 활용에 대하여 자기점검을 지속적으로 수행한다.

* 한국형 인터넷 중독 자가진단 검사를 인용하였다(한국정보문화원 인터넷 중독 예방 상담센터, 2003).

< STEP 2 >

STEP 1에서 적은 내용을 다른 집단원들과 함께 발표하며 의견을 나눈다.

① 나의 인터넷 중독 정도는 어느 수준인가?

② 나의 평소 인터넷 사용 정도는 나의 생활이나 인간관계에 어떠한 영향을 미치는가?

- 긍정적인 영향 –
- 부정적인 영향 –

③ 더욱 바람직하고 적절하게 인터넷을 사용하기 위하여 앞으로 보완해야 할 점은 무엇이고, 이를 위해 어떤 노력을 할 수 있는가?

< STEP 3 >

토의 및 평가

이 프로그램을 통해 새롭게 알게 된 것이나 느낀 점은 무엇인지 정리해 본다.

18

맺는 글

성숙한 인간관계에 도움이 되는 아홉 가지 태도 – R. E. L. A. T. I. O. N. SHIP

Rational thinking : 합리적인 사고를 하자

자신이 불행하다고 느끼는 사람일수록 비합리적인 사고를 가지고 있는 경우가 많다. 그중에서도 인간관계에서 가질 수 있는 비합리적 사고의 대표적인 예로는 '나는 주변의 모든 사람들로부터 사랑받고 인정받아야 하며 그렇지 못하다면 비극이다.' 라는 식의 사고가 있다. 그러나 실제로 우리는 '모든' 사람들로부터 사랑받고 인정받을 수 없다. 다만 '많은' 사람들로부터 사랑받고 인정받을 수 있도록 노력할 수 있을 뿐이다. 따라서 이렇게 생각해야 한다. '다른 사람들로부터 사랑과 인정을 받는 것은 아주 훌륭한 일이지만, 혹시 그렇지 않더라도 자신을 수용하고 즐겁게 지낼 수 있다.'

또 한 가지 대표적인 비합리적 사고로는 '사람들과 일어나는 사건들은 내가 원하는 방법대로 행해지고 이루어져야 한다.' 가 있다. 인간은 어느 정도 이기적인 동물이다. 모든 일이 자신이 원하는 방법대로 이루어져야 한다는 생각도 바로 이러한 인간의 이기심에서 비롯된 것이다. 따라서 성숙한 인간은 이렇게 생각할 수 있어야 한다. '사람들은 내가 원하는 것보다는 그들이 원하는 방식으로 활동하고자 한다.' 이렇게 합리적인 사고를 할 수 있어야 인간관계에서 발생하는 어려움이나 갈등을 줄일 수 있다.

Equality : 인간은 동등하다

원만한 인간관계를 위해 갖추어야 할 것이 '동등 의식' 이다. 타인과 나의 관계를 수직적으로 보아서는 안 된다. 나는 잘났고 너는 못났다, 나는 옳고 너는 틀리다, 나는 너보다 우위에 있고 너는 나보다 아래에 있다, 이런 식의 우열의 차이로 서로를 평가할 것이 아니라, 우리는 동등한 위치에 있으며 단지 서로 다를 뿐이라는 수평적 사고가 필요하다.

Listening : 다른 사람의 이야기를 경청하자

인간관계에서 중요한 것이 '대화' 인데, 이 대화에서 중요한 것이 또 '경청' 이다. 경청은 다른 사람의 이야기를 단순히 듣는 것과는 다르다. 경청은 상대방이 무슨 이야기를 하고 있는지 혹은 무슨 마음을 가지고 말하는지를 귀 기울여 잘 듣는 것이다. 그리고 이때 상대방의 눈을 바라보며 진지한 태도를 보여야 한다. 하지만 설사 잘 듣는다 하더라도 상대방이 말하고자 하는 내용을 제멋대로 미리 해석해 버리거나 이해해서는 안 된다. 그렇게 되면 말을 주고받더라도 서로 독백을 나누는 것에 불과하기 때문이다.

Affection : 주위 사람들에게 애정을 갖자

인간관계를 맺는 기술이 아무리 뛰어나더라도 그 속에 진실된 마음이 없다면 그것은 피상적인 관계일 뿐이다. 따라서 인간관계에서 중요한 것은 바로 다른 사람에 대한 애정이다. 이 애정은 사랑일 수도 있고 우정일 수도 있으며 상대방을 위한 작은 배려일 수도 있다. 또한 그 대상은 가족이나 친구일 수도 있고 선 · 후배일 수도 있으며 이웃 사촌이 될 수도 있다. 그런데 여기서 조금만 시선을 돌려 보자. 이른 새벽 신문 배달을 하는 학생, 우유 배달을 하는 아주머니, 반가운 소식을 전해 주는 우체부 아저씨, 한 동네에 사는 아저씨, 아주머니들, 아침 등굣길에 교문을 들어서며 처음 만나게 되는 수위 아저씨, 학교 내 여러 기관의 교직원들, 지저분한 강의실과 학교 곳곳을 청소하는 아주머니들, 그리고 식당 아주머니들… 이런 사람들도 우리가 애정을 가지고 바라볼 대상이다. Roosevelt 대통령이 자신의 하인들 하나하나에게 진정어린 애정과 관심을 가졌듯이 말이다. 애정을 가지고 건네는 '안녕하세요, 수고하십니다, 감사합니다' 이러한 말 한마디가 우리 인간관계의 폭을 더 넓게 그리고 더 밝게 만들어 줄 수 있다.

Trust : 믿음이 필요하다

상호 신뢰를 통해 우리는 상대방을 더 잘 이해할 수 있게 된다. 특히 대인관계에서 생기는 믿음은 서로가 사랑받고 이해받고 있다는 안정감을 느끼게 해 주며, 따라서 불필요한 오해와 갈등을 방지해 줄 수 있다. 그런데 이러한 믿음은 지속적으로 강화해 줄 필요도 있다. 자신의 말이나 행동, 태도 등을 통해 상대방에게 내가 갖고 있는 믿음을 느끼게 해 줄 때 서로에 대한 믿음이 더욱 굳건해지는 것이다.

I-message : 나-메시지를 사용하자

앞에서도 살펴보았듯이 '너는…, 너는…' 식의 어투는 상대방을 비난하는 것처럼 들릴 수가 있다. 만약 자신이 잘못했더라도 일단 비난을 받으면 감정이 상해서 자신의 잘못을 인정하기보다는 오히려 상대에게 같은 식의 비난을 돌리게 되는 것이 보통이다. 그러면 서로의 관계는 더욱 악화될 것이다. 따라서 그 상황에서 자신이 느끼는 감정을 표현하는 것이 훨씬 바람직하다. 예를 들어, 친구와 약속을 했는데 친구가 약속 시간보다 늦게 왔다고 하자. 이때 "너 왜 이렇게 늦었니? 너는 늦으면 늦는다고 전화도 못 하니?" 보다는, "널 기다리는 동안 너에게 무슨 일이라도 생겼나 해서 걱정했잖아. 미리 전화라도 해 주었으면 걱정이 덜 되었을 텐데…." 하는 식으로 그 순간의 자기 감정을 '나는…' 이라는 표현법으로 솔직하게 털어놓는 것이 문제를 해결하는 데 훨씬 도움이 된다.

Open mind : 열린 마음으로 나를 개방하자

다른 사람과 성숙한 관계를 맺는 데 있어서 자기개방은 아주 중요한 역할을 한다. 자기개방이란 상대방에게 있는 그대로의 자기 자신을 나타내 보이는 것이다. 자신의 생각과 느낌, 경험을 솔직하게 털어놓을 때 상대방은 나를 가깝게 느끼고 동질감도 가질 수 있다. 그런데 우리는 흔히 다른 사람들이 나를 어떻게 볼 것인가를 지나치게 의식해서 자신의 있는 그대로의 모습보다는 그럴듯하게 꾸민 가식적인 모습을 보이게 된다. 하지만 용기 있는 자기개방은 상대방이 나에 대해 좀 더 잘 이해하고 신뢰할 수 있게 해 주어서 더 깊은 인간관계를 형성시킨다. 따라서 자신의 참모습을 숨기지 말고 마음을 열어 자기를 개방하고, 또 상대방도 받아들일 수 있어야 한다.

Neutrality : 중립성을 갖자

여기서 말하는 중립성이란 어떠한 편견이나 선입견도 갖지 않음을 의미한다. 우리는 흔히 선입견이나 고정관념을 가지고 상대방을 대할 때가 많다. '저 사람은 너무 못생겼어. 인상이 안 좋으니까 성격도 좋지 않을 거야.' '저 사람은 왜 저렇게 행동하지? 이상한 사람인가 봐.' 하는 선입견으로 상대방을 평가하고 판단하여 관계를 그르칠 수가 있다. 하지만 원만한 인간관계를 원한다면 색안경을 벗고 투명한 눈으로 상대방을 바라볼 수 있어야 한다. 일부분을 보고 평가하기보다는 그 사람의 전체를 볼 수 있어야 한다.

Ship : 우리는 한 배를 탔다

관계를 맺고 있는 사람들과 나는 모두 한 배를 탔다는 의식이 필요하다. 거센 폭풍우도 험난한 파도도 함께 넘으며 기나긴 항해를 해야 하는 것이다. 인간관계에서 필요한 것은 '너와 나' 보다는 '우리' 이다. 이렇게 하나 된 마음이 있을 때 우리의 항해는 순조로울 것이다.

출처 : 『2000 새 홍익가족을 위하여』

원만한 인간관계를 위한 프로그램 18

주제

마무리 활동

목적

① 그동안의 프로그램에 대한 회상을 통해 자신과 타인의 느낌을 검토해 본다.
② 서로 피드백을 주고받으며 다른 사람에게 비쳐진 자신의 모습을 발견한다.
③ 다짐 및 정리의 시간을 갖는다.

강의

마지막은 그동안 인간관계에 대한 많은 이론을 학습하고 이를 적용한 실제 프로그램에 참여하면서 서로가 많이 수고하고 애썼음을 지지해 주며 감사의 마음을 전하는 시간이다. 그리고 그동안 프로그램을 하면서 느끼고 계획했던 것들을 앞으로 잘 실천해 나갈 수 있도록 서로 격려해 주고 축복해 준다.

프로그램 내용

① **칭찬 릴레이** : 집단원 모두가 돌아 가면서 칭찬을 한 가지씩 해 준다. 칭찬받은 사람은 “감사합니다.”라고 답한다. 각자 집단원들에게 칭찬받은 것들을 적어 본다.

- 내가 받은 칭찬 –

② 앞으로의 다짐과 계획에 대하여 생각해 보고 집단원들과 의견을 나눈다.

- 앞으로의 나의 계획과 다짐 –

③ 마지막으로 그동안의 느낌을 정리하고 집단원들과 나눈다.

• 그동안 새롭게 느끼고 배운 것 -

참고문헌

강문희, 이광자, 박경(2003). 인간관계의 이해. 학지사.

강봉규(1999). 심리학의 이해. 동문사.

권석만(2003). 젊은이를 위한 인간관계 심리학. 학지사.

공감 그 이상을 추구하며-진정한 만남을 통한 상담(Richard G. Erskine, Janet P. Moursund, Rebecca L. Trautmann 공저, 김병석, 서운경, 이연미, 고은영, 고경희, 김수영, 유순덕, 조중신 공역, 학지사, 2011)

김경섭 역(1992). 뉴리더의 조건. 김영사.

김경숙 역(1993). 화성에서 온 남자 금성에서 온 여자. 친구미디어.

김광수(2002). 인터넷 중독과 청소년 소외의 관계. 교육심리연구. 한국교육심리학회, 16권 1호. 5-21.

김광웅(2007). 현대인과 정신건강. 시그마프레스.

김영애(2002). 인간관계 및 부부관계 개선을 위한 사티어 의사소통 훈련 프로그램. 김영애가족치료연구소.

김인자 역(1991). 인간관계와 자기표현. 중앙적성출판사.

김인자 역(1993). 효과적인 부모역할 훈련 워크북. 한국심리상담연구소.

김인자 역(2004). 적응심리. 한국심리상담연구소.

김유숙(1998). 가족치료의 이론과 실제. 학지사.

김정희, 남기덕, 박영호, 송명자 외(1997). 심리학의 이해. 학지사.

김지윤(2000). 사이버공간 사용자들의 지각된 대인관계 지지와 자아방어 기제 사용. 이화여자대학교 대학원 석사학위논문.

김중술(1994). 신 사랑의 의미. 서울대학교 출판부.

김청자, 장선철, 최세리, 김숙영(2002). 심리학의 이해. 동문사.

김청자, 정진선(2004). 상담의 이론과 실제. 동문사.
김충기(1998). 교육심리학. 동문사.
노안영, 강영신(2003). 성격심리학. 학지사.
노안영(2005). 상담심리학의 이론과 실제. 학지사.
설기문(1997). 인간관계와 정신건강. 학지사.
성공가이드센터 역(2002). How to win friends and influence people. 산수야.
손명자(1984). 정서적 심상화의 기제와 효과. 고려대학교 박사학위 논문.
손우수 외 역(1992). 재미있는 인간관계 심리학. 민지사.
손정락 역(1991). 자기에로의 여행. 성화사.
심혜숙, 임승환 역(1997). 성격유형과 삶의 양식. 한국심리검사연구소.
원호택, 박현순(1999). 인간관계와 적응. 서울대학교 출판부.
원호택(1997). 이상심리학. 법문사.
이동원, 최선희(1997). 정보화와 청소년의 소외. 가족학논집, 9. 145-170.
이수도(1999). 인간관계론. 형설출판사.
이수식, 장미옥, 진복선(1994). 생활 속의 적응. 양서원.
이수용(2002). 인간관계의 심리. 학지사.
이재창, 임용자(1998). 인간계론. 문음사.
이재창, 정영윤, 구본권, 손진훈, 김정기, 박승호(1995). 인간이해를 위한 심리학. 문음사.
이재창, 정진선, 문미란(2008). 성격심리학. 태영출판사.
이정순(1988). 고등학생의 스트레스 요인과 그에 따른 대응행동에 관한 고찰. 영남대학교 교육대학원 석사학위논문.
이정연 역(2003). 부부상담과 치료. 시그마프레스.
이준형(2004). 리더십 먼저 민주주의 나중에. 인간사랑.
이형득(1994). 상담이론. 교육과학사.
이형득(1999). 인간관계훈련의 실제. 중앙적성출판사.
이희열(2003). 청소년의 인터넷 중독적 사용과 대인관계 능력에 관한 연구. 홍익대학교 교육대학원 석사학위논문.
임경수(2014). 애착이론과 역기능발달상담. 서울: 학지사.
장연집, 박경, 최순영(1997). 현대인의 정신건강. 학지사.

정보통신부(2003). 한국 인터넷 중독 예방교육 프로그램. 한국정보문화원 인터넷 중독예방상담센터.

정인석(2001). 자기를 이기는 자는 자유롭다-구제프의 사상과 가르침. 학지사.

제석봉, 유계식, 박은영 역(1999). 유능한 상담자.

조천제 역(2002). 칭찬은 고래도 춤추게 한다. 21세기북스.

조현주(1996). 우울성향, 대인지각 및 대인관계에 관한 연구. 이화여자대학교 교육대학원 석사학위논문.

주삼환, 명제창 역(1987). 교양 인간관계론. 법문사.

최상진(2000). 한국인 심리학. 중앙대학교 출판부.

최상진, 김기범(1999). 한국인의 self의 특성 : 서구의 self 개념과 대비를 중심으로. 한국심리학회지 : 사회 및 성격, 13(2). 279-295.

최규련(1993). 가족생활 만족. 한국가족학연구회 편. 가족학. 도서출판 하우.

최일호(1991). 우울과 자기상이 대인지각에 미치는 영향. 고려대학교 대학원 석사학위논문.

최정훈, 이훈구, 한종철, 윤진, 정찬섭, 오경자(1993). 인간행동의 이해-심리학. 법문사.

최창호(2001). 심리학이란 무엇인가. 학지사.

채규만(2003). 디지털 시대의 인간심리와 문제점. 성신여자대학교 인문과학연구. 183-207.

한국청소년연맹(2001). 인간관계훈련의 이론과 실제. 양서원.

홍대식 역(1993). 사회심리학. 양영각.

황규대, 김형식, 박상진, 송교석, 양진환, 양훈모, 이광희, 이철기(2001). 조직행동의 이해-통합적 접근법. 박영사.

황상민(1997). 사이버 공간 속에서의 인간관계의 심리. 한양대학교 학생생활상담연구소. 대학생활연구, 제15호. 35-48.

황상민(1999). 사이버 공간의 경험과 청소년의 발달 : 자기창조를 통한 가상공동체의 형성. 청소년의 사이버문화, 9-22. 한국청소년상담원.

황옥경(1999). 아동의 자기지각 및 대인지각과 사회적 선호도와의 관계. 한국가정관리학회지 : 제17권 3호. 33-45.

Allport, G. W.(1937). *Personality.* New York: Henny Holf & Company, Inc.

Allport, G. W.(1961). Pattern and attachment. *American Psychologist, 34,* 932–937.

Anderson, N. H.(1965). Averaging vs. adding as a stimulus-combination rule in impression formation. *Journal of Experimental Psychology, 70.* 394–400.

Aron T. Beck 외 공저, 원호택 외 공역(1996). 우울증 인지치료. 학지사

Asch, S. E.(1946). Forming impressions of personality. *Journal of Abnormal and Social Psychology, 41,* 258–290.

Bandura, A.(1977). Self–efficacy: Toward a unifying theory of behavioral change. Psychological Review, 84, 191–215.

Bass, Bernard M.(1990). Bass & Stogdill's Handbooks of Leadership: Theory, *Research & Managerial Implications.* New York: The Free Press.

Berne, E.(1964). *Games People Play.* New York: Grove Press.

Berne, E.(1970). *Sex in Human Living.* New York: Simon & Schuster.

Blake, R. R. & Mouton, J. S.(1982). A comparative analysis of situationalism and 9,9 management by principle, *Organizational Dynamics.*

Burns, J. M.(1978). *Leadership.* New York: Harper & Low, 20.

Choi, S. C.(1991). Cheong: The Social-emotional grammar of Koreans. *Paper Presented at the Colloquium Series, Dept of Psychology,* University of Hawaii, January.

Collins, W. & Repinski, D.(1994). Relationships during adolescence: Continuity and change in interpersonal perspective. In R. Monternayor, G. Adams, and T. Gullotta (Eds.), *Personal Relationships During Adolescence* (pp. 7–36). CA: Sage.

Fiedler, F. E. & Chemers, M. M.(1974). *Leadership and Effective Management,* Glenview, Ⅲ: Scott, Foresman.

Filley, A. C. & R. J.(1970). House, "Management and the future", *Business Horizons,* vol. 13, April 1970. p. 13.

Gazda, G.M.(1973). *Human Relations Development: A Manual for*

Educators. Boston: Allyn & Bacon.

Hollender, E. D.(1981). Leadership and Power. In G. Lindzey & E. Aronson(Eds.), *The Handbook of Social Psychology* (3rd eds.), 2, New York: Random House, 485-537.

Holmes. J. (2005). John Bowlby C& attachment theory. New York: Routledge.

House, R. J.(1971). A path-goal theory of leader effectiveness, *Administrative Science Quarterly,* 321-338.

Ivey, A. E., Normington, C. J., Miller, C. D., Morrill, W. H., & Haase, R. (1968). Microcouneling and attending behavior: An approach to prepracticum counselor training. *Journal of Counseling Psychology, 23,* 161-165.

Katz, D. & Kahn, R.(1978). *The Social Psychology of Organizations* (2nd eds.), New York: Wiley.

Lau, R. R., & Russell, D.(1980). Attributions in the sports pages. *Journal of Personality and Social Psychology, 39,* 29-38.

Lazarus, R. S. & Folkman, S.(1984). *Stress, Appraisal, and Coping.* New York: Springer.

Lee, J. A.(1977). A typology of styles of love. *Personality and Social Psychology Bulletin, 3,* 173-182.

Lee, J. A.(1988). Love-styles. In R. J. Sternberg & M. L. Barnes(Eds.), *Psychology of Love*(pp. 38-37). New Haven, CT: Yale University Press.

Maddi, S. R.(1980). *Personality Theories: A Comparative Evaluation.* Homewood, IN: Dorgey.

Marrone, M. (2000). Attachment and interaction. 이민희 역(2005). 애착이론과 심리치료. 서울: 시그마프레스.

McGregor, D.(1960). *The Human Side of Enterprise.* New York: McGraw-Hill.

May, J. L. & Hamilton, R. A.(1980). Effects of musically evoked on women' s interpersonal attraction toward and perceptual judgements of physical attractiveness of men. *Motivation and Emotion, 4,* 217–228.

Pervin, L. A.(1980). *Personality: Theory, Assessment and Research.* New York: Wiely.

Premack, D.(1965). Reinforcement theory. In D. Levine(Ed.), *Nebrasks Symposium on Motivation (Vol. 13).* Lincoln: University of Nebraska Press.

Swenson, C. H.(1973). *Introduction to Interpersonal Relations,* Ⅱ: Scott, Foresman and Company.

Turkle, S.(1995). *Life on The Screen: Identity in The Age of The Internet.* New York: Simon & Schuster.

William James(1961). *Psychology: The Briefer Course.* G. Allport, Ed, New York Harper & Row, Publishers, Chap. 3.

Young(1996). Internet can be as alcohol, drugs and gambling. An APA news release.

http://www.apa.org/rleases/internet.html.

http://www.hongik.ac.kr/guidance/ind6.html.

찾아보기

| ㅇ |

| 기타 |